国家出版基金项目
NATIONAL PUBLICATION FOUNDATION

"十三五"国家重点出版物出版规划项目

知识产权经典译丛（第5辑）

国家知识产权局专利局复审和无效审理部◎组织编译

走进知识产权

知识产权法律、管理及战略的最佳实践

［英］迈克尔·朱伊斯（Michael Jewess）◎著

曾燕妮　李　奉　刘　薇　等◎译

知识产权出版社
全国百佳图书出版单位
—北京—

图书在版编目（CIP）数据

走进知识产权：知识产权法律、管理及战略的最佳实践/（英）迈克尔·朱伊斯著；曾燕妮等译. —北京：知识产权出版社，2020.1
书名原文：Inside Intellectual Property：Best practice in Intellectual Property Law，Management，and Strategy
ISBN 978－7－5130－6591－7

Ⅰ.①走… Ⅱ.①迈… ②曾… Ⅲ.①知识产权—研究 Ⅳ.①D913.404

中国版本图书馆 CIP 数据核字（2019）第 253887 号

内容提要

结合作者多年的从业实践，本书涵盖了法律专业素养、职业道德与特权、案件管理系统、研发创新、职务发明、知识产权协议、财务、信息安全、知识产权政策与游说等方面，详细介绍了从业人员应该具备的资质，以及如何起草协议、说服客户等，从而促使其更好地服务各客户和业务部门，可作为知识产权从业人员和管理人员的入门级读物。

责任编辑：卢海鹰　王玉茂　　**责任校对：**王　岩
装帧设计：卢海鹰　王玉茂　　**责任印制：**刘译文

知识产权经典译丛
国家知识产权局专利局复审和无效审理部组织编译
走进知识产权——知识产权法律、管理及战略的最佳实践
［英］迈克尔·朱伊斯（Michael Jewess）　著
曾燕妮　李　奉　刘　薇　等译

出版发行：知识产权出版社有限责任公司　**网　　址：**http：//www.ipph.cn
社　　址：北京市海淀区气象路 50 号院　**邮　　编：**100081
责编电话：010－82000860 转 8541　**责编邮箱：**wangyumao@cnipr.com
发行电话：010－82000860 转 8101/8102　**发行传真：**010－82000893/82005070/82000270
印　　刷：三河市国英印务有限公司　**经　　销：**各大网上书店、新华书店及相关专业书店
开　　本：720mm×1000mm　1/16　**印　　张：**29.25
版　　次：2020 年 1 月第 1 版　**印　　次：**2020 年 1 月第 1 次印刷
字　　数：557 千字　**定　　价：**158.00 元
ISBN 978-7-5130-6591-7
京权图字：01-2019-5174

《知识产权经典译丛》
编审委员会

总　序

当今世界，经济全球化不断深入，知识经济方兴未艾，创新已然成为引领经济发展和推动社会进步的重要力量，发挥着越来越关键的作用。知识产权作为激励创新的基本保障，发展的重要资源和竞争力的核心要素，受到各方越来越多的重视。

现代知识产权制度发端于西方，迄今已有几百年的历史。在这几百年的发展历程中，西方不仅构筑了坚实的理论基础，也积累了丰富的实践经验。与国外相比，知识产权制度在我国则起步较晚，直到改革开放以后才得以正式建立。尽管过去三十多年，我国知识产权事业取得了举世公认的巨大成就，已成为一个名副其实的知识产权大国。但必须清醒地看到，无论是在知识产权理论构建上，还是在实践探索上，我们与发达国家相比都存在不小的差距，需要我们为之继续付出不懈的努力和探索。

长期以来，党中央、国务院高度重视知识产权工作，特别是十八大以来，更是将知识产权工作提到了前所未有的高度，作出了一系列重大部署，确立了全新的发展目标。强调要让知识产权制度成为激励创新的基本保障，要深入实施知识产权战略，加强知识产权运用和保护，加快建设知识产权强国。结合近年来的实践和探索，我们也凝练提出了“中国特色、世界水平”的知识产权强国建设目标定位，明确了“点线面结合、局省市联动、国内外统筹”的知识产权强国建设总体思路，奋力开启了知识产权强国建设的新征程。当然，我们也深刻地认识到，建设知识产权强国对我们而言不是一件简单的事情，它既是一个理论创新，也是一个实践创新，需要秉持开放态度，积极借鉴国外成功经验和做法，实现自身更好更快的发展。

自 2011 年起，国家知识产权局专利复审委员会*携手知识产权出版社，每年有计划地从国外遴选一批知识产权经典著作，组织翻译出版了《知识产权经典译丛》。这些译著中既有涉及知识产权工作者所关注和研究的法律和理论问题，也有各个国家知识产权方面的实践经验总结，包括知识产权案

---

* 编者说明：根据 2018 年 11 月国家知识产权局机构改革方案，专利复审委员会更名为专利局复审和无效审理部。

件的经典判例等，具有很高的参考价值。这项工作的开展，为我们学习借鉴各国知识产权的经验做法，了解知识产权的发展历程，提供了有力支撑，受到了业界的广泛好评。如今，我们进入了建设知识产权强国新的发展阶段，这一工作的现实意义更加凸显。衷心希望专利复审委员会和知识产权出版社强强合作，各展所长，继续把这项工作做下去，并争取做得越来越好，使知识产权经典著作的翻译更加全面、更加深入、更加系统，也更有针对性、时效性和可借鉴性，促进我国的知识产权理论研究与实践探索，为知识产权强国建设作出新的更大的贡献。

当然，在翻译介绍国外知识产权经典著作的同时，也希望能够将我们国家在知识产权领域的理论研究成果和实践探索经验及时翻译推介出去，促进双向交流，努力为世界知识产权制度的发展与进步作出我们的贡献，让世界知识产权领域有越来越多的中国声音，这也是我们建设知识产权强国一个题中应有之意。

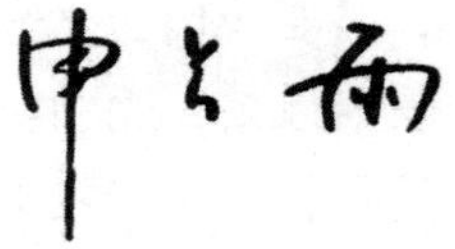

2015 年 11 月

翻译和审校

（按章节顺序排列）

翻　译

曾燕妮（第 1 章、第 2 章、第 19 ~ 20 章）

李　奉（第 3 ~ 4 章、第 8 ~ 9 章）

刘　薇（第 5 ~ 7 章、附录 3.1 ~ 9.1）

许晓昕（第 10 ~ 12 章）

池　冰（第 13 ~ 18 章）

王玉茂（致谢、前言、附录 0 和附录 10.1 ~ T、索引）

全书审校　曾燕妮

译者简介

曾燕妮　　国家知识产权局知识产权发展研究中心副主任

池　冰　　国家知识产权局专利局办公室处长

许晓昕　　国家知识产权局国际合作司多边合作处处长

李　奉　　国家知识产权局专利局复审和无效审理部交通装备申诉处副处长　工学硕士

刘　薇　　国家知识产权局专利局机械发明审查部动力处副处长　工学硕士

前 言

这是一本知识产权管理类的入门级读物，试图帮助知识产权从业人员了解与他们客户业务相关的法律实践。这本书是写给业内人士的，也是由作为业内人士的作者写的，他认为麻烦总是藏在外行人不清楚的细节中。

对大战略的影响经常取决于法律的细节、起草权利要求和协议的细节，甚至是电脑屏幕上可用的提示框（“领域”）。这种观点的结论是，基于从业人员已经知道的而不是一些包含不必要的新概念的外部哲学，作者希望这本书对他们有直接实用的价值。

写这本书的时候，作者已经在私人公司工作了 3 年，在工业部门工作了 32 年，随后在许多跨国公司的不同部门做了 21 年的知识产权主管（包括包装、通信产品和服务以及航空和国防领域）。除了出版业和媒体，作者试图帮助从业人员服务所有业务部门。

在法律职业方面，笔者主要强调探讨经过考试获得律师登记或注册。但是，对于与知识产权一样复杂且多样化的领域，这只是走向从业的第一步。

即使从纯粹的法律视角来说，主体资格也是不符合标准的。一般的法律资格（比如，美国州律师协会的律师或英国的律师）通常暗指仅有一些浅显的知识产权法知识，狭隘地说，在一些情况下，可能就是国内的律师。据说，英国的专利或商标律师资格侧重于起草专利或商标申请、专利和商标侵权建议，以及其他的知识产权；仅在基础水平上，涵盖了合同法和竞争法。但是，在其他方面，这些资格在一定范围内相对国际是通用的。

尽管从业人员需要理解“前景”和“背景”等法律文化，起草知识产权协议的实践，比如许可和研发合作协议，并不涵盖在获得这些资格的考试中。

除了一些次要的方面，这些资格考试并不解决商业管理和战略（知识产权管理和战略是其分支）。它们甚至不涵盖基本的会计学原理。

知识产权管理和战略并不仅仅涉及常规培训（比如财务知识）外的知识实用性，态度很关键。可能有人认为法律是这样或那样的（或者可能是这样或那样，或者在最坏的情况下是这样或那样），即选择某个专利局而不是其他专利局提交优先专利的效果，或者基于好处或其他原因提出撰写方面的反对意见。问题在于，系统地看，对于某个客户、某类客户或者对于所有客户来说，如果有区别的话，从业人员到底应该做什么，而不仅仅是就事论事。笔者的观点是，从业务过失的角度来看，除非有明确的权利或做错了事情，私人从业人员更乐于让客户自己对此类事务做决定，而不是自己亲自去做；对于这种过失的补救措施，笔者会通过管理实践给出一些规则或有力的指导，和/或接受客户的政策。当私人从业人员认为客户在浪费金钱时，他们并不乐意告诉客户（没有规则、有力的指导和/或客户政策），比如对于客户业务不再关键的技术申请专利，或者申请对于推出品牌影响并不好的商标；还有一些情况是，他们认为客户花的钱不足以起作用时，并不愿意告诉客户，以免吓跑他们。与过度顺从客户的同事相比，这些规则、有力的指导或政策会让一些人走出独立自主的"舒适区"，这些人可能会抵触它们。这意味着，管理必须是严格的，尽管一直是合理的警示而不是某个人自私的反对，而且服从管理的那些人需要从外表来看是成熟的。

总之，笔者认为，向知识产权类的客户"传递价值"更多依赖于从业人员在获得资格后学习的意愿，并采取管理者的态度（或者愿意依据管理事项确定的规则行事）。

本书的副标题提到了"最佳实践"，这也是笔者为什么在开始动笔前进行了附录0中调查的原因。这个调查报告包含了专利代理人的个人实践、知识产权律师的个人实践以及知识产权部门法务的实践。在此次调查中，笔者希望拓展自己的视野和约束自己的偏见。在写完这本书的时候，笔者希望能够做到一些不同。对于读者来说，能够在这本书中学到多少的确是"最佳实践"。

但是，如果这本书能够促使读者改变自己的工作方式，甚至是他们不同意书中得出的观点，那么笔者的目的就达到了。

迈克尔·朱伊斯

牛津郡，英国

2013年8月

如何使用本书

笔者希望本书章节采纳的逻辑顺序是合理的，并不影响读者按照他们自己的兴趣来阅读。本书中法律主题和地域的范围是这样的，尽管他希望在2013年6月之前这些都是明确的，笔者并不敢说，此时的法律是这样或那样，而且，在此之后，他也获得一些有趣的进展。比如他考虑了美国发明人法案（Leahy-Smith 法案）。他特意没有对新成立的统一专利法院和统一专利的影响进行推测，尽管当时这已经对大多数欧盟国家的知识产权实践产生了影响，他预期这些事情在2015年之前并不会发生。在2013年4月引入的英国专利盒计划的影响也是不确定的，所以笔者在“最佳实践”中提到这部分的内容很少。

根据自身限制和空间的局限性，笔者尝试采用了国际通用的方法。本书一些部分（比如，第6章、第13章和第16章的一部分）侧重介绍英国从业人员的问题；当然，也希望在那些部分得出的管理结论也适用于非英国的实践。

全书中使用的“从业人员”一词涵盖了从事知识产权法律工作的人群，而不论他们是否通过资格考试。在英国，他们可能是英国特许专利代理人、欧洲专利代理人、商标代理人、事务律师或出庭律师。在美国，他们可能是州律师协会的律师、一些专利代理人协会的注册律师（即专利代理人）和一些非专利代理人协会的律师，以及在美国专利商标局注册的专利代理人。在德国，他们可能是德国特许专利律师、欧洲专利律师或律师，等等。在一些国家，“从业人员”一词所包含的人群并不如上面提到的英国、美国和德国所设立的从业人员等级那样完善。

书中使用的“客户”一词不仅指私人从业人员的客户，也指拥有内部法务的公司雇主。为清楚起见，书中经常使用“客户联系人”和“业务部门”等词，在上下文明确的地方，以及客户联系代表是法人时，使用“客户”一词。

“实践”一词包括私人实践和法务部门的实践。尽管通常使用“知识产权总监”和“知识产权首席顾问”的头衔，本书中管理公司法务部知识产权事务的从业人员用“知识产权主管”来表示。

“调查报告”是指附录0中的调查。在附录0的第一个脚注中定义了“初期［专利化］工作”和“代理［专利化］工作”。

在第4章第1节一直使用的“创新”一词是指一些完全不同于“发明”的东西。

偶尔，本书中也虚构了一些从业人员、客户和其他当事方，比如第3章中的Bloggs公司和Brown公司。本书中使用的人名都是虚构的，如果有与真实人名相同或相似的，纯属巧合。

在书中和附录T中列出的一些专有商标均以*标注。

除了附录0和附录T，其他附录的编号是指与其内容最相关的章节。因此，附录3.1~3.3都与第3章有关。

每章和其附录都是按照段落进行编号，比如第3章第3.06段和附录3.2第A3.2.04段。

在章或附录的主要节标题（未标号）以黑体或与边对齐表示，比如

Privilege against discovery/disclosure

有时，小节标题以斜体或缩进表示，比如

E-discovery/disclosure

本书中使用的“节”和“小节”均为大写，提醒读者准确使用了这些定义的术语。

根据前面的提示，不确定性别的某个“他”（比如一名从业人员或一名客户联系人）是指“他或她”。为撰写方便，笔者希望本书中表述的法律从业人员满足这一点。当需要区分单数和复数时，“他们”并不起作用，同时，正如各章之间交替的方案在小样本的女性知识产权从业人员调查中并没有作用。

致　谢

笔者很幸运能够在很多知识产权机构从事知识产权工作，例如 Abel & Imray 专利事务所、Laporte 工业公司、英国电信公司、Metal Box 集团、CMB 包装公司、英国宇航公司，并且与很多有能力的同事共事。当然，在此不能一一罗列，但是我感谢他们所有人。

尽管如此，我还是要提到一些人（并不是所有的知识产权从业人员），特别是他们帮助我在知识产权法、管理和策略实践方面形成自己的观点。尽管他们的建议和观点也在本书中有所体现，这些观点也影响了我，但这不是本书的重点。这些人主要是：Woodlands Software 的杰恩·比斯利女士、原 IPSS 公司的罗恩·范·伯莱恩先生、原 Laporte Industries 公司的 A. N. 考德威尔（“格斯”）先生、原 MB-Caradon 公司的埃文·卡梅伦隆先生、原英国电信公司的 P. M. 康纳（“迈克”）先生、原原子能研究基地（哈韦尔）的 W. M. 柯里（“肯”）博士、英国伦敦大学学院罗宾·雅各布教授、英国伦敦大学学院埃梅里塔·瓦伦丁·可拉教授、原英国通信公司的罗杰·米斯巴赫博士、英国通信公司的凯文·普瑞先生、原英国专利协会的布莱恩·里德先生、原 Grant Spencer, Caisley & Porteou 事务所的艾德里安·斯宾塞和原牛津大学的读者莱昂内尔·斯坦夫利博士。唉！其中一些人已经离开我们，不能收到我的感谢之语。

我也从一些机构组织的会议中收获很多，这些机构主要是：英国特许专利律师协会、商标律师协会、国际许可贸易协会、竞争法协会、品牌和创新法律研究中心、牛津大学知识产权研究中心、知识产权联盟、国际商会、欧盟工业研究管理协会以及以前由布莱德福德大学组织，后来由英国皇家艺术协会组织的 Ilkley 研发会议。

我也要感谢 WhiteKnight 咨询公司理查德·卢卡斯先生对研究“无纸化办公”系统部分的指导，以及 Magister 公司斯蒂芬·亚当斯先生提供关于信息科学的指导。我也要感谢大学和学院联盟的保罗·科特雷尔先生与我讨论高校发明的事情；感谢博洛尼亚的译员卡蒂娅·佩尔迪卡罗女士与我讨论“母语规则”，我受益良多；第 5 章关于日语翻译问题的小节和相关附录未写到的内容并不是我在 20 世纪 90 年代后期与旭古岩长（欧日交流基金的商科硕士）女士、原 Suzuye & Suzuye 公司的塔罗·科伊克、敦提的迈克·兰迪译员的工作。第 18 章得益于我在几年前与 Gosfield 卡琳·霍洛维兹女士的工作。

在 2010 年和 2011 年对从业人员进行的调查（见附录 0）是基于匿名进行的，所以我无法感谢他们的名字。

我要感谢那些阅读本书部分内容并与我的想法产生共鸣的人：布鲁内尔大学苏马·阿斯莱伊教授、简·卡德女士、蒂伯·戈尔德先生（原 Kilburn & Strod 的 MBE）、Abel & Imray 的里查德·麦尔先生、凯文·普瑞先生（上文已提到）、艾塞克斯大学的凯瑟琳·罗考特博士、伦敦政治经济学院的肯·谢德勒教授、原 ICI 的大卫·泰瑟姆先生，以及我的妻子埃梅里塔·凯思琳·伯克教授。其他还有很多人也给我一些小的建议和参考。

我也要非常感谢出版社伊恩·罗斯先生的帮助。

当然，本书中的错误和疏漏都是我的责任。

目　　录

Part A　基础篇

Part B　案例篇

Part C　其他主题

Part A

基础篇

第 1 章　法律专业素养

第 2 章　职业道德与特权

第 3 章　系　　统

第1章 法律专业素养

值得一做的工作值得做好。
——英语谚语

至善者，善之敌。
——伏尔泰（原名弗朗索瓦·马利·阿鲁埃，1694～1778年）

引　言

1.01　不论对于哪种知识产权机构的管理层，法律专业素养都是至关重要的。管理层务必营造一种尊重和鼓励专业精神的环境，在这种环境中，（早期的）懈怠会被发觉和阻止，人们的职业素养会不断提高。

日志和到期日监控

1.02　任一从事专利、外观设计和商标的申请、审查和续展工作（fp&r）的机构，都必须高度重视到期日登记制度，保证所有案卷的到期日都记录在案。错过到期日可能对客户造成实质性损害，将成为客户指控私营机构失职的确凿事由。笔者曾对20家开展申请、审查和续展业务的机构进行过问卷调查。这些机构有的是附录0中所列的私营专利代理事务所，有的是公司内设的知识产权部门。它们无一不对到期日的跟踪登记给予高度重视。

1.03　自20世纪80年代以来，申请、审查和续展自动化案卷管理系统（CMS）已得到普遍应用。此次问卷调查所涉的20家从事申请、审查和续展业务的事务所均采用这种自动化案卷管理系统，同时仍保持纸件备份。自动化案卷管理系统记录了案卷的关键数据，以及各案卷的日志提醒。这是一项长期的工作，例如，在提交一份作为优先权的专利申请时，事务所应将重大事件提醒节点设在第12月和第30/31月。这种需求之特殊在于，常规的个人日记系统（即使已实现计算机化）无法实现，因为从创建提醒至到期日这个时间段内，最初负责该案件的从业人员极有可能已经离开，或转而从事其他工作。相反，在自动化案卷管理系统中，提醒是与具体案卷相关联的。系统会依据案卷记录，定期（如每周）为当前负责的从业人员生成个人提醒事项清单，并逐一提醒。这种提醒清单可依负责人员姓名归类，或依日期归类。一旦人员离岗，系统会自动对其所负责的案卷进行筛查，并重新分配给其他人，这远比重新分配提醒记录本身要有效得多。每一项有效权利至少都有一项提醒记录，但起码都有到期提醒（在到期日后，该项案卷将被标注为“终结”）。

1.04　对于那些尚未提交但又将作为优先权的专利申请，自动化案卷管理系统仍略显不足。如果仅在提交专利申请时创建案卷记录，上述专利申请就无法自动获得日志日期。笔者建议，从业人员应在确定具有申请可能性时，即刻创建案卷记录（虽然有时候在案卷编号分配完仅仅数小时后就决定不就此案提交专利申请，但该案卷也将被标注为“终结”）。否则，如果从业人员离开或“出现变故”，提交专利申请的机会就会错失。

1.05　如果如调查问卷中所涉及的所有专利代理事务所和内设知识产权部门一样，业已建立一套申请、审查和续展的自动化案卷管理系统，那么您应将这套系统同样用于申请、审查和续展以外的其他业务，如专利侵权排查、争议和协议。显然，上述其他业务的有效案卷都至少应该有一个提醒日期。在调查问卷中，笔者发现，大多数相关机构的确都将申请、审查和续展以外其他业务的案卷纳入其自动化案卷管理系统。但是，它们并未（a）全面，或（b）确保每个有效案卷都至少有一次提醒。的确，创建此类提醒有些困难：交付意见或协议草案的最后期限，或者对另一方的协议草案作出回应的最后期限，通常具有随意性。也就是说，此类工作并不如申请、审查和续展等工作那般有标准模式可依，因此更难确定到期日。此外，还有一些工作（特别是兼并和收购）进展非常迅速。然而，笔者认为，这些问题绝不是不可克服的。我们注意到，此次问卷调查所涉及的这些企业内设知识产权部门花费在非申请、审查和续展工作上的时间比例非常大，为30%～60%。

1.06　即便有了自动化案卷管理系统，“常规文件”也是一种隐患。通常情况下，机构中的人员在处理一些可以即刻处理的琐碎工作（无论是考虑可能的发明还是非申请、审查和续展工作）时允许使用与某一客户相关的常规文件。但是，如果上述工作未得到及时处理，这些常规文件就会被滥用。这样就会产生一种风险：系统并未就这一未得到及时处理的琐碎工作创建提醒，人们也就无法注意到仍有工作尚待完成。

1.07　调查所涉的知识产权律师事务所［附录 0 中的第（ii）类］都没有能够创建提醒的自动化案卷管理系统（即使有，也仅限于单独的商标部门使用）。仅有一家律师事务所使用电脑个人日志系统，但个人日志系统远不如案例日志系统强大。另外，律师事务所处理工作的工作周期也比申请、审查和续展等事务的工作周期短，因此风险较小。与专利代理事务所和企业内设知识产权部门相比，知识产权律师事务所中“独自”完成和无人监督的工作较少，因此一旦有人离职或“出现变故”，同事基本都知道怎么处理相关后续工作。

从业人员判断和管理，以及同行评议

1.08　在某些客户严重依赖从业人员判断的领域，由于工作高度专业化，从业人员即使消极怠工，客户也可能在很长时间后才发现。事实上，只有在遭受损失的时候，客户才会注意。当然，很多粗劣的工作从未暴露，这是因为这些工作所涉及的事项不具商业价值，因此相关文件未引起潜在对手的关注（更别说提起司法诉讼了）。例如，即使一项撰写完美的权利要求有时会毫无价值，那么被过度缩小的权利要求又有何妨。又比如，在研发合作谈判过程中，合作双方最终无意开展合作，那谈判之初达成的“关键”知识产权条款写得再差，也就无关紧要了。从统计学意义上来说，即使从业人员知道并不是每项工作都很重要，但是在开展工作时他不能这么想。

专利撰写

1.09　专利的权利要求非常专业，即使具备法律资质（但几乎没有专利经验）的客户也无法评判专利申请的撰写。如果您正在阅读本书，笔者需要提醒您的是，由于专利从业人员长期处于一种非常规的法律环境中，他们可能早就对权利主张的逻辑复杂性习以为常了。从法律的角度看，可能出现这样一种极端的情形：虽然一件专利申请仅有 5 项权利要求，但权利要求 2 ~ 5 项中的每一项内容均与其他一项或多项在先权利要求相关，均从属于其他在先权利要求。为了帮助圈外人（或实习生）理解，我们可用维恩图进行说明（见图 1.1）。[1] 这样层

[1] 有关维恩图（以及以维恩图作为图示的布尔代数）在专利实践中的具体应用，请参阅 2010 年 2 月 11 日关于 Morgan Crucible 欧洲专利申请 08151094.3 的上诉理由声明（可在 https://register.epo.org 下获得）。

层相套的唯一原因是，由于法律禁止增加事项，所以在一开始提交申请时就必须将所有内容都写入说明书中。如果一名刑事律师在为一名被指控在特定时间在特定酒吧里谋杀“手指先生”的客户做辩护，他这么抗辩，您一定会觉得滑稽：

1. 受害人被枪杀时，我的客户不在酒吧里。

2. 假设他当时在酒吧里，他没有枪。

3. 假设他当时在酒吧里并且有枪，他没有开枪。

4. 假设他当时在酒吧里并且有枪，虽然开枪了但未击中“手指先生”。

5. 假设他当时在酒吧里并且有枪，他开枪并且击中“手指先生”，他并非有意为之。

这么复杂的辩护逻辑❷都不如图 1.1 中的逻辑复杂（案例中权利要求很少是不常见的）。

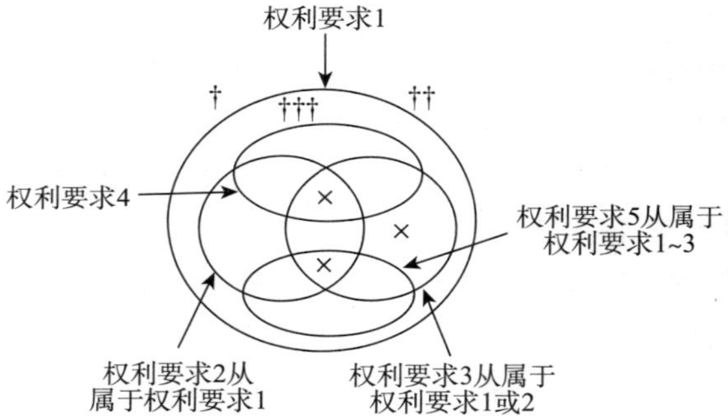

图 1.1　权利要求的逻辑复杂性

注：×代表具体的实施方案。权利要求 2、权利要求 3 和权利要求 4 的特征可以彼此独自成立或不成立，权利要求 2、权利要求 3 和权利要求 5 的特征亦然。然而，权利要求 4 和权利要求 5 的特征在逻辑上是不相容的（例如在一项化学方法专利中，权利要求 4 的特征可在pH≤5 时酸催化，而权利要求 5 的特征可在 pH≥9 时碱催化）。为明确起见，我们假设申请人和知识产权局都了解现有技术中公布的 † 和 ††，并且已经批准 5 项权利要求。即使在这种情况下，仍然需要新的独立权利要求（4 项从属权利要求及各种交叉结合点）作为后备和支撑立场，因为法官可能就发明与 † 或 †† 相比是否显而易见与知识产权局意见相左，或可能出现新的现有技术 †††。

1.10　从业人员在撰写权利要求时如果犯错误，当时可能无法发现，除非他自查或被同事发现。笔者曾是一个知识产权机构的负责人，曾遭到一位多年

---

❷ 上述刑事律师的辩护可以用 5 个嵌套环的维恩图来表示。作为此类辩护的权威，Smith（2010）在第 7 页讲了一个关于 Punch 的故事。史密斯将第 2～4 项辩护描述为“场景描述”，将第 5 项描述为“认罪”和“逃避”。但专利权利要求的类比也就只能到这里。

参与其所在商业机构发明专利申请工作的客户质疑，“我实在不知道你们部门的某某为我们提供的专利申请服务是好是坏，你怎么能保证我所得到的服务是合格的呢?”在问卷调查中，也有一个私人事务所表示曾遇到同样的质疑。笔者认为，最好的解决方案是同行评议。

1.11　尤其是在确定优先权申请案件时，邀请同事进行同行评议是很有帮助的，因为：

（i）即使一位经验丰富、尽职尽责的从业人员所起草的文本也会出现错误和明显误判，其他人即使不参考现有技术或文件，只是将文本读一遍，都会很快发现这些错误。最初负责起草文件的人可能因深陷工作或饱受压力而出现的错误，其他人一看便知。

（ii）由于禁止增加事项，如果不能在优先权年度届满前被发现，大部分错误和误判都是无法补救的。相反，它们可以在提交优先权申请之前、提交第二份同族专利的优先权申请时或者在年末文本中进行修改（这样可能影响权利要求的优先权日）。

1.12　接受调查的 10 家公司内设知识产权部门中，有 5 家公司将大部分或全部优先权专利申请的文本提交同行评议。其中，有 3 家总是或通常在提交用作优先权的专利申请之前，要求评审员进行正式的签字，另外 2 家在（申请提交后）将文件分发与相关从业人员，请他们在评议表上发表意见，并回传至最初的起草者。接受调查的 10 家专利代理事务所中，有 1 家（真是少之又少）将所有优先权专利申请提交同行评议（请注意，无论是最资深的从业人员、资历较浅的从业人员还是在资深从业人员指导下的实习生，他们所撰写的文件均需无条件接受同行评议。❸ 这说明他们不是理所当然地觉得对实习生指导都是高质量的）。接受问卷调查的 1 家公司内设部门也有同样制度。此外，还有一位私人事务所的合伙人邀请一位同事就她提交的优先文本发表意见。调查参与者所述错误的严重性可以印证同行评议的价值（见表 1.1）。

表 1.1　同行评议中发现的优先权文本错误

保护范围过窄	非必要地对主权利要求进行限制：最常见的错误； 从属权利要求错误：如果申请人/专利权人放弃一项或多项主权利要求，则保护范围会被缩小； 主权利要求非常宽，而从属权利要求非常窄，不够达到有效支撑的效果 *

❸　另有一家私人事务所只为一位坚持要做同行评议的客户做了同行评议，也许该客户只是根据质量标准要求“走流程”（参见本章最后一节）。

续表

保护范围模糊	（尤其是）主权利要求过度死抠法律条文（特别是翻译有问题——参见第5章）； （尤其是）主权利要求格式混乱，没有用缩进和/或标记来区分部分，例如“（i）”“（ii）”“（iii）”（特别是翻译有问题——参见第5章）； 权利要求中使用未定义的术语
权利要求未能得到有力支持	尤其是化学案例中，实施例过于简单或过少，对照实施例不足； 低级错误：低级错误也可能很危险

注：* 虽然调查参与者没有提及此问题，但为完整反映所有错误，仍在此表中列出。一家英国公司曾公开批评某私人事务所向其提供了“超载”文案（CIPA，2005）。另一家公司私下曾向笔者提及同样的批评。

1.13　在学院文化盛行的机构中，很多同行评议都是通过非正式的渠道进行的，比如人们就案件进行讨论。但不是所有的机构都有这种学院文化，也不是所有的人都愿意以学术讨论的方式来对自己的案件进行同行评议。此外，以质量标准来衡量，这种非正式的同行评议并不能被视为同行评议（参见本章最后一节）。

1.14　笔者可以大致量化出对优先权文本进行正式同行评议的成本。如果不对现有技术进行评估，仅考虑说明书中所述的信息，主要仅检查表1.1中所列的明显重大错误，笔者能够在大约5个小时内审查完10份优先权专利申请（涵盖防御常涉技术领域一半以上之多）。在典型的同行评议制度中，另外两个人在每份文件上所花费时间也基本相似。这样，每份文件所需花费时间为1.5小时。

1.15　对于所有中等规模的机构而言，对优先权文本采取同行评议都是可行的。除最初的撰写人员外，通常还会有3人能为所涉撰写“提升价值”。详细了解特定技术或客户并不是必要的（事实上，如果最初起草的代理人已经从发明人那里接受一些关于发明的错误假设，那么缺乏这些了解反倒不无裨益），具备常规撰写领域（机械、物理、化学/材料和系统等）的技能就足够了。如果因机构规模太小而不能在机构内部进行有效的同行评议，则可以考虑邀请较大的机构对其起草的每份优先权申请文件进行约1.5小时的同行评议。Srinivasan（2011）曾提及，J. A. Kemp & Co事务所为一位客户提供了同行评议服务。

1.16　那些进行正式同行评议的人都认为，平均回报率大大超过这1.5小时的成本，主要表现为：降低了起诉成本，增加了专利的商业价值，提高了授权前景，减少了诉讼费用。

其他知识产权工作

1.17 越来越多的诉讼业务是在机构内或机构间进行的，这样就需要进行大量相互检查。

1.18 然而，回复官方通知书、就侵权和有效性出具意见，以及协议起草在大多数情况下都很可能是由一个人处理的，理论上也需要同行评议。这种同行评议比优先权申请文件同行评议更难：评议对官方通知书的回复，需考虑现有技术以及与审查员的谈判地位；评议侵权和有效性意见需涉及大量文献；而在协议即将签署前开展评议则需了解商业目标和谈判历史。接受问卷调查的一家公司内设知识产权部门要求，任何协议签署前均需经由他人进行同行评议，任何意见发布前均需提交管理层进行评议。此外，在接受问卷调查的私人律师事务所中，通常会有一名合伙人对执业律师进行监督。上文提及的那家对所有优先权申请文件进行同行评议的私人专利代理事务所，实际上要求对所有的业务都进行同行评议，包括官方通知书答复、意见出具和协议起草，这实在是非常罕见的。

1.19 如上所述，对于客户而言，对优先权申请文本进行常规同行评议，具有明显有利的成本/收益比。接受问卷调查的私人律师事务所还反映，可能受益于此类常规评议的业务还包括在将协议初稿发于对方之前。它们收到的很多协议初稿，从技术的角度来看，质量低下、错误百出，例如不一致和循环定义等（可能是由于不慎夹杂先例和标准条款，或者因使用不好的先例，以致“恶性循环”）。这些错误浮现在文本表面，一览无余。消灭这些错误所需成本与对优先权文本进行同行评议所需成本基本相当（参见第 1.14 段）。

通信纪律

1.20 当笔者（1974 年在一家私营机构）开始知识产权职业生涯时，大多数通信都是通过信件进行的，间或有些电报和电话，但后两者不适合交换复杂的材料。那个时候，从业人员习惯查看上午 10 点左右送到办公桌上的邮件，准备材料供邮差在大约下午 4 点收走。通过邮寄进行通信自然很慢，但它们往往是有序的。从业人员在与客户的沟通中，通常能成功地了解具体情况并予以明确回应。

1.21 如今❹，客户给从业人员发电子邮件时可能同时也抄送其他人。而

---

❹ 商业通信的加速始于 20 世纪 70 年代后期传真的使用，然后组织内部开始使用电子邮件进行通信，最后使用电子邮件（包括附件）与外界和同事进行通信。

当从业人员在起草复函时，客户可能又发来电子邮件，而且内容可能与原先的电子邮件不同。这种情形并不罕见。客户的邮件写得可能非常简要，远不如以前正式。电子邮件往往取代电话，而不像电邮时代之前所使用的信函。这给从业人员造成的困难是，这些指示往往未经深思熟虑，也不能如电话里那般立刻进行澄清。即使有时候这些邮件需要认真思考，客户可能还非常着急，期待所有的电子邮件都能立刻得到回复。此外，客户可能用手持设备来阅读从业人员发来的电子邮件，由于文件较小、格式较差，可能对邮件产生误解。

1.22 即便如此，从业人员在致函客户时至少应该遵循一项传统标准，即“准确把握情境并明确做出回应”。即使在一年或更长时间（在知识产权领域，一年时间并不算长），当人们（无论是最初的从业人员还是同事）重新阅读这些往来函件时，不需要进行推论。如果没有达到这个标准，那么当案件被“重提”时，可能浪费时间并产生错误。电子邮件盛行前流传下来的这些经验可能还具有参考意义：

（i）往来函件应开门见山地明示其所回复的对象，不论是一系列电子邮件中的某一封，还是其他任何材料，如“平行”电邮。

（ii）函件应明确说明从业人员开展工作所基于的假设和逻辑推理。由于电子邮件的即时性，写邮件的人会认为，他已经足以让阅读者记住某事或推断出某事。事实上，在那个时间点，他的确做到了。但随着时间的推移，记忆会变得模糊，推论会变得不那么显而易见。一位专利代理人在参加英国特许专利代理人协会关于专利侵权和有效性的考试（用时约 4 小时）时发现，他因缺少推定事实和逻辑步骤而丢了分。[5] 同样的原则亦适用于与客户的通信（以及文件的注释说明）。

（iii）所有日期均应默认包含年份。例如，通常用“3 月 21 日”来指代前一个 3 月 21 日或下一个 3 月 21 日的做法，这只适用于短期通信。

（iv）与客户的函件结尾应简洁清晰地总结工作的概况，尤其当从业人员仍然需要客户给予反馈时。

（v）往来通信应条理清晰。如何做到这一点是个人风格问题，但标题和编号段落是笔者的首选［本书对每段都连续编号，这是英国公务机构处理复杂文件的优良传统，详例见 Clementi（2004）、Gowers（2006）和 Hargreaves（2011）］。应避免在电子邮件正文中加入复杂的内容，以免电子邮件内因格式问题流失于收件人邮件系统。文字处理（word）或可移植文档格式（. pdf）文

---

[5] 这一考试不同于大学科学学位考试，好考生可能会在陈述观点时因缺少事实和步骤而丢分，而差考生可能因此得分。大学考试选拔的则是那些能高水平处理问题的候选人。

件应作为附件上传。

（vi）出于可靠性考虑和证据目的，应始终将文字处理文件（例如 Microsoft Word 下的 .doc 文件或 .docx 文件）转换为可移植文档格式后附加到电子邮件中（接受问卷调查的私人律师事务所通常都会这样做）。邮件接收人无法有意或无意地改变可移植文档格式（.pdf）格式的文件，而且这种格式的文件可以像打印出来的文件一样呈现在屏幕上，不会有任何缺失。例如，在 Microsoft Word 操作系统下双击打开 .doc 格式的本章文件，除非采取其他措施，否则脚注部分就不会显示。

我们还询问参与问卷调查的人，从业人员自己录入电子邮件、电邮附件以及其他文件会有什么样的效果？以前并不是每一位从业人员的桌子上都有一台电脑。通常是由一名秘书根据从业人员的手稿或口述录入文字，然后经从业人员一轮或多轮的核对，再由秘书进行更正。一些从业人员并不善于录入，正如一位调查受访者所述，“他们的脑子跟不上打字速度，这就是问题所在”。有些事务所要求从业人员先打出初稿，然后打印出来，手动纠正，并请秘书进行更正。有些事务所力劝其从业人员仅口述包括电子邮件在内的所有文件，然后交由秘书录入。对于这些事务所以及那些未尝试这么要求的事务所，还应考虑另外两条针对计算机环境的规则。

（vii）从业人员在点击“发送”按钮前，应将电子邮件和附件都打印出来检查。

（viii）从业人员应该牢记，在前电子邮件时代，当他处理一项工作时，秘书在录入或更正函件错误时候，他或他的前辈都能借机喘口气。当电子邮件所涉事务虽棘手却不紧急时，从业人员应考虑将他即将发送的电子邮件存入“草稿”箱中，放一段时间，即便只是一个晚上，再拿出来审核一下，这样他能把问题留到第二天解决。快速回应客户的请求虽然让客户看到你的工作热情，但也可能帮倒忙。

档案纪律

1.23　现在的问题是，如何保留发给客户的文件和从业人员自己创建的文件。我们假设某一美国专利申请的案卷编号是 A1234US，或某一特定协议的案卷编号是 G2345。在纸质文件档案系统，会有一个标有相应案卷编码的硬壳文件夹，与案卷相关的所有往来函件都会被装订或贴上标签，和其他更多文件一起放进文件袋中。“无纸化办公”系统亦可同样适用这套流程（更多细节参见第 3 章）。

1.24　有效的文档纪律旨在确保案件能被轻松“接手”，可能是一个新的从业人员接手案子，也可能是最初的从业人员在遗忘案件细节后重新接手案子。在硬壳文件夹里，装订或贴有标签的往来函件应是完整的，并按日期升序排列，与文件袋中的文件相对应（例如，2013 年 1 月 25 日的 Fred Bloggs 案，装订夹或标签上可能会标记“袋中有 2 个附件”，而文件袋中的附件可能标注为“FB 25/1/13，2 个附件之 1”和“FB 25/1/13，2 个附件之 2”）。是否遵循这一标准虽然是一个纪律和文化问题，但过去为很多文秘人员所广泛认可。而现在，由于从业人员自己打字，同时随着电子邮件的使用，人们不再严格遵循这一规则。调查发现，企业内设知识产权部门的文件完整性较差，或因为缺乏辅助人员进行打印和归档，和/或因为从业人员和内部客户之间的电子邮件往来数量巨大。

1.25　电子邮件的“源源不绝”令人沮丧。假设一封电子邮件会发送给 4 个人，他们再回复给最初的发件人，然后彼此再进行评论，如果把这些电子邮件都打印出来，那数量是非常惊人的，而且很多（当然不是全部）都是重复信息，因此很难拼凑成一个完整的“故事”。通过选择每个电子邮件的第一部分（如果电子邮件采用 .html 格式，就可以有选择地打印而不会浪费纸张），可以减少打印文件的数量，从而提高可读性。但是在这样做的时候，您务必牢记，有些人会在原文中加入回应来评论原始文本。所以人们在废纸扔掉前应该仔细检查，确认所丢弃的纸张上记载的是否确为重复信息。

1.26　有一种提高归档准确性的简单办法，就是将自己的案卷编号放在非常突出的位置，并有可能在任何回复中都“重复出现”。在电子邮件中，“主题”栏的开头是非常重要的。在信件中，“回复”或“主题”栏通常胜于传统便笺纸里不起眼的“我方编号”框。正如第 3 章所讨论的那样，一套好的“无纸化办公”系统对归档工作甚有裨益（尽管电子邮件源源不断的问题依然存在）。

技能和知识——招聘、培训、资源和继续教育（CPD）[6]

正规的上岗培训

1.27　正如前言所述，即便你具备基本法律资格，想在知识产权领域执业仍有严重不足。这就意味着，从纯粹的法律角度来看，即使在取得资质后，也需要就专题继续学习。希望专攻知识产权的普通律师通常需要接受大量特殊培

[6] 本节主要讨论从业人员的法律业务。对体系的了解和掌握、创新和专利策略、金融和商业，以及人员管理等问题将在后面的章节进行讨论。

训。美国代理人必须通过美国专利商标局的考试才能代表客户处理与美国专利商标局相关的业务。尽管并非强制要求，很大一部分英国律师还获得了牛津大学“知识产权法和实践”文凭（一门为期一年的业余课程）。同样，尽管不是强制要求，有意从事知识产权协议工作的英国或欧洲专利代理人，通常都会接受正规在职培训。对于他们来说，常规的合同与竞争法课程和研讨会以及常规的法律阅读❼，和学习知识产权协议特有的“秘诀”一样重要。并购、收购以及公司法通常也很重要。

1.28　有许多专门关于知识产权交易的短期商业课程。笔者还知道有两门考试是专门关于知识产权交易的。第一门是“许可专业人员资质”考试（在 3 小时内完成 150 道选择题）。弗吉尼亚州亚历山大市的许可专业人员资质公司自 2008 年以来，在北美及以外的许多地方举行了这一考试。那些符合资格要求并且通过考试的人将具备“许可专业人员资质”。第二门考试则是由品牌和创新法研究院（IBIL）组织的。该研究院于 2013 年 2 月首次在伦敦举办一个为期 5 天的课程，课程结束前进行一场 2 小时的考试。完成学习并成功通过考试的学员可以获得知识产权交易证书。

语言❽

1.29　任何法律工作都需要以语言的精确使用为基础。不仅在招聘实习生时重视语言，通览从业人员整个职业生涯，语言都是非常重要的。与科学论文不同，或者就本书而言，专利说明书或合同需要能在法庭上与对方当事人进行抗辩，需要根据自己的利益进行解读。如果从业人员有任何对客户不利的失误，就会被对方当事人抓住并利用。

1.30　至少在英国和美国，法官的平均年龄都要比从业人员年龄大。他们的英语语言能力很强，对语言的要求有自己的标准。与年轻的从业人员不同，他们可能会本能地以语法和句法去分析英语句式，例如“现在分词的先行

---

❼ 英国大学法学院一年级学生学习的 Smith（2010）一书较好地阐述了知识产权从业者的纯专利工作。例如，专利代理人将看到第 128 ~ 129 页和第 139 页描述的案件如何呈现类似于专利中的案件的构造问题，分别涉及“在运动中”和“在附近”。

❽ 正文中未讨论外语。除英语外，在处理专利和协议等业务以及面对客户时，对英语以外其他语言的了解远没有 20 世纪 70 年代那么有用。这一变化已经反映在 EPI 资格考试中，过去该考试要求掌握三种官方语言（英语、法语和德语），但现在只要求掌握一种。即便如此，对于商标从业者而言，他们仍需掌握足够的语言技能以正确使用外语词典，而在学习外语的过程中语法和句法对其母语也有帮助。

词"[9] 和"省略号"[10]。不久前，一位英国法官因某位律师的书面英语太差而在法庭上公开斥责他。霍夫曼勋爵在判例中表现出来的博学，使得英国的专利权利要求书写需采用"转喻"和"提喻"等修辞格。[11] 在理想情况下，从业人员应该具备足够的语法和句法知识，能够以客观而非模糊或迷信的技术方式分析歧义、错误或推定错误。[12] 此外，从业人员应避免使用常用词典上没有的词语，例如用"推断"来表示"说明"，反之，也不能用"自发"来替代"快速"[13]，或用"无定性"一词来表示"易燃"[14]（虽然所有这些用法甚至都可以在 BBC 电台上听到）。[15]

1.31 英语中直接使用的古典语言名词是一个问题，特别是因为它们的复数形式通常[16]遵循原始古典语言（例如"轨迹"的单数为"locus"，而复数为"loci"，"指数"的单数为"index"，而复数为"indices"）。没有学过拉丁文的人难以理解，词尾的"a"可以根据情势不同，分别表示单数或复数。由于古典语言教学日渐式微，人们常常会在这方面产生错误。然而，英语词典明确

---

[9] 在"傻西蒙遇到了一个卖馅饼的人正往市集去"中，到底是傻西蒙正往市集去，还是卖馅饼的人正往市集去，这是不明晰的。同样，在法律文书的撰写中，类似的含糊不清也是非常常见的。

[10] "玛丽和我生活和变老"这句话过于省略。任何有理性思维能力的读者都会推断出，这里少一个词："玛丽和我一起生活，一起变老"。然而，如果一位专利撰写员写道，"带有聚合物涂层的钢或铝制成的搅拌棒"，他的本意是"带有聚合物涂层的铝制成的搅拌棒或带有聚合物涂层的钢制成的搅拌棍"，但他不能指望别人也能这样理解。

[11] Kirin-Amgen Inc. 和其他人诉 Hoechst Marion Roussel 有限公司等，以及交叉上诉［2004］UKHL 46 第 51 段中曾提及霍夫曼勋爵在 Improver 公司诉雷明顿消费品有限公司案（［1990］FSR 181 Ch D）所作出的判断（Patents Ct）。霍夫曼勋爵说，英国专利并不适用等同侵权，但在特定情况下，允许对权利要求进行借喻性解释。借喻分为转喻和提喻。所谓转喻，例如用"瓶子"（来指代"饮料"）；所谓提喻，例如用"五十帆的船队"或"花钱看演出的人数"这样的说法。

[12] 人们对"约翰和我"的这个"我"应该用主格还是宾格往往有一种迷信性的恐惧，对分裂不定式也是一样。这种迷信性恐惧经常导致过度矫正或笨拙避用。笔者的一位客户对主宾格的选择恐惧至极，以至于在正式通告中采用"［Fred Bloggs］和我自己"这一形式，从而避免在"我"的主格和宾格中做出选择。要确定什么是常规的正确用法，可以进行技术分析，短语是句子的主语（使用主格），还是介词的直接和间接对象（使用宾格）。如使用技术术语，常规正确用法的陈述就会变得非常简洁，例如：（a）"'然而'可以用作句子副词但不能用作连词"，而（b）"'比'和'与……一样'可以用作连词但不能用作介词"。要想充分利用第 1.34 段所提出的各项建议，首先需要掌握技术术语的基本知识。

[13] "自发"一词与拉丁语"spontes sua"具有相同的主义，意思是"他/她/他/他们自己的"。根据定义，自发过程不是被诱发的，但可能非常缓慢，例如铀-238 的自发放射性衰变（半衰期为 45 亿年）。

[14] 乙醇和四氯化碳具有相似的挥发性（易于形成蒸气），挥发性是易燃性所必需的，但只有前者容易燃烧，如放在圣诞布丁上时。

[15] 正如英国读者所知，BBC 第 4 频道是英国主要的国内广播电台，用于发布重大新闻、评论和分析。

[16] 但并非总是如此。一些古典名词在英语中具有独特含义，如"data""agenda"和"referendum"。

指出，“标准”“现象”“媒体”和“细菌”的单数表现形式不应该是“criteria”“phenomena”“media”和“bacteria”，而应该是“criterion”“phenomenon”“medium”和“bacterium”。那些缺乏古典教育的人需要在字典里查一下这些词。

1.32 英语语言上的错误会在争议中为对方带来可乘之机，也可能导致翻译错误，尤其是当英语翻译成日语时。以英语作为母语的人，如果在语法或句法上犯错误，那么在日本人再翻译成日语时，就可能诠释为截然不同的意思（参见第 5 章）。

1.33 过去数年间，笔者一直尝试在部门里培养专利代理人（大部分学员都是学物理学的，其中有些人还具有博士学位）。学员被要求就某篇技术文章撰写摘要，或就一个简单的机电设备撰写一份书面的描述（该机电设备的功能应该从所提供的图中一目了然），并研究和修改一些与第 1.30 段的脚注⑨和脚注⑩类似的模糊句子。约一半学员因英语水平过低而无法栽培。而在成功入围的学员中，只有少数人在加入本部门之前就已经知道“推断”和“暗示”的不同含义。[17]

1.34 法律机构中曾盛行以在语言上胜人一筹为乐事，人们对语言非常重视，虽然圈外人都会觉得这种引以为乐非常迂腐。[18] 我们现在所能采取的最佳实践，可能是确保每个人手头都有《钱伯斯词典》《福勒现代英语用法》[19] 或类似工具书，并鼓励人们使用这些工具书（详见参考文献）。通常情况下，我们都应该鼓励人们遵循“良好的写作”规则并努力效仿它；像《新科学家》这样的杂志就几乎没有错误，RPC 同样如此。

查询——获取法律和技术信息

1.35 查询是一项常规工作。不论一个人的记性有多好，都不可过度依赖记性。出现任何相对罕见的法律问题，即使从业人员有 99% 的把握，他也应该在书里或通过在线资源查询一下。根据不同的专业领域，情形亦各不相同，

---

[17] 然而，对这一问题最好的回答是：“推断”意味着“演绎”，“暗示”意味着“建议”。

[18] 笔者曾经有一位备受尊敬的同事，对“他以语言的形式告诉我他将于 25 日前往伯明翰”这样的句子，他会接上，“如果他以非语言的形式告诉你，我会非常惊讶”。他的观点是，应该用“口头”，而不是“以语言形式”，因为非语言形式交流通常是通过面部表情、手势或不连贯的声音实现的。

[19] 这部著名书籍的最新版本于 1996 年进行一次全面的权威修改。其中，读者将找到对诸如分裂不定式（从而不会导致“过度悔恨”）和“你和我（宾格）之间”（这里的“我”，用宾格显然比用主格好）之间等问题的理性分析。当下时髦的“优雅的变形”在 1926 年的原版中被谴责，这种变形在法律实践中也非常危险。

例如：

（i）英国未注册外观设计权保护期限（根据版权、设计与专利法（CDPA）第216条，往往是去尾到历年年底）；

（ii）未登记的英国专利转让的效力（为符合欧盟知识产权执法指令，英国专利法第68条作了修订，并于2006年4月29日起生效）；

（iii）欧洲专利局相关的更为罕见的程序。

1.36 必要信息越难获得，从业人员就越不想去核查。笔者作为知识产权部门的负责人，一直努力确保本部门的每一位从业人员手头都有《特许专利律师协会专利行为指南》、Visser的《欧洲专利公约注解》以及《Butterworths知识产权法律手册》。部门还存有Samuels的《（美国）专利、商标和版权法》，Arnold和Siedsma的《荷兰手册》或《布朗书》《Butterworths竞争法手册》以及RPC等，这些书籍情况都已告知我们的从业人员（书籍详情见参考文献）。

1.37 笔者还建议，从业人员也要查阅技术方面的内容，而不是过分依赖（a）自己的记忆或（b）指导他们的技术人员。[20] 关于技术人员，客户公司常用的内部行话，有时并非行外人常用。在起草一份与（用于可乐等的）聚酯（PET）瓶相关许可产品的定义时，笔者曾被要求采用“预成型”一词。笔者谨慎地在《高分子科学和技术百科全书》中查询了一下，发现它具有多种含义，其中一种含义恰恰就是许可人希望排除在许可范围之外的内容。显然，协议中需要使用另一个术语，或者对“预成型”进行定义。在国防和航空领域，笔者总要确保知识产权部门除了上述书籍外，还有关于爆炸物和飞机飞行的基本资料。我们部门还有《CRC化学和物理手册》，以帮助从业人员就复合物或材料的物理或化学性质起草权利要求，或挑战此类权利要求。[21] 此外，知识产权部门还有《聚合物科学与技术百科全书》，因为聚合物技术无处不在。[22] 小的技术字典也很实用（书籍详情见参考文献）。

科技知识

1.38 负责起草专利申请或研究和技术协议的从业人员的科学或技术知识需要达到什么样的水平呢？诉讼律师（或法官）在接手工作时通常都配有一

---

[20] 过分依赖客户的从业人员在冒这么一种风险：“滥入，滥出”。虽然这种“滥入，滥出”可能不一定会造成过失，但对客户来说，终归是不好的。

[21] 例如，酸的pKa范围、焊料的熔点范围，或钢的拉伸强度。

[22] 高中高年级学生在学化学的时候会学到聚合物含有单体，也会掌握一些合成和天然存在的聚合物；但是大学化学课程可能就会忽视这个领域，学生对此的了解仅停留在高中水平。

些详细的介绍材料，但负责处理“常规”的专利申请或协议工作的从业人员没法获得这些信息，需要自己寻找或向身边的同事寻求帮助。

1.39 专利申请撰写人员通常具有数学、理科或工科研究生教育背景，但重要的是保持他的技术技能。至少，他应该有信心使用第 1.37 段提到的参考书籍。

1.40 大多数发明人都很配合，喜欢谈论他们的工作，并且愿意向专利撰写人员解释很多问题。但是如果撰写人员的基本理解水平太低，他们就会“闭嘴”。[23] 专利申请撰写人员对技术的理解差，很容易导致该专利在欧洲因不充分、在美国因缺乏可行性而无效。撰写人员必须设想自己有足够能力可以实现或者制造出所申请的专利，这样他才能确定是否需要增补信息。发明人往往不会主动披露所有必要的信息。[24]

1.41 管理层可以采取以下措施来解决这一问题：

（i）鼓励实习生和具备资质的人员加入工程院、英国物理学会、英国皇家化学学会或其他相关专业团体，阅读这些专业机构的月刊，并进一步提升其科学或工程专业的专业知识（CPD）。

（ii）鼓励他们阅读《新科学家》和/或《科学美国人》。

（iii）提醒英国专利代理人，参加技术培训可以计入职业继续教育学分登记系统（CPD），该系统对律师的要求是每年 4 小时的继续教育学时，但需注意的是，4 小时要求适用于此类培训（“通常计数的活动”，知识产权监管委员会 2013 年规定的第 11 条）以及其他一些类型的培训（“通常计数的活动”，第 5 ~ 10 条和第 12 ~ 15 条）。

1.42 然而，不论一个专业的专利撰写人员如何努力地保持其技术水准，他都需要面对一些他无法胜任的技术领域。撰写人员有义务[25]意识到自己的局限性，包括：

---

[23] 科学家和工程师可能会一转眼就忘掉他们在大学所学的知识。但笔者认为，专利申请撰写人应该尽力确保他在与发明人会面时，至少应具备大学低年级学生所应有的技术水平。如果发明人需要向撰写人解释应力、应变或电容的含义，以及为什么他们有单位（在应变的情况下，为什么它是无量纲的），这就非常糟糕。他们应提前快速复习一下原先的教科书，这是对发明人的一种尊重。

[24] 那些在科学期刊上驾轻就熟地发表论文的发明人可能不会意识到，期刊可接受的技术描述在专利中往往会被视为不充分（Cole，2006，第 2 页和第 3 页的桥接段）。从学术文献中提及的化学制剂或半导体器件，如想进行复制或制造，可能需要进行“过度实验”（Hsiung's Patent［1992］RPC 497 CA（Civ Div），第 526 页）。只有当学术论文中的实验被证明是不可复制的，即结果严重错误或伪造时，学术作者的声誉才会受到影响。

[25] 例见 IPReg（2012）第 4 条规则，其中包含的指导意见适用于所有工作，而不仅仅是专利撰写。

(i) 完全不熟悉该技术领域；

(ii) 不了解有关技术领域中权利要求的格式或充分公开/可行性标准。

1.43 第1.42段中所提及的第一种情形一目了然。所有专利撰写人员都会认同，基因发明的专利申请是极其复杂的，原因很简单，大多数撰写人员最开始都不能理解发明。Cole（2006：85）指出，跨学科发明要求不同背景的从业人员之间必须开展合作。Cole所提到的例子包括：

(a) 化学领域专业人员起草了一份关于新的液晶设备的专利申请，但遗漏了驱动这一设备最佳波形的描述，而（b）机械工程师则遗漏了某一架构所使用材料的细节。

1.44 第1.42段中提及的（ii）可能较为少见。即使一个人了解一个领域（机械、电学、计算机、化学和生物）的技术，也不一定能将其他领域所学到的撰写技术应用于这一领域。英国的专利代理人考试曾经非常重视这一问题。[26] 笔者“出道”时接受的是化学领域的撰写训练，但是也曾亲眼见到一位深谙化学的撰写人员犯这样的错误：

(i) 因过度担心涵盖到那些可能无法发挥作用的事物而将权利要求范围写得过窄。

(ii) 因未提供化学专利通常需要的详细“实施例”，公开不充分或无法实施。[27]

1.45 因此，面对您不熟悉的领域或无法独自胜任的跨学科领域，建议您查阅一下Cole（2006）或向同事求助（事实上，如上文所述，您务必要这么做）。

1.46 那么，负责研究协议谈判和起草的那些人需要对技术理解到什么水平呢？在某些领域，即使是稍微了解一点科学或技术的从业人员，自己也可以获得必要的知识。例如，在信息技术领域，可以从软件作者撰写的关于语言和“源代码”和“反编译”[28] 等术语文件入手，可以查看几行用C++等语言写成的源代码，这就像人们喜欢在起草海事合同之前先看一下大海是同样的道理。

1.47 然而，在材料、半导体、化学和复杂机械等领域的研究和技术协议中，明确许可范围的定义可能要求对技术有深入的了解，因此协议撰写人员需

---

[26] 1991年以前，英国的考试都会要求考生就一项较为简单的发明撰写文件，还会要求考生在复杂机械装置中，如移动楼梯、电子发明和（非常现实的）化学装置，选择一种撰写一份文件。

[27] 笔者在此必须承认自己的重大缺陷。笔者或许可以理解涉及众多活动部件的发明，但笔者不愿意为这样的发明撰写专利申请，也从未受过“撰写技巧”的培训。

[28] BASIC不是编译型语言，而是解释型语言。

要从具备这些知识的从业人员那里获得支持，以弥补个人技能的不足。依靠客户可能还是不够的（您可以与第1.37段中关于“预成型”的讨论进行比较）。

法律职业继续教育（CPD）

1.48 最后，所有从业人员在通过资质考试后，仍需要接受法律职业继续教育，不论是在机构内部还是从机构外部。知识产权法的演变速度如此之快，任何人都没法第一时间了解所有权利类型和所有重要领域的立法变化。有些从业人员需要深入了解知识产权的某些具体问题；其他人需要掌握更广泛、更平面化的知识。近年来，与知识产权从业人员相关的众多主题至少包括化学化合物的多态形式、计算机相关发明、知识产权相关集体豁免条例的变化、合同法的更新，以及公司法的变化。[29]

质量管理体系（QMS）和质量标准

1.49 传统上，质量管理体系（QMS）会设定一套指令（如在一本手册中），规定工人“应如何完成工作”。质量管理体系可能会部分嵌入在机构使用的案卷管理系统或微软 Word* 模板中。例如，手册可以简单地说“优先权申请需使用标准模板 priority. dot”或“回复未经请求的技术建议需使用 uts. dot”[30]。在质量管理体系中，人们忽略了那些具备资质的从业人员所掌握的法律知识，而专注于那些与其他机构不太可能相同的事情。一种极端情形是，质量管理体系规定了机构内的特定程序，例如如何打开文件、如何保存文件以及如何记录工时表。还有一种极端情形是，质量管理体系规定限制从业人员自由职业选择的规则、指导意见和政策（参见前言）。

1.50 所有的机构都有某种形式的质量管理体系，虽然有时候并不这么称呼。但是，它们可能还希望由外部审计员对其质量管理体系进行审计，这样它们就能挂上一个证书，或在其信纸和其宣传材料上注明其质量管理体系已通过审查。这样的一套审计工作，不仅要检查质量管理体系本身，还要通过面谈和材料检查等手段来检查质量管理体系的日常遵守情况。审计人员会期望机构已开展过大量的内部审计工作，并检查这些记录。

1.51 ISO 9001 是一套国际质量标准，适用于包括研究、开发、制造和销售在内的各项业务（ISO，2008）。ISO 9001 审核员（例如来自劳氏质量认证

---

[29] 公司法显然与为并购交易提供知识产权支持的从业人员相关；而商标从业人员需要了解与公司命名有关的法律。

[30] “未经请求的技术建议”的定义参见第7章。

或英国标准协会）需详细了解机构的特点，这很费时间。另外，审核员会对用于记录和监控申请、审查和续展工作日志数据系统的故障率非常低而印象深刻。律师协会已经开发出一种特别适用于法律工作的质量标准 Lexcel*。其表述比 ISO 9001 更易于理解，因为它涉及案件和律师等（Law Society，2011）。但由于 Lexcel 涉及特别具体的细节，它可能比 ISO 9001 更严格。

1.52 受访的 10 家公司内设部门和 10 家专利代理事务所，各有一家业已通过 ISO 9001 认证。但没有一家通过 Lexcel 认证。有 5 家私人律师事务所既未通过 ISO 9001，也未通过 Lexcel 认证。特许专利代理人协会/商标律师协会商业机构委员会对认证持质疑态度（Ralph，2010）："虽然（根据 Lexcel 或类似体系）认证所需遵循的程序对于那些使用相关体系的机构而言，具有好处，能帮助他们在招标合同时增加胜算，但不清楚这对整个行业是否有利。"总体而言，Lexcel 更有效，但效果不一（Law Society，2011a、2012、2013）。一方面，（a）律师协会于 2011 年 10 月宣布进行了第 1000 次 Lexcel 认证，（b）2012 年 4 月，英格兰和威尔士的 142 个地方议会法律部门通过认证，（c）规模小但非常知名的律师事务所 Carter-Ruck 早在 2004 年就通过了认证。另一方面，截至 2013 年 5 月，"魔术圈"成员的大型英国律师事务所都明确宣布，Lexcel 不适合它们。

1.53 笔者个人的经验是，如果能形成一个符合审计标准的质量管理文化，确实会提高服务质量的一致性。但是维持认证是一笔不小的开销，尤其是，当有些事项对于认证而言，是标准动作，但对于某些特定机构可能无关紧要。此外，维持这些标准确需管理层有坚定决心，需要极其坚持。

1.54 尽管对这些标准持上述保留态度，笔者仍愿向所有机构推荐：

（i）首先要有质量管理体系，即使它不能全面涵盖某一标准也没关系。要定期维护它，以记录对于规则、指导意见和政策所进行的调整，从而解决（a）新问题以及（b）现有质量管理体系中已经暴露出的缺陷。通过质量管理体系进行流程管理是不可行的，最大的问题是无法跟上技术创新（Benner 和 Tushman，2003）；但根据笔者管理那些不愿意改变做事方式的从业人员的经验（参见前言和第 18 章），将新程序纳入质量管理体系是推进变革的好方法。任何人都不希望限制法律从业人员的核心创造力——例如，在决定如何就一项不寻常的发明提出权利要求，或如何设计非常规许可协议时。这一创造力不会受到质量管理体系的影响，因为质量管理体系不在这一层级运作（第 1.49 段）。

（ii）要如本章前文所讨论的那样，对专业服务进行系统化监控，尤其是同行评审（较之 ISO 9001 8.2.4 和 Lexcel 6.11）。

（iii）通过客户投诉发现问题，以便通过改进质量管理体系来解决系统故障（以及偶发故障）。在每月一次的从业人员会议上就客户的投诉进行公开讨论非常有效。

（iv）以与（iii）类似的方式处理“未遂过失”。如果未遂过失发生后马上采取措施，通常可以避免其演化成严重错误。申请、审查和续展的未遂过失需要特别重视，因为对误差的容许范围可能很小。但申请、审查和续展并不是唯一需要关注的领域（例见第 11.88 段中所讨论的知识产权协议工作中的未遂过失）。

第2章 职业道德与特权

1. 专业的代表应认真地、以与其尊严相适应的方式履行专业职责，尤其是不得明知故犯地作出虚假或者误导性陈述。

2. 专业的代表应以不损害对其职业必要信任为标准履行职责。

欧洲专利组织行政理事会纪律条例第1条，“一般职业操守”。

(Administrative Council, 2007)

法律职业特权……是司法管理赖以运行的根基。

戈斯福斯法院的泰勒勋爵在诉德比地方法院单方诉讼案中如是说。

[(1996) 1第497号法案，第507页]

法律从业人员的道德操守——总则

2.01 法律从业人员一般都需在名单（亦称名册或登记册）上注册，此外还需遵守行为守则等道德规则，违反这些规则可能会被除名，以致无法继续执业。英国律师必须遵守2011年版律师监管原则和2011年版律师监管行为准则（Solicitors Regulation Authority, 2013）。10项原则[1]中的前6项内容如下：

你必须：

1. 维护法治和司法行政；
2. 正直行事；
3. 不允许你的独立性受到损害；
4. 为客户的最大利益行事；
5. 为客户提供优质服务；
6. 要保持公众对你和法律服务的信任。

---

[1] 10项原则中的前6项与前一版法典第1条（Solicitors Regulation Authority, 2007）所载律师的6项“核心职责”密切相关。

这些原则是整个行为准则的基础，将为“（从业人员当作）面临伦理困境时要谨记的初心”。上面的原则是按优先次序排列的，尽管这种排列并不像阿西莫夫的机器人学定律（Asimov，1950：50～51）那样明确或精确。从业人员为客户的最大利益行事的义务（原则4）和提供优质服务的义务（原则5）均不能凌驾于有关法治、司法行政以及从业人员廉正和独立义务（原则1～3）之上。

2.02　适用于英国专利和商标代理人、欧洲专利代理人❷、德国专利代理人❸以及美国代理人等的相关准则中，也有与上述律师监管原则相类似的规定。至少对英美从业人员和欧洲专利代理人来说，这些基本原则同样适用于私营机构从业人员和内设部门从业人员（尽管在处理投诉和职业赔偿保险等方面可能有所区别）。

2.03　尽管原则4和原则5以及其他行为守则中类似条款排名较靠后，但应优先考虑，因为它们一来适用于日常实践，二来用起来也相对简单。一般来说，从业人员需要：

（i）就客户事务进行保密；

（ii）客观地向客户提供处理符合其需求的各种备选方案，以便客户可以在便宜但效率稍低的方案和昂贵却有效的方案之间作出选择；❹

（iii）胜任工作（这意味着他应拒绝那些如1.42～1.45所述无法胜任的工作）；

（iv）随时向客户通报工作进展情况❺，包括在出现问题时立即承认；

（v）定期、透明地向客户收取费用（以避免“意外惊吓”）。❻

2.04　本章其余部分关于伦理的讨论集中在从业人员的“更高”义务上（根据律师监管原则1～3或其他守则中类似规定）。如上所述，至少在英国和美国，内部从业人员与私人从业人员有类似的义务，尤其是这些更高义务。前

---

❷ 欧洲专利代理人所适用的是更高级别的规章（Administrative Council，2007）和更低级别的法典（European Patent Institute，2001）。

❸ Section 39a of the German Patentanwaltsordnung（Krieger and Brühl，2013）。

❹ 笔者认为，正如前言（以及后续的第5章和第8章）中所述，很多负责申请、审查和续展业务的从业人员，在客户浪费钱或投入不足时，未能充分提醒客户。但这往往是眼界过窄造成缺乏自信，而非缺乏客观性。

❺ 在英国和美国，从业人员在与其他方面进行沟通时，通常都会抄送客户，而且客户也能持续查看从业人员的所有文档（参见第3.65段）。其他司法管辖区的做法可能有所不同。例如，法国律师就不会向客户提供律师间的通信资料。

❻ 当然，内部从业人员的客户并非通过计费的方式为所涉工作提供资金（见第15章），但也不应该被“惊吓”。

一版法典中已对内部律师作出明确要求，笔者深信其正确性，并谨在此引用：

“（作为一名内部律师）如果（你的雇主）要求你违背你的职业操守，你不应该妥协，必须拒绝执行这种导致你违背职业操守的指示，即使最终将致使你失去工作。”（律师监管当局，2007 年，规则 3 的指导说明）

实际上，雇主因为法律从业人员正确地履行其职业操守而将其解雇的行为是非常鲁莽的，因为他可能需要面对不公平解雇员工以及其不当指示被揭露的风险。根据笔者的经验，内部法律从业人员会被“授权”如莎士比亚笔下的“愚夫”一般，在特殊情况下，经过深思熟虑后坚持职业操守，不会受到惩罚，甚至会被理解和容忍。❼ 私人事务所从业人员所承受的客户压力丝毫不少于内部从业人员。因为如果他拒绝按照客户的指示行事，客户可能不仅会取消所涉的这项工作，还会取消其他业务。客户这样做不会受到任何惩罚，因为从业人员在就业法下得不到补救。内部或私人事务所从业人员必须承受客户要求妥协专业原则的压力。❽

2.05　如上所述，从业人员的诚信和独立性高于客户利益。诚信包括要诚实，而独立包括不会因为付工钱的人而背离诚实。适用于欧洲专利代理人的条例（Administrative Council，2007）在第 1（1）条中非常明确地指出：

“一名欧洲专利代理人应认真地、以与其尊严相适应的方式开展工作。特别是不得明知故犯地作出虚假或者误导性陈述。”

2.06　“更高”的伦理问题在知识产权机构中相对较少出现，这就使得对伦理原则的了解更为重要，以便在出现问题时能够及时发现。接下来的六节将讨论知识产权工作中可能出现的一些问题。再往后的三节将涉及客户总顾问的角色、内部从业人员的职称以及从业人员不特定的道德考虑。

知识产权实践中道德操守高于客户利益的事例

2.07　有些行动即使是按照客户指示和/或为了客户利益而采取的，也会损害知识产权从业人员的诚信和独立性，甚至损害法治或司法行政。事例如下：

---

❼　至少，这是笔者个人职业生涯的经历。25 年间，笔者曾两次面临这种坚守职业操守的境况。其中一次，发出指令的上级虽然一时很失望，但给予全面接受。另一次，发出指令的上级不接受，但公司的总法律顾问给予决定性的支持。

❽　夏德莱纳就是一名加拿大从业人员，她认为，至少在美国和加拿大，对于私人和内部从业人员而言，（律师监管当局第 3 条原则规定的）在法律实践中保持独立都是至关重要的，应更加明确地表达出来。

（i）提交一项发明专利申请，其具体内容已为现有技术充分公开（即无法撰写出既能站得住脚又具备新颖性的权利要求）。客户会提出这样的要求，可能是指望知识产权局或竞争对手无法检索到现有技术（如果是商业期刊或在先使用等形式，或者是晦涩的语言，都很有可能发生这样的情况），并有意在必要时实施专利，或者想制造一个暂时的“法律迷雾”来迷惑竞争对手。[9]

（ii）误导其他当事人，使他们不能掌握客户权利的准确状况。一个极端的例子是，误导潜在的对手，让他们对客户的专利或商标注册采取敌对行动的最后期限作出错误判断。

（iii）在收并购中误导购买者，使其对客户所销售业务存在的侵权风险产生错误认识。请注意，这与交易双方合同中的不侵权保证书不同，后者在侵权的情况下，对方是有权获得赔偿的。

（iv）为那些违反竞争法、贿赂和腐败法或健康和安全法交易的相关知识产权内容提供支持。

（v）误导知识产权局或者法庭。这可能是在履行证据开示义务（即英国的“披露”程序）、指导或作出美国信息披露声明，或申请补充保护证书时。

（vi）“利用”没有法律支持的另一方的无知。这些人可能是客户希望购买其发明的私人发明者，也可能是客户的员工，对发明是否属于客户提出质疑，并/或寻求补偿（见第 6 章）（当然，如果对方有法律顾问，那么通常应该完全通过顾问进行沟通）。

尽管有这些道德约束，但还是会出现一些误导行为，尤其在协议谈判过程中，严格的道德底线并不容易划清。对于从业人员来说，完全指望其他从业人员不捣乱是不明智的，尤其是那些以前没有接触过知识产权的从业人员。此事将在第 11.06 段中进一步讨论。

利益冲突——一般冲突以及从业人员和客户之间的利益冲突

2.08　从业人员不得将自己的利益置于客户利益之上，也不得将某位客户利益置于另一位客户利益之上。有人怀疑从业人员有偏倚时，他应能坦诚应对，这是诚信问题。从业人员和客户之间非常直接的利益冲突是很少见的，因

[9] 一位顶尖的私人事务所律师曾遇见过这种情况，他说：“我无法为你提交这一专利申请。”一位面临同样情形的内部律师告知层级非常高的内部客户，只有在有可能形成有效法律权利的情况下，公司才会使用其从业人员资源。在上述两种情况下，客户都不再坚持。

为大多数知识产权从业人员都忙于提供法律服务，不会直接参与其他可能与客户业务发生冲突的业务。但如果这种明显的商业冲突确实存在，从业人员应该直接拒绝；在客户不同意的情况下（这种情况在客户与客户之间存在利益冲突时是可能出现的），可能产生严重问题。[10] 从业人员和客户之间不恰当的财务关系，如明显不符合“时间和支出”或固定费用标准，这可能会造成不那么直接的冲突。从业人员在代理案件成功后再收取报酬的做法，在有些地域是允许的（2013 年 4 月 1 日英国民事诉讼规则发生变化），因此无法给出以一概全的指导。但是，在接下来的章节讨论客户与客户间利益冲突之前，笔者在下一节中将论述知识产权实践的一个特定情况，在这种情况下，“不通过不收费”的做法会在从业人员和客户之间造成严重的利益冲突。

“许可问题”（尤其针对公司内设部门）

2.09　无论是私人执业还是内部执业的法律从业人员，（从管理学角度）都会面临压力，要“明智行事”或“主动作为”。对于公司内设部门而言，需要在以下两者之间划清界限：（a）充分了解客户业务，提出客户因缺乏法律知识而无法提出的创造性建议；（b）把自己有效地变成自己的客户，这种情况是笔者一直努力避免的，尤其是避免自己的部门染指许可收入。事实上，笔者的部门有好几次都“主动”寻找机会帮公司赚取了巨额许可收入，这些收入原本公司其他人都忽略了，但他会确保收入进账时不会列入他这个部门的盈亏结算。即使收入是先进到他的部门，也会转账贷记到客户业务部门去。曾经，在笔者的推荐下，公司在笔者部门之外成立另一个客户业务部门，以利用笔者部门所发现的机会。这意味着，从盈亏结算的角度来看，笔者的部门无法有较高的收入现金流来消化本部门因运作效率低下而产生的成本。而影响所有员工年度奖金和前途的部门盈亏结算，仍然主要取决于其所提供的知识产权服务的效率。

2.10　不过，上一段所述的严格制度确实避免了笔者认为是不可容忍的冲突。[11] 所有许可协议都会给许可方带来某种责任，并在一定程度上使许可方未来无法开展独立的商业活动。从业人员需要客观地甄别和分析这些因素，以确

---

[10] 上述观点与给予英国专利和商标律师的指导意见是一致的（IPReg，2012；Guidance，Note 7.7）。

[11] 在上文中，笔者从第一原则出发，而不是从严格的监管禁令出发。欧洲专利代理人应遵守的规定（European Patent Institute，2007 年，第 4（e）条）如下：“成员不得在有可能导致职业责任和利益冲突的情况下自任何工业产权中获取经济利益。他不得收取与其提供的服务结果直接相关的费用。”

保可能的许可收入与这种责任相平衡。如果从业人员有保住自己饭碗（尤其是年终奖）等个人利益考量，他就不可能做到客观。但如果他没有这种个人利益考量，那么唯一妨碍他客观行事的就是他的热情，对于大多数法律专业人士而言，都是宁愿谈成一单好的买卖，也不愿轻易放弃。

2.11 此外，知识产权部门以外的客户也必须合规行事。举例来说，研究部门可能对公司未能提供充足的资金而愤愤不平，并因此热切地希望从对外许可“自己的”知识产权中获得回报。但在大多数情况下，研究部门的资金都来自公司的某一商业经营单位（资助对其特别感兴趣的项目开展研究），或由几个商业经营单位联合出资（第4.29段和4.31段）。除非研究部门自管理层获得正式授权可以开展许可活动，否则知识产权部门将自己与此类活动联系得太紧密是不明智的。对于公司内设的知识产权部门来说，对擅自进行破坏性许可活动的研究部门进行“揭发”并不是件令人愉快的事，因为知识产权部门需要与研究部门的发明者保持良好关系。[12] 在另一家公司，由于研究部门和知识产权部门之间未能保持合理距离，知识产权部门按照研究部门的要求开展一些工作，出资的商业单位后来表示，这些工作造成严重危害，最终知识产权部门承担了大部分责任。

机构或个人客户之间的冲突，包括现客户和原客户之间冲突的特殊情况

2.12 除非当前客户给予明确许可，否则机构不应接受导致其“站在客户对立面”的指令。在合同谈判或侵权纠纷或异议中，这一规则都是非常明确的。

2.13 对于专利代理事务所而言，两个长期客户的技术领域可能有重叠，这就会带来问题。例如，一个客户可能将其研究从染料化合物扩展到用于制药用途的相关化合物，反之亦然。[13] 如果代理机构负责的是代理而非发起性的工作[14]，则两个客户很可能和平共处，不需要让其中一个客户费劲将案件转到其他机构去处理（客户可能要求设立“隔离墙”，这可能会给代理机构增加工作难度，同时在出现异议或诉讼时，双方客户都需另行指定其他机构）。但是，

---

[12] 知识产权部门既是帮手，也是警察。它既要重新谈判帮助公司摆脱困境，同时要兼顾研究部门需求，需准确拿捏。

[13] 这是可能发生的。原型磺胺药物百浪多息原本是一种染料，但在1932~1935年被发现具有抑菌特性（Casella et al.，2002）。

[14] “发起性工作”之定义参见附录0脚注1。

如果代理机构负责的是发起性的工作，为正确完成工作所需信息较为敏感，客户通常无法和平共处。

2.14 由于知识产权权利的生命周期较长，的确需要知识产权从业人员格外关注现客户和原客户之间的冲突。假设个别从业人员或特定从业人员已为客户 A 取得注册权利，或已为客户 A 与另一方之间草拟知识产权协议，则客户 A 就不再是活跃客户。那么，如果后来客户 B（作为可能侵权的一方，或者作为进行尽职调查的潜在收购方）就注册权利或者（作为尽职调查的另一方或者第三方）合同来咨询，从业人员是否应该拒绝呢？一般规则是，除非双方当事人都表示知情同意（笔者在大多数情况下不会去征求其是否同意，而是立即拒绝客户 B 的请求），否则绝对不应为客户 B 作代理。需要注意的是，无论从业人员或事务所是否获得与要注册的权利或协商的合同相关的保密信息，就判断标准而言，都比其他法律门类更为严格。[15] 即使从业人员手中已经没有保密材料（实际上，就注册权利而言，关键材料可能已经成为公知信息），仍然会导致冲突，因为从业人员需要挖掘和利用自己、同事或已离职同事以前所做工作的漏洞。如果从业人员以前曾亲身参与过这件事，他辩称自己已经忘记这件事或并未保留任何机密文件，这是站不住脚的：首先，当从业人员在查阅现有文件时，大多数人几乎肯定会回忆起原来工作的一些机密的背景信息；其次，他们熟悉自己的撰写风格——所有专利申请说明书和大多数知识产权协议都是“定制的”——并可据此来确定特定的争议点。欧洲专利代理人需遵守的相关规定更为切中要害：

> “如果一位欧洲专利代理人要接手或要继续处理的工作任务，与［欧洲专利代理人］所代表或负责提供建议的另一客户的特定事项存在冲突，且这种冲突未得解决，则他应拒绝或撤销服务。”［行政理事会，2007 年，第 3（2）条］

2.15 个体从业人员所面临的情形与事务所完全不同。当他在不同私人事务所间、内设部门间或私人事务所与内设部门之间跳槽时，尤其可能出现冲突。以药品专利申请为例，如果私人事务所聘用一名经验丰富的专家级从业人员，他原来曾处理过很多专利可能关乎事务所客户的利益，但职业道德又禁止这位专家级从业人员就这些专利提供咨询意见。私人事务所需要为聘用这名专家级从业人员付出代价。

---

[15] 例如，Solicitors Regwlation Authority（2013：25）在其适用于所有法律门类的指令中曾提及原客户的信息保密问题。但是，这并不排除用更严格的标准来分析具体个案，因为指令的具体禁令中并非穷尽，因此从业人员在面对所有案子时都需要从“原则”开始考虑。

2.16　对于知识产权负责人来说，现雇主和原雇主之间的冲突问题尤为棘手。如果知识产权负责人曾为原雇主处理过的专利或协议与现雇主存在利益冲突，如刚才所述，他必须拒绝参与。但对于知识产权负责人来说，这是一件特别尴尬的事情，因为公司通常希望他亲自参与每一重大争议的决策。笔者曾先后担任过一家包装公司、一家电信公司和一家航空航天防务公司的知识产权负责人，此前主要服务化工行业的客户。因此，在不同行业间流动可以降低风险。尽管如此，笔者所处理过的一项发明却少见地具有跨行业商业化的能力。所幸这项发明的专利到期了，而后来的雇主对这项发明也不感兴趣。具有讽刺意味的是，从前任雇主那里离职时，笔者收到同事的告别礼物中就有一份这项发明获得美国专利的首页复印件，并被笔者挂在新办公室的墙上。

与客户关联公司及可能的冲突

2.17　如果受雇于集团中的顶层控股公司或顶层控股公司的全资子公司，则此类内部从业人员通常需从顶层控股公司的利益出发开展工作。顶层控股公司的管理层通常会出面解决下属不同商业实体间或全资子公司间的业务分歧，例如是否可将技术许可给集团之外的人使用（参见第 13.10 ~ 13.14 段）。

2.18　客户（在得到共有人同意的条件下）可能要求专利和商标代理人为客户直接或间接拥有的合资企业提交和处理商标和专利申请。[16] 在实践中，出现问题的概率并不大，因为合资企业是客户和合资企业共有人为了共同利益而成立的，大部分情况下客户和共有人不会为之产生争执。但是，有可能出现争端的是，某项发明是归合资企业所有还是归从业人员的客户所有，这可能要由建立合资企业的合同或发明权来决定。在这种情况下，从业人员需要迅速与合资公司或共有人的法律顾问沟通，阐明自己代表另一方开展此项工作。

知识产权权利的变卖与可能的冲突

2.19　如果大量专利、注册设计或商标被变卖（最常见的是在并购交易中），卖方通常会在一段时间内将这些案子逐步移交到买方的普通律师手中。对于大型投资组合而言，这一过渡期可能是一年或更长。这是一项复杂的工

[16] 在合资企业的服务协议中，共同所有者约定分担合资企业知识产权支持责任并不罕见。例如，合资企业可能没有足够的工作量，不需设立自己的内设知识产权部门，并且合资企业所有人的内设知识产权部门可依地域或技术分工为合资企业提供服务。

作，需要对文件和到期日进行大量核查，还可能需要在案卷管理系统之间传输数千项数据，并移交数百份纸质案卷文件。确保权利不因疏忽而失效，这符合卖方和买方的利益（如果是“甩卖”，则肯定会发生因疏忽而失效的问题）。整个过程需要投入注意力，需要投入时间。过渡期通常不太可能出现冲突，因为卖方往往会退出与权利相关的市场。如果出现冲突，可以按照第2.18段所述的合资企业案例处理。但是长远来看，买卖双方的战略可能发生变化，所涉知识产权领域的竞争可能会重新出现，特别是如果买卖双方都活跃于同一广泛的领域（如家用产品、国防或电信）。考虑到这种情况，最好尽可能将过渡期设定在不超过一年的时间。（比如说）只有当一家集团分拆时（如1989年MB集团在保留卫浴产品业务的同时变卖了其包装业务），才会存在很长时间后仍会发生冲突的较小可能性。在这种情况下，私人事务所可以无限期地为卖方和买方提供服务，但卖方的内设知识产权部门通常不会这样做。⑰

客户总法律顾问的作用

2.20　即使公司的知识产权负责人并不直接向总法律顾问/法律总监报告，他也必须要求自己接受这种“隐形报告关系”，以便在必要时可以向总法律顾问/法律总监提出申诉⑱，尤其是如第2.07段（iii）～（iv）提到的超出知识产权法范畴的情况下。在这种情况下，从业人员必须对研究人员或商务人员指出，除非总法律顾问/法律总监参与进来且事情得到圆满解决，否则他不会继续进行下去。如果可能产生刑事问题，那么总法律顾问将不得不决定公司是否应主动报案。

内部从业人员职称

2.21　人们可能会问“以什么名义”，对于内部从业人员而言，知识产权负责人的“知识产权首席法律顾问”和他手下合格人员的“知识产权高级法律顾问”等头衔强调的是他们的独立角色，有利于他们履行必要但可能不受

---

⑰　如果一个雇用英国专利代理人的内设知识产权部门超出合理过渡期为买方提供服务，则不再被视为单纯地参与“公司工作”（IPReg，2012，规则1和指导说明2.3），将被视为私人事务所受到监管。除监管限制外，继续为买方无限期地提供服务会也偏移内设知识产权部门的工作重心。

⑱　请对比第2.04段脚注⑦中所提及的第三种情形。

欢迎的职责。不过，拥有“知识产权总监/副总裁”[19] 等头衔的知识产权主管，以及他手下的“知识产权高级管理人员”，需要遵循同样的道德操守。一般来说，英国的内部法律职能部门流行用“法律顾问”这一头衔。

并非从业人员所特有的伦理考量

2.22　大多数客户都有业务守则和培训，旨在避免贿赂和腐败[20][21]等犯罪活动或违反欧洲竞争法等的严重非犯罪活动。此类守则和培训可能建议依如下方法进行一次“报纸测试”（比法律测试更严格），内容大致如下：“如果某项活动被报纸报道后会损害公司的声誉，即使报纸不大可能被发现，也应该避免。”[22] 如果一名从业人员接到的指令违反法律甚至是违反“报纸测试”原则，他就需要向客户指出，他和/或客户都需要根据公司规定上报。公司关于上报的规则可能要求总法律顾问（在任何情况下都可能如此）（第 2.20 段），和/或总法律顾问以外的一名合规官（Clegg，2011）介入。

2.23　基于种族、宗教信仰、性别、性取向、年龄或身体缺陷原因对求职者、雇员、供应商和客户的歧视性做法可能受到三级限制：法律（如英国）、监管——监管者能够对机构或从业人员直接采取行动、根据私人事务所或公司对内部行为制定的规则进行纪律处分。在英国，监管机构的目标是确保法律专业人才的多样性［2007 年法律服务法案第 1（1）（f）节］。相关规定要求机构或从业人员就多样性进行报告。许多公司也会就多样性进行报告，并邀请内部从业人员和其他员工就此开展合作。如果有人了解公司的相关信息，多样性报告就会明

[19] “总监”在英国的地位高于美国，在英国通常指的是知识产权负责人。而在美国，“总监”指的是比副总裁低一级的人。

[20] 雇员接受贿赂当然也属于刑事犯罪。公司政策通常会明确规定，在哪些情形下可以提供或接收招待和礼品。这些政策往往会针对相对较琐碎的事项，以使员工能持续警惕，防止更严重的失误。例如，就有商业关系中两个或更多公司的雇员参加的午餐或晚餐进行规定。规定能够区分公司间会议的正常款待和任何与实际工作没有直接关系的膳食。它将具体到人均开销，以及公司对员工配偶或合作伙伴所提供的任何支持（如果有的话）。有些餐点不需要更高级别的授权或任何特殊备案，而有些餐点则只有在获得更高级别授权和/或进行备案后方被允许。.

[21] 2010 年英国反贿赂法案鼓励公司制定此类准则并提供相应培训，以“充分［预防性］程序”防止公司犯罪。

[22] 至少在 BAE 系统公司、必和必拓公司、默克公司和《金融时报》等机构的的行为准则中都规定了报纸测试（Hill，2011）。类似的测试还有“能证明［伦理］文化是人们在无人观看时的行为方式”。不幸的是，这种规定因由一位“不光彩的”前首席执行官而来（FT Editorial，2012），是非曲直留由读者自己判断。

确指出个人隐私和数据保护问题。㉓ 特别是涉及宗教信仰、出生时的性别、性取向（Taddia，2012）和社会经济背景等不像种族或当前性别那样明显的问题。㉔

2.24　最后，还有一种情形是从业人员个人对客户希望他处理的案子不满意，或者对客户公司本身不满意。无论客户产品或服务的生产和销售是否体面，一些从业人员都可能出于道德或环境原因，心生厌弃：转基因作物、武器、酒精饮料、烟草、赌博机器、避孕药具、某些能源技术，甚至包装都可能让人反感。寻求品牌或版权保护建议的政党也可能会有同样的难题。因为讨厌工作而拒绝是不可能的，因为一些特定门类的从业人员如同“待客出租车”一般，是可以雇用的（这一原则旨在确保不受欢迎的人也能够获得法律支持）。众所周知，英国的大律师就属于这一类。不太广为人知的是英国的专利和商标代理人也属于这一类,因为他们所负责的工作涉及进行诉讼或在法庭上行使发言权（IPReg，2011，规则6）。如果不受此类规定限制，那么机构的管理人员应该设法避免其员工不得不去从事那些让他们感到不舒服的工作，具体如下：

（i）公司内设部门需要确保其雇员对公司产品和服务感到满意，以确保能够灵活分配任务（拒绝工作将使部门失去存在的理由）。笔者就业于国防行业时，在招聘的过程中总会主动与候选人直截了当地进行讨论。作为知识产权从业人员，在负责某项产品和服务时，不会因该产品和服务而觉得尴尬显然具有明显优势。

（ii）一个中等以上规模、拥有不同客户的私人机构比内设部门更易于为个人提供灵活度。不过，私人事务所应确保求职者了解其主要客户的业务性质。任何个人在案件中出现任何问题，个人和事务所都需要迅速采取行动：（a）重新分配案件，以避免那些可能对客户产生不利影响的延误，或者（b）如果无法重新分配，需通知客户向其他机构寻求帮助。㉕

㉓　2012 年，证券监管机构的承包商 Surveylab 直接从 93074 个人那里收到信息（总体答复率为 42%），但这些人所属的机构都未收到任何关于“宗教、信仰和性取向”的数据。除非相关机构确认其“建立了适当的数据保护制度”，否则收不到任何实践数据（Solicitors Regulation Authority，2013a，第7～12 段）。建议下一次调查应要求各机构收集本地数据（第 43 段），这是一项重大责任。

㉔　脚注㉓中提及的证券监管机构调查询问受访者是否上过付费学校，大学毕业生是否是“第一代”。

㉕　当然，无论出于何种原因，机构都有义务即刻告知客户自己无法承担这一工作。例见欧洲专利代理人相关规定（Administrative Council，2007 年，第 3.1 条）。

拒绝证据开示/披露的特权

特权与所有知识产权从业人员的相关性，以及本节的计划

2.25　与职业道德一样，拒绝证据开示/披露的特权[26]在一定程度上也取决于从业人员的具体情形，因此列入本章。对于许多从业人员来说，直接接触特权相对较少，尤其是那些主要从事申请、诉讼、续展和协议工作，而非诉讼和诉讼前工作的从业人员。但是，如果从事申请、诉讼、续展和协议工作的从业人员在从事此类工作时没有采取实际的日常防范措施，那么，一旦所涉问题成为诉讼的主题，他们就可能在多年后给客户造成不必要的麻烦。此外，来自那些相对不太注重证据开示/披露的大陆法系国家的从业人员可能会发现，在英美法系国家的诉讼中会要求他们开示他们与客户之间的通信往来。更糟糕的是，许多知识产权从业人员与普通律师的地位不同；其结果是他们的客户可能不能很好或压根没法受到这一特权的保护，与此同时，客户又别无选择，只能使用这些从业人员的服务。[27]

2.26　本节剩余部分将选择一些地区的法律[28]进行概述，总结出一些可能的实际预防措施［“预防措施（a）”至“预防措施（p）”］。这些措施原则上应可帮助客户利用上述特权，但本书并不会具体描述特定地区的诉讼人所需的特权；相反，提供预防措施的目的是，为讨论非诉讼人的实际日常防范措施奠定基础。并非所有的预防措施都适用于所有的事务所或客户，而且，读者将会发现，某些预防措施的描述没有其他预防措施具体。

总则

2.27　证据开示或披露是普通法系的一个长期而独特的规定。[29] 拒绝证据

[26] 还有其他种类的特权或豁免正文并未涉及。例如，英国国会议员在国会辩论中所说的话（“议会特权”）免受诽谤诉讼，外交官和国家元首通常享有广泛的法律豁免权。法律实践中还有相似规定。因此，欧洲联盟法院议事规则（2012 年）第 43 条规定，“出庭的代理人、顾问和律师……对他们就案件或当事人所说的话或所写的话享有豁免权”。此外，该法还赋予这些人与诉讼有关的自由旅行权，以及他们的证件。

[27] 详例参见第 2.30 段的脚注㉟。

[28] 本书并未就所遵循的立法和判例法基础进行详细说明。如欲了解相关信息，可查询 Musker（2007）、WIPO/AIPPI（2008）、WIPO（2009，2013）、Perfilyeva（2010）、FICPI/AIPLA/AIPPI（2013）和 Jewess（2013）。

[29] 英国法院现在使用“披露”一词而不是“开示”；但其他普通法司法管辖区（如美国和爱尔兰共和国）的法院继续使用继承自英国法律制度的“开示”一词。

开示/披露的特权也主要[30]出现在普通法系国家的诉讼中（然而，即使是以大陆法系国家为常居地的公司，也很可能在英美法系国家尤其是美国卷入知识产权诉讼）。开示/披露的基本原则是，诉讼的每一方都有权看到另一方拥有的与他们之间的争议有关的文件。但下述两项特权规定了对这一原则的例外，具体如下：

一类特权[31]或“诉讼特权”。这种特权可以豁免与诉讼有关的通信[32]往来，包括诉讼前为提起诉讼而进行的通信。值得注意的是，它亦涵盖不直接涉及任何法律从业人员的秘密通信。没有这种广泛的一类特权，审判就不可能有条不紊地进行（否则，各方都不能私下整理案情）。

二类特权，或称为“律师—当事人特权”“法律职业特权”或“法律意见特权”。这一特权可以豁免当事人（可能还有其他人）与其法律顾问之间的沟通，前提是法律顾问以此身份行事并登记在相关名单上（意味着受到适当监管）。与一类特权不同，它没有时间限制，也就是说，它涵盖当事人（或可能的其他人）与法律顾问之间在未预期或未进行诉讼时发生的通信，例如在申请专利或注册商标的时候。二类特权适用于涉及法律顾问的通信（仅适用于法律顾问——即使与医生和会计师等专业人士的通信都不能享受这种特权）。二类特权尤其适用于为特殊公共利益寻求并获得适当法律意见的客户（参见本章开头的第二句引言）。虽然有些客户可能并不按照法律意见行事，但获得法律意见的人总体上更有可能依法行事；这不仅方便那些原本可能直接受到不法行为困扰的人，而且对社会也有好处（包括减轻法庭负担）。但是，如果客户觉得一旦寻求法律意见，它们会产生更多的文件，这些文件可能会被开示/披露，并被用来对付它们，那么它们就会望而却步。知道这些文件将受特权保护，它们就能够与法律顾问开诚布公地进行讨论，从而获得尽可能好的建议。

根据本章前一部分所述的道德准则规范，从业人员不能（除非冒着被除名的风险）指望因某份文件享有特权（这样别人就不会看到它）而与客户串通，欺骗或误导他人（首先是法庭）。

2.28　请注意，如果要稳妥地[33]行使二类特权，则通信发生时法律顾问必

---

[30] 这里用“主要”是因为欧盟大陆法系国家也有一些证据开示/披露的规定（第2.42段）。

[31] 此处使用一类和二类，以避免因司法管辖权变化而不得不变换术语。

[32] 本节中使用“通信”作为简写。特权通常会延伸到通信之外的初步草稿等，即使这些草稿本身并未被交换［详例见 CDPA 第280（1）（b）条］。

[33] 用“可靠”一词是因为曾经有一起英国的案件，客户在寻求法律意见时并不知道从业人员已不在律师名单中，法院最终准许其享受特权。

须已在相关名录中登记在册。一旦顾问不再具备资质[34]，随后这种交流特权通常就会消失。此外，法律顾问还需如上文所述行事。这就需要我们采取如下预防措施：

预防措施（a）（推荐）：确保从业人员文件作者权清晰，以便在必要时可确定文件作者在特定时间登记于特定名单中。这甚至适用于文档的手稿注释。这个问题在英国的诉讼实践中并不突出，但在美国的诉讼实践中确实出现过。

预防措施（b）（推荐）：从业人员应避免停止担任法律顾问（例如，跨越第 2.09 段所述的界限）。

预防措施（c）（值得考虑）：在内设部门中，正式确定知识产权负责人与总法律顾问的关系，要么让他直接汇报，要么是隐形汇报关系，并采用“法律顾问”的头衔来反映法律顾问的地位（参见第 2.20 段和第 2.21 段）。

2.29　还要注意，无论哪一类特权——尽管二类特权取决于法律顾问的地位——都属于客户；只有客户才能放弃。另一个要点是，如果通信不再是保密的，或者被披露给予客户没有共同利益的任何人，即使是保密的，特权也会丧失。需注意以下事项：

预防措施（d）（推荐）：从业人员应敦促客户尽快接收那些特别敏感的材料，如关于可自由使用的法律意见和对未来诉讼的讨论，以避免或限制其进一步传播。从业人员本人发布的任何材料都可在文头标注“合法特权和机密”和/或“禁止转发”。防止敏感材料传播的一个简单技术手段是用纸张而不是电子邮件发送（人们常常不阅读标题就转发电子邮件）。

二类特权在英国法院适用于知识产权事务法律顾问是本地人的情形

2.30　假设一个客户向英国专利代理人[35]寻求关于其发明专利性的建议，然后通过该专利代理人获得英国专利。一个好的专利代理人就会“假装唱反调”，询问客户：（a）为何现有技术文件和客户所声称的技术是一样的；（b）为何与现有技术的区别不明显；（c）（尤其是在化学领域）为什么显著特征产生的效果与预期不符；（d）为何特定实施例中的某些替代方案不起作用或不具商业可实施性。委托人和专利代理人将就权利要求的范围以及如何应对审查员的驳回意见进行判断（取决于专利代理人的道德操守）。如果后来英国知识产

[34] 从某些司法管辖权地区律师名单上删除意味着该顾问不能再执业，至少只能偷偷执业。因此后续建议是否可享受特权就是次要问题了。但这并不普遍。英格兰就特别宽松，对那些为公众提供申请、审查和续展或知识产权协议服务的人没什么限制。

[35] 无论是通过调查问卷还是其他方式，笔者都没有见到过能为客户起草专利申请的英国律师（那些具备专利代理人资质的除外）。同时具有两项资质的人很少（大约是律师或专利代理人行业中的5%）。

权局批了这项专利，客户又被起诉了，那么代理人和客户之间的这种对话（可以在信函、电子邮件、草稿和文件注释中记录）将受到特权的保护，被告无法利用代理人“假装唱反调”时所用的观点。[36] 该制度从公共政策的角度来确保客户和代理人能坦诚交流，降低了客户获得无效权利的可能性，借此给竞争对手制造障碍，拖延庭审时间。如果顾问仅是欧洲专利代理人，没有同时注册为英国专利代理人，那么上述情况同样适用。

2. 31　如果客户就某产品或服务是否会侵犯第三方拥有的专利权来寻求法律建议，无论顾问是英国专利代理人、欧洲专利代理人、律师还是大律师，都会出现类似情况。同样，特权使得客户和顾问能够开诚布公地进行交流，可以减少客户侵犯有效专利的可能性，增加专利权人的不便，拖延庭审时间，这样，公共政策就可以得到执行。

2. 32　英国法院的上述做法亦可延伸适用于商标和外观设计申请的提交和处理。[37] 如出具商标侵权意见的法律顾问是英国商标代理人，则也同样适用。

2. 33　英国法院和国家竞争主管部门在调查时，会像尊重私人事务所顾问的通信特权一样，尊重内部顾问的通信特权（参见第 2. 02 段中提到的道德规范的平等性）。

2. 34　该制度的主要缺点是，虽然律师和大律师的职业特权可扩大至各类法律咨询，但法规对专利和商标代理人工作特权的定义相对较窄。[38] 值得注意的是，根据法规规定，以下通信不享有特权。

（i）与商标代理人间关于专利和技术信息的通信。尽管商标代理人可能是尚未拥有专利代理人的客户非常明智的“第一选择”，但英国商标法就是这样规定的。

（ii）与专利代理人间关于那些无技术内容的作品的文学版权的通信。

法规对下列特权的规定语焉不详[39]：

（iii）与专利代理人间关于发明有权的通信，尽管专利代理人正常工作中需要考虑到这一权利的问题（第 6 章第 2 节）；

（iv）与专利代理人间关于专利和技术信息许可的通信；

---

[36] 发明人无知或过于温和的评论也不得为被告所利用。一位有关尖端发明的发明人曾跟笔者说：“我不认为我所附报告中包含任何可获得专利的内容，我把报告寄给你仅仅是因为老板这么要求。”

[37] 许多没有双重资格的律师会提交和处理商标申请（与第 2. 30 段的脚注㉟不同）。

[38] CDPA，Section 280；UKTMA，Section 87.

[39] 在 Atrium Medical Corporation 和 Atrium Europe BV 诉 Invest Holding SA 案中［2011］EWHC 74 (Pat)，小刘易森同意对版权、设计与专利法案第 280 条的解释必须宽于被废除的 1977 年英国专利法第 104 条，这样（iii）和（iv）就不像原先那般模糊。

（v）与专利或商标代理人间关于商标许可的通信。

最后，可以说，虽然特权适用于与私人事务所或内设部门的专利代理人或商标代理人的通信，但它不适用于——

（vi）以下涉及内设部门的通信：如发给知识产权部门但没有标注任何人或任何职务的函件，以及涉及该部门无律师资质的实习人员或律师助理（流程人员）的通信。

2.35　英国法律的规定基本就是这些（虽然比较空泛）。一位英国从业人员接手的普通案件中，客户很可能只在英国法庭提起诉讼。那么，当诉讼只是一种可能，而且是一种非常微弱的可能时，对所做的工作应采取怎样的管理态度才是合理的呢？要求特权和高效完成工作这两者间，断不可主次颠倒。每个私人事务所或内设部门都需要自行判断，但以下预防措施似乎并不过分：

预防措施（e）（推荐）：认真注意第 2.34（i）和（ii）段中规定的通信。例如，商标代理人应尽量减少对专利事务的接触，专利代理人和商标代理人都应尽量减少对纯文学版权事务的接触，或者它们换一个能为客户提供更好特权保护的人来工作。对于内部专利或商标代理人来说，后一种选择往往更容易。如果他收到可能提交法院的关于纯版权问题的咨询请求（例如，不是仅关于商标的咨询），他从一开始就可决定请公司的内部律师参与进来，即使后者对版权法和实践的基本了解比代理人少。

预防措施（f）（推荐）：内设部门在考虑到第 2.34（vi）段的情况下，应确保至少由相关合格人员签署专利侵权意见，而不是由受训人员或其他人员签署（不会造成重大的额外负担，因为他们在执行此类工作时实际上会受到密切监督）。

第二类特权——对非美国从业人员开展工作造成影响的美国规定

2.36　无论总部在哪，大部分大客户都会在美国开展业务。因此在美国遭遇官司的风险相对较高。美国对证据开示的要求是非常高的。其破坏力比英国更大。因为开示的材料可能提交给陪审团，而陪审团可能无法区分出什么是“假装唱反调”（参见第 2.30 段），并因此对当事人观点的说服力产生合理质疑。

2.37　美国法院的确适用特权原则，而且它们过去也准予美国律师和专利代理人、英国律师和英国专利代理人享受通信特权。然而，许多美国从业人员在使用这一特权时仍会战战兢兢。部分原因是在美国专利法第 298 条（适用于 2013 年 1 月 14 日及其后的行为）颁布之前，根据美国专利法第 284 条的规定，被告为避免专利侵权的三重损害赔偿，会主动放弃特权。可能的预防措施包括：

预防措施（g）（为避免质疑）：美国从业人员应在专利获得授权时销毁他们的起草和处理文件，只留下公开文件。处理同一发明的国外合作伙伴亦然。

预防措施（h）（为避免质疑）：美国从业人员应避免向客户提出不利或潜在不利的书面意见。处理相关工作的国外合作伙伴亦然。

2.38　之所以要求非美国从业人员考虑这些制度，是因为知识产权法在国际上非常统一。如果一项英国权利要求和另一项美国权利要求的案情相似，英国律师就英国权利要求所提出的意见，对于美国权利要求而言，也具有说服力，只有少数例外（例如美国专利法第 112 条 f 款对“功能性限定”权利要求给出了相对狭窄的解释，美国专利法第 102 条可以“宽限”一些现有技术）。

2.39　尽管不具备美国从业资质，笔者的感觉是，防范措施（g）和预防措施（h）在法律上是“最后手段”，采用前至少要考虑以下实际后果：

（i）客户已支付了相关工作的费用，如果从业人员没有完全记录他所做的所有工作（并保留至可能需要使用的时候），在后续需要开展相关工作（不一定是诉讼工作）时，客户就必须再付钱（至少是支付部分费用）。而且在开展后续工作时，不能保证所有最初的想法都将被原样恢复。这些漏失的想法可能是对客户有利的，也可能是对客户不利的（后者尤其需要防范）。即使是在诉讼中，当事人是否愿意冒对案件漏洞一无所知的风险呢？即使客户看不见这些漏洞，对方也可能找出来。

（ii）如果不以书面形式提出负面意见（例如，“如果你做了 ×，竞争对手 B 起诉你侵权，他就很可能获胜”），而只是口头表达，客户联系人没法向最终决定是否继续开展工作的管理层提交任何材料，而且可能无意或故意歪曲事实。这样客户就可能做出错误决定。根据笔者的经验，最容易忽略负面意见的客户是品牌客户，它们（如第 8.11 段所述）往往没有为品牌的选择留出足够的时间，和/或对自己设计的个人品牌有感情上而不是理性上的依恋。因此，笔者一直强烈倾向于以书面形式对品牌事宜提出负面意见。

（iii）如果客户在收到纯粹口头的负面意见后做出错误的决定，他之后可能断言，这个负面意见不仅妨碍他做出正确决定，也是一种渎职。除非当事人能进一步撰写文件来支持他的断言，否则大多数私人事务所都不太可能受到过失指控（笔者没有听说过这样的情况）。不过，如果内设部门受到此类指责，虽然不会因其过失行为受到司法惩处，但身处公司这种政策环境中，如果该部门没有什么材料可以反驳相关指责，那么它可能会遭受严重的打击。

（iv）正如问卷调查时一位受访者所说，采用预防措施（g）和预防措施（h）的客户，会因在知识产权问题上“缺乏组织记忆”而遭受损失。

2.40 如果忽略那些对客户的不利意见不会影响总体有利的结论，那么可以在一定程度上缓解预防措施（h）的弊端。以专利咨询意见为例。现在，特许专利律师协会试卷第 6 页会要求那些胸怀壮志的英国专利代理人考虑包括下列因素在内的问题：

（i）如何构建专利的每项权利要求；

（ii）每项权利要求的有效性；

（iii）在权利要求有效的前提下，是否每项都会遭到侵犯［即使根据第（ii）项他已断定该权利要求无效］。[40]

但考场外的现实中，代理人不必把自己的想法都写下来。例如，假设研究完问题（i）和（ii）后，代理人得出结论，权利要求 1 无效。那么，根据预防措施（h）（即使不符合特许专利律师协会考官的要求，也能使客户满意），他可能采取的做法是，放弃与权利要求 1 相关的所有内容，这样问题（iii）就无关紧要了。我们再假设，其余的权利要求包含未涉及指控侵权中的特征，那么对这些权利要求的分析将集中在问题（i）和（iii）上，问题（ii）则变得无关紧要了。

第二类特权——加拿大的诉讼

2.41 在加拿大，专利侵权诉讼的原告不享有要求最高、监管最严的加拿大从业人员所享有的特权（这就自动剥夺了与外国顾问有关的特权）。这样就可能需要采取以下预防措施：

预防措施（i）（严肃考虑）：作为原告，避免在加拿大提起诉讼。在英国、美国和（或）法国提起诉讼，并通过胜诉实现全球解决，这样可能不会遇到类似的特权困难。

第二类特权——大陆法系国家的诉讼

2.42 一般而言，证据开示/披露并非一种民法程序。因此，如果一个人在这些司法管辖区以原告的身份提起诉讼，就不大可能需要使用上述特权。根据欧盟第 2004/48/EC 号强制执行指令（第 6 ~ 8 条），权利所有人有权获得被指控侵权人的材料。第 6 条和第 7 条涉及“保密信息的保护”，而第 8 条涉及“合理比例的请求”。其目的显然是确保构成侵权的事实信息和产品不能被隐瞒。根据指令的相关规定，客户与任何法律顾问的沟通都可能不被要求披露。2011 年年初，笔者在欧洲范围内进行调查时，就没有收到关于此类披露事件

---

[40] 英国法官也是这样做的，这样上诉法院就可以分别考虑他对合法性和侵权的结论。

的报告。

第二类特权——在不同地区使用顾问

2.43 在美国的一项诉讼中，瑞士诺华制药公司控告一家仿制药公司侵犯其与氨基酸利斯的明相关的一项专利。被告要求披露诺华制药公司在向约30家外国专利局提交和处理相应专利申请的过程中与各国代理人和律师间的通信。美国法院没有下令披露诺华制药公司与英国专利代理人的通信，因为（a）版权、设计与专利法第280条规定给予英国特权，（b）美国法院知道英国特权与美国特权的含义基本相同，（c）美国法院希望以“礼让”的姿态向英国法院表示尊敬。事实上，它拒绝下令披露任何被英国法庭视为特权的文件。

2.44 但美国的案例确实引起了大陆法系国家顾问的关注。在诺华利斯的明案中，美国法院确实下令披露了大部分诺华制药公司与全球30名专利律师或代理人中的通信。其问题在于，大陆法系国家没有真正的披露实践，也就没有明确定义的特权法律，所以美国法院无从承认和尊重。此外，还有一些大陆法系国家（相对于英美）并没有对相关从业人员进行注册和监管的健全规定（尤其是内部从业人员）。近年来，一些大陆法系国家纷纷出台关于特权的法律规定（尽管有些刻意），以便美国法院可以有所参照，借以保护本国产业，而《欧洲专利公约》第153条也是出于类似原因而出台的；相关评论参见FICPI/AIPLA/AIPPI（2013）。尽管如此，也可以采取下述预防措施：

预防措施（j）（值得考虑）：不要与大陆法系国家的顾问就客户要求它们在当地申请专利的发明进行不必要的交流，而在欧洲大陆法系国家（特别是那些借鉴了英国披露制度的国家），尽量聘用那些既拥有欧洲专利代理人资格也拥有本地资质的合作伙伴。

此外，由于客户与加拿大顾问就申请和处理进行的通信在加拿大法院不享特权，即上述通信对于美国法院而言，没有可尊重的本地特权。因此，可以对预防措施（j）略作调整：

预防措施（j之调整版）（值得考虑）：预防措施（i）对加拿大顾问亦适用。

正如“不必要”一词所透露的，预防措施（j）和预防措施（j之调整版）是否行之有效，取决于具体情况，对于在大陆法系国家或加拿大设有研发部门的客户更是如此。

第二类特权——欧盟反不正当竞争调查

2.45　尽管违反欧盟竞争法不是刑事罪，而是行政罪，但欧洲反不正当竞争主管机关有权搜查、扣押和要求出示文件。在欧洲法院/欧盟法院的相关案件中，与欧洲内部顾问或任何非欧洲顾问所进行的沟通均不享有特权[41]（虽然出具内部顾问被作为独立从业人员进行监管的证据，但仍被认为不具说服力或无关紧要）。此外，就欧盟法院而言，（比如）即使是与私人事务所的德国专利代理人、英国专利代理人或商标代理人的通信也可能无法享受特权，因为它们可能不是“律师”（人们不禁要问，对于英国专利和商标代理人与律师和大律师一样都是律师的说法，欧盟法院会作何反应，因为它们都受 2007 年法律服务法案的约束）。

2.46　显然，跨国客户别无选择，只能接受在反不正当竞争调查中广泛披露与从业人员间通信的风险。要想完全规避风险，就意味着它们需要低效高价地开展法律业务。对于知识产权从业人员，笔者只有一项建议：

预防措施（k）（推荐）：对于具有较大经济价值的知识产权，考虑反不正当竞争法的需要，应该寻求一名私人执业的欧洲律师，如英国律师。

客户行为

2.47　（正如第 2.29 段）所述，客户的一些行为可能在不经意间放弃特权。此外，它也有可能产生未经授权和具有潜在破坏性的文件，例如在专利申请审查过程中或就自由使用问题寻求建议时，通过内部电子邮件讨论法律上不合格的文件。即使所述法律意见明显错误，美国陪审团也可能认为具有效力。专利检索员理论上都已经被训练得仅作客观陈述且惜字如金，但是其他工作人员不太可能表现出这样的克制。理想情况下，应请具备法律资质的人尽早介入，以避免这种情况，但作为后备，建议采取以下预防措施：

预防措施（l）（值得注意）：在知识产权和法律意识课程中，建议非从业人员不要披露其法律建议或内部对知识产权法的讨论情况。

电子开示/披露

2.48　美国的“开示”或英国的“标准披露”要求每一方均查找与案件有关的文件，并提供给其他方（尽管自 2013 年 4 月 1 日起，英国法院一直适

---

[41] 人们普遍希望（2013 年荷兰最高法院的判决在一定程度上也支持），这些案例不适用于私人当事方之间就非竞争问题进行的诉讼。

用新的民事诉讼规则，减少此类“标准披露”的使用频率）。以往，文件的查找和提供都是纸上作业，可以填满一个房间。如今，许多文件根本不打印出来。“电子开示”的代价和破坏力在美国尤其严重。人们可以在服务器特别是电子邮件服务器上，通过关键词搜索来选择文档。通过这样的关键词搜索，免不了漏掉一小部分文件，这些文件本该在提供给另一方之前先研究是否可能享受特权。即使在纸质文件时代，一方无意间可能也会错判那些本该享有特权的材料，并因此向另一方提供本可以适当扣留的材料（Willoughby，2010）。

2.49 问卷调查显示，在知识产权诉讼中，电子开示/披露尚不多见。然而，在接受调查的内设部门中，有 4 家认为电子开示/披露不仅会发生在知识产权诉讼中，也会出现在其他诉讼中。它们就此有较为深入的思考，下面的文字也包含它们的想法。

2.50 以一个典型的公司电子邮件服务器为例。在用第一个关键词搜索（比如寻找“激光”“焊接”和“铝”）找到大量与审判相关文件的情况下，对这些文件再进行第二次电子搜索。在不出现大量误报的前提下，能否从这些文件中识别出涉及法律顾问并且需要特权审查的文件呢？这在纯纸件时代不可能自动完成，但是如果能用电子手段进行开示/披露，那么（a）在所有案件中都应该予以利用，（b）材料的数量可能比纸件时代多得多，因此应尝试使用任何自动化手段。

2.51 在回答第 2.50 段所提出的问题时，你可能认为，用“特权”或“享受特权”作为关键词进行搜索能筛选出值得特权审查的内容。但是，这样可能产生大量误报。这是因为很大一部分进入客户组织的电子邮件，甚至可能所有发出的电子邮件，都包含这些词语，但其中只有很小一部分有机会享受一类特权或二类特权。信息技术专业人士普遍会随意在电子邮件页脚中标注“特权”或“享受特权”（例如，旅馆和旅游公司确认预订时自动回复的电子邮件的页脚中往往会出现上述字眼）。

2.52 至少，人们希望能够通过电子手段来识别出来自法律顾问的电子邮件，而不是检索公司在所述期间可能使用的所有法律顾问的姓名清单。建议可考虑以下预防措施：

预防措施（m）（推荐）：私人执业的从业人员应确保自己的电子邮件始终在页脚（或签名栏）⑫ 中包含英文“solicitor”（初级律师）、“barrister”（出庭律师）、“lawyer”（律师）、“attorney”（代理人）、“counsel”（顾问）中的

---

⑫ 例如，从业人员可以用 Microsoft Office Outlook * 为自己创建一个签名栏。

一个词。这样以后在开示/披露时，将这五个单词作为一个字符串用逻辑或进行检索，就能降低误报概率，识别出需要特权审查的文件。问卷调查发现有 4 名私人执业的专利代理人没有这么做：它们作为法律顾问的唯一标志是标明自己受知识产权管理委员会（IPReg）监管（这是一项强制要求）。而对于一位着手解决前两段所提到的那些问题的初级律师（不一定是英国人）而言，知识产权管理委员会不是一个显眼的检索词。问卷调查中的那些私人执业律师则很幸运，因为他们有义务在页脚标注“律师监管当局”，他们在发出的电子邮件中自动生成的这种标注，用上述五个关键词能够检索出来。

预防措施（n）（建议）：内部从业人员也应从预防措施（m）建议的五个搜索词中择一使用，和/或使用一个公司内其他人永远不会使用的特殊内部流行语（参见第 2.55 段）。但是他们还需要记住，他们的客户使用的基本也是同一套电子邮件系统，系统缺省默认的是在内部电子邮件上根本没有任何常规页脚。可以请信息技术部门帮忙，使用一套专门用于法律业务的内部页脚，但大多数内部机构可能需要使用从业人员的个人签名栏。

预防措施（o）（推荐）：需检查预防措施（l）和预防措施（m）所提及的页脚或签名栏功能是否被淘汰。随着基础系统的不断升级，各类信息技术系统都进一步减少此类功能（Adams，2013a）。问卷调查中，两个内设机构表示，它们不久前曾向信息技术人员提出关于某些功能的要求，但现在已经不能完全实现了。Outlook 中的签名栏对每个从业人员都是个人的，所以在人们不断入职、离职，以及获得资质的过程中，都需要对签名栏进行细致的维护。

2.53　上述预防措施无法找到客户联系人最初给从业人员的电子邮件。但从业人员只要在回复邮件时加上页脚，就可以追溯到。

2.54　所谓“最佳”的页脚或签名栏应该是怎样的呢？以下是私人执业英国专利代理人弗雷德·布洛格斯设计的，措辞中可能需要修改以便其他机构使用的部分用方括号括起来：

“要求特权审查。这封电子邮件是由［英国注册专利代理人］为［客户］准备的，出于这一原因或其他原因，他享有与此通信有关的法律特权。

“本邮件为保密邮件，只发于特定人。

“如果此电子邮件并不是发给您的，请删除或销毁您所拥有的所有副本，并通知发件人。

“［弗雷德·布洛格斯受知识产权管理委员会监管］”

读者可以练习对方括号内文字进行修改。只有一个例外：如果电子邮件的作者来自内设部门，方括号里的“客户”应该改成“雇主或客户”，而不仅仅是“雇主”。因为从业人员的行为可能代表集团下设的公司或合资公司，也可能代表他的雇主。笔者建议，即使是在没有明确规定给予特权的国家，或者在当地法律压根就禁止特权的国家，从业人员也应该使用这种页脚或签名栏——这样在国外诉讼中，委托人仍有机会要求进行通信特权审查。[43]

2.55　上面的这种页脚或签名栏不仅包含预防措施（m）中建议的检索关键词，而且为因发送方身份而产生的二类特权奠定了基础。“其他原因”这一表述提醒人们，可能因接收者的身份而额外产生一类特权和二类特权。“要求特权审查”则是对立场准确而直接的表述，比“可能享有法律特权”本身更明确。这个短语的突出位置和大写使人们扫视即见。这一短语对跨国公司的内部从业人员格外有用，因为整个法律部门都可以使用这一短语。在检索内部通信的时候，就可以有单一且非常独特的搜索词，而不必翻译第一组方括号中的“conseil”“advota”或“…anwalt”（德语：律师）等单词。

2.56　许多从业人员仍在给客户写“信函”或（内部）“备忘录”，尽管这些备忘录通常是作为电子邮件的附件［参见第 1.22（v）段］。只要这些信函或备忘录的副本存于机构的文件服务器或文件服务器的某一位置（或传真机或影印机），就不存在电子披露风险，因为这些位置上的材料会被单独进行特权审查。然而存在这样一种风险：这些附件可能被客户以电子方式保存在他自己的文档服务器上，与带有可搜索关键词的电子邮件分开。因此，笔者最后还要建议一项预防措施：

预防措施（p）（推荐）：针对电子邮件附件，特别是信函和备忘录，酌情对预防措施（m）～（o）进行调整。

确保前文建议的关键词出现在电子信函和备忘录记录中的某个位置是相当实用的，例如使用 Microsoft Office Word* 模板。对于内设部门，如果公司有在备忘录和信函中标注职位的规定，那么遵循预防措施（c），或直接标注“法律顾问”一职就能自动实现上述效果。专利说明书和协议是一个特例，因为在最终文本上，它们通常需清除预防措施（m）建议的搜索词。[44]

结论与未来

2.57　这一节为非诉从业人员提出了一系列预防措施，也希望能为诉讼从

---

[43] 如果更多的国家在适当的时候通过一项以最近澳大利亚法律或单一专利法院的议事规则草案为蓝本的法律，而不是适用前述美国礼让原则（参见本章最后一项），这将特别有用。

[44] 在专利案件中进行电子开示的初级律师最好将“发明”一词包括在他的搜索项中，这个词总是出现在专利说明书中，在专利之外则很少使用。

业人员提供一些启示，特别是当他们在处理国际业务时。笔者简化了法理探讨，以便能在合理的篇幅内得出结论。尽管如此，上述预防措施加在一起还是相当复杂的。即使不考虑特别具有破坏性的预防措施（g）和预防措施（h），也需避免主次颠倒，使要求特权优于高效完成工作。造成复杂和混乱的原因是大部分普通法国家的法律不能理性或全面地解决公共政策问题。专业竞争也是造成复杂和混乱的部分原因。例如，在加拿大，据说一些加拿大律师反对将特权扩大到专利撰写，因为这可能为将特权扩大到注册会计师提供的会计意见开先例。然而最大的问题是，能顺利解决纯国内法律纠纷（如不动产纠纷，本质上属于单一司法管辖区）的程序法，可能无法合理公正地解决知识产权问题（以专利为例，同一发明在多个地区受到保护）。澳大利亚通过并于 2013 年 4 月 15 日生效的一项法律规定，力图改进诉讼当事人在澳大利亚法院中使用外国知识产权从业人员的相关制度。但在其他普通法司法管辖区，诉讼人在聘用外国从业人员时仍然面临着风险，需多支付费用，而这些风险和费用似乎不符合公共政策目标。一个可喜的进展是，统一专利法院（可能将于 2015 年成立）程序规则草案的制定，至少在一定程度上可以解决这一问题（参见第 20 章案例研究 6）。与此同时，世界知识产权组织数年前曾有关于特权条约的提案，也鼓励各国相互承认特权，但该提案尚未生效。在可预见的未来，特权仍将是一些诉讼的博弈之地，非诉知识产权从业人员需要采取适当的防范措施为客户在博弈中增加胜算的概率。

第 3 章
系　　统

成败在于细节。

——佚名

系统项目的管理

3.01　本章的目的是为系统项目的管理者确定设计或升级业务系统的基本原则。管理者必须严谨、规矩并且务实。计算机的意义在于其能够编写或执行既定程序。❶ 计算机输入数据要尽可能可靠。对编程、配置和输入的数据来源，必须谨慎对待。具体而言，数据的结构化也是一项重要的管理决策，要在清晰评估数据使用目的的基础上进行决策，而使用目的又取决于所要提供的法律程序、商业模式和服务范围。因此，系统项目的管理者往往是从使用该系统项目的法律从业人员中临时抽调的。

3.02　众所周知，鉴于计算机的故障率，系统项目依赖管理系统利弊兼具。如果项目设计仅仅是管理者简单列出“愿望清单”并寄希望于编程人员去实现，通常这类项目设计多半会失败。还有一种情况，如果项目管理者假定未来使用者能够按照“被告知的”去遵守输入规程，所设计的项目同样也会失败。管理缺陷和管理不一致将转化为：（a）系统安装、维护、使用的成本，（b）不可靠性。笔者认为自己具有良好的系统项目管理经历，在笔者的领导

---

❶　即使是现成的系统也被设计为（在某种程度上）可配置，以满足用户的个体需求。例如，如果当前读取为“代理人”，而实际上“经理”更为合适，那么用户可以联系供应商去改变相应的字段说明；在 CMS 系统（Content Management System，内容管理系统）中 fp&r 工作（译者注：filing，prosecution and renewal，申请、审查及续展相关工作）自动生成“到期提醒”日志的规则，通常可以由用户自行创建，无须咨询供应商。

下，成功完成一个大部门所有关键系统的更换，尽管如此，笔者也曾因在“严谨、规矩、务实”方面的过失而受到教训。

3.03 业务系统制定决策的管理者并不需要深入了解计算机的工作原理（微软 Windows 操作系统版本的影响、32 位与 64 位系统、关系数据库、服务器操作等所有可咨询的内容）。但是，从未亲自编程的管理者也不应低估严谨性要求或忽视细节；从日常文字处理、互联网浏览、使用手持设备所获得的“计算机素养”并不充分（文字处理系统、互联网浏览器和手持设备由于市场广泛，大多是以高成本开发的，从而使用户能够用最“傻瓜”的指令而达到效果）。

关键系统（不包括文件管理）

概述

3.04 图 3.1 代表不同业务中的相关系统（不包括文件管理），其将作为下一步讨论的基础。对于读者而言，或许不是所用功能都是必需的。在图 3.1 中，方框（A）～（E）表示在知识产权实践之中和之外涉及的人员或组织，椭圆框表示操作（1）～（6），每个操作都是在人工监督下通过计算机系统实现的。箭头表示主要信息流。如果一种业务可以不通过某步骤/操作，图中可以去掉相应系统。例如，不参与 fp&r 工作的事务律师可能更希望不设置案件日志提醒（参见第 1.07 段），从而省去 CMS（2）部分，则进入 CUI[2] 的案件更新信息可直接进入 TDBS（3）。同样，企业法务部门不需要记录案件时间，则可省去时间记录系统（4）。如若不需要监控案件付费情形，则也不需要 TDBS（3），从而案件相关发票（发票 C-R）可直接从方框（C）进入财务后台系统（6）。

角色定义

3.05 人的角色在每个信息流中都要被考虑并进行记录。例如，如图 3.1 显示，为了可靠性，特意排除了从业人员（A）直接将数据输入 CMS（2）或

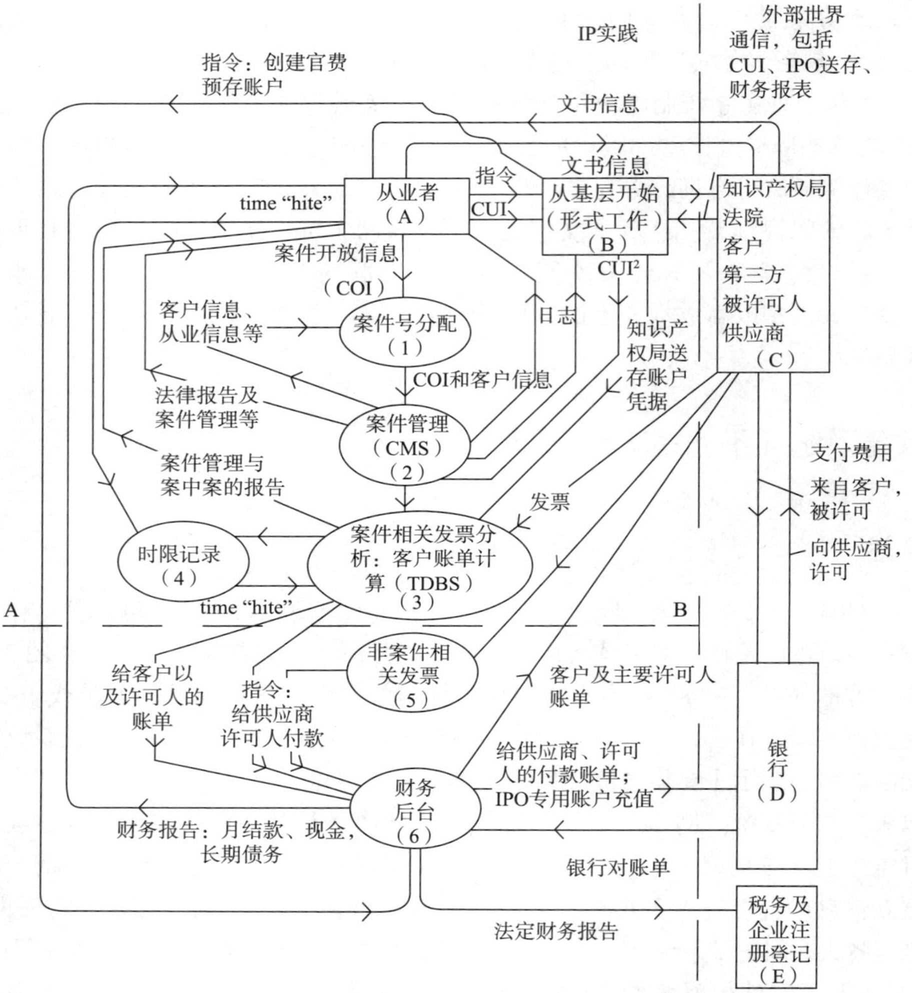

图 3.1　实践中关键系统（不包括文档管理）总览

注：

方框：人员或组织。

椭圆框：需要执行的操作/执行操作的系统。

箭头：主要信息流。

instrucs：“指令”。

COI：case-opening information，案件开放信息。

CUI：case-update information，案件更新信息（即从方框（A）或（C）开始更新的信息）。

CUI²：case-update information，同时从方框（A）和（C）获得的案件更新信息。

RCI：relevant case information，相关案例信息（“相关”是指接收系统将要执行的操作）。

C－R：case-related，案件相关的。

非 C－R：non case-related，非案件相关的。

虚线 A－B：对于该线下方的操作，企业内相关业务需要得到企业内部财务部门支持，最好能够保证整体流程顺畅；然而该线上方使用财务部门则步骤功能性会受限（参见第 3.35 段）。

TDBS（3）。❷ 当从业人员从系统（1）请求新案件信息时，他可以自行处理，但是将案件开放数据传输到 CMS（2）并由此转移到 TDBS（3）时，则需他人审核［作为系统（1）中计算机初始验证的补充］。这些审核主要为了避免疏漏和错误以及数据冲突，可能通过向系统（2）和系统（3）中加载数据时产生的"核对索引"来执行审核。随后，由法务助理直接在 CMS 中完成案件记录的全部更新。这些法务助理会通过核对索引来核对每人输入的准确性，特别是 fp&r 工作关键节点的日期是否输入正确。在员工操作财务后台办公系统（6）向外界发送任何材料之前，至少要进行一轮审核和授权（要记录备查），从而降低从业人员或者财务工作者隐瞒管理不善、从事欺诈或贿赂行为的风险。因此，在支付供货商发票时，从业人员在票据进入 TDBS 之前要签字（纸件或电子签名），并且所有当月付款的说明包括上述发票支付在确认付款信息被 TBDS 发到财务后台办公系统（6）之前要让更高级别人员签署。财务后台之后办公室内部也要进行附加的审核。

记录和字段：使用代码和字段验证

3.06 系统项目管理者在理解屏幕信息时必须亲自参与其中，并且能够站在所有操作者（无论是专注于日常法律工作而非行政管理的合伙代理人，还是法务助理或财务人员）的角度，理解输入界面的代码角色含义以及字段验证是非常重要的。

3.07 下面通过用于 fp&r 和非 fp&r 工作的 CMS（2）进行举例。在登录 CMS（为便于讨论而使用简称）的过程中，就会遇到一个开放的选项菜单，如图 3.2 所示。

当用户进入"非 fp&r 案件"选项时，他可以按照案件编号顺序调用多个屏幕，每个都包括一个非 fp&r 案件的单独"记录"。图 3.3 示出了该记录的头几行。

---

❷ 一般而言，允许法务助理以外人员输入（a）关于权利的著录项目数据或（b）影响到期日的任何数据都是危险的。但是，也存在经过仔细监控的例外操作。例如，可以允许选定的从业人员向 CMS"写入"数据，或者允许 TDBS 的经手人"写入"，仅用于改写与特定字段，如与业务管理、专利策略或财务相关的指定字段，但没有法律效力；即便如此，所涉及人员也必须进行规范培训，以免产生无意识的低级错误。

专利族

商标族

工业设计族

………………………………

………………………………

非 fp&r 案件

案件状态

从业人员

客户

图 3.2　一个典型 CMS 开始菜单所显示的屏幕选项

案件编号 G1234	从业人员［LJ］*Len Jones*	案件状态［A］激活
案例标题	［BLOGGS LTD 公司与 BROWN LTD 公司在阿尔及利亚锑项目的合作］	
客户	［001111］Bloggs Ltd	

……………………………………………………

……………………………………………………

图 3.3　案件屏幕记录的前几行

注：屏幕上显示“从业人员”是因为本书统一使用该术语，在具体实践中可能有别的称呼，例如“收费者”“案件负责人”和“（案件）管理者”。有时会用“顾客”代替“客户”。

记录中唯一可编辑的“字段”是方括号中的内容。案件编号“G1234”不可编辑，因为这是串起所有数据的“固定钉”；只有在初始创建记录过程中才可编辑。案件标题可以在最大字符长度内自由编辑。从业人员代码“LJ”可被编辑，但仅限于根据开放菜单“从业人员”选项中所获得的记录经过验证后的值。类似地，状态和客户代码将根据开放菜单选项“案件状态”/“客户”下可获得的记录进行验证。图 3.4 ~ 图 3.6 示出了上述选项下的记录状态，其可用于帮助图 3.3 中案件记录进行有效创建。在这些图中，第一字段（“固定钉”）不得被编辑（除非在初始创建过程中），而方括号中其余字段是可在最大长度范围内自由编辑的。还要注意的是，图 3.3 中斜体字是基于这些记录中的数据自动显示的，而非案件记录屏幕上编辑出的。

从业人员首字母	[L J]
从业人员姓名（非正式）	[Len Jones]
从业人员姓名（正式）	[Leonard R Jones]
从业人员电话	[01234 987654]

……………………………………………………

……………………………………………………

图 3.4 屏幕上从业人员记录的前几行

案件类型	非 fp&r		
允许的代码 1	[A]	代码说明	[激活]
允许的代码 2	[N]	代码说明	[未激活]
允许的代码 3			
允许的代码 4			
允许的代码 5			
允许的代码 6			

图 3.5 屏幕上的案件状态记录

客户代码	001111
姓名	[Bloggs Ltd]
公司编码	[5000000]
注册地址	[Bloggs House，London WC1 1QQ]
通信地址	[Bloggs 研究实验室，Camford CD1 9YY]

……………………………………………………

……………………………………………………

图 3.6 屏幕上客户记录的前几行

注：该操作选择一个客户端代码分配方案，其中代码“001111”已被分配给第 1111 号客户。实际上也有很多喜欢用诸如“BLOG03”之类的表示名称以“Blog”开头的第三个客户。

3.08 图 3.5 示出了 CMS 的用户配置实例。所显示操作被设计成对于非 fp&r 案件只有两种状态适用，即便实际上可以配置成更多状态（对于 fp&r 案件国家记录必然有多种状态）。

3.09 这种记录结构是常规设置且非常有效。使用此类代码需注意以下要点：

（i）假定希望为 Bloggs Ltd 的所有非 fp&r 案件写入记录，标明其状态以及处理这些案件的人员（正式姓名）及联系电话。在图 3.2 显示的案件记录中可以看到“LJ”和“A”，但LJ的姓名全称和电话号码并未显示。该报告通过在案件记录的客户代码字段中选择“001111”进行操作，并通过图3.3～图3.6的记录获取与“001111”“LJ”和“A”有关的任何信息，无论是否显示在案件记录中。报告如图3.7所示。

客户	案件编号	案件标题	案件状态	从业人员	电话
Bloggs Ltd	G1234	Bloggs公司与布朗公司关于砷化镓的合作	激活	Leonard R Jones	01234 987654
Bloggs Ltd	G1236	Bloggs公司与史密斯公司关于在磷化铟的合作	未激活	Frederick S Thompson	01234 123456
Bloggs Ltd	H1280	史密斯公司的专利US5678901（N掺杂磷化铟）	激活	Mary I Green	01234 123498
Bloggs Ltd	L1960	Bloggs公司向史密斯公司许可激光器	激活	Leonard R Jones	01234 567899
Bloggs Ltd	Y1008	Bloggs公司的一般申请	激活	Leonard R Jones	01234 567899

图3.7 CMS关于Bloggs Ltd案件的报告

注：该操作所用的案件编号系统将在第3.20段进行介绍。

此报告的最佳做法是指明搜索条件——将客户代码译为客户名称。不然，报告撰写人员在输入“001111”时容易输入错误，那么Bloggs Ltd可能收到其他客户的信息。

（ii）为客户、案件状态和从业人员使用代码有助于输入者方便输入，从而少犯错。此外，可以有效地处理名称、地址、电话号码等变化。假设Bloggs从Ltd（有限公司）变成Plc（公共有限公司），或者完全更名为“半导体产品有限公司”，那么只要在一个地方进行修改就足够了，即在图3.6中客户记录的“名称”字段；无须一一编辑各案件“G1234”“G1236”“H1280”和“L1960”。在内部法务实践中，重组导致客户重大变动，使用代码可以省去很多麻烦。假设客户代码为“001222”单元“源和探测器”有200个专利案件，探测器业务只有20项专利，作为一个单独的单元被分出来，那么不用在其他180个案件记录中更改客户信息，仅将与代码“001222”相关联的案件名称更改为“关于源的解决方案”或其他什么名称代表只与“源”相关的案件即可

（更改180条记录，如果手动完成则非常烦琐且需要仔细检查，如果通过“整体替换”则需要由非常熟悉系统的操作员完成）。只有其他20个案件记录需要将客户代码更改为（比如）“001345”，通过客户记录“解码”为“探测器解决方案”或其他。❸ 当然，如果客户完全改变（例如Bloggs Ltd的所有专利都被受让给另一家公司），那么不可避免地要大量更换客户代码。

整合系统/分拆系统

3.10 图3.1中的省略号（1）~（6）代表的系统通常不是“集成”系统的一部分，即它们不是在相同数据文件上运行的一组软件程序。并非罕见的是，所有6个都是不同的模块（即使它们中的两个或更多来自同一供应商），它们之间的数据流都是真实的，而不像一些读者可能认为的帮助理解的教学辅助概念。这些数据流涉及人工操作员或计算机调度程序，触发从一个系统的数据文件中自动提取数据，以及随后将数据输入另一个系统的数据文件中。没有经验的从业人员倾向于认为集成很好，而实际上模块化结构更有优势，理由如下：

（i）通常更希望购买经过试验和测试的计算机系统，并会考虑一系列供应商。笔者发现供应商X提供了关于图3.1中一个椭圆框所涉及的最佳功能，供应商Y提供另一椭圆框的最优功能。❹ 每个系统都有自己的软件程序，在自己的特定类型的数据文件上运行，配置为以特定方式接收数据，因此一个系统直接读取另一个系统的文件就没有任何问题。不然的话，数据必须从一个系统导出并导入另一个系统，通常是通过文本文件（见附录3.1）。如果两个供应商都同意文本文件的格式，导出数据的系统供应商就可以设计用于创建文件的程序，导入系统的供应商就可以设计用于读取文件的程序。让两个供应商这样做的成本远远低于让其中一个供应商扩展其现有系统的功能。

（ii）模块化结构降低了升级任意特定模块的连锁成本。例如，如果CMS（2）发生变化但TDBS（3）没有变化，那么仅仅是为新CMS编写一个程序，它生成的文本文件将与旧CMS生成的文本文件相同。由于CMS通常内置灵活的报表编写器，因此可能不涉及任何实际的源代码编写。

（iii）一种操作不使用另一种操作数据文件的另一个原因是耗费时间。例

---

❸ 在这些改名中包括“解决方案”是当前流行的做法。

❹ 这方面的例子如下：Fp&r从业人员普遍需要复杂的CMS（2）。如果在私人事务所，他们必须让客户支付关于时间和费用的账单，因此他们还需要时间记录系统（4）和TDBS（3）。在调查中，有5家专利律师事务所从知名供应商那里购买了CMS，实际上他们提供了包括系统（3）和（4）。但是，其中只有两家使用完整包，而其他3家使用其他系统执行操作（3）和/或（4）。

如，TDBS（3）按月运行并在下一个周期计算一个月的账单并不“真想”知道客户因为什么而发生什么变化，如果使用上游 CMS 的文件（2）会带来不必要的麻烦，TDBS 需要在适当的时间从 CMS 下载，以便它可以处理与该案件上个月与客户相关的信息。

避免并行手动输入

3.11 正如第 3.10 段所提到的，良好系统实践的黄金法则是，尽可能避免向不同的系统并行手动输入相同的数据，因为很难避免不一致。因此，当两个相邻系统使用相同的数据时，“上游”系统所需要的数据项更具权威性；因而在图 3.1 中，为了更改案件名称以用于计费，就要在 CMS 中更改，并且该案件数据从 CMS 导出并导入 TDBS 中。比较有帮助的是，如果想要在 TDBS 中选择案件进行更新，不必更新所有案件，从而避免产生问题［比较第 3.10 段的（iii）］。这一点并不困难，因为如前所述，CMS 通常内置灵活的报表编写器。

报表撰写

3.12 供应商提供的各种系统具有一系列可以运行的、具有不同灵活性的报表。最低灵活性的报表［通常完全适用于 TDBS（3）等金融系统］为撰写者提供了如下方式：选择所需的标准和字段，以及选定几个报告样式，就可以生成报表。然而，在 fp&r 工作和产权组合管理中，没有办法确定法律事务管理、协议计划、产权组合管理所需的检索标准或归类标准，也很难确定报告打印版式。因此，CMS（2）的供应商通常构建灵活性高的报表编写器供有一定技能基础的用户（例如，了解底层关系数据库结构和了解 SQL 的人）使用。调查显示，使用此类 CMS 的大多数事务所都要依赖于：

（i）事务所 1 ~3 名专家应他人请求撰写报表；

（ii）将数据下载到 Microsoft Office Excel* 中，进行数据操作。

在重要工作中，调查中的 3 家事务所不推荐选项（ii）（如笔者一样），例如安排许可计划，找出因法律或细则变更而必须采取紧急手动办理的相关案件；在下载数据的选择、将数据导入 Excel❺ 和操作数据的过程中都存在犯错风险。关于选项（i）最重要的是必须有真正的专家，不仅熟悉系统，而且对问题能理解到位。因此，笔者总体主张有至少 1 名 CMS 报表专家（同样可能也是稍简单的 TDBS 报表专家）由知识产权从业人员担任，而不是法律助理或

❺ 附录第 A 3.1.03 段给出了转换为 Excel 时可能出现错误转换的例子。

管理员，尽管从业人员的时间成本很高。

3.13 然而在一些情况下，进行 Excel 导入数据的操作编辑［选项（ii）］更合适，比如，当 CMS 实际上无法完成此项任务或者当该任务没那么重要时。在笔者自身经历中有一个真实例证，就是一个客户想知道有多少数量的案件在特定方面的状态会按月改变。CMS 仅记录当前数据，因此每月都要将当前数据下载到 Excel 中并与之前的数据进行比较。

3.14 将数据导出为能进行文字处理的标准字符也是一种常见操作，例如单纯地向客户提供专利授权正式报告。只要平时已经进行完整记录和检测，上述操作就能满足要求。

案件编号（一般情况）

3.15 案件编号（例如“G1234”）由系统（1）分配。案件编号的普遍使用是因为：（a）标题结构不利于归类，无论是纸质文件系统还是计算机系统；（b）即使对于同一客户，也会出现难以区分相似标题的情况；（c）图 3.1 中操作（2）~（4）的专有系统通常需要一个简短的案件编号。案件编号形式的选择具有重大影响，如以下两个小节所述。

案件编号形式——客户专利、设计和商标的申请、审查和续展（fp&r 案件）

3.16 调查的大多数观点是（笔者也认同）与知识产权的申请、诉讼或续展有关的案件编号应包括用一个字符定义权利的类型，并与序列号组合使用，例如：

A［nnnn］从 A0001 开始表示专利；

B［nnnn］从 B0001 开始表示设计；

C［nnnn］从 C0001 开始表示商标。

用来在第 2 ~4 位字符补位的 0 是必要的，因为“缺省”计算机排序会将例如“A10”排在“A2”到“A9”的前面。❻ 如果通过使用“下一步”来移动案件记录，通常会使用这种缺省设置，也用于在报表中按案件编号进行排序。补位数字 0 可以确保合理的排序。

3.17 此外，这些案件编号应该用于发明、设计或商标，而不是按照国别

---

❻ 这么做在计算机系统之外存在风险，例如在写信时，事务所员工会将“A0010”缩短为“A10”并引起混淆；这是可以避免的，代价是在“A”系列中少用 1000 个案件编号，直接从“A1001”开始编号。

划分。[7] 因此，"A1234" 代表第 1234 项发明，以便将各个国家的申请指定为 A1234GB、A1234WO、A1234US 等。也可以再进行细分，以识别优先权申请、申请途径（例如，是否通过 PCT 和/或 EP）以及分案申请。

3.18 如果如上文所述序列号有四位数，那么乍一看"A"系列会终止于"A9999"。位数的选择应该考虑当到"A9999"时，该系列早期编号的所有权利都早就过期很久了，除非特殊情况。此时，通常会插入一个附加字母，例如变为"AA0001"，其中（数字字母）缺省计算机排序法将其放在"A9999"之后，这正是笔者所希望的[8]（"A0001"过期很久，即便因听错"AA0001"中的双"A"而引起混淆的风险也很小。大多数商标的实际寿命很短，与其理论上无限长的保护期相反，一般与专利和外观设计相当）。

3.19 一般情况下，作者不推荐在案件编号中嵌入任何非永久有效的信息，例如客户身份，其可能在案件工作完成之前就会发生变化（在 fp&r 案件中很可能发生，因为权利的持续时间很长）。更改案件编号以匹配任何客户信息变化会在通信中造成困扰，此外在大多数计算机系统上也会造成技术上的麻烦，因为（如图 3.3 的记录中）案件编号是不可编辑的"固定钉"，需要串起有关案件的各种数据。相反，记录中的客户代码字段可以根据需要进行编辑。即使将发明的来源信息放在案件编号中（逻辑上其也不能改变，因为它是历史信息），在笔者看来也毫无意义，即使在一些公司内部法务操作中仍然这么做，例如"GC［序列号］"用于标识一般化学品领域案件（"GC"是 General Chemicals 的首字母缩写）。"GC"可能在权利到期之前由于重新命名或重新组织而不能传递任何有用的信息，并且会影响默认排序，迟早会变得无关紧要。如果确实想要记录来源信息，那么最佳办法是在图 3.3 记录中增加附加字段。笔者所推荐的纯序列号式的案件编号如"A1234"的又一好处是能够表明案件在案件系列中的大致年代。

案件编号形式——非 fp&r 工作

3.20 对于非 fp&r 工作较少的私人专利律师事务所，最简单的案件编号形式是采用单序列编号（例如"M0001"等等，"M"代表"杂项"）。然而，非 fp&r 工作也可以有多种类型，一些调查参与者有几个非 fp&r 案件系列。最

---

[7] 私人事务所为每个国家申请提供一系列序列号是以前很常见的做法，其缺点是发明优先权申请编号、相应 PCT 申请编号以及相应的 EPC 地区阶段申请的编号会相隔很远，而不是排在一起。

[8] 需要避免的操作是将下一个排成"A10000"，这也是笔者曾经犯过的错误，默认情况下，它将排在"A1000"和"A1001"之间，而不是在列表末尾的"A9999"之后。

烦琐的分解来自内设部门（见附录0），相比于专利律师事务所，它们会花费更多的时间在非 fp&r 工作上。一种可能的细分包括（根据工作实际情况）：

D0001 等：知识产权政策。

E0001 等：合并、收购、出售、重组、合资企业等知识产权支持。

F0001 等：保密协议（NDAs）。

G0001 等：合作协议。

H0001 等：客户可能侵犯的第三方权利，从调查到向内侵权诉讼。

J0001 等：客户被他人所侵犯的权利，从调查到向外侵权诉讼。

K0001 等：向内许可；向客户转让权利（但请参阅“P”系列）。

L0001 等：向外许可；客户向外转让权利（但请参阅“Q”系列）。

M0001 等：防侵权检索（专利）。

N0001 等：防侵权检索（商标）。

P0001 等：内部许可或转让的费用。

Q0001 等：向外许可或转让的收入汇总。

R0001 等：客户教育。

W0001 等：已签署协议的副本。

X0001 等：其他部分未包含的内容。

Y0001 等：客户的常规文件，用于立即处理的小型作业。

Z0001 等：事务所管理。

注意，根据标准 IT 实践，不使用“I”和“O”，以避免与数字“1”和“0”混淆。还要注意“R”系列和“W”到“Z”系列之间留有间隔；以允许后来添加“S”到“V”系列，以表示从“X”系列分出来的或者可能的其他工作类型，同时不会影响列表末尾“W”到“Z”的自然排序。

3.21 笔者强烈推荐至少在企业内设部门使用此类案件编号，因为所涉及的非 fp&r 工作比例很高；但任何提出这种编号体系的人都需要适用第 3.01 段的“严谨、规矩和务实”规则（如下两段所示）。

3.22 首先，在应用这一规则时，必须确定体系目标。关键在于非 fp&r 工作花费的时间以及工作的多样性：

（i）在日常工作的基础上，编号体系意味着如果要找案件档案，则立即知道其角色。案件系列的区别可以使从业人员不会混淆单个文件上的不同类型工作。

（ii）如果 CMS［图 3.1 中的（2）］允许案件记录可以交叉引用（有时称

为“链接”)[9]，如果从业人员认真标记案件记录的交叉引用，则交叉引用可以用作直接提醒。例如，对“A”系列案件中的一个或多个“L”系列案件的交叉引用意味着已经提出并可能授予涉及该专利的一个或多个向外许可，这可以帮助提醒其重要性，而避免由于放弃权利而带来的损害。

(iii) 企业内设部门有时会面临高层管理人员的“挑战”以证明其工作的合理性。[10] 一种方式（虽然原始，但总比没有好）是参考每个系列（fp&r 工作和非 fp&r 工作）中开放的案件数量。结合时间记录系统（4）和 TDBS (3)，上述案件编号体系的作用非常大。例如，如果可以显示部门时间的 x% 用于“E”系列案件，则该部门配置 x% 的人员就是恰当的，因为此类工作的需求往往来自公司董事会层面。

(iv) 如果从业人员离职或超负荷，并且每个从业者都有详细的工作时间数据（汇总每个 fp&r 工作和非 fp&r 工作系列），那么考虑再分配涉及员工的技能和当前工作量，就可以科学地进行必要的工作再分配。

(v) 过去几年中对于给定客户的文件系列（汇总每个 fp&r 工作和非 fp&r 工作系列）的相关成本数据，可以根据所需工作类型的预期变化进行预算规划。进一步的细分对于专利工作尤其有用（见第 5. 62 ~5. 64 段）。

3. 23 其次，必须现实地评估这种细分编号体系所消耗的资源与收益的关系。对于加入事务所的从业人员来说，必须培训关于案件系列和交叉引用的使用；必须安排人员（一般由指定的从业人员进行）在新案件启动时监督所有从业人员遵守规则，并纠正错误和遗漏；必须关注并拒绝滥用案件系列。没有监督，从业人员就会变得松懈——他们有日常的个案工作压力，可以理解其应当比管理层的要求更高。[11] 如果管理层不监督，那么数据将不再可靠。

案件编号分配系统［图 3. 1 中的（1）］

3. 24 最简单的系统是基于纸张的——一本带有序列号的书，附有填写的

---

[9] 交叉编号/引用应具有以下功能：（1）作为验证检查，在创建交叉引用或链接之前，两个记录都必须位于 CMS 中。（2）不需要双重输入；从 A1234 的案例记录（比如）创建交叉引用或链接到 L2345（例如）的案例记录应自动表示该链接：（a）在屏幕上可见 L2345 和（b）报表撰写人可以访问，以创建案件 L2345 的报表。

[10] 笔者曾经不幸地在 5 年的时间里，连续被两家雇主公司的总部部门（包括自己的部门）要求解释如果削减 10%、20% 和 30% 开支，会给公司带来的利益损害（如果有的话），隐含意思就是如果损害不大，那么就会削减开支（这两家公司显然使用了相关的管理顾问）。部门如果没有数据支持，则会面临风险。

[11] 例如，不注意的从业人员者可能无法区分第 3. 20 段中的 H 系列和 J 系列。此外，只要认为该主题未被任何一个其他案件系列覆盖，他们就可能试图创建一个 X 系列案例；X 系列由于是杂项类，因此不能按照第 3. 22 段的规定作出实际贡献。

纸质表格，并将其中的信息手动输入 CMS（2）。但是，最好有一个基于计算机的系统（1），其可以（a）应用某些验证（例如客户验证），（b）强制完成某些（“必需”）字段，（c）可以让从业人员直接从桌面上获得案件编号（其优点参见第3.46段）。建议该系统仅对序列号和案件公开信息（COI）为“可授权”（第3.11段），验证数据如图3.1所示，从 CMS 输入，或者从 TDBS（3）输入。它仅适用于案件编号分配，案件信息的任何后续修订都必须直接在 CMS 中进行。

案件管理系统［CMS，图3.1中的（2）］

3.25 如第1章第2节所述，在参与此类工作的20名调查参与者中（10家私人专利律师事务所和10个公司内设部门），普遍使用计算机化的 CMS 进行 fp&r 工作。大量的日期和数字需要以系统且（对于日期）可检验的方式进行记录，并且需要生成日志提醒并关联到案例，而不是从业人员。20名从业者中的大多数将非 fp&r 案件放入同一个 CMS 中。所用系统的细分如表3.1所示。

值得注意的是，（a）10个公司内设部门中有9个购买了“现成的” CMS，而不是私下委托开发它们自己的 CMS，而10家私人事务所中只有6家这样做；（b）私人事务所与公司内设部门所选择的“现成”系统并无重合。正如第1章第2节所述，这20位调查参与者中的大多数也将 CMS 用于非 fp&r 案件，尽管它们的日志用途并不广泛。调查中的5家律师事务所并不能“捎带”使用现有的 fp&r 工作的 CMS 系统。只有一家律师事务所具有能够进行案件相关日志的 CMS；其他人则使用个人日志。

表3.1 调查参与者从事 fp&r 工作的案件管理系统

CMS	私人事务所的使用数量/个	公司内设部门的使用数量/个
由个人委托	4	1
“现成产品”1号	0	4
“现成产品”2号	0	3
“现成产品”3号	3	0
“现成产品”4号	2	0
“现成产品”5号	0	1
“现成产品”6号	0	1
“现成产品”7号	1	0
总计	10	10

3.26　事务所在选择 CMS 时，必须仔细考虑是否配置为能抓取所需数据以及如何使用该数据生成所需的报表；这可以解释第 3.25 段中提到的私人事务所和公司内设部门之间 CMS 的选择差异。对于 fp&r 案件，还需要进行非常重要的选择，即是否有一个带有从属国家同族专利的屏幕显示或只有国家专利的屏幕显示。关于 fp&r 案件和非 fp&r 案件两种情况，一个关键的选择是否有从属的文本屏幕。对这些重要选择的讨论推迟到本书 B 部分的相应章节（参见第 5 章“CMS 的结构”小节，以及第 8.44 段、第 10.47 段和第 11.87 段）。

用于记录案件相关时间和支出的系统与客户账单计算［TDBSs，图 3.1 中的（3）］

3.27　所有私人事务所都需要 TDBS 来记录各个案件的发票和时间，并处理所记录的数据以便为客户创建账单。由于以下原因，公司内设部门也可以进行基于案件的计费：

（i）公司可能要求部门在内部开账单，即使公司其他业务部门的账单仅是“塑料钱”（即它对公司的利润没有直接影响）。有关“塑料钱”计费的讨论，请参阅第 15 章“内部部门的融资制度”小节。

（ii）只要该部门为一个或多个合资企业提供服务，计费就可以避免向共同所有者提供补贴。

（iii）只要该部门按照道德要求服务第三方（第 2.19 段），计费就可以避免向第三方提供资金。

（iv）在该部门为外国独资子公司提供服务的情况下，以“公平交易”为基础的账单可以避免对税务机关的转让定价提出异议。[12]

在调查中，10 个内设部门中有 3 个使用 TDBS 开票并用于业务管理和客户战略，另外 3 个拥有仅用于业务管理和客户战略的 TDBS，包括名义客户账单计算。

3.28　根据事务所的财务模型（第 15 章“事务所的财务模型”部分），通常在账单周期中针对每个案件来计算账单，计算下述内容的部分或全部之和：

（i）（从业人员时间 × 小时费率）；

（ii）特定行为的“固定费”或“手续费”（如提交 PCT 申请或支付特定

[12] 如果（比如说）全资子公司美国子公司以低于正常价格 x 英镑的价格从其英国母公司的知识产权部门获得知识产权服务，那么英国税务与海关总署可能说这家英国公司从美国子公司获得了 £x 的不当利润，并要求支付基于 x 英镑“推算利润”的英国税费。

的续展费)；

(iii) 支付 (可能是收到的发票或存款账户提款)，可能有加成。

有时，特别是在公司内设部门中，(i) 和 (ii) 必须向一个客户收费 (或名义上收费)，而 (iii) 向另一个客户收费，因此在 TDBS 中提供这种灵活性是有用的。将客户特定算法应用于小时费率或固定费用是有用的；这允许对一个客户的收费与另一个客户相比可以打折或收附加费。在某些实践操作中，支付时可能有涨价，客户之间涨价也可能不同，但是，客户或监管机构希望支付账单的明细是透明的。公司法务会发现，把客户分组很有用，这意味着在 TDBS 中需要一系列“客户组”记录，在 TDBS 中的客户记录中也需要“客户组”字段；在一家大公司，第 3.09 (ii) 段提到的“源解决方案”和“探测器解决方案”很可能与许多其他单元一起构成该公司一个大部门的一部分，例如“电子产品部门”，其可能按部门级别来支付费用，但希望了解各单元的成本分摊情况。在 TDBS 中向账单添加 VAT[13] 或许并不是必需的，因为这通常由后台财务 (6) 添加。但是，如果 TDBS 要为后台财务 (6) 提供自动指令以设置付款，对于入账的英国发票肯定需要处理增值税，此时就非常有必要在 TDBS 中添加 VAT (第 3.43 段)。

3.29 客户账单 [图 3.1 中的 (C)] 涉及 TDBS (3) 生成“备份”初步计费 (6)，之后由后台财务发出。该初步计费将确定第 3.28 段 (i) ~ (iii) 类中的各个条目，并在初次进入系统时给出简要说明 (如后面第 3.32 段和第 3.40 段所述)。该初步计费由负责人 (通常是从业人员) 检查，并在 TDBS 单独编辑各项目。[14] 编辑后，该账单由 TDBS 计算，并向后台财务发出指令给客户正式发票 (财务术语是“已过账”)。最常见的情况 (至少在相关的调查参与者中)[15]，TDBS 产生一个经过修改的、完全合乎标准的备份，可供后台财务将其纳入发票或作为附加材料；就客户而言，直接使用计算机生成的备份既高效又透明——第 3.32 段和第 3.40 段中给出了可行的格式示例[16] (指令发布到后台时，TDBS 中的相应数据必须“冻结”，即呈现为不可编辑，代表后台财

---

[13] 对于从其他英国企业收到的大多数产品和服务，大多数英国企业都应缴纳增值税；但供应商已经向英国税务海关总署缴纳从购买者那里收取的增值税，而所支付的增值税由购买者从英国税务海关总署要求退税。因此，两者增值税损益都是“透明的”。但是，相关的英国公司可以形成一个“增值税组”，组间不收取增值税，这可以简化公司法务对于英国业务的计费。对于跨国欧盟企业之间的结算，只要符合手续，通常不收增值税。

[14] 如果固定价格的报价低于按照记录时间计费的价格，那么可以以向“虚拟”从业人员部分退款的方式进行调整 (以避免调整记录的正确时间)。

[15] 也就是说，调查中的 15 家事务所以及 3 家企业内设部门的收费。

[16] 另一种方法是手动将备份信息重新格式化为常规的财务记录。

务已接受指令进行处理；之后发现的任何错误必须从 TDBS 发出单独的更正指令给后台财务。向供应商付款的指令也适用于同样的冻结状态）。以月为单位向所有客户开具所有账单比较方便，在调查中，内设部门和私人律师事务所普遍采用此方式。此外，许多专利律师事务所的大客户要求每月一张账单都涵盖所有案件——参见第 3.40 段有关的账单设计。[17]

3.30　需要格外关注存款账户。例如，一家英国事务所可能在英国公司注册处（Companies House）、UKIPO、EPO 和 OHIM 都设有存款账户。当撤销案件时，需要在 TDBS（3）中对案件进行输入，以便对其进行结算。一种简单的流程是后台财务的相关明细出来后，让律师助理检查是否准确并对其进行标记，以便将描述正确的正确案件输入 TDBS 中。但是，TDBS 必须以不同于发票的方式处理存款账户提款；这些提款确实需要包含在客户账单计算中，但它们不需要向后台财务（6）发出指令以支付知识产权局（已提前支付）。

3.31　也要关注外币。出于现金流的考虑，大多数事务所都要求给供应商的付款指令不早于向客户发出支付账单的指令。如果供应商发票是当地货币，则没有问题；如果是外币，那么在创建客户账单时，以当地货币计算的精确成本还是未知的。这个问题的解决方案包括：

（i）货币转换可以通过远期合约进行对冲，这样就可以确定 3 月份的汇率。在当月结算时输入 TDBS 中。公司法务有时可以受益于公司财务部门的对冲，财务部门一般会发布月度清单。

（ii）从最新的英国《金融时报全球货币指南》中可以获取英镑兑外币的汇率并输入 TDBS，根据银行（D）“差价”和佣金成本设置乘法系数进行调整；乘法系数约为 0.94。然后，当收到银行对账单并且已知支付每张发票的实际成本时，在后台财务（6）的汇率差基准线上记录贷记或借记更正（希望数额不大）。笔者的经验是，对于平均超过一年的支付，使用调整金融时报费率的精确度可达到 1% 或更好；调整后的金融时报费率导致的货币收益和损失趋于抵消。那么问题是，是否要在 TDBS 中设置其他条目进行个别更正或借记。此类更正通常由律师事务所进行；但对于 fp&r 工作，涉及大量低面额外币发票，这种修正将是一场噩梦。

当然，任何超出上述范围的汇率调整都是变相的加价（参见第 3.28 段）。

3.32　输入时采用支付活动编码可能很有用。例如，对于根据第 3.16 段

---

[17] 在私人执业专利律师中，在法律问题的“断点”仍有相当数量的账单，但这总是需要保留现金流。20 世纪 70 年代的“断点”计费，时间和支出可能持续数月（对业务的现金流不利，可能给客户带来令人讨厌的意外），似乎已成为过去。

体系的“A”系列案例，即专利 fp&r 案件，TDBS 可以向运营商提供以下活动代选项：“A1”用于申请和审查——外国代理人的收费；“A2”用于申请和审查——官方费用；“A3”续展代理人收费；“A4”为续展官费；“A5”为其他费用。对于“B”系列情况（外观设计 fp&r 工作）和“C”系列情况（商标 fp&r 工作），将提供类似的选择“B1 ~ B5”和“C1 ~ C5”。这些活动代码将稍后“翻译”在 TDBS 生成的备份中。选择“A3”或“A4”的操作员可能需要填写一个自由格式输入框以给出续展年份，其按照下述形式体现在备份中：

[案件编号]	[名称]	[状态代码解释]	[备注]	[收费/英镑]
A1234GB	钢制造	专利续展（官费）	第9年	150.00

3.33 CMS（2）和 TDBS（3）中可能存在“日常开支”，即不来源于任何特定客户，而是比如内部案件管理。例如，可能有些案件要适应 EPO 新规则；这将是第 3.20 段计划中的“Z”系列案例，并且必须分配给一个或多个“虚拟”开销“客户”。这些文件的时间和支出不在任何体系下进行计费（但是如第 15.04 段所述，可以恢复成向真实客户收费）。但是，为了进行良好管理，它们应该被记录下来。TDBS（a）将“知道”没有指令向外计费，（b）仍然会发出指令支付任何发票，并且（c）应将这些案件的时间记为零（否则会重复计算，为第 15.04 段的计算带来干扰）。

3.34 对于每个案件的所有细节，CMS 通常是“权威的”（第 3.11 段），然后将其输入 TDBS。CMS 对于从业人员代码、名称和其他详细信息（例如，事务所的级别或领域）以及客户代码和名称也具有权威性，这是明智的。但是，从业人员的小时费率、个人客户的收费状况（实际账单、名义账单或日常开销，如果有的话，还包括“组别”）以及客户中的财务联系地址等信息仅有 TDBS 需要，因此最好在 TDBS 维护数据。货币兑换率也必须保留在 TDBS 中。供应商代码和名称主要以外国合作人等形式出现在 CMS 中，但不是全部，因此在实际操作中为了便于从纯过程数据中分离出来，可以在 CMS 和 TDBS 中部分重复地保留数据（后者需要一些 CMS 不需要的信息，例如财务联系人、增值税状态和计费货币，在这些情况下 TDBS 将具有权威性）。

3.35 如前所述，调查中的 10 家公司内设部门中有 6 家有 TDBS，3 家将其用于实际计费以及业务管理和客户战略中，3 家仅将其用于业务管理和客户战略中。这些 TDBS 都受部门直接控制（图 3.1 中的 A－B 线以上）。相比之下，剩余 4 家的做法可以说“不成章法”。可能有人会问为什么拥有 TDBS 的 6

家不能从 A – B 线以下的公司财务部门获得必要的功能？原因是公司财务部门一般不愿意在知识产权案件层面记录成本，因而每个案件都必须在财务部门系统中单独立项，如果每个知识产权案件都被视为项目，财务部门将大大增加自己系统中的项目数量。[18] 因此，如果知识产权部门需要案件财务数据，比如用于计费和/或管理，它必须进行日志记录。

3.36　TDBS 的报表撰写人不仅应该能够生成单独的账单或名义账单备份，还应该能够按案件、案件系列或活动代码生成汇总数据，并且如第 5.62 段和第 5.63 段所述（如果要完成专利战略工作）。

时间记录系统 [图 3.1 中的（4）]

3.37　在 25 个调查参与者中有 19 个是根据案件记录从业人员时间的（6 个公司内设部门没有这样做）。常见做法是以小时、1/10 或 1/100 小时记录。在 19 个调查者中，除了 1 家（最小的私人律师事务所）之外，都使用计算机系统。在记录时间的 4 个公司内设部门和 1 个私人专利律师事务所中，从业人员将他们的时间输入系统中。剩余的 13 个带有计算机系统的事务所具有可以启动和停止的计时时钟；但是建议不要将时钟条目直接“发布”到 TDBS（3），而不允许从业人员根据他的判断重载时间（否则，必须在结算时进行调整，那时就会很难记住为什么特定的时间条目会如此记录）。在任何情况下，都必须允许手动输入，以便从业人员返回办公室后能够记录他在客户所在地或法庭等花费的时间。

3.38　填写时间记录表时，从业人员很容易犯错误，即便时间记录表系统整体都在他的计算机屏幕上的窗口中。在时间记录表系统的特征中，要降低错误的风险包括（否则在计费阶段就要烦琐地修正）：

（i）从列表中选择案件，该列表可显示客户名称和案件标题以及可校验的案件编号；

（ii）一个“收藏夹”系统，以便在同一案件上反复工作的从业人员可以方便地一次获得案件编号；

（iii）自动进行时间值的合理性检查（例如，一天预约时间不允许超过 24 小时，以及在正常离开时间必须重新启动计时）。

3.39　第 3.38（i）段选择列表中的信息通常来自 CMS 或 TDBS（在图

---

[18] 根据笔者的经验，即便把所有国家的专利、外观设计或商标族都视为单个项目，每个从业人员都有超过 100 个项目，大多数项目在某一年内的成本也低于 10000 英镑。在财务部门的系统中，很少有研发项目（例如）涉及金额如此之低。

3.1 中为了明确起见，显示了来自 TDBS 的提供信息）。

3.40　除了输入案件编号和所花费时间之外，从业人员可能还需要输入（a）活动代码，该活动代码将被转换为最终的客户账单备份，和/或（b）同样出现在备份中的自由格式说明（相比于第 3.32 段“收费”部分）。通过第 3.16 段和第 3.20 段中列出的详细案件编号系统，活动代码可以根据文件系列“默认”设置，例如，对于“L”系列案件事务所成员进行的任何工作都可标记为“L9”。但是，如果从业人员正在针对客户的“Y”系列通用文档来记录工作时间，则系统必须坚持手动输入代码。由 TDBS 生成的客户 Bloggs Ltd 的备份如图 3.8 所示。

案件编号	标题	状态代码解释	备注	收费/英镑
L1960	Bloggs 公司向 SMITH 公司许可激光器	向外转让/许可（从业人员时间）	草拟协议 01/05/2013	1500.00
L1960	Bloggs 公司向 SMITH 公司许可激光器	向外转让/许可（从业人员时间）	与 SMITH 公司会谈 12/05/2013	1250.00
L1960	Bloggs 公司向 SMITH 公司许可激光器	向外转让/许可（从业人员时间）	再拟协议 29/05/2013	725.00
Y1008	Bloggs 公司一般文档	IP 政策（从业人员时间）	标准版权标记 10/05/2013	172.50

图 3.8　Bloggs Ltd 的账单备份

注：为了明确起见，假定 Bloggs 按月收费。

3.41　从业人员在每次登录或者每天或每周结束时，都将他的时间条目从时间记录系统“发布”到 TDBS（3）。显然，TDBS 和时间记录系统（4）必须共享一组共同的有效活动代码，例如“L9”。在图 3.1 中，关于此类活动代码以 TDBS 为权威数据（第 3.11 段），并为时间记录系统提供信息。

非案件支出的记录［图 3.1 中的系统（5）］

3.42　非案件支出，例如工资、国家保险、房租和办公设备，原则上可以在 TDBS（4）中使用“常用”客户的“虚拟”Z 文档进行预约，这也可以应用于私人事务所。但是，对于公司内设部门来说，该选项不适合，公司财务部门将坚持使用自己的系统来记录这些［这就是系统（5）显示在图 3.1 中 A－B 线下面的原因］。

财务后台［图 3.1 中的系统（6）］

3.43　财务后台的第一个功能是向客户发出已经讨论过的账单并指示银行

［矩形（D）］支付供应商、员工等。在公司中，此类活动是财务部门的独有职权，因此财务后台位于图 3.1 中的 A－B 线下方。对于已经将其收到的与案件有关的发票输入 TDBS（3）（由于财务部门合理拒绝在其系统上设置数百或数千个额外项目——第 3.35 段）的法务部门，可能对财务部门坚持将发票手动重新输入后台系统的要求感到不太高兴（6）（私人事务所可以同时控制两个系统，可在系统之间自动流动供应商发票数据）。笔者在公司内部确实成功地将供应商发票数据从 TDBS 流向后台财务部门。供应商支付收益的可靠性大大得到提升，因为知识产权部门乐于进行 TDBS 输入，而财务部门对于输入大量低面额发票兴趣不大。在自动化系统下，极少数情况是知识产权部门确实在 TDBS 中出错导致银行付款错误（D），错误通过 TDBS 中的后续“更正发票”得到纠正，此后自动为客户创建“背靠背”更正费用或信贷。

3.44　后台的另一项责任是确定超期债务（逾期不到 30 天、30～59 天、超过 60 天等）。报告超期债务的案件从业人员首先需要检查是否已经处理客户联系人的任何查询。如果没有未完成的查询，那么后台财务人员通常会与客户财务部门的同行进行追踪核实；如果有，那么从业人员将不得不与客户联系人进行沟通。对于公司内设部门来说，不会存在超期债务，只要它在一个监管良好的内部公司系统中收取费用就行。⑲

3.45　后台财务也生产账户。它将按月将事务所成本和收入综合计算，生成税前和损益账目盈亏账户概要，包括工资、雇主国民保险、租金、所有与案件有关的支出、发放的客户账单等。在此，增值税将被排除在外，因为事务所对增值税是“透明的”（第 3.28 段的脚注⑬）。后台财务将进一步生成现金流量表。虽然账目盈亏使用“权责发生制会计”，但没有现金会计。例如，从 TDBS 到达后台财务系统但未由银行实际支付的收入发票在账目盈亏中出现负面影响，而在现金流中则不然，而对已发出但未支付的客户账单在账目盈亏中表现良好，而在现金流中相反（关于知识产权从业人员财务培训的一些建议见附录 3.2）。后台财务生成法定报告和税收的官方账户。最后，后台财务可以操作“采购订单”系统，这可能给内设知识产权部门带来麻烦（见附录 3.3）。

---

⑲　笔者遇到的最佳系统会自动支付内部发票，除非它们在固定时间段内受到正式质疑。最糟糕的系统是没有这种自动付款缺省设置，因此企业有时会试图通过延迟支付合理费牺牲知识产权部门来实现局部现金目标（在这个过程中虽然浪费人们的时间但却对企业毫无意义，因为取消的是“塑料钱”）。内部“塑料钱”收费可能具有操作上的优势，因为会影响业务单元的账目盈亏（见第 15 章“内设部门的融资制度”小节）；但允许内部超期债务没有任何意义。

记录最近创建的案例的时间

3.46 从业人员应当优先获得案件编号分配系统（1）。经验是如果从业人员者接到电话或访问新业务但没有立即获得案件编号，他可能无法记录所花费的时间。即使案件编号立即分配给他，也可能不会立即进入时间记录系统（4）。针对这种情况，如果时间记录系统允许从业人员根据系统还没验证的案件编号记录时间，这是有实际意义的，系统可以给他一个屏幕警告窗口，以便提示他检查输入。

“固定费”或“手续费”

3.47 如第3.28段所述，除了对从业人员的时间和支付收费之外，通常对fp&r工作中的特定业务（例如提交PCT申请或支付续展费）收取“固定费”或“手续费”。TDBS可以包括处理这些费用的特殊功能，但是一个简单的解决方案是设置一个虚拟从业人员按（例如）每小时100英镑的费率并且直接在TDBS输入所需的小时数。

许可/转让费用

3.48 一些调查参与者还包括来自被许可人/受让人的收入。这可以在另一个单独的系统中完成，但图3.1中还是让该收入通过与常规工作相同的TDBS，以便与收费一致：

案件编号	标题	状态代码解释	备注	收费/英镑
Q1001	Bloggs Ltd 向 Smith Ltd 的激光器许可	知识产权收入	签字付费	-20000.00

为此，TDBS必须能够处理预扣税［第11.73段（iii）］。对于私人事务所，需要遵守任何有关处理客户资金的规定。外部许可付款也可以同样处理，实践中的付款作为向客户收取的费用反映在TDBS中（针对第3.20段制度下的“P”系列案例）。

冲突检查

3.49 在系统（1）分配案件编号后，应尽快进行冲突检查（尽管在某些情况下可以在之前完成）。对于fp&r工作量处于中等水平的私人事务所而言，可以通过要求所有合作伙伴批准新客户来进行主要冲突检查。与协议和纠纷相关的工作要求逐案检查，该事务所表示第一个客户（新的或现有的）所针对的第三方与第二个现有客户无关，假如第二客户子公司的公司名称与第三方相关联。即使是现有客户的新 fp&r 案件没有声明与第三方相关（见第 2.13 段），可能也存在小的冲突；只有广泛认识到这种做法的可能性才有可能发现。在大型国际跨领域法律事务所中，可能有必要成立一个团队来专门核查新的案件编号分配；该团队可以建议已经请求案件编号的从业人员在开始工作之前必须咨询其他从业人员。

文档管理：纸质文档或“无纸化办公”（图 3.1 中未显示）

3.50　图 3.1 不包括文档管理。在图 3.1 中显示文档管理及其如何与其他操作进行交互还为时过早。图 3.1 所示的所有操作都有完善的计算机解决方案，目前不会很快改变；相比之下，文档管理计算机技术正在迅速发展，因此本段所给出的论述都是暂时性的。此外，只有 3 名调查参与者（1 个内设部门、1 个私人专利律师事务所和 1 个私人事务律师事务所）完全转向基于计算机的文件管理，即废除纸件文档作为全部或部分的官方案件记录。虽然其他一些参与者预计在未来转向真正的“无纸化办公”，然而两者加起来仍然还是少数。

3.51　“无纸化办公”并不意味着办公室里一张纸都没有，只是纸张不用于案卷工作；在必要时可以从计算机“无纸化”系统打印纸件文件，以便于阅读，并在完成时丢弃。大多数从业人员发现从屏幕上阅读会遗漏内容，而从纸件上阅读则不会，他们发现纯用屏幕同时阅读几个文档（例如同时看专利文本和现有技术文件，或相互关联的合同）比纸件文档难多了。

3.52[20]　所有业务操作在一定程度上都要管理电子文档，原因很简单：（a）即使该操作发出的纸质文档也有对应的电子文档，（b）通过电子邮件有大量收发信件。但是，在大多数情况下这不提供纸质文档的功能（第 1 章“档案纪律”一节）。例如，笔者在之前的一个部门中，与专利案例 A1234（假设）相关的所有文本和附图的计算机文件都被放在名为“A1234”的 Microsoft Windows* 文件夹中，文件夹命名系统体现优先级顺序、美国权利要求等。然而，与案件有关的子邮件只能通过案件处理从业人员的 Microsoft Office Outlook* 文件夹进行查看。包括所有这些内容以打印形式形成的纸件文档，与收到的文件一起，可以呈现出该案件脉络的完整过程。此外，纸件文档可以有

---

[20] 在本段和以下段落中，读者将注意到术语会有些冲突：纸质“文档”对应于无纸化办公“文件夹”，而计算机“文件”对应于纸质文档中的单个文件。

文件副本，以确定特定日期，而 Windows 文件夹中文档的电子副本可能会被修改，因此历史记录将被销毁。Microsoft Office Word* 自动插入“今日”日期的功能很麻烦，因为发送的信件上的实际日期将被后来查看时的当时日期替换；系统地禁用它有充分理由。

3.53　无纸化办公吸引笔者的一点是纸质文档的计算机化复制。每次在（例如）案件 A1234US 中从业人员发出或接收任何类型的电子文档时，它都可以被“打印”成单独的、不可编辑的计算机图像文件归档在 A1234US 的无纸办公文件夹中（原始计算机文件或电子邮件通常保存在 Windows 文件夹或个人 Outlook 文件夹中，Windows 文件夹中的文件仍保持可编辑状态）。A1234US 上的接收邮件可以以图像文件形式扫描到同一个无纸办公文件夹中。无纸化办公软件允许读取文件夹中的图像文件，而不是像以前一样由人来阅读 A1234US 的纸件文档。文档的图像文件可以是（a）纯图像文件，例如 .tif 文件，或（b）以图像和文本形式记录文档（如 .pdf 格式，即使收到的文件是复印件，也可以扫描为图像文件并同时进行 OCR 识别）。

3.54　有一个问题是无纸化办公是否需要对这些单独文档给出索引。例如，可以给每个计算机文件设置关键词，以允许关键词检索；可以使用 .pdf 文件的文本功能允许通过文本中的任何词进行检索。这可能对那些之前没有组织好文件的用户有价值，但是对具有完善良好 CMS 系统的 IP 事务所而言用处不大，因为（a）案件参考编号本身就已经很好地归类各个文档（如 A1234US 或其他），（b）CMS 中 A1234US 的案例记录已经提供许多计算机可操作信息，这些信息已经添加到计算机文件夹中的每个图像文件中，可适用于大多数实践操作用途。知识产权事务所对系统的核心使用非常类似于找到“A1234US”标记的纸质文档并浏览以获取所需的信息。使用关键字和全文检索会消耗从业人员的时间并降低系统速度，几乎没有优势。

3.55　无纸化办公系统可以节省物理存放空间（虽然不一定节省纸张消耗——见第 3.51 段）。更重要的是，如果计算机备份良好，它们有利于保持业务的连续性（第 17.04（iii）段）。火灾、洪水或害虫可能导致纸质文件丢失或损坏；纸质文件需要存放在一个封闭能免于意外事故的地方。

3.56　无纸化办公软件可以不一一重复电子邮件，即 A 发送给在同一办公室工作的 B 到 E 的电子邮件（这是事务律师事务所的普遍问题，大量工作需要团队完成）。但是，笔者不知道有什么商业产品可以解决第 1.25 段中讨论的电子邮件“源源不断”的问题。

3.57　对于那些从事专利申请、审查和续展工作的人来说，转向无纸化办公的一个实质困难是案件处于激活状态会持续很长时间。例如，即使是关于发明的申请和审查工作也可能很容易持续6年，因此，仅对新案件引入无纸化系统将导致该事务所同时存在两套申请系统较长时间。对于fp&r工作来说，最佳操作就是“砰”的一下子把发明的所有文档都扫描，只要它在至少一个国家还有申请在审或异议中。在专利和商标工作中，可能有图需要扫描，其尺寸和颜色可能存在问题。对于非fp&r工作无纸化比较容易，因为案件平均寿命较短，而协议的相关工作几乎不涉及图纸。

3.58　在调查参与者中，如第3.50段所述，无纸化办公的推进预计不会很快。然而，如果笔者现在从零开始创建事务所，无须扫描旧文档，那么更推荐从一开始就“无纸化”。

听写和语音识别

3.59　有些实践操作仍然鼓励口授以及使用秘书（第1.22段的后半部分）。为此，最好使用数字技术听写而不是磁带录音。磁带的话需要交付给秘书实物。数字技术听写则可形成计算机文件即时实现电子传输，包括传输给远程办公的秘书。

3.60　语音识别软件原则上是秘书听写的替代方案。不幸的是，从20世纪80年代到近几年，日常办公使用的语音识别像核聚变一样，总是需要许多年才能实现。许多知识产权从业人员多年来也会“尝试一下”但最终还是放弃。但在2010年12月，语音识别技术独立宣称“其不再蠢笨无用了”(Pogue，2010)，特别是软件产品Dragon Naturally Speaking*。大约同时期，知识产权从业人员开始报告有成功使用语音识别的案例，即使是比较难的专利说明书材料。语音识别是否会取代秘书听写还有待观察，但似乎可能不会在知识产权从业人员中发挥很大作用，因为大多数从业人员尤其是年轻人，不习惯口授工作。

电子事务处理

处理知识产权局相关事务

3.61　可以在线提交英国专利申请、欧洲专利申请、PCT申请、英国商标申请以及共同体商标和外观设计申请。除涉及军事技术等的专利申请（第16.25段）外，在线申请具有以下吸引力：(a）有收费优惠；(b）其跟亲手递交相比一样可靠，至少就知道文件是否已到达而言（这对于离知识产权局受理部门较远的从业人员而言，亲手递交不切实际）。在从事 fp&r 工作的 20 名调查参与者中，大多数人广泛使用在线申请。然而主要的困难在于重复比较文件，特别是专利申请（比商标和外观设计文件更复杂和冗长），传统的递交纸质申请要进行最终安全核查，即对每个文件都进行细致的审查，然后仔细地把所有文件放到信封里。一位受访者表示，她检查在线申请所需的时间比以前检查纸质申请的时间要长。

处理客户案件相关事务

3.62 在调查参与者中，事务所与客户之间使用安全门户网站（Portal）进行案件沟通比较少见，除非是大型公司；在事务律师之间还比较普遍。客户管理的门户网站及事务所管理的门户网站均可以使用。然而，这种门户网站的存在并不妨碍其他通信手段（例如通过信件、电子邮件和电话），由此产生的不确定性也需要进行管理。

3.63 具有4个公司法务人员的部门可以有专门的内网系统来提交“发明内容”。

3.64 笔者认为使用门户网站处理案件工作不大会被广泛使用。

向客户提供访问记录权限

3.65 另一个问题是客户对其案件的在线可见性（作为日常事务，而不是要产生具有额外成本的特殊事项）。至少在英国和美国的做法中，客户有权访问大部分此类信息（请参阅第2.03段的脚注⑤）。客户越来越倾向于要求在线可见性，尽管有时它们有权限也很少使用它。在25名调查参与者中，10名参与者为客户提供例行访问，具体如下：

（i）5个私人专利律师事务所和1个内设部门，通常允许客户了解它们的 CMS（尽管由于 fp&r 工作的 CMS 十分复杂，相对而言，客户必须也是“专家”，比如是代理客户而非直接客户㉑，才会觉得有用）。

（ii）6个内设部门从 CMS 中生成关于各个发明的数据表，基本上如图5.5所示。其中，4个对于选定的客户联系人允许访问所有数据表，主要目的在于临时讨论。这些数据表比直接访问 CMS 更适合没那么专业的客户。另一个部门对于部分的数据表提供了相对较大的访问权限，其中排除了图5.5的商业敏感信息，特别是关于商业地位。

（iii）在（i）中的一家私人专利律师事务所还允许客户查看与案件有关的

㉑ 对于“代理客户”和“直接客户”这两个术语，请参见附录0的脚注①。

文书往来和其他文本。3 家私人事务律师事务所也有类似做法。

客户结算

3.66 传统上，财务后台［图 3.1 中的系统（6）］将纸质账单和备份发送给客户（C）。许多私人事务所的客户坚持通过门户网站进行计费，无论是自己的门户网站还是由 Serengeti Tracker* 或 CounselLink* 等供应商维护的门户网站。这就不需要客户手动输入任何数据，但通常需要事务所手动输入已存储在其 TDBS（3）或后台系统中的门户数据。只有一名调查参与者成功创建一个自动化系统，能将数据转到门户网站。

续展

3.67 几十年前，法国专利、外观设计或商标的续展总是通过知会作为备案代理人的法国律师来完成。他的账单包括官方费用和实体“固定费”或“手续费”。大约 30 年来，有专业续展服务机构与代理人竞争（但代理人联合会建立了计算机专利年费系统）。由于事实上在大多数国家任何人（不仅是备案代理人）都可以支付续展费，因此这些服务的收费较低（但是仍可能需要客户提前预付款）。

3.68 在某些情况下，还可以选择使用外国代理人或专业续展服务：英国的做法是可以自行支付英国和 EPO 的续展费用；美国续展费可以从任何地方在线支付；并且一家国际公司的内部法务部门可以在外国设立办事处，以支付当地知识产权局的各项费用。

3.69 调查的 10 个内设部门中有 9 个选择使用续展服务完成全部或大部分续展（甚至可能为了简化程序还可能将英国续展服务外包）。而第 10 个内设部门自己支付了一些款项，在可能的情况下通过可信的外国办事处支付其他款项，不然就使用当地代理人。调查的 10 位专利代理人的做法中，主要依靠续展代理人和指示外国律师的情况各占一半。

3.70 若考虑转向续展服务，当然可以向使用该项服务的现有用户咨询，选择一家可靠、负责的（包括能够针对权利恢复等情况作出迅速响应的）服务机构。选择此类服务后，最大的风险在于续展服务的数据移交以及责任划分（一般在授权时进行）。总体上，现在通过 CMS 的计算机化数据传输来完成，这已经由供应商进行全面测试。因此，如果最后一次检查 CMS 中的关键信息（国别、专利号和续展基准日期）是正确的，并且所有后续指令都是正确的，那么一切都应该没有问题。另外，还需要准确地告知续展代理人相关案件参考编号，以避免沟通错误。

3.71　如果使用续展代理人，则要作出的关键决定是：

（i）续展代理人直接与客户沟通以获得续展/不续展决定；

（ii）所有与续展代理人的联络都仍然通过原负责申请及审查的从业人员来进行。

3.72　使用续展代理人的从业人员通常会选择第3.71段中的选项（i）。如果出现任何问题，此选项都可使从业人员免责。然而，客户并非专业人员，所以可能会感到混乱，并且（特别是如果有人事变动）可能出错，如果有中间人提供一些帮助；这些混乱或错误还是会影响到从业人员，即使从业人员不需承担责任。

3.73　选择第3.71段的选项（ii）对于公司法务从业人员而言是显而易见的，客户的业务部门由于内部机构重组往往变化很快（比较第3.09段（ii）），因此通常没有办法直接与续展代理人联系，即便是短期或中期事务。笔者任职公司法务时，会将第3.71段的选项（ii）与自动防错的续展服务相结合，即指示续展代理人在正常日期[22]进行续展，除非（根据代理人自己的截止日期提醒）与部门指示存在矛盾之处。

3.74　此外，在续展成本最终由客户内部业务单位承担的情况下，笔者更倾向于采用第3.73段在单保险系统基础上的“双保险系统”。部门使用如图5.5所示的数据表“打包”续展代理人的指令请求，以帮助内部客户决定是否续展；除非部门在其截止日期前收到客户放弃续展的审慎指示（部门并不会“一一追问”），就会默认进行续展并由客户付费。这个系统可能被认为灵活性不够，但整体而言，公司可能花费更少并且可以规避风险。

3.75　对于“重要”专利（第5.74段）采用最高保险系统。可以告知续展代理人或外国律师一直进行续展而无须询问从业人员，只要汇报续展情况就可以。此外，从业人员也不会询问客户是否终止续展（不问就不会有错误答案）。

---

[22] 由于成本普遍较高，因此不考虑延期付款。

Part B

案例篇

第4章　研发和技术创新

第5章　专　　利

第6章　职务发明

第7章　主动技术建议（UTS）

第8章　品　　牌

第9章　其他知识产权

第10章　知识产权争议——规避和处理

第11章　知识产权协议

第12章　PAE/NPE、专利流氓、标识流氓及UAIPs

第13章　企业或集团内的知识产权

第4章
研发和技术创新

法拉第在电方面的实验源于好奇心，并最终给我们带来了电灯。
然而，无论怎么对蜡烛进行研发，都做不出电灯来。
——罗伯特·艾玛（Robert Aymar，生于1936年）
（Ball，2012：2）

“发明”与“创新”及本章目的

4.01　大多数时候，知识产权从业人员用“发明”来表示“可授予专利的发明”。例如，当研发人员将他的研发成果呈报给专利撰写人员时，撰写人员挖掘那些新颖的、非显而易见的（至少可能是）、具有商业前景的一组产品或方法来撰写权利要求，但如果无法办到，则他会放弃将该成果用发明来体现（并考虑用其他形式来保护研发成果）。然而，对于没有专利经验的研发人员或外行人而言，“发明”这个词并不能精准地传达出上述含义（参见第14.09段（ii））。

4.02　自20世纪90年代中期以来，“创新”成为政府和技术战略家的专用辞令；对于从业人员来说，也有必要了解该词的一般指向含义（也要意识到在澳大利亚把该词用作法定术语实属罕见，一般情况下无须特别关注）[1]。专利法中“新颖性”与“创新”的含义并不相同：专利意义上的新颖性是权利要求的新颖性，通常要基于书面技术方案或实验数据，与所有相关的现有技术相比具备新颖性；但“创新”是指在“现实世界”中前所未见的、被成功引入“现实世界”（具有一定商业、经济和/或社会效益）的新事物，在本书

---

[1] 在澳大利亚，创新型专利的保护期限为8年，保护没达到标准专利创造性门槛的一些发明，只要具有地域创造性标准的“创新步骤”（第9.11段）。“次级专利”或“短期专利”应该是更容易理解的术语，甚至是“实用新型”的纯粹术语，这是德语词语“Gebrauchsmuster”的直译（第9.10段）。

中“创新”一词也是如此含义。

4.03 如第1.07段和第1.09段所述，英国财政部和贸易工业部在1998年将“创新”一词定义如下：

“创新是成功实施新思想和新做法的方式。它不仅涉及新技术的实施，而且涉及整个商业行为范围内的改变。”

对于它们而言，研发使创新成为可能，却不必然产生创新，因为：“要想成功，研发必须结合设计、市场营销、组织、制度以及人员的有效管理。”

到《哈格里夫斯报告》（Hargreaves，2010、2011）时，英国政府不再认为有必要按照该报告界定“经济和社会创新”。Broers（2005）、Greenhalgh 和 Rogers（2010：4～6）、IBIL（2011）仍然使用“创新”的上述含义。在 Dodgson 和 Gann（2010）著作前言部分中，牛津大学出版社给出的“极简推介”将创新定义为“已成功应用的创意”❷。在美国“创新”一词也具有类似含义（Shapiro，2001）。

4.04 对于企业而言，研发与创新过程的时间、成本、不确定性是重要问题。知识产权从业人员可能需要在这个过程各个阶段提供帮助，包括在研发阶段申请专利。越了解这个过程，从业者就能越好地为客户服务，正如其他参与者所看到的那样，他们能使用专业术语，并且在压力下能有更强的主观能动性。本章的目的主要是帮助从业人员增进这种了解❸，特别是通过换位思考以及适当存疑❹的方式帮助从业人员建设性地处理客户业务。此外，在适当的情况下，本章会指出从业人员可能面临的任何直接后果。

短期主义与公司研发

4.05 斯科特·亚当斯（Scott Adams，2009）创造了 Dilbert 卡通，其中

---

❷ 一些作者将“创新”定义为从研究到实际应用之间的整个过程（而不是像本书一样只关注“现实世界实际应用”）；但这似乎不是大多数用法，并且缺点显而易见，即在研究完成时并不能知道是否能够投入实际应用。见 Godin（2005）对于该术语这些年来发展的回顾。

❸ 增进上述了解需要定期的知识更新，相关资源包括科学和工程机构（专业机构和 EIRMA）安排的一些研讨会、课程和会议，主要面向从事创新的科学家和工程师；LES 也有一些类似主题的活动。一些从业人员很幸运能够具有在工业研发或技术开发方面的直接经验（例如在进入知识产权行业之前）；笔者在招聘时会优先考虑具有这种经历的应聘者。

❹ “适当存疑”，因为研发管理就像一般管理（第18.12段和第18.17段）一样，确实倾向于采用来自学者和顾问最新的主流观点。商业管理研究中的许多原创著作都过分强调前面所说的“新见解”的创新性及实用价值。Dodgson 和 Gann（2010）的著作针对一般读者，对本章是一个有用的补充（并且非常简短）；它提供了一个总体背景，讨论了从亚当·斯密、卡尔·马克思到现在关于创新的各种冲突观点，而不是给出某种商业万金油。

Dogbert 作为 CEO 在即将离任退休时，决定“解雇研发小组”，因为这会增加股票市值，Dogbert 退休后可以立即变现。Dogbert 明白，没有研发人员该公司最终会走向失败，然而仍无动于衷。

4.06　亚当斯的卡通公司暴露了技术密集型企业研发的真相。由于在（a）进行研发和（b）从（创新）中盈利两个阶段之间的等待期太过漫长，以至于如果一家公司突然停止研发，公司的利润会在短期内增加。毕竟，许多公司生存下来并不是仰仗研发所带来的独特产品和服务。因此，如果说从过去预见未来，削减研发必定会有损公司的未来发展，因为无法跟上竞争对手的步伐。

4.07　短期主义（Dogbert 极为典型）是一种非常英美的做法。有一则很古老的英国轶事，皮尔金顿兄弟有限公司（Pilkington Brothers Ltd）在 20 世纪 50 年代开发的浮法玻璃工艺，彻底改变了平板玻璃的生产。❺ 已故的阿拉斯泰尔·皮尔金顿爵士❻是该工艺的发明者并领导其发展，他在 1988 年告诉笔者，如果公司在当时上市，迫于股票市场的压力❼，他相信这种昂贵的研发一定无法继续。近来，英国一家商学院的 Collier（2011）写道，“公司受到（英美股票市场机制）约束而被迫改变决定，从长远来看是不利的”。通用汽车前副董事长鲍勃卢茨描述了美国汽车工业几十年来进入 21 世纪的短期主义（Lutz，2011：ix－x，145－47）。英国官方最新发布的研发排行榜（2010 年）显示出了与前文例证相一致的倾向：接受调查的私营英国公司中研发相对于销售支出为 2.1%，上市公司仅为 1.4%。❽

4.08　相比之下，普遍认为欧洲大陆上市公司的机构股东对于公司的长期利益眼光更加深远。笔者前一段时间在一次研发经理 EIRMA 培训课程中进行了知识产权方面的讲座，在旁听当天其他内容时，笔者对欧洲大陆和英国在研发方面的差异感到震惊——英国研发的不稳定程度明显要严重得多。Lutz（2011：146）同样指出，日本丰田公司“仍然具有一家私营公司的所有特点”，并且借助于此开发出具有战略意义的丰田普锐斯*混合动力汽车，该汽车使其在美国三大制造商中间分得一杯羹。❾ 上述研发排行榜与逸闻例证相一

---

❺ 参见附录 4.1，案例研究 A 给出了此过程发展的概要，以及 Pilkington（1969）的全部细节。

❻ 尽管姓氏相同，但阿拉斯泰尔爵士并不是创立该公司的家族成员。

❼ 该公司在 1970 年才在伦敦证券交易所上市（直到 2006 年由日本玻璃公司接管）。

❽ 注意措辞“相一致”。原则上，差异可以简单地反映出英国制造业私营公司和上市公司的比例差异。英国制造业公司占全部研发的 3/4，即 2007 年为 76.5%（Nesta，2012：6）。

❾ Tellis（2013）指出，“最终普锐斯被认为是成功的”，但“丰田 1993 年的愿景仅在 17 年后实现盈利”。

致的另一证据是：英国的外资公司研发在销售额中占比均超过上述私营或上市公司（2.7%，与第4.07段上述数据相比）。[10]

创新的不确定性

4.09　在短期主义大背景下（至少在英国和美国），研发经理不仅要证明其研发活动的合理性，而且要寻求原理支持。“从过去预见未来”（在第4.06段的最后一句中提及）这个假设是支持研发活动的最佳论证。然而该假设在公司内常常受到质疑，倒不是有什么具体的证据，不过是“现在的世界已经不一样了”的论断。[11]

4.10　研发活动除了受到这些一般性质疑之外，还会由于过去个别的失败而带来的挑战。旁观者可能会说过去的这些研发项目一无所获，并认为在未来应当只选择个别“优胜者”，才能以较低成本获得比较收益。但是，任何阅历丰富（并一直关注）的人都知道研究的创新之路不能通过技术因素或商业因素而被预见，实际上是不可预见的；附录4.1给出了一些有趣的例证，使笔者一直保持清醒而不相信所谓的仅有个别“优胜者”能够被选出。如果一家公司的研究项目有较高比例产生创新，那很可能是其选择保守策略，因此只产生渐进式创新和低回报。投机性越高的项目成功率越低，但也可能由于个别的高回报项目成功而带来更高的平均回报前景。

4.11　笔者认为，研发管理人员的一个错误是在项目完成且确信其能有所产出之后就不再监控项目的后续发展（例如，未要求项目经理在完成后每年对项目进行审核，直到确定项目能够产生创新为止）。这点也是对付非议者的有力论证。

4.12　创新不确定性对于知识产权从业人员的具体影响如下：

（i）在一个运行良好的创新企业中，相当大比例的专利是没有商业价值的（就像产出这些专利的研发项目一样）。一旦明确最终不会产生创新，在到期日之前就可以放弃这些专利。在早期阶段从专利中挑选“优胜者”或多或少不会像在研发项目中挑选“优胜者”那样徒劳无功；需要对专利行为进行数据统计（第5.36段）。

（ii）研发与创新过程中的意外发现意味着在起草专利和协议时需要更有

---

[10] 再次注意措辞“相一致”：该解释可以反映制造业外资公司所有人的集中度。

[11] 当然，如果有证据表明世界已发生变化，就必须加以考虑。例如，随着研发创新过程变得越发艰难，制药行业的研发成本效益已经下降（Jack，2011；Business Roundup，2011、2013、2013a）。

远见（第 5.11 段和第 11.05 段）。例如，当客户非常肯定地说，在商业上实施该发明的唯一方法是结合现有技术 X（不包含 Y，即便技术上可行），从业人员也可尝试说服一下，并应该确保专利和协议是开放性的（只要专利局及其他当事方允许）。

（iii）从业人员应善于运用所保留的专利组合审查相关记录，以支持研发管理，证明过去研发的有效性，特别是研发管理本身记录不完善的话（第 4.09 段和第 4.11 段）。专利记录可以给出前些年研发的整体情况，即使由于法律因素可能存在一些偏差；但如果专利记录是唯一可用的资源，那么其所提供的内容远比没有好。笔者过去在公司董事会层面曾为此目的使用过专利记录，以支持研发管理［对于这方面的机制，请参阅第 5.50（i）段］。

产业研发的认知问题

4.13　除了前面说过的难处之外，至少在英国公司，研发可能会被其他部门视为保守且任性。特别是在研发的最后阶段，独立和自主是发明创造所必需的；但可能有人怀疑这种独立和自主会被滥用，只关注学术热点而忽视商业利益。研发人员出席会议，即便是做发言人，也可能受到非议；尽管参会确实是为了保证研发人员能及时了解业界动向，但仍可能被误解为（a）“享乐主义”，（b）研发人员对外扩大个人声誉的手段，以及（c）泄露公司秘密的潜在风险。研发部门负责人需要从整体上说服公司以杜绝这种抨击，澄清研发职能不是惯常所认为的一味地追求局部利益。如果在研发（例如，半导体制造、化学分析或电子显微镜）中已经开发出某些专业技术，但与之相关的产业发展已不再重要，那么研发管理层需要在开展商业行为之前明确这一点，并且（与企业协商后）采取适当行动，而不是让相关人员一直忙活外围业务项目。此外，研发主管不应该给大家这样的印象——他更在意外人如何评价他的手下，而不是他的团队为公司到底做出什么贡献。

4.14　因此，企业的研发负责人需要具有政策敏感性，有真才实学，并且敢于拍板（这同样适用于企业的知识产权负责人或其他职能部门的负责人）。

工业研发中的管理结构和官僚主义

4.15　在前三节中，研发管理面临的问题被说得相当严重。为了解决这些问题，企业通常会采用各种结构和管理手段，以期提高研发效率并与商业目标保持一致，以及验证上述目标是否实现，这些即为本节的主题。

研发战略和管理工具及模型

4.16 一家拥有国际研发（包括英国）的大公司所采用的方法包括对拟议的研发项目进行商业评级，其公式为：

$$\frac{\text{项目成功的预期收益}\times\text{成功概率}}{\text{预估项目成本}}$$

一般来说，商业评级越高，项目的可用资金优先级就越高。资金的最终决定由研发负责人依据委员会的支持而定。如前所述，如果决策者有真才实学并且敢于拍板，那么这种商业评级可以帮助他们。但是，评级不能取代所有的直觉判断。

4.17 只有当该“项目”足够大且涵盖所有与收益相关的活动（否则收益会被重复计算），该评级公式才有意义，并且必须有一个与收益相关的明确目标，例如“创建一个可量化工艺，用于从原料 Y 制造化学品 X”。如此大的项目如果不分解成子项目可能不利于日常管理，但子项目不能用评级公式计算，原因如前所述（在某些公司中，可能会使用措辞“工程—项目”而不是“项目—子项目”）。

4.18 第 4.16 段评级公式中的项要基于“猜测”进行估计，特别是分子项。尽管如此，该评级还是：

（i）可处理第 4.10 段讨论的问题；

（ii）足够简单；

（iii）重在传达意识。

4.19 既然研究应当创造“可实施的技术”，要能够具体地应用于各种产品或服务上，如果针对任何项目或项目总体的具体目标是无法定义的，那么第 4.16 段的评级公式就会失效。从这个意义上讲，一个建造能够在简单障碍物旁自主导航的小型验证车型的项目，实际上并不打算投入任何实际应用；该项目可能只是为了说明该技术是否可以应用于战场、仓库或安全巡逻。在这种情况下，人们可以用所有自动驾驶汽车项目通用的商业前景因素代替第 4.16 段公式分子中的第一项，另一个则与项目所涉及的具体技术问题的重要性有关。然后，分子中的第二项就是该项目能够解决这些技术问题的概率。

4.20 在第 4.16 段的评级公式中，分子部分中项目成功概率不应受限于现有员工技能水平，而应考虑替换或再培训现有员工的可能性。因此，项目将按以下顺序获得资助：

优先级 1：商业评级较高同时具有高研发能力的项目。

优先级 2：商业评级较高的项目，但仅限于通过招聘或再培训以提升现有研发能力。

优先级 3：高研发能力但商业评级较低的项目。⑫

优先级 1 的理由显而易见，已经具备高评级项目的应有条件。如果在支持所有优先级 1 项目后仍留有资金，则优先级 2 ~ 3 意味着不可再培训的工作人员必须被裁员。如果研发部门管理者颠倒优先级顺序，仅保持现有员工待在“舒适区”内忙忙碌碌，则会损害企业利益，并有损自身声誉。专利律师会注意到如果研发部门通过支持优先级 2 的项目向新的技术领域迈进，那么一两年内发明专利申请速度可能会放缓，而新招聘或再培训的技术人员正在大步前进（比较第 5. 38 段）。

4. 21　笔者相信前几段中阐明的简要思想已经可以帮助研发管理者更好地为企业服务。然而，还有一种倾向是把简单的问题复杂化（某些商业学者或顾问可能更倾向于此），直至收益递减或甚至产生负面效应。

4. 22　当看到微软 PPT 演示文稿中的一系列复杂图表时，笔者的内心是拒绝的，每个图表都充斥着箭头（其中一些方向可以随意颠倒而不会改变任何含义），满篇都是未定义术语（比如“本月特选”类术语），罗列研发项目的选择和评估过程⑬（当问题主要与后勤流程相关时，复杂的图表是必要的，即在正确的时间将正确的东西送到正确的地方，例如传递邮件、备件或者信息，就像笔者在图 3. 1 罗列的那样）。同样，笔者也被那些被乱用的流行语“你无法管理你无法量化的东西”极度困扰，这要归功于哈佛商学院的罗伯特·卡普兰和大卫·诺顿。正如另一位商学院学者指出的那样（Witzel，2011）：“文化、客户与员工关系、客户忠诚度、创造力（笔者注：对研发至关重要）、愿景、个人承诺、领导力、道德行为：这些都不可能精确量化……然而没有它们，没有一家企业能够长存。”⑭

4. 23　研发管理者可能会敦促下属购买额外的计算机系统，并声称这将提高研发实效并更加聚焦于研发。知识管理（Knowledge Management，KM）计算机系统试图在解决问题时，确保能够获取公司其他人的在先经验。然而，令人怀疑的是（Stern，2010），KM 系统是否优于传统的人与人之间的经验传承。此外，有些系统据称可以通过分析第三方专利来识别研发重点领域甚至可以给出问题解决方案。Jochheim（2009）专注于“TRIZ”系统已有很多年的经验。

---

⑫　这是典型管理顾问的“四框”模型的文字表现形式。然而，第四个方框，即低商业评级且需要增加研发能力的项目，理性经济人不会考虑投资，因此在正文中省略了。

⑬　Lutz（2011：116）评论到，将“工艺”扩展为创造性工作是“彻底的”智力错误。

⑭　请参阅 Lutz（2011：119，121 ~ 122），举例给出了两个指标打算用于确保和报告客户满意度，但没有成功。判断比量化更重要。

关于此类系统的论断一直存在并不断引发争论（Marks，2012）。笔者的观点是，即使计算机运算能力二十多年来不断提高，这些系统也不太可能扭转局面；甚至语音识别系统（第3.60段）最近才展现出广阔的前景，即便一些问题仅在原理层面被准确定义和解决。最近，笔者从一位资深人士处获知确实消息，语音系统很快也会用于起草专利。

4.24 必须承认，以上三段是笔者对所谓商业秘方的一贯看法，可能有些愤世嫉俗（见第18.12段）；根据笔者的观点，如果某件事情看起来好得难以置信，那很可能就是不可信的。

4.25 在战术层面，而不是本节前面所讨论的战略层面，研发管理者可能要面对一些具体压力，让正在进行的项目经历各种官僚审核程序，这与一般项目管理类似（其中，关键问题是逻辑）。这些程序要求项目结构化，定义“阶段”“节点”或“进度”，以及“PERT”和/或“Gannt”[15] 图表。Dodgson 和 Gann（2010：99）指出，此类程序可能会扼杀主动性，但这些程序对于大型开发项目是必要的，尤其涉及烦琐逻辑问题时。对于知识产权从业人员来说，不要被那些总是催促着“下月就要进行 A 阶段第 1B 审核”的客户联系人困扰。

4.26 了解本小节介绍的上述各种创新工具、模型和流程，对于知识产权从业人员而言具有普遍意义。如果像笔者一样，读者发现其中一些如此烦琐或空泛的内容而难以置信，那么明智的做法还是别向客户联系人表达他的疑虑，毕竟客户已经投入金钱、时间和个人声誉。但从业人员确实要有所准备，对在其职业活动上强行施加类似原则的企图进行抵制，因为这会破坏其工作完整性。这些工具、模型和流程的文献和销售宣传经常忽悠不懂行的人（例如，参见第4.23段最后一句中引用的评论，以及第5章“针对竞争对手的分析以及谨慎对待计算机专利分析的必要性”）。知识产权从业人员可以（并且应当，在笔者看来）在工作主权受到威胁时主张自己的权威，同时避免针锋相对形成“狭隘的”法律从业人员对抗“心胸宽广但不熟悉情况”的顾问或经理的局面。只要从业人员能够证明其行为完全符合客户利益，只要他确实有自己的一套能够“匹配目标”（特别是关于专利，参见第5章），并且能证明其专业程度胜过那些顾问或经理，那么就更有胜算。

4.27 依据前文警示，知识产权从业人员需要有所准备，以适应客户选择如何管理他的研发。因此，需要例如在 CMS 计算机界面上为客户提供字段，给专利标引出获得该发明的研发项目参考编号，以及给客户提供字段来匹配跟

---

[15] PERT 是缩写；“Gannt”图以 Henry Gannt（1861～1919年）命名。

客户项目相关的分类（按照技术、产品或其他）。这些字段将允许从业人员从他的CMS提供有关专利的信息，客户可以将其整合到他自己的演示和报告中。但是，这些字段可能不太适合专利战略工作（见第5.51~5.56段），通常缺乏所需的严谨性和一致性。事实上，希望在内部推销研发成果的客户可能故意使其不一致，“重新贴牌”项目以回应公司的“本月特选”和/或呈现新的面貌。

大公司的研发职能

4.28　研发职能通常受益于规模经济和学院文化，因此，大公司的研发通常在某种程度上较集中，各个业务单位成为研发的内部客户。通常形式为：

（i）一个中心实验室服务于整个企业，为各种各样的业务单位服务；

（ii）多个研发实验室服务于企业各大“分支”（各自包含多个业务单位）；

（iii）（i）和（ii）两者兼有。

4.29　各个业务单位都会争夺研发职能资源。如果实验室资金：

在（i）的情况下，由企业级别提供；

在（ii）的情况下，由部门级别提供，

那么对各个业务单位的资源分配将由内部谈判和仲裁来决定，可能涉及一个如第4.16段所述的委员会。

4.30　一些公司更倾向于不从日常开支中支付研发资金，而是（至少部分）使用“内部市场”机制来将研发资源分配给业务单位（实际确定总的研发规模）：每个业务部门都支付它认为能提高其盈亏线的研发项目。“内部市场”支持者希望获得以下效果（虽然过手的钱只是“塑料钱”，即资金移动不影响企业盈亏线）：

（i）这些机制可以提供（a）面向外部客户（任何企业持续发展的有力支撑）的销售人员与（b）研发后台人员之间的财务联系。

（ii）付款人往往会限制研发部门的职能，使之高效并与业务需求保持一致，以保证研发能“好钢用在刀刃上”。

然而，如果业务单位过分关注眼前业绩和个人奖金而造成没有远见的局面，（i）和（ii）则可能会产生不利影响。

4.31　然而，即使在擅于运用内部市场模式的企业中，通常也有一些项目无法在单个业务单位甚至部门层面上获得合理资金。例如，在一家拥有民用航空部门和军用航空部门的公司中，这两个部门可能要联合资助公司中心实验室的计算流体动力学软件的开发、改进和维护。在更复杂的情况下，项目的潜在受益者数量可能太多，以至于从日常开支中支付成为最简单的方式。更重要的是，如果该项目涉及一个有前景的新业务线，而这个新业务线在公司当前结构中归属暂不明确（事实上，可能要成立新的业务部门），则没有其他方法可以替代从日常开支中支付。

4.32 如果全部或部分研发由公司日常开支支付（至少部分支付是常态），则问题出现了："谁是客户？"最常见的解决方案是研发主管必须向公司董事会或公司委员会汇报进展，每年都要通过正常的预算程序申请明年的资金。一家大型英国公司在转向强大的内部市场模式后，将公司研发支出的预算责任转移到公司战略部门，然后成立一个团队作为研发职能的"知情客户"，研发职能原则上变成一项纯服务。

4.33 对于任何客户而言，"知情"都不容易，无论是业务单位还是部门、委员会或上面提到的团队。举例来说，如果研发人员表示他们可以解决问题，那么客户可能无法判断他们是否真的可以，或者是否选择外包更为妥当。因此，通常明智的做法是研发部门通过自我监管来向内部客户保证。

4.34 "矩阵管理"是一种自我监管系统（矩阵管理可以应用于企业的任何职能部门，实际上也可以应用于整个企业）。在研发中正式采用矩阵管理的一个例子是20世纪80年代早期的哈威尔原子能研究机构。[16] 该机构由具有专业技能的研究部门组成（例如理论物理、冶金、化学、健康物理等）。每个项目可能都需要多个研究部门参与，但研发管理者（该人不可避免地选自一个研究部门）会把项目和项目客户作为他的主要职责对象（但存在利益冲突和角色混淆的风险）。研究部门和项目是方形矩阵的两个轴线，在矩阵中可以输入（例如）人数；原则上，每个研究部门的人员配置都将进行调整，以匹配研究部门服务项目的总体要求。

4.35 另一种做法是在研发部门内创建"客户的朋友"，他们独立于实际研发人员并向研发负责人报告，然后他们成为产品或客户的"拥护者"。在一家大型英国公司，他们专门负责决定任何特定研发工作是由内部研发同事完成还是外包。然而，仍然存在利益冲突的风险，不仅整体负责人是这样，对于将自己未来与研发成果挂钩的"客户朋友"而言也同样存在风险。

4.36 知识产权从业人员，尤其是公司法务，需要了解企业当前采用哪种方式运作，是日常开支付款、"内部市场"、"矩阵管理"和/或"客户的朋友"的哪种组合。不建议知识产权从业人员质疑该系统是否有效且相称，而是确保他在CMS中维护此类信息，以便向所有相关方报告。他还需要注意绩效监督系统，这可能会妨碍他安排发明人花费充分的时间进行专利活动［第6.19（ii）段］。

---

[16] 根据Hance（2006：174），"矩阵管理"在20世纪90年代的Harwell中"风靡一时"。

大学[17]

4.37　大学理工科的传统研究特征（不一定适用于大学中经常参与临床活动的医生，见第4.41段）是：

（i）研究项目的选择是出于他们的知识兴趣，并吸引同行学者。

（ii）预计研究结果不会直接适用于“现实世界”以带来经济和社会效益（即直接产生所定义的创新），即使某些最终应用被认为是可能的。

这种传统模式以前受到政府的青睐，也受到工业界的欢迎。这种无特定指向（通常是公共资助）的研究会被立项，不时地产生一些具有出乎意料用处的科学技术。[18] 无论如何，这种机制产生了一批博士，他们具有应用一系列技术来解决学术问题的经验，这些技术可以用来解决工业问题。

4.38　在过去的30年里，这种传统的观点受到以下挑战：

（i）20世纪80年代，大量资金开始用于大学与工业的合作项目，例如HMG的联合光电研究计划（JOERS）、HMG的Alvey计划以及欧盟委员会的欧洲信息技术研究战略计划（ESPRIT）（Jewess，1988）。目前此类计划主要是欧盟第七框架计划（2007～2013），即最后一次征集提案的截止日期是2013年4月，从而项目将会持续一段时间；接下来的计划还有Horizon（2020），该计划预计于2014年发布（European Commission，2013；Council of the European Llnion，2013a）。2011～2012年，来自合作研究的英国高等教育机构（HEIs，包括大学）的总收入为871亿英镑（HEFCE，2013）。

（ii）即使是未指定与行业合作的大学的公共资金也倾向于（政府也希望）以具有长期经济利益的方式进行导向。根据Research Excellence Framework（REF）评估的研究卓越程度将决定2015～2016学年英格兰高等教育拨款委员会的高等教育资助[19]；评估将包括学术界以外的“影响”（Sattary，2013；HEFCW等，2013）。工程和物理科学研究理事会（EPSRC）说，它“支持优

---

[17] 本部分以英国大学为例，对于美国、日本、德国、中国台湾、韩国、巴西、澳大利亚、印度、土耳其和瑞士的大学以及公共部门的研究机构，请参阅Kim（2010）。

[18] 从纯学术研究中产生的意想不到的（不相干的和/或偶然的）益处毫无疑问是有历史可循的：在1945年之前的几十年中从纯学术角度研究简单固体［例如建立氯化磷（V）结构以解释为什么它是固体而氯化磷（Ⅲ）是液体］而建立X射线晶体学的工作者可能没有预见它会成为工业的一般工具［例如，几十年后改变了联合利华去屑洗发水的外观（Tildesley，1998）］；在同一时期详细阐述固体量子理论的工作者大概没有预见这将促成半导体革命。

[19] HEFCE为英国高校提供核心资金；威尔士和苏格兰高等教育的核心资金由不同的机构提供，但所有三个机构将使用共同的REF。EPSRC等研究委员会为个别研究项目提供额外资金。

秀的、长期的研究和高品质的研究生培养，以贡献于英国经济竞争力和人民生活质量”（EPSRC，2013）。因此，它不是纯粹依据学术卓越度来分配资金，而是有其他方面的优先级考虑（EPSRC，2013a）。这引发了学术抗议，包括在伦敦市中心进行一场模拟科学葬礼的特技表演（Walter，2012）。

（iii）合约性研究和咨询对于大学来说非常重要。20 世纪 80 年代，由于 HEFCE 的前任大学教育资助委员会（UGC）削减了索尔福德大学 44% 的资金，其通过设立一个专门子公司从事合约性工作并专业地进行其合约性工作，以维持学校运行，该校还为从事此类工作的员工提供了临时晋升机会（Ashworth，2009）。2011～2012 年度，英国高等教育机构的合约性研究收入为 1113 万英镑，咨询费用为 398 万英镑（HEFCE，2013）。自 2005～2006 年度以来，这些数字实际上每年平均上升 6%～7%，但主要是由于公共部门和第三部门组织的业务增加；尽管如此，2011～2012 年度 36% 的合同研究和 38% 的咨询收入来自商业企业（HEFCE，2013）。许多高等教育机构现在都鼓励员工与企业和社区接触（HEFCE，2013）。

（iv）一些大学成立子公司，以实施其之前所进行的研究。自 2002～2003 年以来，这些由英国高等教育机构建立的公司以每学年约 200 家的速度增加（HEFCE，2013）。

（v）许多大学设有技术转让办公室，向工业界协商知识产权许可。

4.39　如第 4.37 段所述，传统学术研究与（通过创新）经济之间的任何联系都必然是间接的和偶然的。几十年来，人们广泛假定存在这种联系，尽管信心程度不同［“线性创新模式”——见 Godin（2005）］。在第 4.38（ii）段中，相当于试图更好地控制这种联系。但是，人不能控制可能性，这些努力有时弊大于利，反而不容易产生意外收获；正如前面所指出的，即使在纯粹的工业环境中，“挑选优胜者”也是非常困难的，更不用说学术界了。

4.40　知识产权从业人员直接感兴趣的是英国高等教育机构的知识产权衍生收入［第 4.38（iv）和（v）段］很少。2011～2012 年度，英国高等教育机构的知识产权总收入为 7900 万英镑，其中包括子公司的销售份额。净“成本”仅为 4800 万英镑，其中 23% 的高等教育机构知识产权活动净亏损（HEFCE 附件 A 和第 61 段，2013）。[20] 3 所英国大学（格拉斯哥、伦敦大学国王学院和布里斯托大学）于 2010 年提出了“轻松获取知识产权”（Easy Access IP）倡议，该倡议允许行业评估、开发和利用早期阶段技术，而无须支付许可费

[20] “成本”显然不包括第 6.43 段所述的学者个人款项，因此根据正常的会计准则，4800 万英镑可能被高估，同样，23% 的估值可能被低估。

（尽管大学可能仍然选择以传统方式许可其他技术）；大学希望该倡议能够“最大限度地与行业建立伙伴关系”，希望通过额外的合作项目、研发合同和咨询间接获得利益，同时节省专利和谈判费用（Moules，2010；Easy Access IP，2013）。其他 6 所英国大学和 5 所非英国大学也加入了该计划。[21]

4.41　正如第 4.37 段所述，大学期间也活跃于临床的医生可以是一个特例，因此需要谨慎地向他们提出上述任何教训。这些医生在研究和治疗患者（作业于“现实世界”）之间不断切换，因此可能经常参与医疗和外科设备相关的整个研发与创新过程。与一般学者相比，这些医生与创新（如本文所定义的）脱节的程度要小得多。在医药领域以外很少有能与之相提并论的情况；在笔者工作了十多年的国防工业中，只有当物理或工程专业的学者是后备役军人且碰巧能够定期进行飞行、驾驶或以其他方式操作与其研究专长相关的“工具包”时才会出现这种情况（笔者并不知道有真实事例）。Robert Mair 教授评论了学术工程师效仿医生的必要性（AlKhalili，2013），即使从原理层面，也很难看出学术物理学家和化学家如何缩小研究与创新之间的差距。

协作开发与“开放式创新”

4.42　本章中已经提到的浮法玻璃工艺基本上是由皮尔金顿兄弟公司独立开发的（Pilkington，1969）：“我们几乎没有得到外界的帮助。首先，因为我们开辟了新的领域，并且超越了前沿知识，其次是因为我们出于安全考虑而不能告诉人们太多。”其技术合作是从将工艺许可给全球其他玻璃制造商开始的，形成一种“轮毂 - 轮辐”式架构。人们可以看到为什么这种“单打独斗”模式是可行的：（a）皮尔金顿兄弟拥有所必需的专业背景知识，因此没有必要与竞争对手合作；（b）其研发目的在于生产出与现有玻璃板相比品质相似或更高但更便宜的产品，因此不需要客户参与。

4.43　然而，在“研发到创新”循环的不同阶段进行合作始终是一种选择，并且越来越普遍，原因如下：

（i）客户与供应商之间在“价值链”上的协作通常是必不可少的，特定企业经常在价值链上进行双向协作。

---

[21] Dodgson 和 Gann（2010：65）同样说：“证据表明……这种商业化模式［第 4.38 段（iv）和（v）］的成功实例数量是有限的”，并注意到令人印象深刻的成功故事，如 1976 年斯坦福大学的 Genentech，仅代表大学创业活动的“极小部分”。剑桥科学与政策中心的创始人表示，把英国高等教育机构当成“阿拉丁的知识产权宝藏”（Reisz，2012）是一种幻想。Stevens 和 Kato（2013）研究了美国的研究机构和大学，他们得出的结论是“增加大学技术商业化的激励机制是一项糟糕的公共政策”。

（ii）政府、国有或国管的机构在采购大型航空航天、国防和基础设施项目方面有着深厚背景，这些项目超出任何一家企业的能力，或出于政治原因会涉及多家企业。

（iii）特别是在研发方面，公共资金优先用于两个或更多公司联合协作的项目，可能（如上所述）还与大学合作。20 世纪 80 年代的计划，JOERS、Alvey 和 ESPRIT 计划，都是用于半导体和 IT 项目，并且旨在复制日本国际贸易和工业部（MITI）在协调日本工业方面的成功经验。欧盟第七框架计划（之后是 HORIZON 2020）延续了传统：联合项目可获得≥50% 的资金，合作者需要相互授予许可以进行开发。"框架计划"资金可用于许多领域的研究，如健康，食品、农业和渔业以及生物技术，信息和通信技术，纳米科学、纳米技术、材料和新兴制造技术，能源，环境（包括气候变化），运输（包括航天），社会经济科学和人文科学，空间安全。

（iv）随着大公司占比减小，研发变得更加分散。Chesbrough（2006）在表 2.1 中计算了（来源 NSF）1981 年美国工业研发支出的 70.7% 是在员工人数为 25000 名以上的公司中进行的，但 2001 年只有 39.4%；在同一时期，研发支出在员工人数少于 1000 人的公司中的占比从 4.4% 上升到 24.7%。因此，即使是大公司也会比以前更倾向于合作，"因为并非世界上所有聪明人都为我们工作"。

在受上述（ii）影响的行业中，协作历史更为悠久（例如，System X* 数字电话交换机和 Tornado* 军用飞机都是在 20 世纪 70 年代协同开发的）。然而，如今协作开发比以前更为常见，例如在化学品和消费品领域。拜耳在协作开发中花费了研发预算的 1/4，即 30 亿欧元，有趣的是，现在又重新重视公司内部的创意转移（Turley，2013）。

4.44　第 4.43（iv）段中提到的 Chesbrough 创造了"开放式创新"一词，他声称甚至在他的书名上使用"开放式创新"（Chesbrough，2003；Chesbrough，2006）：

（i）是创造技术及从技术中盈利的必然之选，

（ii）是与"封闭式创新"的当前范式区别开来的"一种新的范式"。

对他而言，开放式创新意味着（a）在从研发到创新过程的各个阶段（如本书所定义的）进行合作，（b）研发与公司商业模式之间不同的关系，（c）各种其他事项（参见 Chesbrough，2006：图 1.1、图 1.2 和表 1.1）。Chesbrough（2006：3）在创新中存在令人不安且具有潜在破坏性的时髦与狂热，并且"声称开放式创新范式将对我们对创新的理解做出持久贡献还为时过早"。笔者认为，Chesbrough 的"封闭式创新"某种含义上只是一个"虚设的稻草人”。Dodgson 和 Gann（2010：7）尽管承认创新的性质正在迅速变化，但是提到改变了英国陶器业的 Josiah Wedgwood（1730～1795 年）“是今天所谓‘开放式创新’的支持者”。

4.45 无论“开放式创新”这个术语是否能够存续够长时间以称得上“范式”[22]，它目前确实是一个时髦术语，知识产权从业人员需要准备迎接它。宝洁公司明确推出了一项名为“连通与发展”的开放式创新战略（Dodgson 和 Gann，2010：97～98）。有时候，那些热衷使用该术语的人正在以 Chesbrough 可能不赞成的方式使用它——仅仅意味着“合作”。

4.46 协作（恢复到本节的原始术语）并不总是有效。协作者的不同利益和意见可能在技术上使项目瓦解。协作可能也很难管理，例如，它一直被认为是导致波音 787 Dreamliner* 客机出现问题的原因之一，其在 2011 年 10 月的第一次商业飞行比计划晚了 3 年，并在投入服务后停滞了一段时间（BBC News Business，2011；Hill，2013）。协作还可能会导致丧失竞争优势，不仅会发生在存在相互许可义务的资助性研发协作中，还可能发生在私营协作中，例如 IBM 的个人电脑开发项目。IBM 虽然在技术和赢得消费者方面取得了成功，但英特尔和微软的收益远远超过 IBM（Dodgson 和 Gann，2010：44）。根据笔者对协作的经验，某项工作的成功或许会导致一方不择手段地从之前合作者那里“窃取”利益。

4.47 越来越多的协作开发趋势给知识产权从业人员带来的后果越来越明确：更多的工作是——（a）要防止合作者“窃取”特别是协作项目的基础性专利，以及（b）拟定知识产权协议。当客户决定协作开发时，从业人员确实需要强调，如要使客户业务受益，协作开发必须有法律保障，任何把“开放式创新”与不受控制的技术转让画上等号的天真想法尤其要被制止。

4.48 关于协作开发引发争议的进一步讨论，见第 10.13～10.15 段。

---

[22] Kuhn（1962）经典地使用“范式”这个词来表示科学革命所产生的持久的、被普遍接受的理论框架，例如与牛顿或拉瓦锡相关的理论框架，因此，Chesbrough 似乎想要诱导性地使用该词。

第 5 章
专　　利

我们商业模式的根基是……利用最好的新科技来发明或获得、生产和销售受专利保护的新药物，这些药物对世界各地人们的健康产生了重大影响。

——AstraZeneca（2012）

破产的北电网络，其专利拍卖价高达 45 亿美元。

——Waters（2011a）

截至 1996 年，美国专利商标局已经授予了 4400 多项捕鼠器专利……其中只有差不多 20 项赚到了钱。

——Lienhard（2003：204）

介绍和本章的受众

5.01　大多数客户要求在国际范围内进行专利申请，然而这是一个复杂的过程，存在众多选择，也随处是陷阱；本章的第 2 节和第 3 节将涉及由此产生的法律—战略问题。决定申请什么样的发明，覆盖哪些地区，以及维持什么样的专利（“专利战略”）比许多商业决策要困难得多。本章的第 4 节至倒数第 2 节将介绍被委托开展基础性工作（如附录 0 的脚注①中所定义的）的专利代理人如何帮助客户作出这些决定。[1] 最后一节将介绍如何处理“重要”专利。

5.02　然而，本章并非仅仅针对专利代理人。在技术保护方面需要战略支持的客户首先需要的往往是自身未曾接受过专利撰写和审查等培训的知识产权从业人员，例如英格兰知识产权律师，本章也同样为了帮助他们尽量接近与他

[1] 上文中，按照笔者的惯例，“战术”表示斗争的手段，而战略则是选择与谁斗争。

们合作为客户提供支持的专利代理人。

5.03 在接下来的整个过程中，读者都需要记住专利的相关费用。例如，复杂性一般的发明于1998年10月以英文提交了EPC优先权专利申请，并于1999年10月提交PCT申请，并且在七国集团获得了授权（美国、日本、加拿大，通过欧洲专利局的德国、英国、法国和意大利）。这些专利如果续展，专利权将一直维持到2019年10月。图5.1显示了整个专利有效期内在七国集团保护这项发明（2012年的价格）的历史/预期标准费用。这些费用是根据各种假设进行计算的，且仅仅是指导性的。假设费用越高意味着越高效地处理专利事务，尤其是如果使用续展代理（见第3章最后一节），对于一些客户而言，甚至有必要考虑花费更高的费用。

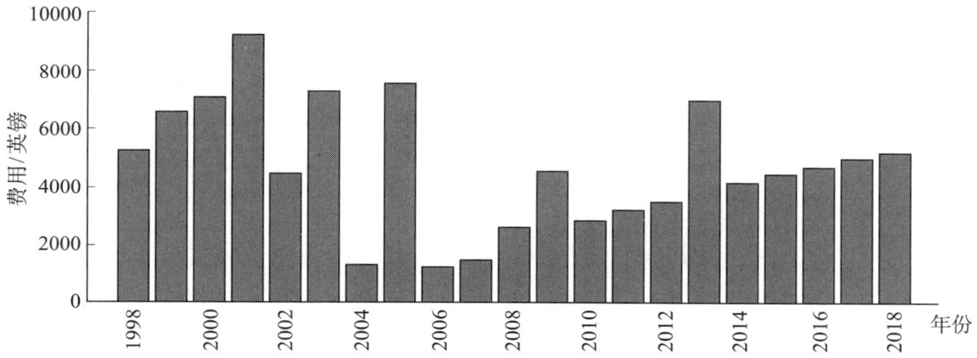

图5.1 一项发明从1998年10月的优先权申请到21年后的专利权到期，在七国集团受到保护的标准费用（2012年价格）

在七国集团，到2006年（包括2006年在内）的专利累积费用为50000英镑。2006年的年度支出最少，这一年所有审查均结束，但在此之后，续展费随着时间而增加（一般按年收取，但美国除外，如2009年和2013年所示的两个高峰）。到最后一年（2018年的最后一次续展将于2019年10月到期），累计费用为99000英镑（增加更多国家后的边际成本通常低于七国集团的平均费用，但仍然不容小觑，尤其是考虑到所覆盖国家的经济规模。例如，在此期间瑞典的额外花费是8000英镑）。举例来说，假设一个理想化的公司，适度开展研发，每年保持10项发明。如果其在七国集团获得专利权并在整个期限内维持专利权，那么根据上述费用计算，花费将稳定在每年990000英镑，这意味着在研发的各项成本中名列前茅。事实上，公司根据其专利战略，可能只花费其中的一半，无论是现有技术的原因还是随着时间的推移发明已经失败，公司都会在到期之前放弃某些发明的专利权，从而实现其早先的商业承诺。

法律策略：检索和申请

提交优先权之前对现有技术的认识

5.04　问题在于，发明人和律师在撰写优先权申请之前，应该付出怎样的努力来提高对现有技术的认识。对来自 10 个公司内设部门所进行的问卷调查，其结果概括如下，体现了商业模式和技术方面的差异❷：

（i）其中两个公司内设部门的业务需要在生物活性化学实体方面申请专利，事实上其商业模式主要依赖专利。这两个公司的专利代理人对由公司内部系统提供的现有技术具有较好的认知。研发项目的未来取决于其成果的可专利性前景，这可在项目开始之前通过“专利检索分析”来确定。结合其他常规认知或个案检索，代理人可对现有技术有非常全面的了解，随后的 IPO 检索也不太可能使其认知得到进一步扩展（这样的检索需要在几个月之后进行，以期覆盖所有的现有技术，包括那些在优先权日之前尚无法获得的现有技术，同时也要考虑所提交权利要求的最终形式）。

（ii）其余 8 个公司内设部门不具有（i）中所述的商业模式，其研发项目的进行并不取决于其成果的可专利性；已完成检索（其中 4 个没有进行标准检索）的目的不在于检索到所有现有技术（这些 IPO 随后都会检索），或甚至那些只有英国 IPO 和/或 EPO 才能检索到的现有技术。

实质申请优先权提交国和途径的选择

5.05　完成优先权申请的撰写后，应该在哪个国家提交申请呢？对于一家英国公司而言，“显然”应在英国提交申请，并有意在优先权年结束前提交要求其作为优先权的实质 PCT 或《巴黎公约》申请。在美国发明人法案（AIA）（2013 年 3 月 16 日全面生效）之前，这家公司有充分的理由考虑在美国提交优先权申请，作为在英国提交优先权申请的替代或补充，但现在已经不再这样。❸ 然而，第 5.06 段中将详细阐述，仍然有充分的理由考虑向 EPC 提交优先权申请，作为在英国提交优先权申请的替代或补充（如果直接提交申请会

---

❷　调查中，私人事务所专利代理人的回答无法以此为基础进行分析，因为每个代理人都有一系列客户。

❸　旧的美国法典第 102（b）条、第 102（d）条和第 102（e）条都歧视那些要求非美国优先权的美国专利和专利申请。美国和非美国的联合发明人是为了保留提交美国优先权申请的可能性（见第 16.22 段）。

侵犯英国专利法（UKPA）第 23 条，则可以通过作为受理局的英国知识产权局向 EPC 提交申请）。同样，（比如）德国或荷兰公司“显然”的做法是提交国家优先权申请，也应该考虑向 EPC 提交优先权申请。在所调查的未自行进行高质量检索的 8 个英国公司内设部门中（第 5.04（ii）段中），5 个选择 EPC 优先权申请，并提出检索请求。Espacenet 检索显示主要欧洲申请人巴斯夫（BASF）、拜耳（Bayer）、飞利浦（Philips）和西门子（Siemens）都选择 EPC 优先权申请。

5.06 为什么欧洲的国家优先权申请都普遍选择带有检索请求的 EPC 优先权申请？因为 EPO 检索的结果能在优先权年内获得，并且尽管其费用高于（比如）向英国提交的申请及检索，但大家普遍认为在许多技术方面 EPO 的检索水平更高。如果 EPO 检索的结果导致申请人放弃就一项发明申请专利，那么将大大节省额外的费用。如果检索后发明存活下来，并提交要求优先权的实质 EPC 申请，或者其他将 EPO 作为国际检索单位（ISA）的 PCT 申请，那么将部分或全部退回该申请的检索费用。另外，这些案件很可能分配给同一个审查员（假设其对该优先权申请并非无理由地持否定意见），这将节省代理人的时间。

5.07 调查显示，10 家英国公司中有 8 家通常会在优先年结束时提交大量的 PCT 申请，这也代表了世界上的主要公司。PCT 申请将进入国家或地区申请的时限从优先权日起 12 个月延迟到 30 个月，为此支付额外的费用是合理的。获得这样的延迟，便可以在期望覆盖的国家范围方面作出更有依据的决定，并且对于在 12 个月内未决定放弃的发明，如果在 30 个月内作出放弃的决定，则整个费用都可以节省下来。调查中，有 2 家公司鉴于其独特的商业模式而未选择 PCT 申请。它们选择在优先权年内评估它们的发明，仅针对少数最高评级的发明选择 PCT 申请，其他的便通过《巴黎公约》寻求覆盖非常狭小的地区范围。

5.08 普遍存在的问题是 IPO 检索并不完善，至少对于未自行进行全面检索的大多数申请人而言（例如，第 5.04（ii）段中提到的 8 家公司）是这样。将 10 年前完成的一些工作（Lyndon-Stanford，2003；Jewess，2007）与由 4 个专利局（UKIPO、USPTO、EPO 和 JPO）完成的针对 6 项发明的检索进行比较。结果表明，如果未向全部 4 个专利局都提出检索请求的话，申请人会面临错过相关现有技术的风险。事实证据表明，情况并未好转，WIPO 似乎已经接受存在实质性风险这一点[4]。单个专利局检索不全面的原因在于：

---

[4] WIPO 的 PCT 工作组基于上述原因，批准了一个关于“协作检索和审查”（CS&E）的项目。两项试点研究已经完成（EPO 和 KIPO，2013；Portelli，2013 年第 92 ~ 96 段）。如果在 PCT 中恰当实施，这项工作的最终结果将会有效改变上述情况。

(i) 相比于美国专利商标局 (USPTO) 和日本特许厅 (JPO), EPO 更可能至少:(a) 找到法文和德文的相关文件;(b) 引用非专利文献 (其 15% 的引用文件是此类文献, 是 USPTO 和 JPO 的两倍);(c) 引用标准文件 (EPO, 2009、2011、2013、2013a)。

(ii) JPO 比其他局更有可能获得日文相关文件。

(iii) 检索策略并非总是正确的, 因此即便和其他审查员使用相同数据库, 也可能无法检索到最相关的现有技术。澳大利亚知识产权局特别强调检索策略的重要性, 它采取的方式是, 3 位审查员一组, 在其中一人进行检索前其检索策略需获得组内一致同意 (Heath, 2007 年, 幻灯片 5 的备注, "检索是专利质量的核心")。参见 Adams (2009) 对检索复杂性的讨论, 以及第 5.09 (ii) 段中关于检索策略失败的例子。

官方检索结果的不可靠意味着, 在官方局确认该 (产生支出问题的) 现有技术之前还需要花费好几年的专利申请费用。从业人员强烈感到 (例如) 本应在授权前修改欧洲和美国申请, 因为在获得两个授权后很可能发现日文引用文件的存在, 或需要的话, 他会建议客户放弃。另外, 一家仅需要在 (例如) 欧洲和美国获得专利授权的公司, 在诉讼时才发现 (例如) 存在高度相关的日文现有技术, 但实际上日本审查员可以很容易地检索到该文件。❺ 近年来, 韩国和中国专利文件的惊人增长, 加剧了这一现象。

5.09　可采取一些措施来减少以上提到的问题, 例如:

(i) 自行进行更完善的检索 [第 5.04 (ii) 段]。

(ii) 可以在同一天就一项发明提交多份相同的附检索请求的优先权申请 (例如, 英国和欧洲很有可能在优先年结束之前收到两份检索结果)。因此, 当被要求在英国检索和 EPO 检索中选择一个时, 很多从业人员更愿意选择后者, EPO 审查员会 "有糟糕的一天", 因为 (2006 年) EPO 审查员没有检索到英国审查员在 CAplus 检索到的一份文件。由于检索策略不当, EPO 审查员错过了这个破坏大多数权利要求新颖性的引用文献, 这个检索过程颇为复杂 (从他给出的引用文献判断)。

(iii) 如果 EPO 是 PCT 申请的国际检索单位 (ISA), 则可以在提交 PCT 申请后不久便进入美国国家阶段, 以期在为进入其他国家阶段或欧洲地区阶段而进一步支付费用的 30 个月期限之前收到第一次官方意见。然而, 如果早期进入日本国家阶段则不太可能在 30 个月期限之前收到检索结果, 尽管检索结

---

❺ 大多数客户希望尽早 (经济上可行时) 知道关于发明的最糟糕情况。如果客户在要实施专利时发现授权专利无效会感到愤怒, 并且很可能将愤怒发泄在从业人员身上, 而不是去责备系统。

果最终会在其他地区授权之前送达而被考虑。

（iv）如果USPTO是PCT申请的ISA，就像大多数美国发明一样，作为PCT程序的一部分，可以要求EPO（作为“SISA”）作一个补充国际检索（参见PCT申请人指南——国际阶段，第8章“补充国际检索”），可以肯定检索结果会在优先权日起的30个月之内送达。

（v）如果中文文件很重要，那么一旦SIPO成为SISA，就可以考虑要求SIPO作为SISA进行补充国际检索（Portelli，2013年，第90段）。

申请的语言

5.10 如果代理人和发明人都用英语，那么优先权申请和要求优先权的任何PCT或EPC申请毫无疑问会选择英文。然而，近年来有一个有趣的趋势，欧洲大陆公司工作语言同样是英语。使用英文而不是法文、德文或荷兰文来提交优先权申请、PCT申请和EPC申请的优点在于：

（i）自2008年5月1日起，根据伦敦翻译协议（London Translation Agreement）（2000），对于通过EPC在法国、德国和荷兰实施的专利保护，法文、德文和荷兰文文本不再是必要的，但如果要在美国保护，则英文文本仍然是需要的。因此可以完全放弃法文、德文和荷兰文文本，除非需要在比利时或奥地利实施保护，即便如此也仅需翻译权利要求即可。

（ii）由于优先权申请是英文的（至少有一个非英语国家的专利局以及EPO和USPTO都允许这样做，并“给出日期”），因此可以减少质疑优先权文本与美国申请文本一致性的可能。

（iii）将英文文本而不是法文或德文文本翻译成其他语言通常费用更低。

这些欧洲大陆公司的英文文本通常不是来自专业翻译人员翻译的非英文文本，而直接由母语不是英语的专利代理人提供。这主要依靠受过大学教育且英语水平突出的人士，例如专利代理人，以及大多数来自法国和德国的发明人；在荷兰和斯堪的纳维亚国家，这种技能早已被认为是理所当然的。一些语言错误可能是母语为英语的人不会犯的，但由此带来的法律风险会低于专业翻译人员对含义所作出的更为实质的改变带来的法律风险。[6]

---

[6] 对于专业翻译人员而言，长期以来一直有一个黄金法则，他们只应将需要法律精确度的材料（或者确实需要流利阅读的材料，如小说）翻译成自己的母语。然而，如果（比如）一位母语为德语的德国代理人直接用英语撰写，那么可以从这个过程中删除一个步骤，且他对材料的理解甚至高于理想的专业翻译人员（母语为英语，具有相关技术领域的博士学位并对专利撰写相当熟悉——见Ball，2012/2013）。以引入“非母语”问题为代价可以避免“中间人”问题。

法律策略：权利要求和说明书的内容

客户意见重要性带来的限制

5.11 第1.09～1.16段的同行评议以及第1.42～1.45段有关从业人员不参与超出其专业领域的工作的相关内容对专利撰写质量发表了意见。值得注意的是，同行评议中最常见的错误（见表1.1）是对权利要求1不必要的限定。作出限定的原因可能是迫于客户压力而导致的盲目商业主义。例如，假设由于该发明将由特定类型的商业运营商（客户、客户的客户、客户的供应商或客户的许可方）以特定方式实施，而决定提交一份专利申请（对比于第4章第三部分关于创新的不确定性，尤其是第4.12（ii）段）。没有理由相应地缩小权利要求1（或删除权利要求的类型）的保护范围，但客户非常坚决，其期望几乎是确定的。如果撰写时根据已获知的现有技术，可以获得有效且宽泛的独立权利要求，则应该就此提交专利申请，并将客户的期望反映在从属权利要求中。笔者回忆起客户在针对某一普遍存在的问题寻求特定形式的解决方案时所做出的两个重要发明。在这两个案例中，客户都认为该发明以能够想到的方式来解决问题仅存在理论上的可能性（对于其中一个，笔者倾向于认为客户是正确的）。然而，笔者根据专业原则撰写了较为宽泛的独立权利要求，客户容忍了这样的做法。专利有效期内，发明唯一的商业应用就是针对某问题的替代解决手段（但落入独立权利要求的保护范围）；反映客户期望的从属权利要求没有任何商业价值。

5.12 另一种需要从业人员慎重对待的是客户对具体实施方式的轻视，这些具体实施方式虽然阐明了原理，但对于在“现实世界”使用而言过于原始，尚未进行广泛的进一步的开发或改进。然而，如果这些实施例已经足以支持宽泛的权利要求对其原理的应用，那么为了等待进一步开发和改进的完成而延迟提交申请是不明智的。存在一个奇怪的事实，专利的功能是使专利权人能够控制“现实世界”的创新（如第4章所定义的），但是作为发明又得从技术的角度来评判其披露的内容。

EPC第83条规定：“欧洲专利申请应以足够清楚和完整的方式公开发明，以使得本领域技术人员能够实现该发明。”（比较UKPA第14（3）条和第72（1）（c）条中的类似措辞）

美国专利法第112（a）条：“说明书应包含对发明本身以及其制造或使用的方式和过程的书面描述，采用完整、清楚、简洁和确切的术语，以使本领域技术人员或最相关领域技术人员能够制造和使用……”

对说明书公开的审查不是审查其商业可行性（成功创新的实质），而是审查是否能实施本发明，如说明书中所述在实验室可行，但可能与商业应用相差甚远。康宁（Corning）的专利就是光通信发展历史中一个很好的例子。如附录4.1中的案例B所述，光纤由二氧化硅制成，中心纤芯有掺杂剂，以提高折射率（这可以简单地理解为，通过全内反射将光限制在中心纤芯）。康宁玻璃厂的英国专利1322992和1322993（要求1970年的美国优先权），每个仅包含一个“实例”（具体实施方式），其中掺杂剂是二氧化钛。但后来发现，二氧化钛掺杂剂以高脆性为代价获得的纤维损耗仅为10dB/km（Hecht，2004：145），而在专利中未提及的二氧化锗掺杂剂在商业上得到应用，并生产出损耗在0.2 dB/km理论极限值附近的非脆性光纤。然而，涉及纤维结构及其特定制造方法的独立权利要求，包括使用任何一种掺杂剂（鉴于不太重要的免责声明），因此实际涵盖使用二氧化锗，这是实现创新的关键。康宁在光纤制造领域的地位非常权威，直到这些早期专利失效。[7]

面向全球撰写——优先权申请和PCT申请

5.13　我们注意到（第5.10段）欧洲大陆公司已经开始“面向全球”撰写，甚至提交了它们的优先权申请以及英文PCT和EPC申请。另外，有必要以一种不同于EPO和美国实践的风格撰写优先权和PCT申请的权利要求，但为EPC和美国申请提供了良好的基础（实质审查阶段才会更精确地适应EPO或美国申请，如以下两个小节所述）。笔者对优先权和PCT申请的建议如下：

（i）忽略根据美国专利法第112（e）条所禁止的多项从属权利要求对另一项多项从属权利要求的引用（直接或间接）；每个从属权利要求都应该引用在先的权利要求，只要逻辑上允许。尤其是在欧洲专利局，其对修改的要求非常严格，采用美国的做法会限制之后的修改。

（ii）忽略EPC细则第43（7）条中对带有附图的申请中权利要求附图标记的要求。美国代理人的建议是这可能限制美国权利要求的结构。在笔者看来，这个建议非常合理，根据EPC细则的规定，笔者必须选择单个实施方式作为附图标记的依据，而被告将利用此来要求排除其他实施方式，即便它们全部都记载在说明书中。

（iii）所有权利要求都采用美国式的“整体罗列”形式，而不要采用“其

---

[7] 康宁随后提交了一份专利申请，其中以使用二氧化锗为例，但在第三方提出反对意见后放弃使用二氧化锗的权利要求（英国专利1418112要求1972年美国优先权）。

特征在于”这样的两部分形式，EPC 细则第 43（1）条规定，“适当的情况下”可以采用后者。虽然美国也会存在后者这种形式（“Jepson”），但美国代理人担心这可能带来限制。“整体罗列”形式还特别有利于翻译成日语，而两部分形式的长度和复杂性更容易出现翻译错误（一般来说日语翻译更多，见后面“日本申请：翻译问题”小节）。

（iv）根据美国专利法第 112（f）条的规定，意识到“方法（或步骤）加功能”的措辞存在限制性的理解。Cole（2006）在第 7 章总结到，避免使用“方法”这个词会有利于在美国的保护，而在欧洲的保护范围不一定有损失。他指出，美国从业人员采用的是“通用结构名词加功能”的措辞，例如“一个能管理数据流的数据传输模块”，而不是“管理数据流的手段”。采用前者的措辞，可以推定不适用美国专利法第 112（f）条。虽然推定是可以反驳的，Cole 列举了许多案件试图反驳它，却都失败了。需要特别注意的是，尽管事实不同情况不同，但他注意到“制动方法 [功能目的]”受到美国专利法第 112（f）条的限制，而“制动装置 [功能目的]”则没有。

美国申请

5.14 正如第 5.13（i）段所建议的，由于忽略了美国专利法第 112（e）条关于权利要求引用关系的规定，当非美国从业人员根据优先权或 PCT 文本提交美国申请时，（建议）该从业人员而不是美国代理人应该适应性地修改优先权或 PCT 文本的权利要求，使其符合美国专利法第 112（e）条的规定。该从业人员作为负责“基础工作”的代理人，对于保留哪些引用关系的组合能够在涉及美国专利法第 282（a）条的诉讼程序中获得有利的后路，其作出的选择比美国代理人更好；美国代理人的“一次性”手册足以让受国外培训的从业人员理解美国对引用关系的要求。可以肯定的是，如果并非要求数量惊人的权利要求❽（意味着惊人的权利要求费用），那么在大多数情况下必须作出这样的选择。如果非美国从业人员没有提供美国权利要求文本，美国代理人很可能退而求其次，要求他的法务助理将所有从属权利要求都引用权利要求 1，通常这样能在诉讼程序中提供最有利的后路。

---

❽ 因此，对应于图 1.1 中描绘的一组 5 个权利要求的美国权利要求包括 7 个权利要求（权利要求 4 和 5 都需要被分成两个权利要求，其中一个引用权利要求 1 或权利要求 2，另一个引用权利要求 3）。但是 5 个权利要求数量是相当少的，并且（出于这个特定例子的逻辑原因）权利要求 5 并没引用权利要求 4。一组 5 个权利要求，其中每个从属权利要求都引用每一个前述权利要求，则有 9 个 [$2^{(5-2)}+1$] 美国权利要求；一组 10 个，则有到 257 [$2^{(10-2)}+1$] 个美国权利要求！证明一般表达式：$2^{(n-2)}+1$（$n\geq2$），留作数学爱好者的练习。

5.15 严格遵守美国专利法第112（d）条对从属权利要求的规定是非常重要的，因为根据美国专利法第282（b）条，不遵守的话将在侵权抗辩中败诉，例如 *Pfizer Inc. v Rambaxy Laboratories Ltd*，No 06 – 1179（Fed. Cir Aug 2, 2006）[9]。除了包含第5.14段中讨论的相对直接的前向限制，美国专利法第112条被更准确地解释为，禁止权利要求引用在先权利要求而不包含在先权利要求的所有限制。（MPEP 608.01（n），2012年8月版，指导USPTO审查员应用侵权审查判断方法：如果“［在先权利要求］没有被侵权，则在后权利要求自然不会被侵权”）。*Pfizer v. Rambaxy* 案中，“修改后的权利要求”通过了审查员的审查，美国专利法第282（b）条的适用有利于被告。[10]

5.16 几年前，有一个重要的警示，美国法院对将说明书的内容引入权利要求作出了限制，因此建议，应当避免在说明书中使用“优选”和“有利地”之类的词，并且说明书中不应该作出对优势的承诺。另外，在美国和世界其他地区，如果审查或诉讼中对方试图利用现有技术对从属权利要求加以限制，那么说明书中明确描述从属权利要求特征的相应效果会更具有说服力。因此，许多非美国从业人员在优先权申请、PCT申请和美国申请中有意识地忽略上述关于优选和优势的建议。

欧洲（EPC）申请

5.17 第一个问题是，EPC申请中如果EPO审查员根据EPC细则第43（1）条作出要求的话，是否应该采用“其特征在于”的两部分形式撰写独立权利要求，或其他为了避免被审查员提出意见而在申请时主动作出一些行为。Kennington（2005）指出，专利撰写的形式可能影响英国法院对权利要求的解释，尽管事实上这是欧洲专利局实施的程序[11]，并且已被证明是正确的（参见 *Virgin Atlantic Airways Ltd v Premium Aircraft Interiors UK Ltd*［2009］EWCA Civ 1062第55段）。*Virgin V. Premium* 案中，对两部分形式的辩论是对权利人有利的，但容易想到也可以基于其他事实或在其他司法管辖区中作出对权利人不利

[9] 2006年，有用的段落（a）等尚未引入法规。

[10] 美国专利5273995的权利要求2涉及替代的庚酸（读者可将其设想为 XCO_2H）。权利要求6简单地描述为“权利要求2的化合物的半钙盐”，可以清楚地认为是化合物 $XCO_2Ca_{0.5}$；据推测，这种权利要求的形式是律师以及USPTO审查员所认可的，因为它可以避免重复权利要求2中对X的冗长定义。然而法院认为，权利要求6没有包含权利要求2的所有限制（因为它涵盖对权利要求2的化合物作出的改变，其中H被半个Ca取代），因此违反了美国专利法第112条的规定。尽管权利要求6的清晰性没有受到质疑，并且法院承认该条“更多是程序上的或技术上的”。除了化学领域之外，其他领域的权利要求改变也同样被第112条禁止。

[11] Kennington的文章提及规则和指南的旧编号。

的辩论。同样可以想象，在对“整体罗列”形式进行转换时会无意中导致权利要求出现错误。此外，如果专利的目的之一是通过对普通读者的透明度来阻止侵权行为，那么它会受到两部分形式的阻挠（which is patentese par excellence）⑫。总而言之，笔者倾向于，根据 EPO 审查指南 F 部分第 4 章 2.2 和 2.3 中建议的一条或多条意见（2012 年 6 月版），在两部分形式的辩论方面作出一些努力。

5.18 第二个问题是关于在 EPC 申请的权利要求中引入附图标记。在此方面，根据 EPC 细则第 43（7）条的最后一句话，应遵循：“这些附图标记不应解释为对权利要求的限制”⑬。如果没有这样的原则，将引发一个问题，国家法院可能引入附图标记将权利要求限制为示例性附图中示出的实施方式（排除了说明书中完整描述的其他实施方式）。

5.19 最后，还有扩大上诉委员会的判决 G 3/93。⑭ 其结论是，如果 EPC 申请的权利要求得不到优先权申请的支持，并且申请人在优先权年内向公众披露的内容与优先权申请中的内容相同，申请的权利要求将因为缺乏新颖性而被驳回。⑮ UKPA 第 6 条之前被认为可以用来避免这种情况，但自从英国法院根据 G 3/93 对其进行解释后，已几乎没有效果。⑯

5.20 G 3/93 更重要的作用是：（a）通过同行评议等方式尽可能早检查出表 1.1 中列出的各种缺陷，上述所有对权利要求 1 的不必要限制；（b）PCT 申请中不删除任何优先权申请中公开的内容（除非是错误的）；（c）确保授权专利的权利要求能享有优先权日；（d）在优先权年期间避免发明的自行公开。不幸的是，（d）并不总是能保证：尽管在提交优先权申请前愿意暂缓开展学术交流（或者在一些公司，甚至是研究部门），但可能不会暂缓一年；可能在进行首次销售（向公众披露发明）之前很短的时间内提交优先权申请。

---

⑫ “其特征在于”并不是正常的英语口头和书面表达，也不是更早建立的正常的德语口头或书面表达“dadurch gekennzeichnet，dass”（作为业余数学家，笔者的观点是，两部分形式在逻辑上非常有趣，最好用 Venn 图或 Boolean 代数来解释。作为一个真正的专利从业人员，会认为这没有什么实际价值。为了后续程序，审查员应该将发明的区别特征记录在官方文件中，因为这可供后续审查参考。但是，基于对现有技术可能并不完全的了解，而将其对发明的个人观点引入专利的权利要求中，从而限制法官对权利要求的考虑，这在笔者看来是不公平的）。

⑬ *Virgin v Premium* 案第 17 段中，上诉法院表示，“尤其是我们认为数字根本不应影响权利要求的结构——它们并不表示发明人是否意图指代宽泛的或狭窄的含义。根据规定，如果专利权人在他的权利要求中加入数字，它们将不会被用来限制权利要求。如果法院随后关注数字对权利要求有限制，这将是不公平的”。其他 EPC——州管辖区的法院很可能采取类似的原则。

⑭ 官方期刊 EPO，1－2/1995，18－24。最近出现的相关风险是“有毒的”优先权和分案申请。

⑮ 假设 EPC 第 55 条未涵盖该披露。

⑯ *Beloit v Valmet* ［1995］ RPC 705。

日本申请：翻译问题[17]

5.21 表1.1、第1.32段和第5.13（iii）段都提到翻译成日文的问题，下面将进行更系统的阐释。有证据表明，这些问题来自已经将日文权利要求翻译成英文，并将翻译后的英文文本与最初提供给日本代理人的英文文本进行比较的公司。[18] 在将英文翻译成日文的过程中出现许多错误，即便由具有丰富英语经验的日本代理人来进行翻译也是如此。

5.22 由于英语与日语的本质差异，即使是最能胜任的日本人也很难理解和翻译书面英文（比一个有能力的欧洲人把日文翻译成英文更难）。这种不对称会让读者感到惊讶，他们听到的是，学习、阅读和书写日文需要花费大量时间。这是因为日文表意文字（汉字）中的字符非常多，这不仅影响外国学习者，还影响日本本土学习者，不过字典可以帮上忙（相比于把英文翻译成日文，将其他欧洲语言翻译成日文也存在类似的困难，因此向日本代理人提供例如法文或德文文本并不能解决这个问题）。

5.23 对于学过英语的日本人来说，书面英文充满潜在的歧义；而对于学习日语的欧洲人来说，书面日文不存在这样的歧义。英文中，同样的文字经常用于完全不同的含义，因为书面语言不过是反映口语歧义的语音脚本（所以“bear”可以意指特定的大型哺乳动物或“承载”）。相反，日文表意汉字文稿，更容易进行明确区分。母语为英语的人主要从诸如“Time flies like an arrow; fruit flies like a banana”这样的笑话中意识到他们语言中的歧义（这样的笑话很少有日本人能真正理解）。然而大多数情况下，母语为英语的人并不知道潜在的歧义，无论是“bear”“like”“fly”和“that”这样的常见词汇，还是“variance”“beat”“function”和“system”这样的技术词汇；他们通过使用上下文和语法线索可以无意识地解决歧义的问题。语法线索是指采用定冠词、不定冠词、单数和复数，日本人对这些不敏感，因为日语中并没有这些特点（而法国人、德国人、西班牙人或意大利人则比较适应这些线索）。另外，母语为英语的人习惯用“省略号”，即使在撰写法律文件时，也很难打破这种习惯。[19] 附录5.1中进一步列出

---

[17] 请参阅本小节的致谢和相关的附录5.1。笔者依赖于合作者对日语的了解。

[18] JPO审查员或潜在的日本被许可人对日文文本的反应，引发对日文文本存在问题的怀疑。

[19] 第1.30段的脚注②给出了省略号的两个例子：第一个例子中，省略的词很容易推断；第二个例子中，即使是母语为英语的人也不确定缺少哪些单词。无论如何，都应避免使用后一类省略号。需要特别注意的是，母语为英语的使用者容易推断出丢失的单词，但是对于不具有同样语感的日语使用者，则不清楚可以推断出哪些词语。例如，在“Mike说John来参加会议而Fred［说］Bill［来参加会议］”中，对于母语为英语的人来说很容易，但是对欧洲以外的人来说会有一些困难，更不用说日本人了。

本段某些要点的细节。

5.24 笔者提出如下建议[20]：

（i）如果没有“强制”英语，请您撰写时考虑便于日语翻译人员进行翻译的问题（具体建议见第5.25段）。

（ii）请您的日本代理人进行翻译。代理人是最好的选择，因为他具有良好的情境知识，可以帮助解决英语中的歧义问题。

（iii）通过（a）选择PCT而不是巴黎公约，（b）不到最后一刻不进入PCT国家阶段，为日本翻译人员提供足够的时间。如有必要，利用任何允许英文申请随后再提交翻译文本的日本规定。

（iv）创建一个与您的日本代理人沟通合作的系统，便于他回复您对文字的任何疑问，并充分理解他的困难［（i）中，无论怎么努力都不可能保证消除对于他而言比较困难的用法］。您在日本的事务所容易发现这种文化上的困难，担心他们的注释会错误地理解您发给他们的文本。您还需要授权非正式沟通方式，例如传真回传带有手写注释的文本页，以避免英文打字所带来的复杂性和延迟（对于他们而言）。笔者曾建立这样一个系统，以表明其基本上同意日本代理人来处理这些事务，然后以书面形式与高级合伙人进行确认，这是笔者和客户都希望的。

5.25 回到第5.24（i）段中，针对提供给日本代理人的英文文本的格式提出以下建议：

（i）如前所述，独立权利要避免采用“其特征在于”的两部分形式，选择简单的“整体罗列”形式。

（ii）即便在说明书中也不要使用不地道的英语。母语人士在阅读时会立即纠正其中的语法或句法错误（有意或无意），这样的错误可能导致日本人在将其翻译成自己的语言时，通过改写句子并不惜改变其含义来消除语法错误。

（iii）通过缩进、空行和/或符号“（i）”“（ii）”和“（iii）”对独立权利要求进行整体划分，除非它们很短。日本翻译人员面对仅用逗号分开的冗长权利要求（英语撰写人员能给出至少12种歧义），可以想象他是在试图用彼此一致的方式解决填字游戏的最后12条线索，其中每条线索都有两种或更多可能的解决方案。利用“（i）”“（ii）”和“（iii）”的方式构造权利要求，将极大地方便他开展工作，这就好比给一个3个或4个更小的填字游戏，每个词的线索也更少。当然，也有从业人员喜欢这种高度结构化的权利要求撰写风格；

---

[20] 笔者的研究仅限于翻译成日语，但这些建议也可能有助于翻译成其他非欧洲语言。

但需要在日本保护时，他们应该考虑做一些不同的事情。[21]

（iv）在并不冗长的情况下，避免省略。

（v）不要忽略关系代词，如“The house I bought is in London”（应写成“The house that I bought……”或“The house which I bought……”）。

（vi）尽量对技术词语的含义进行详细说明，而不是通过结合上下文来推出其含义（例如“statistical variance”和“mathematical funtion”，如果有特定含义，那么至少在第一次出现时，不要简写成“variance”或“function”）。

（viii）当在权利要求中使用“system”表示实体对象的集合时，确保日本代理人知道您所指，以免他将其翻译成为日本式的权利要求，这样的情况曾经发生过，详见 A5. 1. 06。

防御性公开

5.26 优先权年结束时可能作出决定，出于现有技术的原因不再继续提交任何申请。但希望尽量减少第三方专利就相同的发明被授予专利权的风险，特别是如果（a）相关的现有技术在位置上或内容上是不明确的，因此可能不会被 IPO 检索到，或（b）是基于认为缺乏创造性而不是缺乏新颖性作出的上述决定。如果已经提交欧洲或英国的优先权申请，那么显然它将在从优先权日起 18 个月后发布。创建一个 IPO 在针对涉及同样发明的第三方申请进行检索时应当检索到的公开文件，它的影响早于优先权日（仅针对新颖性而言）[22]，尽管欧洲申请具有更广泛的地域效力（这是提交欧洲优先权申请的次要优势）。如果希望在 18 个月之前完整发布，和/或（如果没有获得专利权的前景）希望发布不同的文本或匿名发布，那么可以考虑在如 *Research Disclosure* 的期刊上付费发表。*Research Disclosure* 可以精确快速地打印提交给它的内容（2013 年 6 月，每张 A4 纸收费 90 欧元或 120 美元），发表在每月的印刷出版物上，或提供即时在线发布，这属于 IPO 的检索范围。

专利策略（针对哪些发明提交申请、应覆盖哪些国家或地区以及哪些专利应该维持）：客户支持和教育以及从业人员的态度

5.27 决定针对哪些发明提交申请、应该覆盖哪些国家或地区以及哪些专

---

[21] 当然有可能是撰写得相当长的权利要求，不具有所建议的那种高度结构化，该权利要求在英语法庭上审理时，只用单词和标点符号来引导当事人和法院；但同样的权利要求对于日语翻译人员而言将是噩梦。

[22] EPC 第 54（3）条；UKPA 第 2（3）条。

利应该维持，显然都是以开发和管理专利组合的名义（也许不包括但暗示“开发”），或称为“专利策略”。决定的作出或维持哪些专利往往是以“专利组合审议”的名义。为了作出正确的决定，客户需要（a）获取与决定相关的法律、贸易和商业战略等信息，和（b）正确处理这些问题。本章的其余部分旨在阐述从业人员如何从这两个方面为客户提供帮助。对于（a），专利代理事务所确实有能力创建一个可以持续使用数十年的系统（指的是工作时间尺度），但非专业客户的系统则不太可能持续使用。（b）要求客户接受教育和指导。不应低估专利策略所涉及的考虑因素与普通经理的想法有多么格格不入。有的读者可能认为这些很基础，然而笔者曾经不得不向高层管理者解释，如果为了实现自上而下的节约以提高企业的年终收益而削减知识产权部门财政年度最后4个月的全部外部支出，会带来怎样的后果；这位高层管理者曾考虑过，削减最后4个月所有的培训，并有意按照前者的比例将其用在下一年度——他没有意识到“公约”年、官方意见的最后期限以及年费的严格规定意味着这样的行为将导致不可逆转的权利损失。[23] 从更高层面看，第5.36段提出的专利策略指导准则（a）和（b）与许多管理者的直觉相反：在他们看来，准则（a）像赌博，准则（b）像从事令人尴尬的注销工作。非常有必要以此来教育并指导从业人员，这是对个人态度的挑战。

5.28　调查显示，如果是由知识产权部门来服务客户的话，那么知识产权部门通常首先会制定专利策略。[24] 即使该部门向内部客户收取费用，但一般不会采取“客户永远是对的”的态度，也不会顺从地服从不明智的或错误的决定（需要注意的是，如果玩世不恭，将会因造成的后果而受到责备）。无论是否收费，大多数知识产权部门都建立合适的机制来收集相关信息并为其他部门提供咨询（研发、企业战略、业务发展和市场营销）。大多数部门会将它们的专利投资组合管理系统与同一案件管理系统（CMS）整合，来处理它们的记录和日志。

5.29　如果客户只使用私人事务所开展代理工作（如附录0脚注①中所定义的），那么他当然不需要事务所提供专利策略服务。然而，调查显示，少数利用专利代理事务所开展基础性工作的客户确实会让私人事务所参与提供专利策略。私人事务所在这方面提供服务的困难在于：（a）作为外行人收集商业

[23] 当然，在某些情况下，可以通过延期付费来避免当前年度的费用支出，但这会造成资金恶性循环。

[24] 如果集团公司内设有多个部门，各部门同时开展基础工作和代理工作（见A0.19段），那么一个部门将负责某一类发明。

信息的困难；(b) 需要设计合适的工作收费方式 [见第15.07 (i) 段]；(c) 续展代理与客户之间现存的直接关系（见第3.71～3.73段）；(d) 不合适的案卷管理系统（CMS），要求任何此类服务都以使用单独数据库的临时方式和/或半手动操作来提供（见第5.46段）。

5.30 不得不说，一些从业人员缺乏参与专利策略工作的热情。以调查采访的一个专利代理事务所为例，合作方之间在工作的适宜性方面存在分歧；对于知识产权部门，它往往是从部门顶层驱动，因为并不是每个人都真地希望他的工作脱离纯粹的法律层面。缺乏热情显然是在批评英国和欧洲的“非商业”专利代理人。㉕

5.31 本书反复出现的一个主题在序言中已经提到，就是从业人员态度的重要性。无论是由知识产权部门代理还是由私人事务所代理，管理层都必须确定其是否有意愿从“反应性”法律“舒适区”进入专利策略领域。管理层需要为他们提供必要的培训或支持。对于评论家提到的（Klafter，2009）所谓更为“主动”的方法，喜欢这种方法的人需要培养并帮助那些不喜欢的人。管理层提供的培训可涉及个人态度品质方面（第18章），以及涵盖本章主题和前述内容的特定品质。㉖ 一旦确立专利策略的实践流程（见本章的最后三节），则有必要在这个过程中对所有相关从业人员进行培训，其另外的好处在于还能同时强化一些基本原则。

专利策略：专利的使用

5.32 大多数公司（研究机构和大学，请参阅本段的结尾）采取以下方式利用其专利㉗：

(i) 对付竞争对手的经典方式。某公司可以利用专利来阻止竞争对手模仿

㉕ Klafter (2009) 作为学术客户，对比了将欧洲专利代理人的“被动性”与美国专利代理人的“主动性”。他说，前者“只是等待教职人员带着可能的专利构思来找他们”（笔者怀疑 Klafter 对差异原因的认定，但不能否认他对差异存在的看法）。对于笔者对专业代理人向其共同直接客户所提供服务的商业性的看法，律师们给出了相反的意见；一位著名的知识产权律师代表他的中小企业客户公开表达了此言论（Anderson，2011）。2011年5月，知识产权战略专家协会（INTIPSA）的成立，显然是部分地源于客户与来自专业中介机构专利代理人的看法之间存在严重差距。

㉖ 见第4.04段的脚注③。相关的财务培训，请参阅附录3.2。大学课程包括“知识产权管理”，例如伦敦的 QMUL 和斯特拉斯堡的 CEIPI；关于 CEIPI 课程的印象，请参阅 Wurzer (2009)。第5.30段的脚注㉕中提到的 INTIPSA 有网络研讨会（见 www.intipsa.com）。CIPA 目前正在为其成员开展“非核心技能培训”。

㉗ 在此并非试图为专利主张实体提供策略建议，第12章对其活动进行一些讨论。

该公司的成功产品，往往无须执法或直接警告。这种方式不局限于制药行业，但对制药行业的延续至关重要：制药行业大多利用专利来延迟仿制药企业进入市场；如果它们不这么做，它们将失去使它们能够支付研发和法规遵从（守法）成本的高利润率。

（ii）半经典方式，用来控制合作者（参见第4章的最后一节）。生产链中不同级别的合作者甚至都代表间接的竞争威胁。例如，消费电子产品或电机制造商从供应商那购买大部分零部件，它将针对其中自己发明的零部件的特征申请专利，以阻止供应商将类似的零部件出售给它的直接竞争对手。

（iii）许可其他方以获得现金返还。这种许可发生有下列情形之一：（a）专利权人不能满足市场需求（特别是对于需要高投资制造的产品和/或运输成本高昂或运输困难的产品）[28]；（b）消费者对其有需求（希望得到第二个来源），或者出于竞争原因（少见）[29]；（c）专利权人获得所需产品最经济的方式[30]；（d）制定标准的需要（尤其是在电信行业）；（e）应对专利权人提起侵权诉讼的最佳方式。

（iv）"墨西哥僵局"和战略专利协议。"墨西哥僵局"来源于西部影片中的场景，三个枪手面对面，每个人都不愿第一个开枪，以免第三个枪手成为更准的那个［"黄金三镖客"（Leone，1966）中三个枪手的场景准确阐述了笔者无法用专利来解释的基本概念］。拥有大量专利组合的公司不太可能受到竞争对手专利侵权诉讼的威胁，因为那些竞争对手害怕被反诉讼指控它们侵犯第一家公司的专利。[31] 信息通信（ICT）[32] 中尤其如此，因为对所涉产品进行清扫式检索非常困难（见第10.20段和第10.21段和附录10.1）。某些时候，"墨

---

[28] 例如，如果一家英国公司希望将玻璃制品、散装化学品（特别是危险品）或包装产品投入澳大利亚市场，这些产品相对于其价值而言具有较高的运输成本，那么它可能会选择许可现有的澳大利亚公司生产，而不是在澳大利亚建立自己的工厂。

[29] 到目前为止，竞争主管机构主要在版权和类似权利方面行使这种权力，但不包括专利权。

[30] 因此，电信运营商会设计现场设备，但不希望由自己生产，而且实际上，由于对该设备缺乏足够的需求，可能难以形成规模经济效益。这种情况下，可以从制造商那里购买设备，制造商支付专利许可费，可以制造设备并出售给第三方（例如，国内外的公用事业）。运营商不仅可以从许可收入中获益，还可以从折扣价格中获益，同时还能提高采购的安全性。

[31] 然而，拥有大量专利组合并不能阻止那些主要的活动是在组合范围之外的人，就像几年前一家银行就网络技术起诉IBM，而康宁就光纤起诉电子元件制造商。然而，刚才提到的这两种情况相对较少。更重要的是，拥有大量专利组合对专利主张实体没有任何威慑作用，因为它们根本不从事任何易受反诉的活动（见第12章）。

[32] 自20世纪50年代以来，公司最初拥有小的专利组合，而后又寻求迅速增加，这是为了针对其他人侵权行为，降低自身的脆弱性，例如前MCI、微软和谷歌。关于谷歌的脆弱性及其增加专利组合的尝试（两次成功、一次失败），请参阅Waters（2011）和Roberts（2011）。

西哥僵局”体现为涵盖特定技术中所有专利的公司协议。这些协议可能涉及按照预先同意的专利费费率的交叉许可（一种可能的方法，见第 11.51 段）；也可能是协商将任何涉嫌侵权的案件提请约束力仲裁的仲裁协议（参见第 11.52 段）。

（v）并购交易。某公司是希望完全处理掉某项业务，还是与竞争对手的相应业务合并组建合资企业（JV），取决于该公司该项业务所拥有的专利保护，其可增加交易的可能性，增加合资企业份额和/或现金，或其他等价物。

（vi）“税收减免”。荷兰、卢森堡、英国（自 2013 年 4 月起）等国有关于专利收入的税收减免（Smith，2013；Braddon 和 Jeffs，2013）。最近的英国税收减免政策，即“专利盒”，被德国官员批评（Houlder 和 Peel，2013）为直接简单的政府间税收竞争，鉴于英国政府担忧使用此类计划的公司会给英国税收收入带来不利影响，“专利盒”也一直被认为是虚伪的（参见第 13.17 段）；德国财政部部长也建议应该在欧盟范围内取消这种税收减免（Breidthardt，2013）。英国减税措施为商业价值微不足道的专利提供避税，效果着实令人奇怪（例如，竞争对手和市场都不在英国时没有外国竞争对手的英国专利，或者那些技术范围如此之窄以致竞争对手不太可能模仿专利权人产品特征的专利）。

对于大学或研究机构来说，通常只涉及（iii）和（v），（v）涉及分拆。有关此类活动的商业结果，请参阅第 4.40 段。

5.33　遗憾的是，许多公司的董事会和总经理（制药公司是一个例外）往往只是模糊地意识到专利对公司的价值[33]，他们只会关注当前的诉讼或许可活动，几乎没有背景知识，并对未来持短视观点。对竞争对手和其他人行为的控制，通常发生在没有人知道它正在发生的情况下，其商业价值远远高于通过损害赔偿、禁令或许可收入所体现的商业价值；但展现这种控制的唯一方法是：（a）揭露竞争对手或其他人内部讨论的行业间谍活动（这是不道德的/非法的）；（b）放弃公司的专利，然后观察反应（这是轻率的）。因此，当专利活动的批评者说“我不记得我们的起诉、被诉或许可，所以专利是浪费金钱”时，从业人员特别是内部从业人员，需要准备好历史轶事以及他们并不总是 100% 肯定的推论（见附录 5.2，这种佚事和推论可能采取的形式）。基准论点可以提供有力的支持：“如果拥有类似业务和研发支出的竞争对手获得一定规模的专利，那么我们最好加入它们，众所周知，未能达到基准专利水平的公司都在后悔［比较第 5.32（iv）段的脚注㉜］。”

---

[33] 2013 年，英国公司可能会对“专利盒”更加敏感（Prowse，2013）。

5.34　小客户甚至是那些投入大量资源用于研发的客户，有时会说它们不应该申请专利，因为它们无法负担诉讼费用（即便单就申请专利而言是负担得起的）。从业人员可以如此回应：从现在起所申请专利的整个生命周期内，公司基本能够负担得起相关费用，然而专利的价值会增长，会得到风险资本家（VC）的资助，所有者也可以出售给规模更大的兴趣方。此外，即使在诉讼资金有限的早期，增长前景、风险投资公司的资助或可获利的销售本身也会因拥有专利而得到加强，因此专利可以创造良性循环。

专利策略：一些准则

5.35　客户不可能拥有无限的专利资金，因此它需要在从业人员的指导下，从研发的发明和寻求专利国家的发明中进行挑选。总结前节中的考虑因素[34]，从业人员会优先考虑那些被认为最有可能限制客户的竞争对手、供应商以及潜在合作者和被许可人商业自由的专利，以示尊重客户。

5.36　然而，这受到创新的不确定性（参见第三部分第 4 章，尤其是第 4.12（i）段）的影响，这种优先排序是一项艰巨的任务，而且需要通过统计方法考虑其不确定性。在提交申请时，对应用前一段所述准则的能力过于自信是愚蠢的，这相当于在对未来 21 年的技术进行商业预测（它不敢拖延到自己对预测更为确定的时候才提交申请，因为那样的话可能丧失先机）。随着专利族生命期内时间的推移，开发、试验和市场测试可获得的信息不断增加，因此它的预测变得更加可靠，然而专利族生命期所剩余时间正在减小。所以应该做如下事情：

准则（a）：将早期阶段的专利视为对已获专利技术取得商业成功的保障，许多受保护的技术不会获得商业上的成功，但一旦成功则会令人惊讶，并对这些阶段的发明“慷慨解囊”。保险是一个很好的类比，如果某人事先知道他的建筑中有一个会被烧毁，那么他会为这些建筑买保险，但他必须为所有建筑买保险，因为他不知是哪一个会被烧毁。需要注意的是，保险成本大不相同。即便在发明商业化之前需要做更多的工作，但有必要做一些实验来确定“主专利”（参见第 5.12 段）；某人正在攻克一个众所周知的问题，而解决方案都只是纸上谈兵，他需要申请十几项发明来克服个别障碍从而实现商业化，致使竞争对手难以以经济的方式围绕其中一个展开设计（参见附录 4.1 中与案例研究

[34] 除税收优惠外，当地会计还会提供建议。然而，希望（第 5.32（vi）段的最后一句尽管提到英国制度的奇怪之处）实践中，大多数专利已经基于第 5.32（i）～（v）段的商业考虑提出申请。

G 产品相关的大量专利）。

准则（b）：后期阶段，所投保专利的商业成功价值以及保险的相关价值（即有效的专利保护范围）变得更为重要。采用此方法的公司在优先权日之后的11年内放弃大约一半的专利案件是很常见的。客户应避免“沉没成本”㉟谬论，而不是推卸放弃已花费很多钱的案件的责任。但是，需要注意客户对旧专利中具体实施方式的轻视；随着时间的推移，具体实施方式变得越来越简单，但它们所支持的权利要求仍然可能在相关的商业范围内有效，即便在许多人认为的“快速发展”的行业中（参见第5.12段）。

5.37　笔者和/或其他人还提出其他有用的指导准则：

准则（c）：首先要假设客户投入资金进行的研发是一个明智的选择。你别无选择，因为巧妇难为无米（技术调查工作）之炊（专利申请）。

准则（d）：与客户签订协议（可能需要的研发管理、商业开发等），应选择中长期内最可能具有商业前景的技术或产品领域，并通过发明的技术－商业策略分类表优先考虑这些领域的发明。在应用准则（a）～（c）时，对这些领域内的发明更为慷慨。这些领域之外，应谨慎“提高标准”（第5.51～5.54段讨论了如何创建这样的分类表）。

准则（e）：从业人员应尽可能在完成发明之前熟悉关键的研发人员，以确定有潜力的候选专利，并定期进行“发明挖掘”，而不是等待研发人员去发现他们有值得申请专利的技术点（比较第5.11段和Klafter在第5.30段脚注㉕中的评论）。一些客户确实愿意向专利律师支付费用来进行这样的发明挖掘，尽管它们明白探索能否获得成果是无法确定的（对于内部实践，这是一个配置公司资金的途径，如果有的话——见第15.10（iv）段）。然而，客户可能坚持从它的员工中指定相应的人员来进行发明挖掘，并就他们的发现与从业人员进行沟通；如果客户坚持这样做，那么可以为该指定人员提供必要的培训，需要的话可以是免费的［笔者所经历的另一种情况是，被指定的人员对负责指导申请新专利以及放弃旧专利的任务不太适应，与准则（a）和（b）完全矛盾］。从业人员应该寻求机会为研发人员群体提供有针对性的培训（见第14.09～14.11段）。

准则（f）：商定适用于每个技术或产品领域的标准外国申请计划，可能的话，针对特别重要的发明提供增强计划。

准则（g）：在每项发明的专利申请过程中，半连续地维持“商业状况叙

㉟ Brookson（1998：215），总体而言，与决策有关，他说：“如果我们要制定一份用于决策的黄金法则清单，那么第一个就是忽略沉没成本。”

事”，将申请的当前状态与商业情况联系起来，从而为决策提供信息，例如通过下一节数据表进行讨论（见图 5.5）。随着专利生命期的流逝，商业状况叙事的内容可信度会增加。

准则（h）：将客户的专利申请与其主要竞争对手进行比较，尤其是按照准则（d）确定的优先领域。有关进一步讨论，请参阅第 5.69 ~5.70 段。

准则（i）：不要将保密视为专利申请的可行替代方案。如果一个技术构思精确到可以体现在权利要求中，那么离职的员工很容易记住并将其带走，故意或无意地透露给竞争对手，竞争对手继而将其复制甚至（不正当地）自己申请专利。类似的风险会出现在任何形式的合作中（比较第 4.47 ~4.48 段），不仅在正式的研发合作中，也可以是客户和供应商的关系中。一般而言，不仅产品，流程和方法也可获得专利，即使证明专利权侵权依赖于开示（英格兰称为“披露”）或欧盟知识产权执法指令（EU IP Enforcement Directive）（2004 年）的规定。依赖保密和泄密行为不太容易确定：当怀疑发生泄密行为时，很难证明保密义务的存在，而且如果发明是被某人记住并带走，就不会存在文件传输的证据。

5.38　显然，关于策略性重要技术领域和申请地域的协议［准则（d）和（f）］需要监视公司策略的重大变化。这种重大变化是较为罕见的，但笔者了解到两个公司的知识产权部门的经验，它们的策略发生了重大变化，其开辟了全新的研发领域，并“保留”了一些现有的研发领域。这样做的结果是，知识产权部门必须学习如何在新领域申请专利，由于研发人员缺乏经验，无论如何这些领域最初的发明效率都不如旧领域那么高。存在的诱惑是尽可能长时间地在旧领域进行专利申请，因为这很容易，必须通过为新领域重新分配专利代理人来抵制这种诱惑。一年左右的优先权申请总量出现令人不安的下降，随后又恢复到之前的水平，但申请的重点转到了新领域。

5.39　上述准则（f）涉及专利的地域范围。在一些制造行业，可以识别所有当前的竞争者和地区（出于历史和国家安全的原因，主防御系统就是这样的一个例子），在这种情况下，在这些地区申请专利便可以针对竞争对手提起诉讼；在所有可能的销售区域（主防御系统，每个“友好”国家），专利的增加都相对较少。在制造分散的行业中，有必要保护销售区域；如果利润率适中，仅保护关键区域就足够了，因为如果竞争对手被禁止在该区域销售，那么它会失去关键的经济规模。如果专利产品（例如药品）的利润率很高，专利又未能涵盖任何重要的销售区域，将意味着竞争对手会纯粹为了占领某区域而建立生产线（在本地或在另一个未受保护的地区）。对发明进行撤退式覆盖也是有用的，这些发明似乎不太重要，但还不能完全注销；许多行业中，仅在美国申请专利显然是最后一个备选项，尤其是存在“专利战争”和 PAE（劣质专利尤其重要）的行业（参见第 10.03 段和第 12.15 段）。

5.40 地域覆盖的一个问题是，最初似乎不重要的地区可能在专利期限结束之前变得重要。许多公司预见到近期中国专利的有效性在增加，就非常及时地开始在中国提交申请；20 世纪 70 年代则相反，苏联的重要性被高估，在苏联申请专利造成资金浪费。人们可以通过使用 PCT 而不是巴黎公约来缓解这一问题，PCT 申请在优先权日期之后的 30 个月内保留在多个国家/地区申请专利的选项。假设客户从未在澳大利亚提起过申请，但出乎意料地（甚至对于自己而言）决定参与其中，那么它有 30 个月的时间来考虑是否在澳大利亚获得专利而不失去优先权，而巴黎公约申请仅能获得一年时间。

5.41 以下两节涵盖这些准则更多的机械含义。有必要认真关注实施专利策略的机制（参见第 3 章开头的引文），并要求事务所管理层提供强有力的保障。同样需要的还有客户的承诺，但事务所的目的之一应当是减轻客户的官僚负担。客户不具备长期维持官僚系统的持久力，因此如果事务所没有为客户维护官僚成本，就会损失客户。然而，一旦事务所这么做，客户的忠诚度就会提高。

专利策略的实施过程

CMS㊱ 的结构

5.42 是否申请专利的决定不仅基于一般考虑因素，还基于各发明的信息。此外，必须通过维持专利申请和专利权或放弃它们来予以实施。因此，专利策略服务的质量和/或成本主要取决于事务所的案件管理系统（CMS）。我们已经注意到（第 1 章，第 2 节和第 3.25 段），在调查中普遍使用计算机化的 CMS 来实施 fp&r 专利申请工作。此外（第 3.17 段），近乎普遍的做法是建立一个案卷编号系统，其中该发明用一系列字符表示，例如“A1234”。因此，关于该发明的各个国家的申请通常（按实际提交日期的顺序）由“A1234EP”“A1234WO”“A1234EPw”“A1234USw”和“A1234EPw2”表示；这表明 EPC 优先权申请之后申请了一个要求其优先权的 PCT 申请，并进入欧洲地区阶段和美国国家阶段，且已经分配实质欧洲申请。如图 5.2 所示的计算机屏幕显示了每个文件，并且滚动时文件彼此相邻。每条记录的字段中输入该申请的所有程序细节；日志提醒可以是自动计算的，例如，从优先权日起的公约日

㊱ 有关“记录”“页面”和“字段”之间的区别，以及本小节中使用的代码和验证的内容，请参阅第 3 章“记录和字段：使用代码和字段验证”小节。

期，或通过屏幕手动输入，例如审查意见通知书到期日。

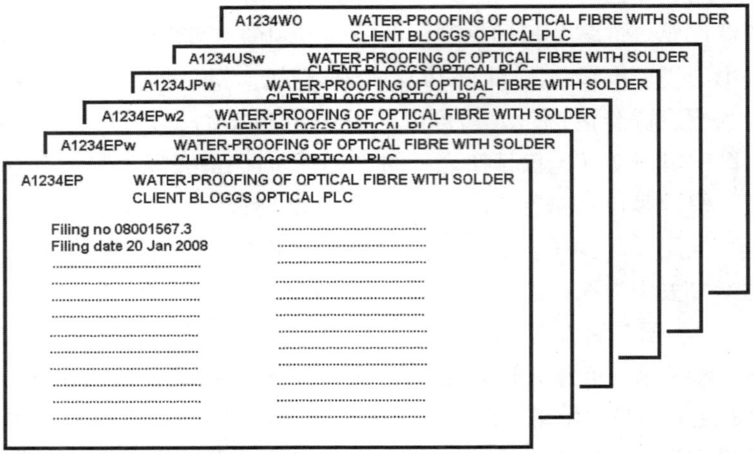

图 5.2　CMS 中大多数实践所使用的国家/地区页面

5.43　所调查的 10 个知识产权部门中有 9 个不仅包括这些国家页面，还有一个“专利族”页面（也称为“标题”），如图 5.3 所示，其计算机层次结构高于国家页面[37]。这种专利族页面的目的是通过给出一组用于记录该发明相关信息（即申请的整个“族”）的字段，便于实施专利策略。专利策略不是仅考虑个别国家申请，而是考虑族甚至是族群。族页面包含与族总体信息相关的字段，并通过 CMS 的报告编写者根据这些字段中呈现的各种分类来对案例进行分组。

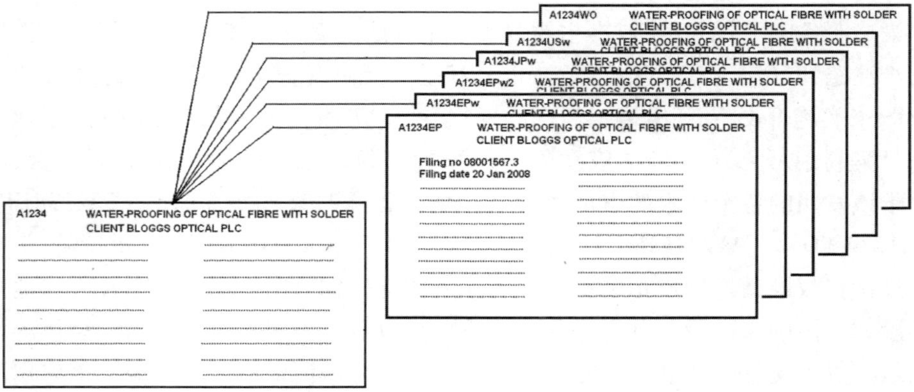

图 5.3　具有族页面（或“首页”）的国家/地区页面

[37] 这在很大程度上可以解释为什么内设部门不选择私人事务所选择的供应商那里购买 CMS——见表 3.1。

需注意，一旦有族页面，国家/地区页面上就不再包括涉及发明族号码、标题和客户的可输入字段——它们将从族页面中“映射”。通常情况下，只有极少数字段会反映在族页面，以免它们弄乱国家页面，妨碍流程人员使用这些页面进行日常工作。笔者通常会允许一些律师和账户直接在族页面而不是国家页面上进行输入操作，这是为流程人员专门保留的。

5.44　此外，族页面可以链接到带有图像的技术摘要、商业状况叙事［准则（g）］以及 CMS 中的相关页面，例如非 fp&r 案件。通过创建与特定客户相关的所有链接（并非所有这些都是必要的，例如，某些技术不需要图像），可以实现为专利策略完整配置的 CMS，如图 5.4 所示。

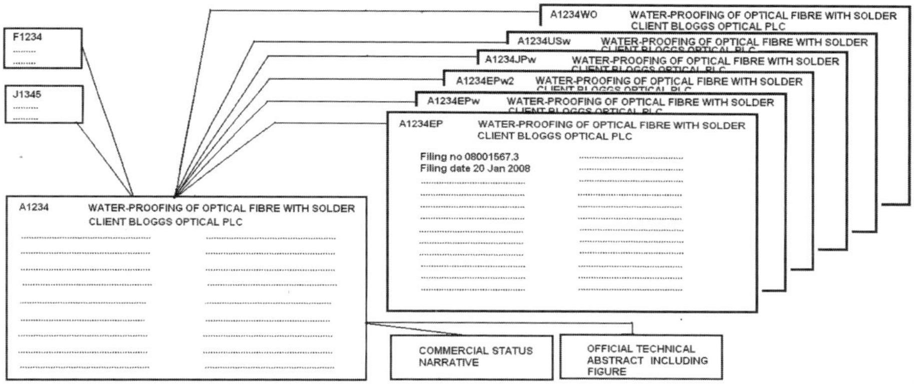

图 5.4　专利策略全配置 CMS

如果官方需要技术摘要，如上所述，包括图形，则可以方便地通过下载或扫描优先权日起 18 个月发布的整个摘要并将其保持为纯图像文件（如 .bmp）来生成。如果不需要图，则仅仅提交给专利局 Word 文档即可，其具有计算机文本可搜索性的优点。

5.45　所调查的 10 个内设部门中，6 个部门具有全配置的 CMS，既可以利用其现有 CMS 中的功能，也可以以与集成几乎没有差别的方式添加功能。这样，所有 6 个部门都可以使用与它们的系统相关联的报告编辑器，通过“按一下按钮”为每个发明生成“数据表”[38]。这些数据表是各部门专利策略工作的主力，汇集每个发明的重要信息，以便于参考。无论是对单个案件（例如考虑单个族的续展时），还是同时考虑一大批发明（见第 5.66 段），当代理人

[38] 这里使用中性术语“发明数据表”，事务所可能选一个具有内部共鸣的名称，以反映拥有它们的自豪感。

征求客户关于维护的意见时，就会用到数据表（在屏幕上查看或打印出来）。图 5.5 显示了发明的数据表（基本上是虚构的）。第 1 部分（直至发明人）显示来自族记录的大部分或全部信息；第 2 部分是从国家记录（其中大部分信息与专利策略工作无关）中精心挑选出的信息；第 3 部分复制商业状况叙事；第 4 部分复制官方技术摘要。

图 5.5　由图 5.4CMS 生成的基本虚构的数据表

注：为了明确起见，对其他案件的交叉引用假定引用的是第 3.16 段和第 3.20 段的方案。

案卷编号：A1234　　　族状况：LIVE

内部标题：使用焊料进行光学纤维的防水处理

客户：BLOGGS OPTICAL PLC

客户业务领域：通信，光纤和电缆

客户分类：高级构思

后备业务领域：通信，潜艇系统

发明起源：业务单元研究中心；B3 计划，9876 项目

客户联系人：Fred Smith 博士

律师：Jane Brown

外方：Blenkinsop Metals Limited；WhizzoFibres plc 纤维公司

策略分类：纤维后处理　　评级：SILVER

客户使用中：N　　涉嫌侵权：Y　　许可：N　　交易：N

链接文件：F1234；J1345

关键词：通信；纤维；水；电缆；潜艇

国家安全：没有第 22 条命令

发明人：Arnold Baxter；Frederick Smith；Joseph Temple

有效的发布

国家	优先权日	申请号	有效申请日	公开号	授予号	授予日	状态
EP		08001567.3	2008.1.20				死亡
EPw	2008.1.20	09001111.5	2009.1.18 0000				待定
EPw2	2008.1.20	11005678.4	2009.1.18				待定
JPw	2008.1.20	003456/2010	2009.1.18	2011/123456			待定
USw	2008.1.20	320000	2009.1.18	2010/111555	8200000	2012.5.1	授权
WO	2008.1.20	GB2009/01234	2009.1.18	2009/122486			NATPHASE

商业状况叙事

如果水暴露于环境中，光纤就会退化。通常通过将整个光纤束封闭在电缆的金属护套中来提供保护。FIBERS AND CABLES 已经发现，可以通过在每根单独纤维的硅树脂聚合物涂层上施加一层商业锡铅电焊料来提供等效保护，硅树脂聚合物涂层通常用于为光纤提供机械保护。通过使用焊料保护，可以降低电缆的复杂性和重量。

特定配方的焊料等级可能比目前使用的商业焊料定等级更好，而且 FIBERS AND CABLES 与 Blenkinsop Metals Limited（案卷编号 F1234）就此进行保密讨论。2012 年年初，Whizzo Fibers plc 出售“防水纤维”，我们正在调查（案卷编号 J1345）他们的纤维是如何工作的。

SUBMARINE SYSTEMS 是此类纤维的潜在用户。

目前，认为在除加拿大外的七国集团以及瑞典和荷兰实施保护是可期的，所有这些国家都有光纤制造厂（可以预见，经过传统工艺的玻璃拉伸和聚合物涂覆阶段获得纤维后便立即施加焊料，即和我们目前为止的实验一样不会出现中间卷曲）。

报告日期：2012 年 6 月（jb）

咨询人：FRED SMITH，Central Research（研究中心），EDWARD JONES，FIBERS AND CABLES

官方技术摘要

提供一种结构，其由具有聚合物（2）和金属材料（3）连续涂层的光纤（1）组成。该光纤可以是石英光纤。聚合物可以是硅酮聚合物。金属材料可以是近共晶（60∶40）组合物的锡铅合金。金属材料为光纤提供防水保护。提供包含纤维结构的电缆。

该结构可以通过使预先涂有聚合物的纤维在低于 230℃ 的温度下以 5～20 米/秒的速度通过金属熔体浴来制造。

5.46　如果没有基于族页面的全配置系统及其生成的数据表，专利策略工作也不是不可行（例如，调查中的其他 4 个部门完成了这项工作的大部分，10 位专利代理人完成其中一小部分——参见第 5.28 段和第 5.29 段），但会更昂贵、可靠性不高和/或不可持续。通常需要非自动地复制或合并数据；虽然从业人员将特定客户的数据下载到单独的数据库中，然后输入诸如商业状况叙事之类的附加信息，但是，这相当于是为这个客户专门定制的，如果另一位客户有专利策略需求，则需要设置相应的新数据库。

内部案卷标题

5.47 为了做好专利策略工作，尤其是与客户沟通，所调查的 20 个事务所中有 16 个在 CMS 中为每个发明都设置内部标题名称。这样的标题名称旨在为代理人和客户提供标识（甚至“容易记住”），可以包含内部术语、实际产品或服务名称，或敏感信息。

5.48 当然，出于以下原因，这些内部标题名称（如果使用的话）通常不应被用作专利申请的官方名称：

（i）内部术语和产品名称可能是潜在歧义的来源和/或会缩小权利要求的保护范围。笔者回忆起内部标题名称中的公司术语“Superbarrier”（指用于包装的高阻隔聚合物材料）以及外部已知的产品名称，例如单体飞机“A320”，前一个术语在公司外部并不广为人知，而后一个专利申请的权利要求并不局限于 A320 飞机，尽管该发明是将 A320 考虑在内的。

（ii）“容易记住”的标题名称中惯用的简化如果用在官方名称中，则同样可能导致权利要求保护范围缩小。因此，如图 5.5 所示，产品权利要求可能覆盖所有金属材料，并且其工艺要求保护的是那些在 230℃下熔化并且在光纤的工作温度下是固态的材料，而内部标题名称用的是“焊料”。

（iii）“容易记住”的标题名称——同样如图 5.5 所示——可能描述或至少强烈暗示属于专利申请的一项或多项权利要求范围的内容。如果这样的名称被用作官方名称，则会在优先权日起 18 个月之前发布。例如，英国知识产权局在提交申请之后的几周内在其在线官方公报上发布申请名称；因此，根据 G 3/93 或者第 5.19 ~5.20 段中讨论的 *Beloit v Valmet* 案，如果英国优先权申请在一年之后提出英国或欧洲的实质申请，则该名称的干预性公开构成后者的现有技术。

图 5.2 ~图 5.5 中所示的专利申请的官方名称很可能是“包括光纤的结构”，甚至更模糊。

专利族记录中的字段

5.49 为了明确起见，以下内容是假设该事务所具有带族页面的CMS。然而，如果希望能够在没有这种CMS的情况下进行其组合管理（见第5.46段），以下内容也能适应其系统。

5.50 通常，客户会以各种方式对发明进行编码和分类，而无须从业人员付出额外工作，同时，客户的编码和分类通常应该输入CMS的族页面中，且如图5.5所示，出现在数据表上，尤其是：

（i）公司意义上的客户可以包括业务单元，无论是否直接为专利工作收费，每个业务单元都应对一组发明负有管理责任，并且应该将其输入族记录中的字段中。可能还需要用于表明发明来源的字段（例如，它是业务单元本身还是公司的中心研究设施之一）；这对于投资组合管理来说并不是非常重要的，但它可以确保事务所通过CMS的报告来证明研发管理的有效性［参见第4.12（iii）段］。对于业务部门所涉及的技术存在重叠的公司，备份业务部门的记录是有用的，因此如果第一个业务部门不再对发明感兴趣，那么记录中体现另一个可能仍然存在兴趣的部门的身份。如果客户使用“矩阵管理”或“客户的朋友”系统（参见第4.33~4.36段），则需要填写与其适应的字段。

（ii）客户端内责任的任何变化都会影响（i）中提到的业务单元字段中的条目。

如第4.27段所述，客户希望将该发明的项目编号及技术分类记录在CMS上，包括记录一些关键字（还包括记录IPC分类）。项目编号可用于跟踪客户内部责任的任何变化，这些变化会反映在（i）中提到的业务单元字段中的条目。

5.51 然而，除了刚刚提到的客户业务单元字段之外，客户自己的独立编码和分类不太可能用于专利策略工作。因此，图5.5中的策略分类是“纤维后处理”，其不同于客户的分类“高级构思”，后者可能是指特定的预算，而不具有任何长期意义。如接下来的3段所述，期望建立一种技术-商业策略分类，其具有长效性，并且对每个发明进行唯一分类。

5.52 笔者的建议是，从业人员和客户共同创建一个简单的策略分类系统，包括五到十几种类型，并反映第5.37段准则（d）的优先顺序。多元化程度较低的公司中可能就只有一个分类系统，而多元化程度较高的公司可能每个部门都需要有一个级别（一个部门是一组业务单元）。需要有一个最终的“杂项”分类，只有少数几项发明会落入其中。分类系统一旦设计出来，不仅可以应用于进入CMS的新发明，还可应用于CMS中已有的发明。在ICT等领域，创建分类系统并将其应用于 CMS 中的已有发明是一项重要的任务，因为技术之间存在复杂的交叉。但在其他领域，如特种化学品，可能更容易。无论如何，分类的时候都需要非常谨慎，建议先对 CMS 中的已有发明进行初步分类，之后再逐步完善（从业人员的态度是关键。他必须掌握分类的使用方式——第 5. 54 段、第 5. 62 段和第 5. 66 段——并使分类“适合目的”。他既不能过于教条——采用权利要求撰写的严苛标准，也不能在遇到困难时放弃合理的严谨性）。根据笔者的经验，认真做好分类会对客户有利。对分类的设计甚至有助于给出策略方面的建议并提出未来可能的行动。[39]

5. 53　分类应具有清晰的层次结构，以使每个发明具有唯一的分类。因此，在对人工智能技术进行分类时，由于其主要应用是无人驾驶车辆，无人驾驶车辆属于另一个分类，那么需要在两个可能的分类之间作出选择（通常由生效字段中的代码来实现）：

方案 1

T1 人工智能

T2 无人驾驶车辆（未应用人工智能）

T3……………………………

……………………………

……………………………

T9 以上未涵盖的（杂项）

方案 2

T1 无人驾驶车辆

T2 人工智能（不适用于无人驾驶车辆）

T3……………………………

……………………………

……………………………

T9 以上未涵盖的（杂项）

其中，第一个代码“T”表示“技术 - 商业分类”的缩写。同样，人们可能需要在两种方案之间作出如下选择：（a）T1 已内酯聚合物及其用途和 T2 橡

---

[39] 笔者建议从一张白纸开始通过对现有数据的迭代分析来创建策略。Ries 和 Trout（1990：29 - 30），引用 Intel 前首席执行官的话：“趋势是，高层和中层管理人员过于宏观，太表面……关键是细节……只有通过熟悉细节……才能形成策略……我喜欢从细节到全局。”另见第 4. 26 段和 Lutz（2011：第 11 章）。

胶（不是由已内酯聚合物制成）和（b）T1 橡胶和 T2 已内酯聚合物（不用于制造橡胶）。

5.54　坚持唯一性的目的是向客户进行介绍。需要创建如下的表格——

分类	2012 年优先权申请的数量
T1［说明］	35
T2［说明］	15
T3［说明］	22
…………………………	
…………………………	
T9（以上未涵盖的）	5
共计	120

其中，总数与上述列中项目的总和相匹配，并且可以准备堆叠的条形图，将 2012 年与之前和之后的年份进行比较，而不会因允许重复计算而产生混淆。这尤其适用于财务报告（见下面“专利成本分析和预算”小节）。

5.55　CMS 族记录中几乎没有太多字段，现代 CMS 一个令人满意的功能（与 20 年前不同）是，CMS 的供应商为客户添加额外字段时技术上相对简单。一些公司在族记录中包含发明等级字段[40]。一些公司则包含用于发明商业化阶段的字段，例如以下状态（使用已验证字段中的代码实现）：

Y 客户使用中；

E 客户为使用做出认真有效的准备；

N 最终使用仍然是推测性的。

除了其不证自明的专利组合管理价值外，字段以及下一小节将讨论的商业状况叙事，对于旨在增加单个专利实际影响的“商标”行为都是有用的（见第 10.09 段）。同样，可以包括用于表明发明是否获得许可或是否涉嫌专利侵权的字段，或专利族中的专利是否被用于获得税收减免［参见第 5.32（vi）段］。

5.56　族记录中另一个有用的字段涉及清算处置或合资企业等并购交易。因此，当客户在考虑处置一项业务（交易代号为 Whammo）时，可能需要确定与交易相关的专利族；如以下分类（用已验证字段中的代码实现）所示（有

[40] 等级是定性的，如图 5.5 所示（GOLD/SILVER/BRONZE 系统）。一些公司尝试使用数字评级系统（10 个或 20 个），该系统为各类事件增加相应分数。加分式的数值评级系统的问题在于难以避免误导。例如，假设 10 分中的 1 分分配给发明许可，1 分分配给被侵权，那么即使由公司专门并重点开发的关键发明，也不会给满分。

关这些和其他可能类别的详尽讨论，请参阅第 11.61 段）：

W1a 专利转让给项目 Whammo 的买方；

W1b 专利转让给项目 Whammo 的买方，买方需向客户提供非独占性的反向许可；

W2 专利由客户保留并许可给项目 Whammo 的买方。

这些专利最终将被包括在交易协议的相应时间表中[41]，时间表优选（为了准确性）直接从 CMS 生成。在此之前，将为每一个类别打印数据表，并检查以防止分类错误。因此，如果发现数据表中发明的现有许可采用编码“W1a”或“W1b”，则需要将其记录为“W2”，或者将其从 Whammo 交易中完全删除（取决于许可条款）。交易完成后，将最终编码保留在 CMS 中。

商业状况叙事[42]及更新

5.57 专利策略的一个关键部分是商业状况叙事，如图 5.5 中的虚构数据表所示。在笔者看来，最好由代理人来更新商业状况叙事。描述应解释为什么发明，在什么地方发明，以及该发明在技术商业方面实现或希望实现的目标，但无须进行详细说明（图 5.5 的技术摘要提供这一点）。可能的话，还应确定替代方案或“设计环境”（可通过诉讼中权利要求范围的缩小来进一步开放）。客户或作为被许可人或侵权人的任何其他人，对叙事的任何使用都应明确标记。虽然叙事应由代理人更新，但需将更新以及最后的更新日期告知作为信息来源的客户联系人。

5.58 期望图 5.5 中的商业状况叙事说明如何适用这些原则。其包含官方技术摘要中未包含的有用技术信息，例如将经过实验的金属材料作为商业锡铅电子焊料。除了识别商业合作者和竞争对手之外，如果要进行商业化，那么它还提供仍有待完成的研发指标（更多的电缆设计，考虑采用电焊料替代品，以及调查如何将该发明应用到纤维制造厂）。它也给出了有关国家覆盖范围的合理建议。

5.59 叙事可以与图 5.5 数据表中的其他材料一起提供一个清晰的信息链，让客户能够熟悉情况并参与案件的决策，并尽可能地保持信息更新以与实际情况相符合。建议采用如下更新机制。首先，在提交优先权申请后立即创建叙事，用于与客户讨论在优先权年度结束时采取何种行动（包含该信息的数

---

[41] 或者在 IP 协议中，构成一整套交易协议的一部分。

[42] 这是笔者的描述性术语。不同公司使用不同的术语。

据表将更新关于提交申请的原因的备忘录[43])。代理人将讨论其关于检索的现有技术对可能专利范围影响的意见，而客户带来对该发明商业前景的最新思考。然后，在作出决策（例如，提交 PCT 申请）之后，更新叙事以反映讨论情况，包括确定优先权 30 个月后可能进入国家阶段的国家和地区（族页面上的字段和其他案例的链接必须更新，从而与更新的叙事保持一致）。更新后的叙事形成根据各种影响因素的发展情况进行 30 个月讨论的基础，继而再次更新。在作出“生效”欧洲专利的决定以及续展决定时会出现类似的情况。某些情况下，更新的内容可能仅仅是“去年没有变化”，但仍需要记录一些内容。随着时间的推移，可能更改地区覆盖范围或完全放弃发明案件［参见上述准则（b）］，但需要记录每个决策的逻辑。

5.60　如前所述，笔者认为代理人是最适合更新叙事的人。与客户联系人不同，代理人具有一个几乎可以保证使用 20 年以上的计算机系统。代理人英语熟练，且与客户联系人不同，他非常了解专利的性质，从而知道如何安全地进行简化，以便非专业客户更好地理解。客户可以获得一流的服务，每个决策点的数据表中，客户自己以前的想法都会反馈给他，并呈现每个国家申请的最新状态。代理人额外工作时间的费用很高。

5.61　然而，一些代理人甚至在“他们的舒适区之外”进行商业讨论（这是第 5.30 ~ 5.31 段讨论的从业人员态度问题最基本的例证）。这可能是因为他们不希望承担除法律事务外的任何责任，或者他们只是倾向于延迟完成并非纯法律的工作。如果他们拖延，就会进入一个恶性循环；刚刚作出决定（例如，提交优先权申请或 PCT 申请）后，一般可以在 10 ~ 30 分钟内立即完成一个好的叙事性摘要初稿，并在 5 ~ 15 分钟内完成修订，如果被延迟，则需要更长的时间。如果希望商业状况叙事发挥作用，那么管理层需要进行质量控制，并将其作为评估员工的考量因素。[44]

---

[43] 一般而言，即使客户联系人和代理人没有修改，备忘录也需要更新；如果在提交优先权申请时没有创建记录，那么有关商业动机的关键细节可能会丢失。在专利有效期内的某个时间，客户联系人和/或代理人几乎都会进行修改。

[44] 在一个环境中起作用，不一定适用于另一个环境，但以下经验至少可以激发一些想法。在由笔者管理的一个内设部门中，在为其提交优先权申请、优先权年度和 30 个月期限创建或更新摘要的过程中出现任何失误，都会被时不时地提及并提醒相关代理人注意。为客户进行重大投资组合审查（见第 5.66 段）的人员被告知，“可交付成果”不仅包括审查中确定的行动，还包括更新所有商业状态叙事。每年年底都会就该系统的整体运作情况作出报告，如果未达到某些目标，整个部门的年度“奖金池”的一部分将面临风险。随着年度审查日期的临近，该部门不达标的程度会被公开，这将给对不达标负有责任的人造成压力。

专利成本分析和预算

5.62 如果该事务所具有第3章所述的时间和支出记录以及客户账单计算(TDBS)系统，那么出于专利策略的目的，它至少应该适于(a)从CMS接收任何有利于专利策略工作的编码和分类以及(b)生成相应的报告(如第3.27段所述，调查中，所有专利代理人私人事务所以及6个内设部门都有TDBS，包括3个没有开设账单的内设部门)。这是因为，如果有必要生成如第5.54段所示的优先权申请报告，则有必要按照以下方针编制专利成本报告：

类别	2012年专利申请	费用/千英镑
T1	申请和审查	826
[说明]	续展	17
	T1 小计	843
T2	申请和审查	506
[说明]	续展	126
	T2 小计	632
T3	申请和审查	487
[说明]	续展	398
	T3 小计	885
—	—	—
—	—	—
—	—	—
T9	申请和审查	135
(以上未覆盖)	续展	34
	T9 小计	169
所有类别	申请和审查	3372
	续展	843
	专利总支出	4215

在这个例子中，提交申请和审查与续展之间的差异表明，T1正在被作为新的专利进行处理，T2更为成熟，而T3中较旧的案例正在等待复审，有较大的可能存活超过10年[参见比较图5.1和第5.36段的准则(b)]。这显示了在输入TDBS之前对时间表输入和支出进行编码的价值(第3.32段和第3.40段)。

5.63 上面的示例呈现了非常可观的总支出，但上述方法适用于总支出较小的客户，也可能对时间和支出甚至支付类型进行细分（英镑与非英镑、官方费用与代理人收费、保护国家等）。任何细分（同样依赖于对输入进行编码）对财务管理都是有帮助的，例如允许预测汇率突然发生重大变化所产生的影响（笔者印象深刻的“黑色星期三”），或允许在成本压力下估算通过放弃某个——希望是最不重要的——国家（笔者曾同样被迫作出选择）的所有专利活动来节省成本。

5.64 客户可能需要对未来支出进行预算估计，此类数据可用于“增量”预算。[15] 对于在（比如）日历财政年度工作并且需要在8月底之前为明年做预算的客户，可以通过当年上半年和前几年的比例结算，根据例如关闭或创建研究项目、影响收费率的预期工资通胀、预期支出通货膨胀或通货紧缩（尤其是由于货币波动）等已知变化进行调整，从而作出合理的估算。需要向客户明确说明所做的假设和估算中可能存在的错误。根据统计数据，每年花费400000英镑客户的比例误差比每年花费50000英镑的客户可能要小得多（比如10%）。比例误差通常高于客户习惯的误差范围，客户可以采取的处理方式参见第15章的倒数第二部分。公司预算达到数百万的内设部门可以很好地估计需要完成的工作量；更大的统计不准确性是来自其成本基础的变化（如第15.16～15.17段所述）。

5.65 与客户讨论单个案例时，表格或图表是有用的工具，其可以给出整个专利申请过程中正常国家覆盖范围和正常途径（PCT或其他）的估算成本（按当前价格计算），可以根据TDBS中提交申请和审查的历史成本记录以及当前的续展成本（续展代理人定期向其客户发布所有国家的清单）来进行估算。结果通常类似于图5.1。在使用这样的工具时，重要的是提醒客户，整个21年生命期内最大金额可能仅用于少数发明。

客户的参与

5.66 如上所述，可以根据具体情况将数据表用于12个月和30个月阶段的决策、欧洲生效和续展。然而，这可以更有效，尤其当客户更愿意通过一个小委员会作出决策时，代理人将与即将作出的决策相关的整批数据表准备好，与客户会面进行讨论并通过CMS进行更新（即更改族记录中的字段并更新商业状况叙事）。可行的方法是对所有发明进行年度审查，或者如果这样做工作

[15] 笔者认为，替代方案“零基”预算浪费时间和精力，并且可能给出一个糟糕的结果。“零基”预算的目标无论如何都不会产生可靠的答案，而是挑战每项活动及其完成方式，这对于需要一致策略而非每年中断的专利活动是不合适的。

量太大，则可以通过策略分类将发明划分为季度批次（笔者的偏好）或其他分批。此类会议能够得出明确的决定，例如“支付未来12个月的所有续展费”，尽管偶尔会有条件，例如“只要Zippo项目继续进行（联系某博士）”，并且某些决定不得不在会议之外做出，例如检索结果或官方意见与截止日期的时间间隔太短。如果一个地区的专利申请已经失控（显然，在第5.62段的例子中为T3区域），和/或存在预算压力，则需要进行特定的投资组合审阅、检查和数据表更新。对策略分类模块中的发明进行审阅的一大优势是，各个发明之间做出的决策会更加一致。内设部门（见第15.08～15.13段）可以直接为部分或全部专利分配公司预算，这种情况下不存在付费客户，它们需要确定可以视同客户的相关联系人来支持部门做出决策。

管理潜在的重点专利申请

5.67　开展基础工作往往会为尚未做出的提交优先权专利申请的最终决定积累一些专利申请前景。无论是客户要求的还是研发人员定期开展的“发明挖掘”［见第5.37段的准则（e）］，在有足够的信息来撰写有价值的专利申请之前，会大致呈现一些前景（这远比太晚呈现要好得多）。所调查的10个内设部门中有4个部门具有基于内网的发明提交系统，由于“未经筛选”，数量会很大，提交的大量内容也需要一些时间来处理。

5.68　这种做法的问题在于，如何记录这些前景以及在其基础上开展工作的进展情况。从专业的角度来看，仅仅有一个名为“来自Bloggs Optical plc的发明挖掘和发明提交”的文件是无法令人满意的。最好在一开始就为每个前景创建新的案卷编号。如果系统具有如图5.3和图5.4所示的族页面，则最简单的方法就是在该点创建专利族页面，在专利申请进行的过程中不断添加国家/地区页面。CMS中，族页面具有一个状态（通过已验证字段中的代码实现），例如“live unfiled”，一旦提交申请就变为“live”，或者当决定不再继续进行时变成“dead unfiled”。有些事务所使用单独的“前景”文件系列，以防止将专利系列号（第3.16段的A系列）用尽，并且只有在决定提交申请时才创建专利系列案卷编号；但这种做法的缺点是增加CMS的额外工作。

针对竞争对手的分析以及谨慎对待计算机专利分析的必要性

5.69　上述准则（h）建议将客户的专利活动与竞争对手进行对照比较。进行合理的专利对照比较是一种有价值的策略工具，公司的高级管理层希望以某种方式对所有活动进行对照比较。某些简单的比值会比较有用，例如地区重要专利申请的发明数量与每百万英镑研发费用或每百万英镑营业额的比值。为客户计算这样的比值应该很容易，但是为竞争对手计算这种简单的比值则并非易事。需要跟踪竞争对手名称的变更以及兼并和收购，以解释所公布的专利数据，同时还需要核查竞争对手的年度报告以获得比值的分母。一般来说，对照比较的是公约申请（例如 PCT），而不是优先权申请。例如，体现竞争对手商业意图的一个更重要的指标是 PCT 申请，而不是（例如）英国或法国的优先权申请（很难对总部设在美国的某些行业的竞争对手进行评估，因为它们甚至会想到对某些重大发明也只是寻求美国保护）。竞争对手的公约申请一般在提交后 6 个月公布，所以仅过 6 个多月就可以将客户与竞争对手进行比较。因此，每年 8 月都可以对上一个日历年的竞争对手和客户的公约申请进行比较。

5.70 从业人员可以比较整个公司的比值，或者可以根据客户自己的策略分类对竞争对手的专利进行分类，并进一步细化地比较每个领域的专利活动。这是因为人们仅对竞争对手的专利活动感兴趣，仅局限于采取类似策略的领域：竞争对手可能有充分的理由留在例如金属零件制造或芯片制造领域中，分在第 5.53 段插图中客户的 T9 类别（杂项）；同样，客户也可能有充分的理由退出该领域。对竞争对手的专利进行分类是一项量非常大的工作（竞争对手的每个专利族都需要 15 分钟，最好进行规范的检查，而不仅仅是象征性的检查）。笔者已经看到由此产生的比较结果成功地将专利从业人员的重心重新调整，向高级管理层保证研发和专利策略的相关性，以及分析（惊人地清楚）哪些竞争者有采取类似策略的迹象。

5.71 自 20 世纪 80 年代以来，学者和顾问都声称能够评估专利投资组合的优势，并且能够通过对公开专利信息进行计算机分析来确定未来的战略机会。这对高级管理层具有吸引力，即使可能产生咨询费或订购带有报告工具的计算机数据库的费用，但其所占用的时间较少（请读者回顾第 4.23 ~ 4.26 段）。

5.72 提供给公司的工具（目前市场上有十几种）通常都是基于以下假设：被其他美国专利扉页频繁引用的美国专利必然是有价值的。该假设是有问题的，因为引用的目的是破坏新颖性和创造性，而不一定表明在后专利实施其发明会侵犯在先专利。[46] 经验丰富的美国审查员有个人最喜欢的引用方式。他

[46] 一条有趣的历史备忘录，根据 1949 年的英国专利法（适用于截至 1978 年 5 月 31 日的“完整说明书”），审查员确实考虑了对某项申请进行新颖性检索后所获得的英国专利是否会导致实施本申请的发明人存在侵权的“重大风险”。如果他们认为存在这样的风险，那么他们会要求在发布之前在完整的说明书中插入“第 9 条引文”。

们可能引用特定的美国专利来证明 X + Y 是已知的，但这并不意味着X + Y在所引用的专利中被要求保护，其要求保护的可能是 X + Y + A，而他们正在审查的申请可能要求保护的是 X + Y + B。此外，当审查过程中美国的权利要求范围缩小时，并不会从说明书中删除不再被保护的特定实施例；这些实施例对于审查员可能是有用的，因为它们描述得很具体，但实际上它们对被引用的专利而言没有任何价值。被引用的专利可能已经被放弃因而毫无价值，计算机工具不会对此进行核查。处理特定领域案件的代理人可能在其向 USPTO 的信息披露声明中重复并例行地引入特定的早期专利。Simmons 和 Lambert（1992）最早在他们的论文“专利统计：比较葡萄和西瓜”第 52 ~ 63 页中批评了这种引用方法。

5.73　从业人员尤其关注的是《华尔街日报》定期发布的由专利委员会编制的专利排行榜。从业人员从客户那儿收到带有评论请求的副本后，可能比 Ernst 和 Omland（2011）对专利委员会方法的批评得还厉害。Ernst 和 Omland 注意到 BASF 在专利委员会的化学工业排行榜上排名第二，而 Bayer（和 BASF 一样是一家总部设在德国的大型研发密集型公司）则排名第 38 位。Ernst 和 Omland 认为实际上 BASF 排第一、Bayer 排第二才更合理。

重要专利

5.74　一些专利是“皇冠上的珠宝”，可以保护客户的主要盈利产品，或者想象其可以提供最低限度的保护却得到实质性税收减免［第 5.32（vi）段］。其他人不能错误地处理，因为他们可能面临诉讼（第 10.36 段），或因为他们已获得许可却处理不当而导致收入来源被终止或导致违约行为。调查中发现了一些发生此类错误的案件，例如一个小案例中，专利已被独占许可，后来又获得减免续展费的许可。

5.75　如果要降低客户的风险，需要注意以下两点：

（i）向相关 fp&r 从业人员传达诉讼和协议工作；和

（ii）确保所传达的信息能得到执行的程序和系统。

5.76　第 5.75 段中的第（i）点原则上不应成为内部实践中的问题，其为客户完成所有 fp&r、协议和诉讼。然而，如果客户的 fp&r 工作由私人专利代理事务所完成，而诉讼和协议工作由其私人律师事务所完成，这便成为一个问题。客户实际上处于弱势，例如，协议签署后，负责协议的人员会写信给客户，提醒他有义务维持专利等，但客户可能无法有效地向他的 fp&r 从业人员传达此信息。如果 fp&r 从业人员没有得到通知，那么在稍后的某个时间，他会询问关于是否续展的指示，客户则可能因为简单的错误（例如令人困惑的案卷编号）或者因为经过一段时间后联系方式已经改变，而指示放弃专利。实际上，CMS 以及 fp&r 从业人员的其他系统能永久存储信息，不利用这一点非常愚蠢。因此，建议协议和诉讼从业人员应向其客户提供直接向其 fp&r 从业人员传达相关信息的服务；理想情况下，一些临时信息以及之后的公司信息应在协议实际签署之前或诉讼开始时便传达到位。

5.77 一旦 fp&r 从业人员被告知某个专利具有特殊地位，他就可以根据具体情况采取如下行动：

（i）可以为客户安排，始终支付专利续展而无须事先征得任何指示（第3.75段）。

（ii）可以在他的 CMS 中为该专利设置“警示”状态。调查中的两个 CMS 是可配置的，以便在显示特定专利的页面时，还会出现“警示”弹出框。简单有效的做法是，修改记录中最突出的字段，通常是标题框；CMS 生成的几乎所有报告上都会打印出该字段。因此，被调查者在合适的时候，可以将标题从（例如）“带用镍掺杂剂的半导体激光器”修改成“DO NOT KILL——带有镍掺杂剂的半导体激光器”（“DO NOT KILL”也可以用“ALERT”或类似的不太夸张的表达取代）。

（iii）只要实体文件还在使用中，其封面就标记为“警示”。

5.78 当然，除非警示的确切含义是已知的，否则第5.77段中（ii）和（iii）的警示标记将没有任何价值。对于如图5.5所示的常规使用数据表的事务所，非常重要的一点是，数据表应更详细地指示出各种警示的含义以及从何处查询更多信息。图示数据表中（尽管包括一项尚未处于“警示”状态的发明），从“侵权嫌疑：Y”“链接文件：F1234；J1345”和商业状况叙事可以看出专利可能在某个时候被起诉或许可。根据该数据表，从业人员知道 J 系列文件表示其他方侵权（根据第3.20段的方案），并且可以访问文件 J1345，这在很多内部实践中都有（私人 fp&r 实践中，本身并未处理与 Whizzo Fibers plc 相关的胚胎纠纷，但至少被告知，存在自由文本录入，例如“来自客户/客户的律师的信函，2012年2月15日，美国卷宗”）。虽然没有出现在图5.5的例子中，但数据表中的其他警示项可能包括与未决或已完成的并购交易相关的编码（见第5.56段）以及对相应 E 系列文件的交叉引用（再次假设为第3.20段的方案）。如果所有其他文件系列中的案卷在 CMS 中都有自己的商业状况叙事（比较第8.44段、第10.47段和第11.87段），那么 CMS 作为一个整体便成为最强大的管理工具，可以关联不同的活动并避免严重错误。

第 *6* 章
职务发明

Ray 有能力在其他人还在整理器皿甚至想法的时候完成一项实验。
——Sir Geoffrey Wilkinson 教授（1921～1996 年），参见“Ray” Chiu 博士在 GE 医疗集团寻求工作时关于他的参考资料。根据 UKPA 第 40 条，Chiu 获得 50 万英镑的奖金作为赔偿。

从真正从事企业研究工作的人中挑选出发明人进行奖励是不公平的。
——Sir Richard Syker（生于 1942 年）的证词，Glaxo 前任首席执行官，*Kelly and Chiu v GE Healthcare*［2009］EWHC 181（Pat）。❶

介绍

6.01　与本书的其他章节一样，本章不太涉及详尽的法律分析，更多的是确定从业人员可以采取哪些措施来降低客户的风险。相比于其他章节，本章引用更多的报告案例，但这通常是为了通过证明法庭外发生的事情来支持法律上的主张。然而，本章的主题更具有国家法律特色，相比于其他章节，本章的内容更少从国际视角出发。关于发明人权利的法律因国家而异（参见 Wolk，2011 年，特别是对于大学雇员；Kim，2010 年），因此，考虑每个重要国家的管理和法律将会逾越空间上的限制。本章明确地仅涉及 UKPA 第 39～43 条涵盖的由雇员设计的在全球范围申请专利的发明（UKPA 第 43 条第（2）（a）款），这是当雇员“主要在英国被雇用”时最常发生的情况。尽管如此，希望以下提出的一些管理建议对于特定法规未涵盖的从事发明的从业人员具有价值，尤其是应使用“发明人确认表”这样的一般性建议，以及关于自愿向发

❶ 非英国从业人员的注意事项：此案例是英国的一个里程碑。第 6.27～6.28 段将对此进行分析。

明人提供激励和奖励的建议。

6.02 读者还应注意，本章第2~5节仅涉及商业公司员工的发明。大学雇员的发明将在第6节中介绍。

6.03 根据UKPA第7条的规定，"与发明有关的'发明人'是指发明的实际设计者，而'共同发明人'应据此解释"❷，英国专利权应授予发明人或发明人赋予其权利的其他人。此外，UKPA第39~43条确定了与全球专利有关的雇主与发明人之间的权利。因此，为了避免所赋予的权利受到质疑——

(i) 必须正确确定发明人。

(ii) 发明人与雇主-客户之间的权利链条必须合理。

此外，在美国有些手续需要发明人签名：当（自2012年8月14日起根据AIA）雇主是申请人而不是发明人时，要求发明人进行宣誓或声明及转让。应遵循——

(iii) 必须寻求发明人的合规性，且任何发明人不合规的问题都必须得到处理。

本章的第二部分将讨论实现（i）~（iii）的可行性。

6.04 许多公司中，有一种看法是即便发明意外地没有被授予专利权，鉴于其提出申请专利的前景并协助准备和提交专利申请，也应预先给予研发人员激励。本章的第三部分涉及自愿预先激励。

6.05 UKPA第40（1）条规定了向雇员提供法定的"赔偿"❸，其中他的雇主（a）获得了该雇员所发明的专利，并且（b）从该发明中获得了显著的收益。显著的收益通常来自由第4章中雇主或雇主被许可方定义的"创新"实现的成功运营；很可能只有当专利申请过程中已经不再需要发明人的合作时才会发生这种情况❹。一些公司自愿选择基于成功的运营来提供奖励；即便没

---

❷ 历史备忘录。可能会想知道为什么UKPA的起草人认为有必要定义"发明人"（EPC第60条与其相反，将该术语视为具有不言而喻的含义）。因为，那些不是真正设计者的发明人以前是被英国法律允许的。起草人明确要求背离以前的普通法，根据该普通法，在不侵犯设计人或其受让人的权利的情况下，如果已在国外获得发明，那么自然人可以在英国作为"发明人"提出专利申请。其背后的公共政策是，"根据1691年的案例，是通过旅行还是通过研究来学习，这是一回事"，这非常荒谬，直到1978年5月31日，最后一次可以提交这样的申请时。类似但无可非议地，英国专利代理人偶尔会为向其交底发明的客户提交非英国公约专利申请；专利代理人通过信件将自己命名为发明人，随后将该申请或已授权专利转让给客户（见Blanco，1974，4-603和5-105；Patent law of the United Kingdom，1975年，第5页）。

❸ *Kelly and Chiu v GE Healthcare*案中，否定"赔偿"必然涉及损失救济的观点。UKPA第40（1）条使用中性术语"奖励"，显然不会产生任何影响。

❹ *Kelly and Chiu v GE Healthcare*案和*Unilever v Shanks*［2010］EWCA Civ 1283案中，发明人索赔时所有专利都早已被授予（大部分已过期）。

有“显著的收益”这一要求，仍然只会在需要这种合作之后才可能支付这些奖励。因此，无论是法定的还是自愿的，这样的奖励都太过遥远，不太可能成为员工在专利申请过程中合作的动力（第 6.04 段提到的预先激励比这种更好）。本章第 4 节和第 5 节的主题分别涉及针对成功运营的发明的法定奖励和自愿奖励。

商业公司中发明人资格和应享有权利的实践

发明人资格

6.06　在即将撰写和提交优先权申请之前，从业人员通常基于某种程度的信任而接受发明人的主张。如果他没有理由怀疑该发明属于其客户公司（和/或共同所有权下集团内的另一家公司），他就会以该客户的名义提交英国或欧洲优先权申请。通常，他会避免在这个阶段指定发明人或具体说明申请人权利的衍生（例如，英国专利表 7 中，通常在 16 个月之后才会到期）。提交申请之前正式确认发明人资格及其享有的权利在法律上是不必要的，并且可能导致延迟提交从而失去优先权。然而，仍然建议代理人在提交申请后不久将申请副本附在一份确认表（AF）上，该表格不仅要求发明人还要求非创造性的贡献者完成填写并签字。AF 应包括指导性说明，具体说明那些为设计所要求保护的发明而作出贡献的人应全部列为发明人，并应包括以下声明：

“我承认，上述涉及我的所有细节都是正确的，包括与所附专利说明书有关的作为发明人或作为非创造性贡献者的身份。如果被称为发明人，我声明将尽我所知并相信（i）其他被称为发明人的人在我看来也是发明人，和（ii）没有遗漏发明人。”

AF 要求指定发明人并明确要求将非创造性的贡献者列入名单，旨在防止发明人过多，并防止之后有其他人声称他们是被遗漏的发明人。AF 可以适时地发送给主要联系人进行必要的协调并返回表格，以供从业人员核实其享有的权利（下一小节）。

6.07　因此，直到提交优先权申请之后才正式确认发明人的好处在于，对于填好的表格所涉及的发明而言不会存在任何问题（因为提交的说明书只会之后才附到 AF 上）。这也意味着，由于迫在眉睫的优先权申请的时间压力，发明人和非创造性贡献者之后都无法声称他们错误地填写表格。重要的是，应在提交申请后立即发布表格，这时的记忆仍然是新的，并（希望）与提交前告知代理人的内容一致。当发明人不太愿意通过签署 AF 进行合作时，即使在他离职后，即时发布也可以最大限度地降低获得 AF 的风险，或者主要联系人忽略离职发明人的风险。[5] 优先权年结束时甚至整个审查期间，从业人员都应考虑是否因为检索结果对权利要求带来的限制而有理由将返回的 AF 确认过的发明人移除；但这种移除很少见。

6.08 当然，从业人员试图避免的最严重的错误是遗漏发明人，这会妨碍从业人员妥当地处理客户的权利。一名或多名超额的雇员发明人，（a）根据 UKPA 第 40 条将扩大权利要求的范围；（b）将导致法律上不允许[6]；（c）在某些地区和情况下可能导致无效。必须特别注意，不要错误地将高级人员包括在内，例如开发本发明的研究或开发小组的负责人。例如，如果他只是组织他的组员攻克一个特定的已知或明显的问题（例如，提高已知设备的效率或加快已知过程），那么他不是发明人。导致混淆的原因可能是发表论文和申请专利之间的区别；论文通常包括高级作者，他们的角色一直是高级指导之一和/或编辑。有必要约束高级人员，无论是出于无知、虚荣还是个人利益，都向他的团队成员施压承认他没有做出过的创造性贡献。最后一个方面，众所周知，设计糟糕的预先定额奖励方案会导致这种不恰当的行为（见下一节）。

6.09 有从业人员曾向笔者讲述他们被要求错误地确认发明人的情况。无论满足此类请求是否会使客户受益，此类行为都违反代理人的职业操守（第 2.05 段）。

享有的权利

6.10 建议，就应享有的权利而言，如上所述，应该在 AF 中确定发明人，并要求发明人声明——“基于本表格 [×] 部分中转载的 1977 年专利法[7]第 39 条，我对本发明的贡献属于我雇主的财产”，或者联系从业人员。AF 应该要求发明人确定他们的雇主。有不少与雇员一起工作的合同人员（特别是最近的退休人员）或借调人员，他们或他们的雇主通常会承担向客户转让发明的合同义务。如果发明是在集团内进行的，那么重要的是要知道在创造发

---

[5] 比较 Xaar 的国际申请 BL O/257/98，其中发明人在提交优先权申请 6 个月后被删除，显然并未认真地确定发明人。在 6 个月后提交的 PCT 申请中，错误地遗漏了她。

[6] BNOS Electronics 的专利 BL O/270/98 中，听证官发现，3 名发明人中只有 1 名是实际发明人，尽管这并不影响其享有权利。申请人和/或从业人员“过于随意”地将“整个研究团队”列为发明人。

[7] 这规定了雇主对发明的所有权，当且仅当“（a）它是在雇员的正常工作过程中或虽在他正常工作之外，但专门分配给他的工作过程中做出的。在以上两种情况都可以合理地预期发明是由于其履行职责而做出的。（b）发明是在雇员的正常工作过程中作出的，而在做出此项发明时，由于其工作性质而产生的特殊职责，他对促进其雇主事业的利益负有特别的义务”。

明时每个发明人都是被哪个公司雇用的。可能发生这样的情况：雇员甚至不知道是哪个公司雇用他们，在这种情况下，AF 应该要求他们回到从业人员那里。AF 应该要求雇员说明他的职位、职级、部门和员工编号，以便从业人员单独了解雇员对第 39 条如何适用于其案件的看法。

6.11　当从业人员收到填好的 AF 时，他需要（a）确保他了解根据现有协议合理赋予申请人何种权利；（b）将所有必要的附加协议落实到位（例如，如果不存在一般性协议的话，就会是集团公司之间的发明特定协议）；（c）作记录，以使他能够准确完成可能需要的权利声明（如英国专利表格 7）。实际上，在大多数情况下，填好的 AF 将与提交申请之前非正式地告知从业人员的内容一致，例如申请人已被赋予权利，或者赋予权利的障碍容易消除。

6.12　关于将发明的相关权利转让给“TopCo”的一般性集团内部协议，见第 13.06～13.09 段和第 13.20 段。

6.13　笔者从来没有遇到过这种情况，在提交申请之后，从业人员意外地发现有必要与集团外公司进行实质性的谈判。此外，笔者只回忆起对职务发明的公司所有权产生怀疑的一两个案例。这反映了他的经验，绝大多数由研发人员或其他技术人员做出的发明，UKPA 第 39（1）（a）条明确将所有权赋予雇主。[8] 另一个极端是，一个初级非技术人员给出技术性的建议，在这种情况下，发明毫无疑问属于该雇员，而且事实上，这些建议是源自全员工建议计划。然而，这些建议大多不值得申请专利。公司应该抵制住从发明人那获得专利转让的诱惑，仅为了向建议征求计划或雇员提供额外的信誉。[9]

6.14　如果有雇员向从业人员声称，是他而不是他的雇主拥有这项发明，那么从业人员在未向客户提供指导和建议前，不得先回应该雇员。同时，他不得利用雇员缺乏法律顾问这一点［参见第 2.07 段（vi）］。同样，如果从业人员自己对雇主所有权产生质疑，那么他必须将这些质疑告知客户，然后进行指导，并恪守职业操守。

不合作的发明人

6.15　在被雇用期间做出发明的发明人，乐于签署对于雇主－客户而言必需的文件。然而，离职后，他们有时拒绝这样做；也有可能仅仅是找不到他

---

[8] 根据笔者的经验，很少需要援引第 39（1）（b）条。大公司中有争议的情况是，它适用于那些获得特别“行政”福利的员工（例如为更高级别人员预留的汽车、保险和股票计划）。

[9] 笔者不希望诋毁建议计划。他们尤其提倡不太高级的员工发现管理层忽视的问题并提出解决方案，即使问题和解决方案都显而易见。简单且易于实施的解决方案尤其受到重视。

们。英国电信公司（BT）在千禧年之际有3起涉及此类问题的案件，然而，这并不少见，英国电信公司的申请BL O/278/02中，虽成功联系到发明人，但对方并没有回应签名请求；英国电信公司的申请BL O/006/98，发明人表示只有支付5000美元，他才会签字；英国电信公司的申请BL O/402/01中，根本找不到发明人（现在不太可能，因为Facebook和LinkedIn的存在）。事实上，英国专利局的审查员授权英国电信公司知识产权部门的高级成员代替发明人签署（美国人和加拿大人）相关文件，并在前两个案件中裁定相关负责人费用。

6.16　显然，这些程序的价值在于会形成AF，其包括第6.10段中提到的在优先权申请不久之后发明人离职之前作出的发明人声明。

雇员的义务

6.17　如上所述，实际上，根据UKPA第39（1）条规定，商业公司的雇员作出的发明不属于雇主是非常罕见的。这不仅基于大多数发明是由研发人员或其他技术人员作出的事实，还因为商业公司在其雇用合同、员工指南以及有关雇员的日常手册中所强调的技术信息对他们的价值。雇员明白他们应该通过不向第三方披露技术信息来保护其价值，否则会破坏其可专利性地位或作为商业秘密的地位。针对此问题的具体措施通常包括以下内容：

（i）利用雇用合同中的条款要求员工不向第三方披露或者出于非公司目的使用未公开的技术信息，包括他在工作过程中获得或从公司资源（公司信息）获得的信息，或他在工作过程中生成的或使用公司信息或公司设施生成的信息（生成信息）。

（ii）授权公开公司信息和生成信息的正式程序，例如在会议上和期刊中。

（iii）授权向第三方披露公司信息或生成信息以及确定披露所涉合同条款的正式程序（第11.23段和第11.24段）。

（iv）询问离职员工，并提醒他们不要带走公司信息或生成信息的副本。

（v）根据信息的敏感性提供信息保护标识系统。

上述措施中，笔者只对与发明所有权有关的价值持怀疑态度。如果引入保护标识系统，则需要使用时始终保持一致性，这比以前使用电子邮件更加困难。系统使用的不一致可能导致个别未标记文件的情况，这比（a）不引入标记系统，或者（b）如第16.38段所述保护标识仅适用于最敏感的信息，更有争议。

6.18　UKPA第42（3）条显然允许第6.17（i）段中提议的雇用合同条款，同时如果基于第39（1）条对雇员的职责给予司法考量，将对雇主有利；如果没有这些合同条款，将对雇员有利，例如涉及非商业雇主的判决案卷

（第6.45段）。问题在于，与发明和专利直接相关的条款是否应该出现在雇用合同中。第40（4）条、第42（1）条和第42（2）条限制了这些合同条款的可执行性。笔者的意见是超越这些限制是没有意义的，这样做可能在诉讼中适得其反。然而，Hodkinson（1986a：186）提到："许多雇主都认为［超越法规强制执行内容的条款］与其说是他们打算在法庭上使用的武器，不如说是挥舞在员工或者［后来的］雇主面前用于条款谈判的战术武器。"他在其论文第189～190页的附录1中特别提出了第2.1条，该条明显超出第39（1）条的范围而对雇主有利，但笔者不会这样建议。多年以后，Hodkinson可能会表达不同的观点；但CIPA指南39.18仍然将读者引至他的论文。

商业公司给予发明人的自愿预先奖励

6.19 正如本章的介绍中所提到的，在许多公司有一种看法，即便发明意外地没有被授予专利权，鉴于研发人员提出申请专利的前景并在专利申请过程中进行合作，也应给予其预先奖励。笔者的观点是，最好的预先奖励措施是那些符合公司正常程序和文化的措施，例如：

（i）大多数公司都会对所有员工进行年度评估，评估的结果将影响员工的工资增长、年度奖金和升职。对研发人员的评估应将专利申请纳入考量范围。

（ii）需要识别和消除评估中的不利因素。例如，部分地根据"时间利用系数"（花费的"有用"时间/约定的时间）对研发人员进行评估。如果认为唯一有用的时间是用在研发项目上和用在部门管理和项目客户上，那么时间利用率将引导在项目A上取得好成绩的研发人员转移到项目B上，而不是花时间获得项目A的专利结果。为了避免这种情况，一种可能性是为每个项目分配一些"有用时间"进行偶然的专利申请（必须是偶然的情况，因为在工作完成之前，无法估计申请专利需要花费研发人员多少时间）。然而，实际的情况是，所有项目都有共同的预订代码，用于分配时间协助专利代理人，并且计划的时间包含在"时间利用系数"的分子中。

（iii）一家公司，其研发部门的做法是颁发年度奖金以及各种活动证书，包括年度最佳论文，也同时宣布第二名。这种情况下，在同一典礼上设置类似的奖章，颁发给年度最有前景PCT申请，会比较合理。选择PCT申请而不是优先权申请的目的在于，评奖委员会可以考虑当时已完成的检索以及发明的内部商业反响。这种奖励的优点在于质量而不是数量[10]（与本节以下段落中讨论的“所有发明”方案形成对比，“所有发明”方案可能导致对专利申请资源的不合理分配）。

（iv）另一个已经在运作的方案是向那些署名专利超过一定数量的人，颁发发明人领带或围巾（分别为绅士和女士）和证书。发明人获得的增值与其所做贡献的货币价值可能远远不成比例。

（v）大多数实体公司都定期发布内部通讯，其上列出最新的成果（收到订单、推出产品、客户满意），如果公司有研发部门，它也可能有自己的通讯。通常可以说服这些出版物的编辑，定期列出近期公布或授权的专利及相应的发明人。这种公开承认对发明人是一种鼓励。

6.20 除了采用第6.19段中列出的一个或多个措施之外，或作为替代，许多公司确实具有特定的发明人预先奖励计划，其向所有发明的发明人发放固定的现金奖励。通常，奖励针对的是优先权申请，并在提交申请后的一个阶段兑现。后一阶段可能是在优先权年结束时提交PCT申请或等同的国外申请（等到优先权年内完成检索后发明能够幸存下来的时候），或者获得美国授权。通常，该计划是非合同性的：通过信函来告知发明人已付款，该信函将其描述为“优惠待遇”（这意味着公司没有维持该计划的合同义务）；同样，雇员不会因接受奖励而承担任何额外义务（有关相反可能性的讨论，见第6.36～6.38段）。

6.21 简单的方案可能是分一批或两批向每位发明人（*n*位）支付（比如）1500英镑/*n*。支付金额（见图6.1中的线A）随着发明人数量的增加而急剧下降；笔者遇到过以这种方式运作的方案。反对这种方案的共同论点是，其无法鼓励合作发明。因此，Fradkin和Vaughan（2009）调查的6家美国航空航天公司[11]中有5家——其中公司1完全没有采取预先支付的方式——已经开发了针对不同发明人的支付组合，如图6.1所示。

6.22 预付定额现金奖励的风险在于，它们可能导致一些发明人倾向于对自己的发明而不是其他更重要的发明提出申请。例如，发明人会创造出“纸”发明供考虑，而专利申请的可用人力本应更好地投入正式的研发项目中［参

---

[10] 这些奖励的劣势在于，根据第40（1）条提出索赔的雇员仍可以适用。尽管奖励发生在发明生命周期的前期阶段（该奖励设计被称为预先奖励），这样的奖励仅是发明人功劳的证据性价值体现，可能还包括其他方面，如上级的表扬，但不会体现雇主获得的收益，因为实际上这种收益可能很晚才会产生。

[11] 6家公司分别是波音、洛克希德·马丁、诺思罗普、德事隆、联合技术和匿名公司，通过使用“公司1～公司6”的标识符将这些数据进一步匿名化。

见第5.37段中的准则（c）]。更糟糕的是，很难设定支付级别，一方面，大多数发明人认为支付是对其所付出劳动的充分优待，另一方面，没有发明人会故意不诚实，或至少“隐瞒部分事实”。笔者真实听到的不诚实行为是：(a)欺骗性地将团队领导人加入发明人名单（见第6.08段），以及（b）误导从业人员对现有技术状况的认知，以防他们决定放弃优先权申请。无论发明人的数量是多少，每位发明人都支付金额相同的方案（如图6.1中公司5的计划），最容易鼓励不诚实的行为（a）。如果总奖励的很大一部分（或全部）是在提交优先权申请时而不是在之后阶段支付，则最可能出现不诚实的行为（b）。

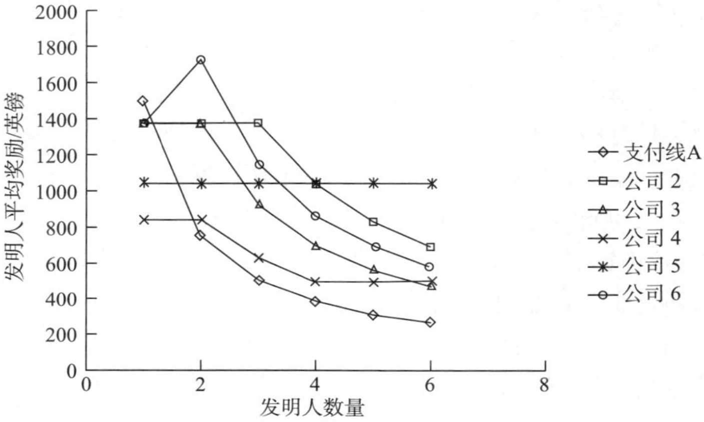

图6.1 根据各种方案⑫自愿为发明人提供预先现金奖励的对比

支付线A代表所有发明人平均分配1500英镑的方案。公司2（Fradkin和Vaughan）对于3个以下的发明人采用定额支付的方式，多于3个发明人时则将每项发明的总支付额限制在两个发明人时的水平。公司3对于两个以下的发明人同样采用定额支付的方式，多于两个发明人时将每项发明的总支付额限制在3个发明人时的水平。公司4对于两个以下的发明人同样采用定额支付的方式，发明人为3个和4个时每个发明人的支付额依次减少，多于4个发明人时，每个发明人的支付额维持在4个发明人的水平（即原则上每项发明的总支付额没有上限）。无论发明人的数量如何，公司5都为每个发明人支付相同的金额，因此原则上每项发明的总支付额都没有上限。公司6为两个发明人支付的人均金额多于单个发明人的支付金额，但是对于3个或更多发明人，则将每

⑫ 关于Fradkin和Vaughan数据处理的注释：表1和表2加在一起，£/$取1.45；表2中，公司2的“3”已更正为“2”；对于公司5，已采用表2的上限。

项发明的总支付额限制在两个发明人时的水平。

6.23 对于发明人的不诚实行为，风险最低的做法是采用发明人之间定额平均分配（如图6.1中的支付线A）的方案，并在优先年结束时基于对检索结果的考量进行单独的分期付款，目的是至少获得美国授权或类似的结果，而不仅仅是防御性公开。一般来说，存在的风险是主要研发联系人有可能试图不诚实地将其他发明人排除在外，因为如果承认其他发明人，他得到的奖励将会减半或更少，然而鉴于社交方面的压力，这种情况可能不会发生。

6.24 如果采用预先现金支付计划，总的来说，笔者倾向于少数人认可的与图6.1中支付线A类似的方案。然而，笔者不会建议目前根本没有预先现金支付计划的公司引入其中一个方案，而会建议发明人采取第6.19段的方式。已经具有预先现金支付计划的公司有可能陷入困境：随着计划的执行，他们会经历一些由其引发的异常行为，但他们又担心如果废除该计划，则会无意间向员工传递不提倡专利申请的信号。

商业公司根据UKPA第40（1）条就成功运营的发明给予发明人的法定奖励

UKPA第40（1）条的背景，并确定问题的大小

6.25 即便根据UKPA第39（1）条的规定发明属于雇主，但雇主是否应该基于成功的运营给予发明人法定奖励仍然是长期以来一直存在的争议问题。UKPA第40（1）条规定，当雇主从“发明或其专利（或两者兼而有之）”中获得“显著收益”时，给予奖励是“公平”的⑬。支持和反对法定奖励制度的政策论据载于*Kelly and Chiu v GE Healthcare*案第47～48段、第153段和第158段。支持一方的关键论点是，如果“雇员［没有］合法的权利去要求……即使［发明］如此突出甚至可以说是超出其职责范围，且实际应用中给雇主带来可观的利润”⑭，那么这是不公平的。反对一方的关键论点是，给予发明人法定奖励是不公平的：这种奖励歧视（a）对运营发明作出重大贡献的非发明人；（b）实现项目的价值产出但无法获得专利的人员；（c）直接解决研发

⑬ 根据UKPA第40（2）条的赔偿（对于根据第39（1）条不属于雇主的发明），引起的争议较少。由于商业公司很少遇到此类发明（比较第6.13段和第6.17段），因此本节不予考虑。

⑭ 另一个“支持”的观点受到质疑：现行的法律鼓励员工在专利申请过程中进行合作（参见第6.05段）。

问题的人员。还可以认为，UKPA 第 40（1）条歧视那些留下来为雇主开发发明的雇员，因为他们不愿意与雇主发生纠纷。[15]

6.26 尽管如此，UKPA 第 40（1）条是英国法律。[16] 其子条款尝试从管理角度对此进行回应，在此之前，我们应先尝试着为雇主确定问题的大小。

6.27 对显著收益的检验是不明确的，但很明显，只有少数发明才能成功满足 UKPA 第 40（1）条的条件。奖励与利益的关系如图 6.2 所示；大多数发明的收益都处于双箭头指示的范围。

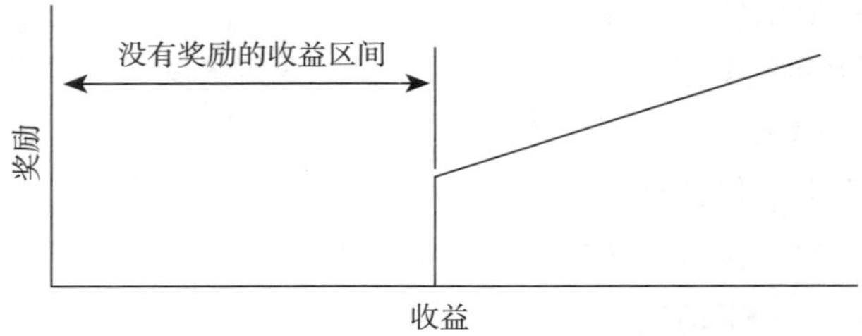

图 6.2 UKPA 第 40（1）条规定的“赔偿”
（根据 UKPA 第 39（1）条发明属于雇主）

在雇主的收益变得“显著”之前，雇员不会获得奖励（UKPA 第 40（1）（b）条），此后，如果“公正”的话（UKPA 第 40（1）（c）条），他会得到根据 UKPA 第 41（4）条所确定收益的“合理分红”。[17]

Kelly and Chiu v GE Healthcare 案是截至目前唯一一个法院作出奖励判决的案例。与 Myoview* 产品相关的两项专利发明相对便宜（研发费用为 2.4 万英镑），其由 Kelly 博士亲自领导，Chiu 博士作为其团队中非常有才华的成员［倾向于根据 UKPA 第 41（4）（b）条获得更高奖励的因素］。由相关部门（Amersham）以合格、坚定和大胆的方式开发这两项专利并进行商业化［倾向于根据 UKPA 第 41（4）（d）条的反向因素］。在此背景下，主要的财务情况和奖励如表 6.1 所示。在表格的最后一行中，笔者估计奖励的多少是，假定所

---

[15] 值得注意的是，Chiu 博士离开公司，Kelly 博士即将退休。

[16] “反对”的观点并没有阻止 Kelly 和 Chiu 博士获得赔偿。Floyd J. 认为，“在某种程度上［根据 UKPA 第 40（1）条提供的赔偿］可被认为是不公平的，这是议会颁布的法律的结果。它不能成为不公平奖励的因素”，笔者并不意外。

[17] 根据 UKPA 第 41（4）条的规定，应考虑以下内容：“（a）雇员的职责，他获得的报酬以及利益，或他从其工作中获得或根据本法从发明中获得的其他利益；（b）雇员为发明所付出的努力和技能；（c）任何其他人与相关雇员共同为发明付出的努力和技能，以及非本发明共同发明人的任何其他雇员所提供的建议和其他帮助；（d）雇主为开发和实施发明作出的贡献，例如提供建议、设施和其他帮助，提供机会及其管理和商业技巧和活动。

有研发工作人员都是 Amersham 员工（因此有资格申请）且他们都要求获得该奖励。

表 6.1　*Kelly and Chiu v GE Healthcare* 案的主要财务情况

项目	金额/万英镑	来源
Myoview* 在相关期间的营业额（2002～2007 年）	96500	判决书第 169 段
由 Myoview* 产生的 Amersham 的利润比例	“大”	判决书第 129 段， 更多细节未公开（第 127 段）
相关专利为 Amersham 带来的利益	>5000	判决书第 170～172 段
奖励给 Kelly 博士	100	判决书第 203 段
奖励给 Chui 博士	50	判决书第 203 段
全部 5 个发明人都有资格并要求获得总奖励	250	笔者的估计

6.28　首先需要注意的是，对 Myoview* 等产品 250 万英镑的订单所给予的奖励，不会影响雇主将一小部分收益用于内部研发。对另一家公司完成的研发实施公平的内部许可会更加昂贵。

6.29　然而，人们会质疑，基于 *Kelly and Chiu v GE Healthcare* 案的指导原则是否好到可以适用于今天的发明。*Kelly and Chiu v GE Healthcare* 案考虑的收益是专利的收益，对于 2005 年 1 月 1 日之后提交的专利申请，所考虑的收益是“发明或其专利（或两者的结合）”的收益。*Kelly and Chiu v GE Healthcare* 案中，估计有 50 万英镑的收益是明确地基于专利对利润率的推定影响（众所周知，对医疗保健领域具有非常重要的意义）。预计，当出现须适用新法的案件时（近几年不太可能，因为适用新法的第一件发明仍然“年轻”），基于公共政策的考虑，法院会避免将 UKPA 第 40（1）条的奖励设定成接近公平许可费率的水平。[18] 即便如此，如果适用新法，Kelly 和 Chiu 获得的奖励将至少多出约 35%，因为 Myoview 在 2002 年之前的销售额被排除在法官的计算之外。因为在此期间，监管数据独占权（见第 9.32～9.33 段）使专利保护变得多余。

6.30　此外，根据 UKPA 第 40（1）条提出的索赔，医疗保健以外的行业（在专利和监管数据独占权基础上的高利润率）适用新法会更为合理，同时又提出了难题。一个复杂的系统（例如，在通信或国防中），其中一些工程问题需要通过授权的发明来解决。该公司可能争辩说，它必须解决这些问题只是为了“留在游戏中”，并且利润率适中，而员工可能争辩说他有权分享“留在游戏中”的好处。对于复杂系统中单个发明所带来的好处，在技术论证上会存

---

[18] 法律的变化并非旨在使内部研发在英国消失，损害公司和发明人等。

在困难，包括关于如果选择问题的替代解决方案会发生什么这样的逆向事实分析。

6.31 笔者认为，在未来5～10年内不仅会更频繁地出现UKPA第40（1）条的索赔，而且在管理时间上会更加昂贵。一个噩梦般的场景是，雇员提出“流氓般”的索赔（例如退休），希望被买断。人们还可以想象，从2013年4月开始，英国公司利用“专利盒”减免税的复杂性。雇员可以将减税这项易于确认的收益加入商业收益中，这是之前唯一可以作为其索赔基础的收益。另外，减免税的过程中，公司将要创建文档并向HMRC作出声明，由于会在法庭上公开，因此这将在商业收益方面为原告雇员提供帮助。

可能采取的措施

6.32 问题在于，作为所有发明的例行事项，雇主应该提前收集哪些证据，以便为可能的UKPA第40条索赔做准备。AF如果收集与第6.10段所述的享有权利相关的信息，则同时会收集与UKPA第40条中奖励多少（根据UKPA第41（4）（a）～（d）条）相关的信息。关于UKPA第41（4）（d）条，AF可用于确定制造发明的设施。AF中收集的内容通常仅涉及发明的制作。审判中，UKPA第41（4）（d）条同样要求提供证据证明雇主对开发发明所做的贡献（*Kelly and Chiu v GE Healthcare*案中提到了下游技术工作、市场开发和承担的风险）。其中一些事项会记录在商业状况叙事中（见第5.57～5.61段），但只是偶然情况。综合发明跟踪系统是否可以证明其可能性仍值得怀疑。大多数公司在面对根据UKPA第40条的索赔时会收集证据。

6.33 似乎[19]将申请专利的权利从雇员的直接雇主转让给集团中的另一家公司，并不会影响根据UKPA第40（1）条提出索赔。但是，将所有内部研发转移到相关美国公司的实验室（美国没有发明人赔偿法）[20]，或转让给独立的英国承包商[21]应该可以避开UKPA第40（1）条；但这些措施可能降低研发的效率和效果。

6.34 问题在于是否可以根据UKPA第40（1）条的规定买断雇员发明人

[19] *Unilever v Shanks*［2010］EWCA Civ 1283案。

[20] 在国防工业和其他一些行业，美国的出口管制会使得选择将研发工作转入美国没有任何意义，因为很难将结果带回英国。

[21] 一般来说，这不仅仅是向合同方转移UKPA第40（1）条索赔的风险。它通常会签订成本加成或固定价格合同，要求它将专利转让给客户，这样就不会存在它享受显著收益的问题。

的权利。在德国，公司会“买断”一些发明人的权利。[22] UKPA 允许通过以下方式来推翻第40（1）条——

（i）工会作出的相关集体协议，作为发明人的雇员是其成员；

（ii）根据雇主与雇员在发明后签订的合同。

除此之外没有其他方式。[23]

方式（i）利用UKPA第40（3）条。方式（ii）利用UKPA第40（4）条仅涉及第40（2）条的部分以及第42（2）条不限制发明后协议的部分。

6.35 第6.34段中的方式（i）对于商业公司几乎没有实际价值，因为大多数发明人都具有中层管理级别和/或工资，由于不属于公共部门的范畴，这些人也往往不是工会的成员。笔者尚未了解英国有任何作为雇主的商业公司具有这样的集体协议。

6.36 至于第6.34段中的方式（ii），可以设想一种方案，根据该方案，在（a）AF被返回并已经过核查，（b）已经考虑优先权申请的检索结果，（c）公司决定寻求在至少一个国家获得专利授权之后，发明人将获得一笔报酬，以换取他们放弃根据UKPA第40（1）条索赔的权利。假设雇主估计，如果根据修改后的UKPA第40（1）条的平均额，他将承担每1000项发明 m 百万英镑的法定责任，那么他愿意为每项发明预先支付平均额 m 千英镑，让员工获得时间价值的好处。如果没有任何证据表明发明的价值取决于发明人的数量，并且考虑到该方案可能提交法院，因此建议采用的最佳方案是向 n 位发明人中的每一位支付£ m/n 千英镑（对于尚未承担如第6.20段所述的非合同付款方案的公司）。然而，与现有的非合同方案并列运行这个方案，不仅行政管理上繁复，令发明人感到困惑，并且不必要地昂贵；可以选择用以下方案来取代非合同方案：（a）要求发明人接受付款以放弃UKPA第40（1）条的索赔权利，（b）为了避免发明人之间的不满，向所有发明人至少支付他们在旧的非合同

[22] 例如，如果公司决定放弃专利，则发明人的一项权利是可以获得专利的个人所有权的。这是专利代理人的噩梦（笔者记得一件案件中，发明人死亡，则必须询问悲伤的寡妇），一些德国公司确实买断了这一权利。

[23] 关于“可能”的含义，笔者否定如下观点：UKPA第42（2）条中的“发明权利”包括第39条涉及的雇员权利，而不包括第40条涉及的雇员权利，并且雇主和雇员可以在做出发明之前有权无视第40（1）条的规定，例如在雇用合同中体现。该观点是由Hodkinson（1986a：184）以“A further alleged anomaly……”开头的段落中提出的；但在他所建议的雇用合同条款中未作出进一步解释（参见附录1第189～190页）。

方案下实际可以收到的金额（最好是更多）㉔。

6.37 基于上述假定，与根据 UKPA 第 40（1）条的应付款相比，雇主不会寻求降低支付给雇员的总金额水平，但他希望避免纠纷，或者至少基于合同驳回相关索赔。大多数发明人接受这个报价的可能性很大，因为在提出该报价时，没有人知道这项发明会被证明是重要的还是不重要的（比较第 4 章中的"创新的不确定性"部分）。大部分发明人都为了各种小收益的确定性而放弃"大赢"的遥远可能性。发明人之间存在平均效应，多个共同发明人或多或少都会获得一些，但单个发明人则可能什么都得不到。

6.38 这样的方案能够作为（撕毁协议）胁迫指控的证据。例如，建议采用"中国墙"的方式进行，以便发明人的直属经理不知道他是否接受这一报价（当然，除非他后来根据 UKPA 第 40（1）条进行索赔）。Allan-Jones（2009）建议雇主为雇员支付其就报价获得独立法律建议的费用，如同和解协议，根据此协议，雇员和雇主同意分割公司（通常在出现一些困难之后）；但这会大大增加方案的成本。此外，法院会认为第 6.37 段中提到的平均效应与 UKPA 第 40（1）条相去甚远，因此产生此类效应的方案即使未被 UKPA 禁止㉕，也违反公共政策。但是，如果客户决定无论如何都要推出预付款计划，或者在财务上加强现有的付款方案（两者都与笔者的倾向相反——第 6.24 段），那么通过合同来约定显然不会有任何损失。

商业公司就成功运营的发明给予发明人的自愿奖励

6.39 一些公司特别是美国公司（Fradkin and Vaughan，2009），根据专利许可费和/或专利发明的内部使用情况，自愿对发明人进行奖励。然而，这些奖励大多没有达到 *Kelly and Chiu v GE Healthcare* 案的奖励水平，而且不会发给离开公司的发明人，因为"忠诚"的员工很难接受这一点。

6.40 如果精心设计这些方案可以避免引起纠纷，在公司内部公布这些方案，可能引起公司员工申请专利的广泛兴趣。然而，发明和奖励之间的长时间间隔意味着，与预先奖励相比，这些方案在鼓励员工提出专利前景和协助专利

㉔ 因此，如图 6.1 中的支付线 A 所示，计算 $m=2.0$ 的公司（之前支付发明人采用非合同方案）可以采用替换方案，向每个发明人支付 2000 英镑/n，但如果采用类似公司 3 的方案，则会被迫提高至向每位发明人支付 3000 英镑/n。

㉕ 参见 CIPA 指南第 40.14 节。"英国和欧洲专利法百科全书"（2003 年 6 月第 54 版第 1408 页）提到了 *Johnson v Moreton*［1978］3 WLR（HL）案在这一概述中的原则；但涉及房东和房客的案件事实更像是雇用合同而不是发明后放弃 UKPA 第 40 条权利的协议。

申请和审查方面物非所值。如果给予英国发明人此类奖励，则会产生风险。对于某一特定发明，奖励［无论是无条件地还是有条件地放弃 UKPA 第 40（1）条的权利］都会使所有发明人（包括未给予奖励的前雇员）敏感地意识到发起 UKPA 第 40（1）条索赔的重要可能性；法庭上会披露公司搜集的一些用于内部证明奖励决定合理性的资料，索赔人也同样可以利用这些资料。对于未通过“显著收益”检验的发明，即便之前已经给予奖励，也不足以抵消之后的任何法定奖励。另外，对于通过“显著收益”检验的发明，无条件给予的奖励，也只能抵消法定奖励的很小一部分。

大学学者的职务发明[26]

6.41　大学要注意的第一个小问题是，由于学术界的主要目标是发表论文，类似于笔者的论文（参见第 6.08 段），从业人员必须防范团队领导者被提为发明人的这一较高风险。通常，科学或工程研究组发表的每篇论文上都有作为其负责人的讲师/教授的名字。

6.42　1970 年，英国大学的地位几乎总是如此。大学学者有望进行研究并发表文章。他们可以未经上级机构批准自由提交论文，这会破坏发明的可专利性。一般来说，他们保留他们所撰写的研究论文、教科书和专著的版权，而且学校也不会质疑他们提交专利申请的权利。然而现在的情况是，大学学者根据大学和公司之间的合同开展工作，其与发明有关的自由行为受到限制，或者对于大学学者作出的发明，大学会在其被公开之前申请专利，这是历史上的进步。到 1991 年（Cornish，1992：16），许多大学都认为根据 UKPA 第 39（1）条，发明从大学学者那儿传给了大学。这是由于，（a）大学越来越多地参与商业研究（如第 4 章所述）；（b）20 世纪 80 年代中期，HMG 资助的大学研究的商业化职责从国家研究开发公司（NRDC）[27] 转到了大学。此外，代表大学学者的主要工会 UCU[28]，也有相同的主张：“高等教育中，通常单独的机构是知识产权的第一所有者，其相关权利由雇员产生……”（UCU，未注明日期）。

6.43　不出所料，鉴于 1970 年以前的历史——且在笔者看来，基于后续段落中出现的原因——大学通常会根据职务发明的商业化中获得的收益向学者

---

[26] 参见 Kim（2010）的综述，内容涉及美国、日本、德国、中国台湾、韩国、巴西、澳大利亚、印度、土耳其和瑞士的大学发明。

[27] NRDC 的继任者是 BTG plc，但具有不同的商业模式。

[28] 大学和学院联盟（UCU）由 2006 年大学教师协会（AUT）和全国高等教育教师协会（NATFHE）合并而成。

提供非常慷慨的分红［远远超出公司自愿作出的奖励或法院根据 UKPA 第 40（1）条裁定其支付的赔偿额］。典型的协议是，学术发明人分享高达 5 万英镑净收入的 50%，之后是 33%，没有任何限制。㉙ 通常，大学保留资金的一部分被抵押，供发明人所属部门使用。而且，每个商业化项目都是单独实施奖励；商业化尝试失败的成本由大学承担，而不作为成功项目的成本。

6.44　笔者并不怀疑大学学者会由于大学与第三方之间签订合同而失去所有权，根据该合同，成果的发表需获得第三方的许可，且任何发明都属于第三方。在这种情况下，几乎可以肯定的是，发明是“在正常工作过程中（或）特别分派给他的工作过程中做出的……并且可合理地预期会产生一项发明”，符合 UKPA 第 39（1）（a）条关于雇主所有权（在雇员与雇主之间）的规定。

6.45　然而，Cornish（1992：16）质疑根据 UKPA 第 39（1）条将雇员发明的所有权转给大学的一般性主张，这与一般的论调相反（见第 6.42 段）。经过持续的法律论证，他的观点最近得到 Pila（2012）的支持。判例法很薄，大概因为学者们通常没有动机提起诉讼（原因见第 6.47 段），但其支持 Cornish 和 Pila：涉及医院住院医师㉚的英国判决（Jacob J. 特别提示到，住院医师的成果发表，不需要其雇主的许可），以及根据普通法作出的涉及外科教授的澳大利亚判决。㉛

6.46　如果没有第 6.44 段所述的外部约束，雇用合同㉜和许多大学的日常实践并不要求学者寻求发表许可（对比第 6.17 段所讨论的对公司研究人员施加的限制）。建议（没有任何此类外部约束）大学应该采取防范原则并按照如下假设开展工作——

（i）根据 UKPA 第 39 条，学者拥有发明的所有权；

㉙ 这“在业内”广为人知。Cornish（1992：17）使用“慷慨”一词描述 1991 年的方案。*Kelly and Chiu v GE Healthcare* 案的两位发明人是大学学者，他们没有对 GE Healthcare（不是他们的雇主）提出索赔，但据称他们通过 Cartiff 大学和 Keele 大学实施的奖励计划获益；判决书第 192 段指出，“大学……通常向学术发明人支付运营收益的 1/3”。另见 Glasgow University（2013：4）。

㉚ *Greater Glasgow Health Board* 的申请 BL O/136/94，Jacob J. 提起上诉［1996］RPC 207，其主张该发明属于住院医师。

㉛ *University of Western Australia v Gray*［2009］FCAFC 116，主张该发明属于 Gray 教授。

㉜ 参见（1）Open University（2011）第 28 条，（2）UCU（未注明日期）第 15 条，关于 1992 年后的大学，和（3）Surrey University（2007）第 21 条。（1）~（3）均不要求学者在任何情况下都应寻求获得发表其成果的许可，尽管从（1）~（3）学术保密义务越来越多。对于专利所有权，（1）仅引用 UKPA 第 39（1）条，但第（2）~（3）款超出此范围——见第 6.18 段进行的讨论（“1992 年后的大学”是理工学院和其他一些机构，它们在 1992 年或之后升级为大学。1992 年以前的大学，也被称为“特许大学”，范围从牛津和剑桥的中世纪基金会到第 6.43 段的脚注㉙中提到的大学，例如 Cardiff、Glasgow 和 Keele，再到 20 世纪 60 年代的大学）。

（ii）如果学者将发明转让给大学，他有权根据UKPA第40（2）条获得赔偿（与UKPA第40（1）条规定的赔偿相反，如果根据UKPA第39条赋予雇主所有权，则适用此款）——（a）不受任何未决显著收益的限制，并且（b）只有通过集体协议才能消除。

6.47 对于第6.46段中的（i），通过要求学者签订协议规定大学拥有其作出的发明的所有权（从而避免UKPA第42条的所有限制），大多数大学得到保护。学者通常选择签订该协议，因为，（a）他不想在专利申请上花费自己的钱；（b）他期望（见第6.43段）从大学的专利收益中获得慷慨分红。然而，如果学者拒绝签订协议，那么他将面临学校对其进行处罚的风险。

6.48 对于第6.46段（ii），由于在运营收益方面为学者们提供了大量分红（见第6.43段），大学实际上已经解决这个问题，如果学者提起诉讼，对于其而言，“追加”赔偿的期望很低。

6.49 然而，与发明人所属的工会达成的集体协议将为大学提供进一步的保障。相对于商业公司，这样的协议对于大学而言更有效（见第6.35段），因为许多大学的大多数学者都属于UCU。事实上，学者获得奖励的具体方案大多数或完全不属于集体协议的范畴。

第 7 章 主动技术建议（UTS）[1]

错误的问题，永远得不到正确的答案。

——Ursula K Le Guin（b 1929）

UTS 问题描述，可能的纯法律回应（不推荐）及其后果

7.01　就本章而言，主动提出的技术建议（UTS）是指由不知名的个人（或小公司）[2] 自发提出的。知名的公司每年可能收到数十个甚至上百个 UTS（处理来自有声誉的机构的技术建议是另一个问题，本章不涉及此方面）。

7.02　最常见的 UTS 是写给“主席”“首席执行官”“总经理”“工程总监”或“研发总监”的信件，偶尔也会将信件或电子邮件发送给指定的高层人员。有时，建议者会总结一些内容，并希望之后再保密地进行更详细的讨论；有时候建议者会详细介绍他的建议，并标记为“机密”。大多数建议者明确或含蓄地表示期望公司会评估他们的建议并支付报酬。

7.03　通常，从业人员会从客户联系人那里收到处理 UTS 的请求：“能否起草一份协议，使我能够保密地评估这个建议？”收到这种请求的普通律师往往会起草一个保密协议先例（即“非公开协议”或“NDA”）并按照要求行事，就像知识产权从业人员做的那样。基于本节后面所阐述的原因，笔者认为这种回应是错误的，这并不涉及法律问题，实际上是商业问题；他“回答了错误的问题”。

7.04　当然，从业人员采用最简单的处理方式并提出 NDA，会将标准例

---

[1] 笔者首次在 Jewess（2000）的这一章中表达此观点。

[2] 来自个人和/或无交易小公司的 UTS 并不罕见。在英国，可通过 Companies House 提供的 WebCHeck 服务以 1 英镑的价格申请公司账户。

外情况包括在内（原则上确保客户在事件中的行动自由度），其中，UTS 建议——

进入公共领域；

已被客户所知；

之后由客户独立生成；

之后由另一个人单独告知客户。

7.05　目前的经验是，UTS 绝大多数都属于以下一个或多个类别：

（i）违反自然法则❸，如第一类和第二类永动机❹。

（ii）古怪的人提出的建议，容易从提交手稿中使用的墨水的笔迹和颜色看出来。

（iii）积极并迫切地要求考虑支付报酬的建议。

（iv）那些对公司技术和市场有深入了解的人真诚提出的建议，但他们并不知道他们的建议缺乏新颖性和/或实用性。

如果建议属于（i）～（iii）类中的一种，那么与建议者合作显然毫无意义。激进的建议者［第（iii）类］通常会辱骂、威胁甚至恐吓公司员工；这些人被“拒绝”的速度越快越坚定，这种滋扰通常就会越少。如果建议属于第（iv）类，客户参与进来的话，就必须花费大量时间让建议者充分相信自己的建议已经得到妥善处理，但实际上对于客户而言没有任何有用的内容。此外，与建议者建立保密关系的公司最终会补偿他们（尽管没有收到任何有价值的信息），因为（a）考虑到在法庭上使用第 7.04 段所列例外情况的（预期）难度，或（b）仅仅为了处理麻烦的原告。

7.06　保密 UTS，唯一可能的商业理由是，会让客户获得一些有用的技术，这是所有收到 UTS 中难得的“胜出者”。笔者估计“胜出者”的比例不到千分之一，甚至可能少得多。❺ 即使在有利的情况下（如同自己的研发项目和自己的专利申请——见第 4 章和第 5 章），“发现胜出者”也很困难，因此，即使是精心设计的评估系统，也可能错过胜出者，因为它们非常罕见，每一个

❸ 这里的用词来自 1949 年英国专利法第 10（1）（a）条中的引文。其允许审查官可以驳回要求保护“一项明显违反既定自然法的发明”的专利申请。

❹ 第一类永动机违反热力学第一定律，其产生了能量；第二类中的一种避开了根据热力学第二定律将势能和动能转化为热（例如通过摩擦）的普遍规律。笔者还记得一个建议，该建议的前提是 Maxwall 方程式是个错误的命题（他认真对待的命题只来自 Stephen Hawking 教授班级的一个理论家）。

❺ 这一估计符合英国政府在第二次世界大战期间的经验，当时它从公众那里收到数万项关于起诉战争的技术建议（Edgerton，2012）。这些建议往往属于第 7.05 段的（i）～（iv）类，并且是“一种明显的滋扰”，导致“严重地浪费时间”。

都是“大海捞针”。

7.07 从业人员在为客户提供服务时，最好建议他的客户将第7.03段的问题改成一个开放式的建议请求：“我应该怎样处理我收到的这种信函？”以下各节给出了这个问题（“正确的”问题）的答案。

更实用的方法（推荐）

7.08 由前一节可知，保密处理UTS的成本和风险很大，但获得商业收益的机会很小。因此，为客户提供的更好建议绝不会是在保密的基础上处理UTS。所有这些方法都应该指定从业人员通过近乎标准的信函（第7.09段将详细介绍），以礼貌且合宜的方式尽快“拒绝他们”，而不接受任何保密义务。相比于对每个UTS进行保密评估的替代做法，这种做法（a）可以减少前期法律费用（通过单方面近乎标准的信函，表示拒绝协议谈判）；（b）将最终法律求偿的风险降低到最低限度；（c）可以避免技术评估的费用。

7.09 从业人员提议的标准信函（“以礼貌且合宜的方式拒绝UTS的方法”）应该做到以下几点：

（i）应说明客户不准备考虑保密建议或支付任何报酬的预期。

（ii）[根据客户的情况进行修改] 需要解释，公司是一个大型机构，其在广泛的范围内投入大量研发资金，鉴于公司研发规模之大以及收到的建议数量之多，对公司是否已经开始按照与建议类似的方式开展工作进行核实确认，是不可行的。

（iii）然而，信函还应该说明公司准备考虑已公布的专利申请（由于已经公布，因此可以不承担任何保密义务）。即使专利申请公开了（信函应继续发送），公司的回应也应取决于具体情况（这是公平的。具有优秀发明的建议者可寻求专业帮助，并在收到该信函后提交PCT申请，约15000英镑。在优先权日后18个月公布PCT申请时提供全球覆盖，距进一步大笔支出日期到期之前有差不多一年的时间。在这一年里，他可以与公司非保密地讨论他的建议，（a）公司或（b）其专利申请的有效性均不存在风险。另外，这封信函不会诱使他根据客户的任何承诺花钱，而是让他和自己的顾问一起解决相关问题）。

（iv）信函应避免针对该建议进行任何实质性讨论。

（v）信函应该说明建议者的信函（以及任何附加材料）将由相关业务单位（无论是事务所或公司法律/知识产权部门）保留并且不会外传（保留原件，以确保客户的公司可以在随后的纠纷中证明其具体披露什么。将原件返回给建议者，并不会阻止其声称信函已经被复制）。

（vi）信函的最后应该感谢建议者，并表达希望他不要太失望。可以附上声明，说明本公司采取的方法与其他公司类似。

说服客户采用推荐的方法并利用客户公司的政策

7.10 即使已经被上述成本效益分析说服，客户联系人仍不愿采用推荐方法的原因如下：

（i）客户联系人（甚至是公司负责沟通的部门）担心建议者，（a）可能是实际或潜在的“利益相关者”❻，不应对其有敌意，（b）如果他们觉得处理得不好，可能造成对公司的负面宣传，例如告知媒体。

（ii）董事会成员或其他高级人员将该建议转入客户联系人，并标记为“请处理”。他将“请处理”解释为对建议进行评估的指示（很可能更高级的人员只是瞥一眼信函，并认为此事不值得他花费时间）。

（iii）客户联系人可能觉得他不想成为拒绝突破性技术进步的人（即使他承认极不可能发生这种情况）。

（iv）他可能主张考虑UTS表明的（流行）“开放性创新”承诺（见第4章，最后一节）。这相当愚昧，由于存在大量可选择的潜在合作伙伴，如大学及其现有客户和供应商，公司已经被惯坏。

7.11 根据经验，第7.10段中的（i）是唯一客观实际的反对意见。然而，经验表明，迅速、坚定和合理的信函引起负面情绪的可能性远远低于进行评估UTS。评估UTS，即使是真诚的——如第7.05（iv）段——也需要时间，因此建议者会感到“被欺骗”，并在公司最终表示不感兴趣时更加沮丧。相比之下，按照第7.09段建议的信函会使大多数建议者放弃（当然更不会威胁要起诉或告知媒体，或者如果他们是股东，在公司的年度股东大会上提出问题）。无论如何，如果这封信是在媒体上公开，那么可以容易地辩护成公司一方的简单商业审慎；出于同样的原因，媒体不太可能感兴趣。❼ 此外，就该专利保护而言，应尽可能公平地对待该建议者。

---

❻ “利益相关者”包括股东（大多指私有化的公司）、顾客、供应商、公司运营所在地的居民以及其他人。该术语在20世纪90年代末普及率极高。例如，据称，“利益相关者的解决方案提供了一个机会，可以在不丧失竞争力的情况下驯化资本主义的更为残酷的方面”（Plender，1997，dustjacket）。该术语还被企业负责沟通的人员广泛使用（参见参考文献中的公司年度报告）。

❼ 笔者遇到一种情况，该建议解决了目前关心的公共安全问题，简单的商业审慎主张是不够的。建议者已向媒体发出标准信件，表明客户不关心公众利益。为此其特别设计了一种不同的方法，但未提供任何保密协议。

7.12 尽管存在上述观点，但客户联系人可能觉得他处于不熟悉的领域，因此易于从冷漠对待 UTS 的方法中退出。为了“掩盖”那些紧张的人，同时为了避免与个别客户联系人一次又一次地重复上述逻辑，最好有一个公司政策（见第 19 章），该政策应与公司的工程和通信职能部门达成高度一致。

7.13 一旦有这样的政策，具体的实施就包括确保收到的 UTS 迅速传递给负责处理信件的从业人员（确实需要一名从业人员，因为信件中有一些变数不需要考虑，并且还要为第 7.09（v）段中提到的承诺提供道德保证）。幸运的是，UTS 的目标对象（第 7.02 段）通常是公司的高层，这意味着，通过高层人员的助理可以捕获大部分 UTS 并进行统一处理。因此，如果法律或知识产权部门提出请求，董事会成员的助理通常会愉快地将 UTS 的原件转给指定的从业人员，而不向他们的老板展示，也不进行复制（从而可以最大限度地降低指控其不当使用的风险）。工程和研发人员偶尔会收到比第 7.02 段中提到的“工程总监”或“研发总监”级别更低的 UTS，因此在这些部门需要特别加强提高对公司政策的认识。公司内的普通律师也需要了解该政策，因为如果不了解，他们很有可能在不经意的情况下按要求起草 NDA 而引起麻烦。公司的内部网站和常规教育会议（见第 14 章）可用来宣传该政策。

7.14 如果建议者在收到信函后给发出标准信函的从业人员打电话，从业人员需“保持一致口径”。从业人员应该简单地说明不准备重新考虑有关 UTS 的信件，并且不会参与任何技术讨论。从业人员不应该让对方引导自己详细地陈述超出信件所涉及的政策，或者回答假设的问题，例如“如果我的建议来自 IBM 怎么办?”[8] 这样既可以缩短通话时间，又可以确保作为起诉唯一依据的只有信函（认真起草的）。

7.15 对于每年接收许多公司 UTS 的从业人员，建立一个建议者数据库会很有用，例如，一个简单的电子表格列出建议者的姓名，其所属关系，以及建议的日期。虽然大多数建议者在收到标准信函后会停止向公司发送信件，但仍有一些人坚持不懈；这样的数据库可以识别出“并行游说”（同一建议被发送给公司中的几个人）或“连续游说”（来自同一人的许多不同建议）。为避免被指控不当使用机密信息，从业人员应妥善保管收到的原始文件材料（见第 7.09（v）段）。对于特别坚持的建议者，信函中可以说明不会对他们未来向公司提交（或重新提交）的任何建议作出回应，并且公司不会在保密的前提下接受任何建议。

---

[8] 真实的答案不会有任何帮助：“如果 IBM 提出建议，我们会进一步沟通，但他们会提出一个值得我们考虑的建议。”

第8章
品牌[1]

“朱丽叶：……名字代表什么？
我们称之为玫瑰的花，
换了别的名字还是一样的芬芳；
所以罗密欧，要是不叫罗密欧，
还是一样亲切完美……”
——《罗密欧与朱丽叶》第二场第二幕
威廉莎士比亚（1564～1616年）

品牌的定义、投资和价值

8.01 所有企业都需要确保客户和潜在客户了解其所提供的产品[2]，并且树立对这些产品的质量、价格和可用性以及售后服务（如果有的话）的正面印象。绝大多数品牌的核心价值在于通过名称即可识别企业的产品并获得认可，从而影响消费者的选择偏好。[3] 此外，其他“利益相关方”[4] 可能也会受品牌影响，如实际的和潜在的投资者和雇员，某些情况下这些人可能是特定品牌的主要目标（见第8.17段）。

8.02 Urwin等（2008）作为英国品牌集团委托的学者（见附录20.1）给

---

[1] 在本章中，所提及商标的所有权在上下文中被认为是归属明确的，因此没有再标注并且可能未出现在附录T中的商标清单中。

[2] 除非特殊说明的其他情况，本章中的“产品”包括服务。

[3] Interbrand咨询公司的Frampton通过引用下述对话强调这一点（Frampton，2012）：公司CEO：“我们希望成为世界上最受喜爱和最受尊敬的品牌。”……Frampton：“为什么你想被喜爱和被尊敬？……难道你不应该成为所在行业中销售量最多的吗?”

[4] “利益相关方”一词已在第7.10（i）段的脚注中讨论过。

出如下定义，笔者虽不赞同但也认为其可圈可点。该定义整合了单引号所标示的在先定义："品牌是'声誉资产'，它已经'经过一段时间的发展而蕴含一系列价值和属性'，从而产生消费者及一系列利益相关者的'强烈信念'"。

该定义似乎意味着消费者可以被品牌引导而持有"强烈信念"（而不是基于客观证据），并将同样的想法扩展到其他利益相关者，例如商业客户、分销商和股东。对该定义的一个明显反对意见是，大多数大型企业的客户会说他们知道该品牌背后的公司，但并不会按照所谓"强烈信念"暗指的那样去直觉行事。一些个人消费者也这样认为，因为他们会通过消费者杂志去了解公司的产品，不仅包括汽车等非常昂贵的商品，也涉及洗衣机等中等价位商品［该定义如果明确限定在某些领域或许更能让人接受，诸如快消品领域（FMCG）以及第 8.13 段和第 8.14 段中讨论的酒精饮料——对于 FMCG 涵盖的内容，参见附录缩写说明］。

8.03　Urwin 等的定义使用"资产"一词，这种财务视角的品牌观点是其文章的核心内容。他们计算过在 2007 年英国至少有 909000 人从事与品牌推广相关的职业；该数字包括 510000 名市场营销和销售经理（Urwin 等，2008：11）。经估算，2006 年与品牌相关的广告投资至少为 87 亿英镑，市场调研投资至少为 19 亿英镑（Urwin 等，2008：23）。与此同时，2012 年 4 月 26 日的世界知识产权日，英国品牌集团发布了新闻稿"品牌——英国经济中的隐藏力量"，它们呼吁 HMG"为品牌制定积极的策略，从而将品牌打造成于国有益的强大力量"。该新闻稿还提到："品牌是一种隐藏的力量，因为其目前并没有在政府经济政策中发挥作用。这可能会错失良机。"

8.04　英国知识产权局（UKIPO）委托进行的学术研究并不像 Urwin 等和英国品牌集团那样对品牌观念如此自信。Greenhalgh 等（2011）调查了所有较大的英国公司（拥有 250 名以上员工的公司），并对企业商标注册行为所带来的利益仅持有中等信心，因为任何明显的相关性都可能源于与品牌无关的一般缘由。

8.05　从品牌赋予特定名称或产品一定声誉的角度来看，品牌的重要性依赖于所在行业。咨询公司 Interbrand 计算出 2011 年全球最有价值的品牌是可口可乐，价值为 719 亿美元，占 2012 年 4 月可口可乐集团市值❺（1715 亿美元）的 42%；相比之下，壳牌品牌集团的相应数字为 45 亿美元，仅为其市值 1313

❺ 市值是指公司已发行股票的数量乘以股票交易的价值，是公司最简单的估值。在收购中，股票通常以溢价出售，因此公司的成本通常高于此。

亿美元的 3%（Interbrand，2011；FT500，2012）。虽然可口可乐在口味和形象方面与竞争对手产品之间差异细微，但消费者品牌忠诚度较高，而壳牌的大部分营业额源于高标准化的原材料（从“布伦特原油”到“97 号辛烷汽油”❻），其购买主要基于可获得性及价格。Interbrand 估计（Frampton，2012）品牌仅占企业向公众销售汽车燃料业务价值的 10%（可以想象，当人们需要加油或者比较匆忙时，许多司机会去就近的加油站，或者去最便宜的加油站）。品牌对于壳牌在企业与企业之间的销售影响显然更小，这解释了为何整体数值仅为 3%。

8.06　关于是否可以像 Interbrand 那样用有意义的数值来分析品牌价值仍然存在争议。Olins 前身为 Wolff Olins 咨询公司，现在是 Saffron 品牌咨询公司，表示“根据（方法论）的品牌估值几乎完全是理论探讨而没有实际价值”，确立品牌价值的唯一可靠方法“是看人们愿意为此付出多少钱”（Olins，2008：105）。Olins 指出，Millward Brown Optimor 咨询公司（Lucas，2012）和 Interbrand 所得到的品牌价值数据大相径庭。❼ 这两家咨询公司同意可口可乐品牌的价值高于壳牌品牌（不用复杂方法也能很容易得出结论），但两者在差值估计方面相距甚远。表 8.1 示出了包括其他公司的此类分歧。

表 8.1　两种估值方法* 对于所选品牌的比较

	Millward Brown Optimor 2011 年/亿美元	Interbrand 2011 年/亿美元	Millward Brown Optimor 2012 年/亿美元
可口可乐	738（第 6 名）	719（第 1 名）	743（第 6 名）
苹果	1533（第 1 名）	335（第 8 名）	183（第 1 名）
宝马	224（第 30 名）	246（第 15 名）	246（第 23 名）
高露洁	143（第 55 名）	71（第 51 名）	149（第 51 名）
壳牌	152（第 51 名）	45（第 74 名）	178（第 39 名）
可口可乐与壳牌的比值	4.9	16.0	4.2

* Interbrand 和 Millward Brown Optimor 的估值显然不会在一年的同一时间发生，所以在两个时间点的 Millward Brown Optimor 估值之间插入一个 Interbrand 估值。显然，实质差异主要来自于估值方法，而不是时间。

❻ 美国用“Gasoline”表示汽油。

❼ 品牌估值也有国际标准（ISO，2010）。

8.07　品牌的本质使其有时不免浮夸。笔者认为，虽然从业人员应该自知关于品牌所讲的话难免会有些夸夸其谈，但他应当提醒客户注意行业内部与商业评论之间的差异；每种情况都应结合自身特性而理性分析，并恰当地使用类比和论据。

商标混乱

8.08　客户需要抵制因浮夸的诱惑而创造不必要的新品牌。现在每个新品牌的风险比以往任何时候都要大，因为品牌越来越“混乱”❽。特别是在申请率最高的尼斯分类中（例如第9类）❾，商标注册非常混乱，在先权利使得安全选择任何新的商标都很困难。根据笔者的经历，即使在20世纪80年代，第9类的商标注册也是一个问题，自1996年4月1日OHIM开放欧盟商标（CTM）申请以来，情况变得更加糟糕。欧盟商标为什么会让人们更难以选择不侵犯第三方权利的新品牌主要有三个原因：

（i）（假设）只在德国、奥地利和意大利进行贸易的公司所拥有的欧盟商标在（比如）爱尔兰同样有效。在欧盟商标之前，此类公司可能就满足于只在3个国家注册，使得该领域可以让另一家公司在爱尔兰对相同或类似商品或服务使用相同或类似的商标进行贸易。

（ii）OHIM的做法是向任何提出申请的申请人（只要不存在成功的异议）授予可涵盖尼斯分类任何类别中所有商品的注册商标，尽管（例如）第9类

---

❽　正如人们所料，迪尔伯特遇到了品牌混乱的问题（Adams，2010）。他的雇主的下一个可用商标（显然是第9类）竟然是关于人体生殖器、“被控战争罪犯的名字”或“非伴侣爱情的有趣昵称”。

❾　OHIM总共受理的第9类商标申请比任何其他类别都多（OHIM，2013）。在2012年，最受欢迎的6个类别申请量如下（四舍五入至最接近的千分类）：第9类和第35类，各29 000件；第42类，20000件；第41类，18000件；第25类，15000件；第16类，12000件。这6类（在总共45个类别中）占39.5%。对于第9类的更多详情，请参阅脚注⑨。前面提到的其他5个类别的一般说明如下：第35类，“广告；商业管理；商业管理；办公室功能”；第42类，“科学技术服务和研究及相关设计；工业分析和研究服务；计算机硬件和软件的设计和开发”；第41类，“教育；提供培训；娱乐；体育和文化活动”；第25类，“服装，鞋类，头饰”；第16类，“纸、纸板和用该材料制成的产品，不包括在其他类别中；印刷品；装订材料；照片；文具；文具或家用黏合剂；艺术家的材料；油画刷；打字机和办公室必需品（家具除外）；教学和教材（仪器除外）；包装用塑料（不包括在其他类别中）；打印机类型；印刷块”。

如此广泛以至于很难想象哪家公司会经营如此广泛的所有商品。[10][11] 笔者的一项小规模调查（附录 8.1）表明，很多申请人确实利用这种制度漏洞。[12]

（iii）OHIM 对申请 3 个类别的注册跟申请一或两个类别的申请收取相同的官费。Von Graevenitz 等（2012）为知识产权局进行了一项“探索性”研究，该研究表明，这项收费制度鼓励人们申请更多类别。委员会建议将《欧共体商标条例》（CTMR）修改为“按类别收费”的体系，但多年来，防侵权检索仍然遇到很多由于旧的收费体系而同时注册三个类别的商标。

8.09 第 8.08 段（i）～（iii）中，第（ii）点——允许全类别注册的做法——作者认为极为有害。早在 2001 年 Robin Jacob 法官就预测这种做法会引发麻烦（Kerly，第 v 页）。Kerly 在第 10 章 095～097 页引用并肯定 Robin 法官的判断（包括他将未使用的商标比作“贸易航线中的废弃船只”），并得出自己的结论，即商标法“需要采用完全不同的方法来起草关于商品和服务的说明”（美国的做法似乎更优）。

8.10 然而，实质性改革似乎仍前景渺茫，任何改革都不可能消除过去的混乱，因此，关键问题是从业人员和客户应该如何应对欧盟的情况。考虑到这点，我们首先举例说明目前情况的后果。想象一下，客户 A 建议在发光二极管上使用特定的文字商标，但该文字已被 B 公司注册为欧盟商标，B 公司以该名称销售灭火器，但由于第 9 类涵盖的商品说明如此之广以至于其不但可以覆盖灭火器，还可以覆盖发光二极管。存在以下两种情况：

（i）B 的注册时间为 5 年或以下，从而 A 还不能以有限使用（限窄商品类

---

[10] 第 9 类标题中的一般说明是“科学、航海、测量、摄影、电影、光学、称重、测量、信号、检查（监督）、救生和教学仪器和仪器；用于执行、切换、转换、累积、调节或控制电力的装置和仪器；用于记录、传输或再现声音或图像的装置；磁数据载体，记录盘；光盘、DVD 和其他数字记录媒体；投币式设备的相关机构；收银机，计算机，数据处理设备，计算机；计算机软件；灭火装置”。若按字母表顺序排列，则涵盖从“算盘”（abcuses）开始，到“发光二极管”“用于个人用途的保护装置”“电视设备”“称重机器”和“电线，电线”，直到“X 射线管，非医疗目的”。

[11] 这种情况并未因欧盟法院（CJEU）知识产权翻译案（*Chartered Institute of Patent Attorneys v Registrar of Trade Marks*，C－307/10）中的判决而好转：在 OHIM（2012），它对于 9 个类别（第 6 类、第 7 类、第 14 类、第 17 类、第 18 类、第 20 类、第 37 类、第 40 类和第 45 类）的影响更为显著，这些类别根据尼斯分类的一般说明以后见之明来看更难令人满意；无论如何，想要覆盖范围非常广泛的申请人都可以轻松获得（该 CJEU 的判决在 *CIPA’ s trade mark application*，*O*/197/13 案中进行有益的讨论，后者仅适用于英国知识产权局的实践）。此外，根据 OHIM（2012），2012 年 6 月 21 日之前提交的全类别申请仍然有效。

[12] 在措辞上，UKTMA 第 32（3）条中的要求比 CTMR 更严格，要求申请人或其被许可人必须在所列商品或服务上使用商标，或者要求有这种使用的真实意图。然而，Kerly 指出（参见第 5 章 014～017 页）任何对这种使用或意图的虚假声明（表格 TM3）的制裁，若根据欧盟商标指令，可能是一种越权。

型）的理由诉其部分撤销。在这种情况下，A有如下选项：

安全选项——选择不存在类似问题的另一个名称；

安全但有条件的选项——与B成功谈判允许两个商标共存；

风险选项——继续使用该文字商标，寄希望于B在5年内不会发现A的侵权行为，或者即便发现，B也不在乎而不会主张权利；

通常来说，风险最大的选项——继续与B接洽但未能达成协议——这种行为会使B获知本来不知道的侵权行为。

（ii）B的注册时间超过5年。在这种情况下，A有如下选项：

与情况（i）类似，安全选项是选择不存在类似问题的另一个名称；

与情况（i）类似，安全但有条件的选项是与B成功谈判，允许两个商标共存；

安全但有条件的选项——基于有限使用理由，发起对B商标部分撤销的请求，至少排除其在发光二极管领域的商标使用，延缓自身商标的使用，直至胜诉；

存在风险的选项——对B的欧盟商标不采取任何行动，希望B永远不会跨领域拓展业务，以至于A不再具备部分撤销商标的可能性；

风险最大的选项——继续与B接洽但未能达成协议——这种行为会使B获知本来不知道的侵权行为。

显然（ii）项下的第四个选择风险性没那么显而易见，因为它基于一种假设，就是A的从业人员确实能够发现（不与B接洽）B当前是否正将该商标用在更接近发光二极管而不是灭火器的商品上。不可否认，使用互联网能够比以前更容易发现第三方的活动。尽管如此，笔者曾经遇见过一方很有可能在使用互联网和咨询代理人之后做出这样的假设，但最终仍然证明它是错误的——商标所有者对该商标有真实使用，只不过这种使用没有被自己或顾客公开而已。

8.11　如果可以的话，建议从业人员设法避免客户像上文A公司一样拿着已经木已成舟的商标提案来寻求帮助，以免只能按照上述选项提供建议，最终迫于时间压力而不得不选择其中一个风险选项。不幸的是，许多客户商标法律意识不强，可能没在咨询从业人员与推出产品之间留出多少时间，然后发现自己别无选择只能冒险。如果从业人员自身足够坚定和专业（本书的主题——参见前言）以确保客户能以系统规范的方式打造品牌，那么就不太可能发生上述情况。这通常需要根据客户结构培养企业传播和营销方面的关键联系人。[13] 建议从业人员应鼓励客户采用：

（i）一种品牌架构，与业务性质一样“单一”。这意味着使用具有描述性或半描述性限定的企业品牌用于单个产品或业务线。然后，法律措施可以集中在维护一个品牌（而不是基于“一个产品，一个品牌”架构而分散在众多品牌上）。

（ii）一种有条理的（而不是最后一分钟仓促决定的）、非情绪化的、具有灵活性的商标选择。即便是基于美学考虑（实际上，更可能是情绪化的一时喜好）也要允许法律手段能够最大程度地发挥作用。

接下来的两节将分别探讨品牌架构与商标选择。

品牌架构

8.12 品牌架构是指客户业务结构与品牌之间的关系。

8.13 在快速消费品和酒精饮料领域，最常见的品牌架构是“一个产品（或一类产品），一个品牌”。因此，品牌 Hellmann（蛋黄酱）、凡士林（护肤品）、多芬（美容香皂）、Persil（洗衣机洗涤剂）[14] 和奥妙（洗衣机洗涤剂）等都是联合利华的品牌，尽管普通消费者可能并不了解。同样，品牌 Smirnoff（伏特加）、Guinness（啤酒）和 Johnny Walker（威士忌）都是 Diageo 公司的品牌，这与普通消费者的一般认知不同。

8.14 对于快速消费品和酒精饮料，“一个产品，一个品牌”的架构确实有利于自身推广。一旦品牌建立起来，尽管存在具有类似特征的竞争产品，但即使只是出于习惯，消费者也可能相当“忠诚”。这类产品不值得让消费者在购买之前去进行充分的调查研究。消费者更有可能选择售价最低的零售店去购

---

[13] 如果客户涉及外部设计或品牌咨询，那么从业人员不要“切断圈子”也很重要，因为客户可能做最重要的品牌推广活动。笔者认为，在这种情况下，客户如果从一开始就不让其商标顾问介入，则是一种错误的经济决策。依据笔者的经验，一家咨询公司在向客户提出建议之前根本不会进行商标防侵权检索，这一建议特别危险，因为随后可能就发现该检索到的、拥有在先商标的公司的侵略性。另一种情况是，一家咨询公司委托商标律师事务所提交报告，却显然没有注意到报告第二段的开头是“我们很遗憾地通知你……”；其将报告和其他附件转发给客户，在一封长信中讨论品牌项目的所有方面，除了有可能存在“绊脚石”的事实。笔者当然希望优秀的咨询公司不会发生这样的事情——例如，Olins（2008：86）给出存在法律问题的认识——但即使有更好的咨询公司，客户有单独的常设商标顾问也是很有益处的。

[14] 在德国，Persil 是汉高公司的商标，而不像在英国其属于联合利华公司。

买他所忠诚的品牌，而不是换品牌。⑮ 出于同样原因，消费者也没什么兴趣来跟踪任何的品牌重塑。Johnny Walker 和 Guinness 原本是两个相互独立的饮料公司的品牌，如果公司合并后给这些饮品重新命名，那么忠诚的消费者可能就会流失。

8.15 制药商通常也采取“一个产品，一个品牌”战略用于含有新活性成分的产品。这主要是因为描述性名称过于烦琐。因此，辉瑞公司用于对抗勃起功能障碍的药丸含有活性成分 1－［4－乙氧基－3－（6，7－二氢－1－甲基－7－氧代－3－丙基－1 氢－吡唑并［4，3d］嘧啶－5－基）苯磺酰］－4－甲基哌嗪枸橼酸盐，这个化学名称虽准确但不切实际。因此，药丸以“伟哥”命名包装，该名称也可用于处方和配药，尽管鼓励医生去使用通用短名称“枸橼酸西地那非”来描述活性成分，以便当专利终止保护且仿制药制造商进入市场时，分销商能够明确选择制造商（19 世纪末和 20 世纪初，第一种合成镇痛药以商标 Antifebrin（e）、非那西丁和阿司匹林塑造品牌，医生开处方时只使用正确的化学名称而不使用商标名称，因此在专利保护终止后，原产制造商更易于保留市场份额。参见 Jeffreys，2004 年，第 4 章和第 5 章）⑯。如今，监管机构都会在批准商标的同时发布通用名称，后者（a）属于公共领域且（b）远不同于商标。⑰

8.16 除非像药品领域一样被监管机构干预，否则商标可以使首先推广新型产品的公司不用任何知识产权保护（如专利）即可保有消费者市场。⑱ 如果产品是全新的，那么公众通常会广泛使用商标来描述该产品，一般来说，这是创新者的优势，只要它能避免这种使用变得过于通用以至于商标可能被撤销。⑲ 在这种情况下，应该建议创新者自己以形容词的方式去使用商标，并在报纸、广播公司和字典编制者使用时进行书面提醒，这能让注册商标保持有效，同时由于消费者不会深究，商标仍然具有先行者优势。对此，具体可参考 Apple 的 iPad 平板电脑的案例，参见 Fowler（2012）。

---

⑮ 当然，制造商需要（a）保持一致品质，以便消费者不会因一次不良购买体验就换品牌，（b）了解现有客户对价格的敏感性，以免零售商的价格上涨致使消费者换品牌，（c）通过广告保持正面形象。

⑯ 在 3 种早期镇痛药中，只有阿司匹林仍被广泛使用。在英国和美国，它现在是乙酰水杨酸的通称，但在德国和其他一些国家，拜耳仍然拥有注册商标。

⑰ 通用名称正式称为“BAN”“USAN”和“INN”（Ball，2012a；MHRA Guideline，2009）。

⑱ 即使在技术上“全新”的产品也可能根本不具备“创造性”（见第 4.02 段），或者专利的风险是潜在的竞争对手会在专利周边进行外围设计。

⑲ 例如，根据 CTMR 第 51 条第（1）款（b）项，“如果由于权利人行为或不作为，商标已成为其所注册的行业中某商品或服务的通用名称”，商标可以被撤销。

8.17 当然，“一个产品，一个品牌”战略仍然需要另一个企业品牌来宣传股东、其他业务和未来雇员。这是 Diageo 品牌的主要功能。

8.18 然而，还是有很多企业避免采用“一个产品，一个品牌”战略，以降低法律风险，即便是面向公众进行销售的企业也是如此。相反，它们有一个“单一品牌”面向所有利益相关者，个别产品或业务线分别以描述性词汇或半描述性词汇的方式彼此区分（“单一品牌”由 Olins 使用，2008 年，第 44－53 页）。在产品形成系列时，这种方式更便于与客户沟通，就像 Mini 以外的大多数 BMW 宝马汽车的命名方式——“宝马 BMW 530d”表示车身尺寸为 5 系、使用 3.0 升柴油发动机的汽车。此外，如果企业和产品是从零开始创建的，那么历史局限性的问题（例如在 Johnny Walker/Guinness 案例中）就不存在，甚至不是一系列产品或业务线也可以使用单一品牌。就如，理查德·布兰森爵士创建名为“维珍＋描述性词汇”的多元化企业，例如“维珍大西洋航空公司”“维珍铁路”和“维珍金融”。同样，Gucci 拥有一系列除了奢侈品外几乎没有共同点的多种商品，Gucci 使用企业品牌有时会加上非常技术性的描述用语，例如“柔软马镫黑色锦缎皮革单肩包”。单一品牌策略使得发展良好的产品或业务线能够为彼此增加声誉；但如果一个产品或业务线遇到麻烦，其他产品或业务线的声誉也会受到玷污。显然，宝马、维珍和 Gucci 还是认为利大于弊。

8.19 对于那些顾客主要是组织机构的客户，即顾客所购买的（通常通过专业采购）商品单件价格很高或者是大宗批量购买，比如 IT 系统、国防装备、原材料以及公共事业服务。对于此类客户，单一品牌架构不仅能降低法律风险，而且表述大多数时候都更为恰当，原因如下：

（i）高级顾客更易于接受企业品牌加上描述性词汇的方式，不然还得去学习产品的特定品牌命名体系。

（ii）如果企业所有权变更，那么迅速将产品重新命名为新的企业品牌对于加强必要的客户沟通更为有利。主流购买者希望能及时获知所有权变化，以便专业地评估这对他们的影响。

（iii）前文提到的“玷污声誉”的风险是不能回避的（无论何种情况，“玷污声誉”都不能是决定性打击），即便使用单一的产品品牌，其中一个产品遇到困境，此类顾客也足够成熟而能判断这对其他品牌的实际影响。

8.20 在使用单一品牌架构的公司中，经理人总是希望能为新业务线或新产品提供一个特别的品牌。对此，从业人员可以反问：“就算给一个特别的产品名称而不是简单地沿用‘公司名称’＋‘描述语’，会让这个产品、服务或业务发展得更好吗?”某些情况下也许有一些特殊原因希望能脱离既定的单一品牌架构，比如波音 787 “梦想飞机”[20]，但更多时候，经理人重新设计产品名称只是为了体现更新换代或者标新立异。

商标选择

8.21　在选择新的文字商标时（无论是公司名称还是产品），建议按以下优先级进行考虑：

（i）避免负面的或不良的联想；

（ii）法律稳定性，即避免第三方侵权风险[21]，并且具有足够的显著性以通过注册有效保护；

（iii）具有正面的或有益的联想。

现在将依次考虑这些因素。

8.22　负面的或不良的联想——在母语中很容易发现新文字商标中是否存在负面或不良联想，但其他语种则很有必要核实一下。通用汽车的“Nova”在英国使用，但在西班牙没有使用，西班牙语“Nova”意味着“别去”，与“新”的含义无关［西班牙语“新”是“nuevo”（阳性）或“nueva”（阴性）］。喷雾除臭剂名称中的“Mist”在英语国家毫无问题，但德语则让人哭笑不得，因为德语“Mist”是“粪便”的意思，劳斯莱斯明智地放弃把“Silver Cloud”（银云）下一代汽车取名为“Silver Mist”（银雾）的命名计划［而换成“Silver Shadow”（银影）］。

8.23　负面或不良联想可能随着时间的推移而出现，那么则有必要进行品牌重塑。因此，为了强调国际化，英国电信（British Telecom）、英国石油公司（British Petroleum）和英国航空航天公司（British Aerospace）都不再用“英国”（British）一词，而用“BT、BP 和 BAE 系统”代替（在英国航空航天公司“British Aerospace”案例中，去掉“航空航天”（Aerospace）也很重要，因为通过并购，该集团已成为陆地和海上防御系统的主要供应商）。减肥产品 Ayds 是一个特别让人遗憾且难以预见的案例：该产品可以追溯到 20 世纪 40 年

---

[20] 波音公司没有沿用一贯的大型客机命名为“波音 7n7”的做法，而希望用“梦想飞机”这个词来增加航空公司的兴趣。波音 787 具有高度创新性，是第一款主要由复合材料而非金属制成的大型客机，从而减轻重量并提高燃油经济性。

[21] 确实有许多人甘愿冒险并侥幸逃脱。然而，大型的、高端客户很可能被权利人获悉，并被认为有利可图而特别愿意发起诉讼。小客户倒是不太可能被发现，但如果它最终被查出且被起诉，可能更难以应对。一个特别有价值的品牌所有者通常会质疑任何发现的侵权行为，并避免自身商标因缺乏显著性而被挑战，不管侵权人是否实际在市场上对它造成真正损害。

代，并在20世纪70年代和80年代销售强劲，但随着艾滋病的出现，销售额因品牌的不良联想而下降，尽管曾尝试品牌重塑，但产品还是以失败告终（Wikipedia，2012）。

8.24　法律稳定性——商标的法律稳定性至关重要，因为通过客户体验和广告产生的商誉要以商标为载体。如果用一个可能将来会被迫停用或者被模仿却不能追责的商标来做这样的“载体”是非常愚蠢的。实在没有必要冒这种风险，毕竟新品牌还谈不上商誉的投资，因此可以放弃它且使用更为安全的选择。

8.25　正面的和有益的联想——笔者认为，商标本质上不需要这种关联，因为产品被推出后，正面的和有益的联想主要来自客户体验和广告。品牌内在的正面和有益联想顶多能达到“还不错”的程度。普通的词语也可能带来正面的联想（例如，贵金属或宝石的名称以及许多动物的名称），但它们之前可能已经被别的品牌想到——而在混乱的注册类别很可能已经被注册。自创的词语则更有可能排除第三方权利，并且可以对产品产生任何方面的暗示。即使自创的词语在第一次看时会让人觉得有些奇怪，但如果产品很好并且被推广得很好，消费者就会很快熟悉起来。自创商标的成功例子如下：

“可口可乐 Coca-Cola”乍看上去十分古怪，其最初的暗示含义至今已经无关紧要，据称该品牌价值70亿美元（见表8.1）。

“Persil、Daz 和 Omo”的洗涤剂基本上都是无意义的自创词㉒，比起“可口可乐 Coca-Cola”没那么烦琐而已。这些词一直使用数个世纪，Persil 甚至幸免于附录4.1案例研究 D 中介绍的 Persil Power 灾难。

“Oxbar”（笔者亲自参与选择的商标）是指具有优异氧气阻隔性能的聚合物材料（因此，当用于制造塑料瓶时，瓶中葡萄酒、啤酒或果汁的风味能比传统的塑料瓶保持得更久）。尽管发音上不那么优雅，但这个自创词确实暗含产品的属性，在初次注册之后的二十多年一直在使用。㉓

8.26　根据上述优先级考虑，若要在诸如第9类等混乱的商标分类中设计一个新商标，推荐方法的第一步是要创建一组6个或更多的商标，其中：

每一个都不会因为不满足商标的绝对理由要求而不予注册；

大部分是自创词，以提高不与第三方权利相冲突的机率；

㉒ Persil 对发明它的化学家有意义（参见 A4.1.11 段的脚注⑨），但该商标标记对于大多数讲英语或德语的消费者而言没有内在意义，而且对于讲法语的消费者而言又有些意外含义（“香菜”）。在英国，Persil 是联合利华的商标，在德国是汉高的商标。Omo 是联合利华的商标，Daz 是宝洁的商标。

㉓ 见 Constar（2013）。与第8.20段中提到的“787 Dreamliner”一样，Oxbar 也是一个例外于其企业单一品牌架构的商标，但由于产品的创新性，该商标也很成功，虽然它仅向商业客户销售。

没有一个商标具有负面或不良的联想。

然后针对这些商标进行检索，希望其中一个或两个商标在相关领域不存在相冲突的第三方权利。尤为重要的是，要提前告诉客户联系人降低期望值，必要时做好准备，很可能最终会采用个人最不喜欢的一个。根据笔者的亲身经验，任何只要没有负面联想的商标，一旦经过专业的艺术设计、包装设计或广告宣传，都能被赋予生命力。一旦选出正确的商标就要进行商标注册申请，然后在品牌实际推出之前进行补充防侵权检索[24]。当所设计的品牌是一个新的企业品牌时，上述程序需要以非常细致的方式运作，（对于大客户）通常涉及更多的类别和地域范围。

8.27　如果采用单一品牌架构，基于企业品牌已经被完善注册且独家使用多年，通常把商标设计成“企业品牌 + 描述性或半描述性后缀”，风险相对更低。

8.28　无论客户主要采用单一企业品牌还是倾向于多个产品或业务线品牌加上企业品牌，都需要保持警惕性。通过使用监控服务来识别出值得引起关注的第三方使用并加以应对，以避免侵蚀客户商标的地位。如果发现侵权行为，应当及时维权。在英国还有另一项考虑因素，根据英国商标法第 11（1）条规定，在后商标注册人对于侵犯在先注册商标权利可以进行抗辩，就目前而言，这也是在先权利注册人要除去在后注册商标的另一个原因，即便这种侵权辩护适用范围很小，也可以进行抗辩（Kerly，2011 年，第 15 章 041 ~ 051 节；Mezulanik，2013）。

专业外观

8.29　当然，所有包装、公司标识、宣传册和广告必须看上去既专业又一致（例如，字体、颜色和背景），以加强企业或产品品牌所传递的信息。通常要制定一个品牌手册，客户的企业策划或营销都要遵守该手册并加以执行。长时间使用的品牌可能需要不时地根据当代品味进行艺术加工。

企业品牌（或“企业形象”）

8.30　对企业整体品牌或“企业形象”（名称、颜色、设备之结合整体）也要有高标准，参考 Olins（2008：21）：“企业人格就是该组织的灵魂、品格、

---

[24] 补充防侵权检索涵盖从第一次防侵权检索日期到客户提交申请日期之间的官方记录。

精神，要以可充分领悟的方式展现……企业人格的切实体现就在于企业形象。”

因此，Olins（2009：96－99）设想企业品牌策划可以包括：（a）与公司内部人员和外部人员进行访谈，以确定公司实质，以及（b）一系列“审核”。品牌策划可能涉及公司内部的一系列行为规划变更。即便如此（或正是因为如此），企业品牌策划推广活动经常受到媒体的负面评论。

8.31 图案商标结合企业文字商标是一种常见的企业形象标识，但让笔者惊讶的是，其经常不能达到预期效果——但是，这似乎也无关紧要。BT Piper（Olins，2008：55；BBC News Channel，2003）于1991年推出，显示为分成两半的一个人形，蓝色的一半一只脚踩在地上并向着一根管子说话，红色的一半抬起腿呈倾听状。其以夸张的“尥蹶子”形象以及其他而遭到嘲讽，但是几年后，嘲讽褪去，它成为一个高辨识度的公司标志（由于过于侧重语音通信业务，BT Piper在2003年“退役”，但在英国公共电话亭上仍然可以看到单色形式或彩色形式的标识）。在同时期，Akzo采用类似于BT的另一种人形标识。Akzo的图案商标包括一个抽象的人体，有伸展的手臂和头部轮廓；它旨在传达“人类成就的象征，尤其是个人成就，被认为是公司的核心价值”。心理学家Green和Loveluck（1994）通过90名测试者发现，该符号在没有文字辅助信息的情况下并不能传达出预期的概念。Akzo仍然使用包括头部和伸展手臂的人体形象，只是不像最初设计得那么抽象。

8.32 尽管图案商标的防侵权检索很困难，尤其如果没有任何文字内容的话，但就第三方权利而言，其风险性低于文字商标。

保护公司名称[25]

8.33 如果企业是从零开始创业，那么就会创建一个企业品牌并希望有一个与之密切相关的公司名称。企业品牌重塑工作不一定必然用新的公司名称，当然也可以这么做。比如英国电信公司（British Telecommunications plc）自1984年私有化以来就以该名称出现在英国个人客户的账单上。1984～1991年，该公司使用品牌“British Telecom”，而自1991年以来开始使用品牌“BT”（在2003年更改图案商标）。由于后两个品牌名称都是（或者曾经是）法定名称的明显缩写，因此法律名称的这种连续性不会给英国客户带来任何表述障碍

---

[25] 在本节和下节中，假定客户是一家常规的英国商业企业，而不是例如慈善机构或专业服务企业，并假定客户希望其名称采用英语而不是威尔士语。对于英国读者，可用www.companieshouse.gov.uk下的（免费）公司检索工具“WebCHeck”进行检索——这只需要几分钟。

（他们对名称中是否出现“British”并不在意）。另外，第102498号注册公司在收购美国公司Amoco后，于2001年将其名称从英国石油公司（British Petroleum）更名为BP Amoco plc；在2001年又去掉名称中的“Amoco”，变为BP plc。类似地，如果第1470151号注册公司在1999年采用品牌“BAE systems”后（参见第8.23段），该公司名称没有从British Aerospace plc变成BAE Systems plc，那么就会产生矛盾，特别是British Aerospace的标准缩写曾经是BAe（小写“e”）。此外，如果一家公司将子公司出售给另一家公司，则该子公司可能必须重新命名。在BAE Systems案例中，它并购了第53403号注册公司㉖，由此触发品牌重塑，该公司之前名为Marconi Electronics Systems Limited，自然更名为BAE Systems Electronics Systems Limited。

8.34　对于希望创建一个具有独特品牌的公司或者重新命名现有公司并将其作为品牌策划一部分的客户，从业人员需要建议客户注意英国商标法和公司命名法具有不同的原则。因此，商标防侵权检索或许未发现影响新品牌的第三方权利，在英国可能没有公司在相关业务领域使用相同或相似的品牌（即不会存在仿冒侵权的风险）；但有可能存在一家名称相似的英国公司在相关业务区域处于非活动状态，导致英国公司注册处拒绝所要申请的公司名称。㉗这意味着如果客户决定采用新的企业品牌（比如Dodecahedron），在提交申请后的防侵权检索和补充检索之后，客户选择与之相应的公司名称可能受到英国公司注册处的限制。因而，简单的“Dodecahedron plc（或Ltd）”可能因为存在相同的已注册名称或第三方注册的例如“Dodecahedron Holdings Ltd”或“Dodecahedron UK Ltd”名称而受到影响。㉘但是，“Dodecahedron Engineering”可能是可用的，如果客户业务确实属于这个领域，则该名称比之前简单的Dodecahedron plc更有吸引力。

8.35　然而，无论初始检索㉙时的情形如何，就算客户把带公司抬头的文具、电子邮件页脚、新闻稿、发票、广告材料以及将在某一特定日发布的引导

㉖ 如5位注册号所显示的，这是一家有历史的公司。它由伟大的发明家、创新者和企业家Guglielmo Marconi（1874～1937年）于1897年创立。Marconi是意大利和爱尔兰混血儿，1896年从出生地意大利搬到英国（Weightman，2003）。

㉗ 此外，不允许使用冒犯性词语，并且有其他各种的合理限制，不允许使用众多的潜在误导性用语，包括“协会”“银行”“牙医”“继续教育”“集团”“财产”“专利”和“英国”（对“UK”的限制不那么严格）。参见Companies（2013）和SI 2009/2615。

㉘ 英国公司注册处采用SI 2009/1085附表3中规定的算法，根据该算法，它们忽略了拟议名称中的各种词语以及现有名称，如“公司”“资产”和“UK”，并将某些用语等同关联例如“&”等于“和”。然后，如果不能被排除是相同的内容，则该提议的名称会被驳回。另见Companies（2013）。

㉙ 可以使用WebCHeck搜索“当前/最近解体的名称”和“建议的名称”。

牌都已经设计和准备好，所有这一切都有可能被中止，只要这期间第三方注册相冲突的公司名称（这种干预注册情况的发生并不遥远，笔者曾遇到过两家公司就在几周内决定采用相同的新公司名称[30]，而且并非出自恶意。此外，还有可能存在信息泄露的风险，被别有用心的人进行抢注而以期能被买断）。因此，仅仅单纯地想在某一特定日进行公司更名是不安全的，有必要进行如下两段所介绍的防范措施。

8.36 一旦确定品牌并设计适当且可用的公司名称，则应在开始生产文具等之前，通过实际注册来拥有该公司名称，可以以非常低的成本注册空壳或“壳”公司。

8.37 在从零开始开创业务的情况下，“壳”公司仅是在某一特定日启动业务。但是，如果要对已经开展业务的公司进行品牌重塑，则必须在上述特定日将该名称从空壳公司转移到业务公司，该过程通过两家公司同时在英国公司注册处提交正式声明来完成，效果如表 8.2 所示。

表 8.2 将公司名称 Bloggs Blenkinsop plc 更改为 Dodecahedron plc 的过程

	1921 年至 2013 年 6 月 14 日	2013 年 6 月 15 日	特定日之后 （2013 年 10 月 1 日之后）
第 178088 号 注册公司	Bloggs Blenkinsop plc 业务公司	Bloggs Blenkinsop plc 业务公司	Dodecahedron Ltd 业务公司
第 9123456 号 注册公司	未成立	Dodecahedron Ltd 壳公司	Bloggs Blenkinsop9123456 Ltd 壳公司

从 2013 年 10 月 1 日开始“壳”公司的名称里出现“9123456”（或其他任意字符串）是为了减少一些形式要求，以免客户集团公司中确实存在或者将来有 Bloggs Blenkinsop International Ltd，这样做可以避免严重问题的发生，以防万一（Harris 和 Vaughan，2011）。

笔者并不建议知识产权从业人员自己执行上述任何操作。但是，希望上述说明能够促进他与客户其他顾问的联系（大客户通常有专门的公司事务部）。

公共有限公司/plc/Limited/Ltd

8.38 大多数商业客户对其一家或多家公司有以下选择：

---

[30] 为进一步证明这一点，本章的原始草稿在前一节及和其他地方使用“Octahedron”（八面体）举例而不是“Dodecahedron”（十二面体）。但是在 2012 年 10 月 9 日，第 6122824 号注册公司更名为“Octahedron Ltd”，因此笔者只好继续往下排 5 个正多面体，变为 Dodecahedron（即十二面体）。

(i) 该公司是否要成为 (a) 公共有限公司 (如果是，则会有完整形式的"公共有限公司"或正式名称采用简称"plc"，如在注册证书和 WebCHeck 上所显示的) 或 (b) 私人有限公司 (其正式名称将以"Limited"或"Ltd"为准);

(ii) 在 (a) 和 (b) 的情况下，如果使用完整形式或缩写形式向公司注册处申请，这种形式将是正式记录中的形式。

8.39 选择第8.38 (i) 段中的 (a) 还是 (b) 所带来的品牌影响十分有趣。如果有限公司的股票是向公众提供的，那么有限公司必须是公共的，上市的英国公司必然都是公共有限公司。因此，在许多人看来，"公共有限公司"或"plc"比"有限公司"或"Ltd"更重要 (包括许多商人也这么认为，而不仅是公众)。事实上，一家实际上并不需要成为公共公司的公司仍可能选择以这种方式来组织公司，但要付出额外的手续代价。例如，很多年前，第1800000号公开上市的公司"英国电信公共有限公司"成为第4190816号 BT Group plc 公司的全资子公司，并中止上市，它并没有像通常情况转成私人有限公司，这或许是品牌优势的原因。还有其他一些例子。

8.40 完整形式和缩写形式之间的选择 [第8.38 (ii) 段] 是知识产权从业人员尤为关心的。最佳做法是，作为品牌推广的一部分，要决定以哪种形式出现在文具、电子邮件签名、发票和法律文件上，并将其作为官方记录中的形式 [文具、电子邮件签名的现代设计师可能推荐缩写"plc" (不加点)、"Limited"和"Ltd" (不加点)]。如果在企业内允许出现正式名称的变体 (通常可能是因为官方记录中的形式看起来很别扭)，那么法律文件可能存在与官方记录不同的形式；在英国认为这种法律文件与官方记录不一致不重要，但在外国司法管辖区可能就会引起问题，特别是在知识产权申请和转让方面。

保护公司域名

8.41 互联网是现代商业的一部分，因此在任何企业品牌推广过程中都需要检查必要域名的可用性 (例如 www.dodecahedron.com)，并立即注册，以免被第三方在前述特定日之前抢注。还有一个实操问题，注册附加的国家域名也是可取的，如 www. dodecahedron. co. uk，即使这些域名只是重新链接到主域名。[31] 一旦域名注册，应设置日记提醒，以便确保在几年的初始期过后能按时支付续展费，以免到期时被所谓的抢注者故意“挖墙脚”（Muscovitch，2012）。

在公司名称和域名方面保持警觉

8.42 商标注册后常规的预警（见第 8.28 段）基于这样的假设：如果第三方试图为相同或类似的商品注册相同或类似的商标，那么它就打算使用该商标，并且如果在先商标所有人默许这种使用，那么它可能失去它的注册。但是，公司名称或域名没有商品说明，在第三方注册时可能还无法确定是否存在此类风险。

8.43 因此，一种可能的方法是根本不监控公司和域名注册，而只是在实际发生第三方侵犯客户商标权时才对第三方采取行动。但是，对于某些客户，直接监控可能更有意义，例如：

（i）客户是名称为“某知名计算机或电信”公共有限公司，其可能容易受到侵害，比如某个声名狼藉的第三方故意建立一家名称为“某知名计算机或电信”（Watford）的有限公司。此类公司注册只要不出现“英国有限公司”（UK Limited），即便存在客户已经先注册的类似公司名称，英国公司注册处也会予以批准，那么这就很容易误导公众，使他们相信这家公司是客户公司的子公司。如果选择监控，则会发现类似的不诚信行为并给出及时预警。如果客户根据 2006 年公司法第 69 ~ 74 条在公司名称审判庭提请诉讼，它就会阻止该声名狼藉的第三方的行动并让其知道它已经被发现。尽管上述法条的目的是允许对公司名称“非法抢注者”采取行动，而不是处理不诚实的交易者。[32]

（ii）知名公司是“域名仿冒”的受害者，其中“误植域名”是域名抢注的一种情况。Muscovitch（2012）列举了 www. colacolas. com、www. xocacola. com 和 www. cokacola. com 的例子。Gee 和 Kim（2011）以 caibm. com 为例说明

[31] “. com”是许多大公司青睐的通用顶级域名（gTLD）。ICANN 于 2013 年开始引入新 gTLD。不考虑费用的话，大公司的偏好是否会转向“. 公司名称”（gTLD），或者它们是否会因纯防御性措施而注册这些域名，都还有待观察。防御性地获取“公司名称 . xxx”等域名以防止他人将该域名用于成人网站也是越来越常见的做法。

[32] 实际上，不诚实的交易者原则上可以通过披露实际或计划的操作来根据第 69（4）（b）条为其公司名称注册进行辩护。显然，通常不诚实的交易者不愿意这样做，以免这种情况在假冒、商标侵权或交易标准诉讼中对其不利。

"误植域名"。人们在试图搜索网站 www. cocacola. com 或 ca. ibm. com 时，由于打字错误而会链接到这些假冒网站，从而使这些域名假冒者可通过"点击付费"广告而获利。受害者失去流量，并且有可能在假冒域名网站上发现做广告的竞争对手产品。域名仿冒的其他可能用途是收集那些本打算提供给真实网站所有者使用的电子邮件（参见第 16. 11 段，技术讨论的脚注⑧），通过"关联公司"进行欺诈（基于受害者对"关联公司"的信任而促成在线销售）。

（iii）"误植域名"十分危险，依据一般人的谨慎程度，收到此类域名或链接的电子邮件的人通常无法立即判断出错误，因为错误并不明显。例如，对于域名 www.［银行名称］－investment. com，这些网站所有者可能打算用它们作为基地来发起"网络钓鱼"攻击以提取敏感信息（假如是一家银行或其他金融机构，那么可能盗窃用户的密码）。

商标组合管理，以及重要商标

8. 44　在第 5 章"专利策略的实施过程"一节中，特别是如图 5. 5 所示的数据表，同样可以适用于注册商标。与专利一样，使用族筛选以及从属国家筛选都很有用。一方面，商标组合管理比专利组合管理更容易。一般规则是，如果一个商标正在使用，那么就进行续展，如果不是，则不必续展（也就是仅保留已注册但未使用商标 5 年，以防止他人使用，只要该商标仍然具有一定的市场信誉——对于已停止使用的公司商标来说这点尤其值得关注）。另一方面，商标组合管理比专利组合管理更难，因为商标申请的处理比专利申请处理更快并且续展间隔（在英国、欧盟和美国）为 10 年。因此，当续展到期时，从业人员可能已经忘记该商标，或者与之前客户的联系方式已不可用。如今，公司内网和外网可以减少处理这种情况所需的工作量；即便如此，内部从业人员也可能花费很多时间来获取商标的信息和说明，并且（如果需要续费）企业部门愿意支付（10 年前支付的业务部门将很有可能不再以同一形式存在）。个体从业人员也鲜有精力去发邮件联络一般的营销、公司秘书或法律部门并让其做这项工作。如果商标上不时出现的任何情报（例如，正在对使用该商标的专利产品所进行过的工作）被添加到商标的商业状态叙述中[33]，则可以节省不少时间和金钱；比跟进（比如说）5 年或 10 年以上的一条线索更容易。

8. 45　同样，可以适用第 5 章最后一节的方法，以避免对重要商标的任何不当处理。

---

[33] 第 5. 57 ~ 5. 61 段介绍了关于专利案件的商业状态叙事。

第 9 章
其他知识产权

一位公正的观察者如果审视任何英国知识产权法律集合以及它们所依据的条约和欧洲指令，都不禁会对所有的纷繁复杂和混乱感到惊讶不已。

——Vaver（2009）

David Vaver 教授（出生于 1946 年）

本章目的

9.01 在过去的 30 多年中，笔者服务过的客户涉及化学、电信产品及服务、包装、航空和国防等领域。这些客户都需要在以下的实践领域提供支持：

（i）专利；

（ii）商标、公司名称和域名（自 20 世纪 90 年代以来）；

（iii）机密信息/商业秘密——包括处理与此有关纠纷和协议。

鉴于（i）~（iii）中的一个或多个同样也是大多数读者的核心工作，本书 B 部分的其余章节主要涉及上述业务领域。

9.02 本章的目的是介绍除（i）~（iii）之外的知识产权。介绍是概要性的，仅聚焦于影响管理或战略层面的关键要点。版权方面的介绍尚未达到满足出版和媒体领域客户需求的程度。

次级专利

9.03 仅部分地域能提供次级专利，其与“正常”专利相比，基本原则大致相同，但保护期限短（例如 6 年）。作为一种补充制度：

（i）一般不审查新颖性或创造性；

（ii）法庭进行专利权有效性评估时，法律标准相对较低。

次级专利可能比正常专利花费低，但也并非总是如此——比如，次级专利可能产生翻译费，而 EPC 框架下的国家专利根据《伦敦协议》（2000 年）可以免除相应的翻译费。

9.04　国家层面的次级专利在欧盟层面既不统一❶，在国际上也未在 TRIPS 下进行规定。美国、英国、比利时、荷兰和瑞典等国家目前没有这种专利。因此，对于想要获得国际保护的专利代理人而言，次级专利并不那么重要，它们关注这些权利更多是为了判断客户的侵权风险。

9.05　对于具有（“定期”）可专利发明的客户来说，次级专利通常也不是正常专利很好的替代品。如果发明很成功，即使在“快速发展的行业”中，也很可能对仅获得短期保护而感到遗憾［比较第 5.12 段和第 5.37 段，准则（b）］。

9.06　次级专利对于专利权人而言主要有以下效果❷：

（i）即使专利权无效（因为其授权未经实质审查），次级专利也会给竞争对手带来法律上的不确定性。某些缺乏新颖性的“发明”确实也可能获得次级专利的授权，并且申请者可能完全知晓其缺乏新颖性。然而，在笔者看来，从业人员如果知道存在缺陷还仍然（a）提交和审查申请，以及（b）对他人主张权利，则是不道德的——与第 2.07（i）段相比。

（ii）在某些地域，当具有相同文本的发明专利无效时，次级专利仍然可能有效。❸

在任何具有次级专利制度的地域，当地居民往往是主要的申请人。其结果可能产生贸易保护主义，对于打算在该地域进行销售或市场营销活动的外国公司来说，则会增加尽职调查的负担。

9.07　下面选择一些具有次级专利制度的地域进行介绍。这些国家可能是读者的兴趣所在，或者读者可以用以下讨论作为在客户相关地域进行研究的基础。

---

❶　参见第 20 章，案例研究 B，委员会在此方向的尝试失败。

❷　本章属于本书的 B 部分（“案件工作”），仅关注现有的次级专利对权利人的意义及其对竞争对手的影响。参见第 20 章案件研究 B，讨论在全欧盟范围内，它们在公共政策方面是好还是坏。

❸　快速授权以实施权利有时是优势。然而，知识产权局审查意见也是诉讼的决定条件之一。此外，也可通过其他方式获得快速授权（例如，在法国申请国家专利申请而不是申请 EPC 专利再指定法国）。在极少数情况下，可能需要同时申请两种保护，但需要考虑关于重复授权的当地规定。

法国

9.08 在法国，次级专利（实用证书，Certificat D'utilité）的有效性条件与专利完全相同，因此不能实现第9.06（ii）段的目的。第9.06（i）段的法律不确定性持续时间相对较短（申请日后6年结束）。2011年仅授予了515个实用证书，其中211个是法国本国申请的（OPI，2012）。

比利时和荷兰

9.09 这些国家曾经的次级专利体系与法国几乎完全相同，但很少使用并已被取消。根据之前制度授予的最后的次级专利在比利时于2015年1月过期，在荷兰于2014年6月到期。

德国

9.10 德国次级专利Gebrauchsmuster（复数形式不变）字面意思是“实用新型”，其创造性水平与专利［Demonstrationsschrank，见第20.22（i）段的脚注⑲］相同。因此，第9.06（ii）段的情况仅在极少数情况下成立，即影响专利性的现有技术因为不满足绝对新颖性要求或因Gebrauchsmuster的宽限期规定而被排除。保护期限为10年，因此，第9.06（i）段下的法律不确定性比法国更长。对于申请人而言，其缺点是方法发明被排除在保护客体之外。2011年，授予了14230件实用新型专利，2012年为13978件（DPMA，2013）。

澳大利亚

9.11 澳大利亚的次级专利（8年保护期的“创新专利”，第4.02段中提到的命名不同——此创新非彼创新）“旨在保护不符合标准专利所需的创造性门槛要求的发明”以及“需要新颖性步骤而不是创造性步骤，保护现有技术的微小改进而不是突破性的发明”（IP Australia，2012）。❹ 因此，第9.06段（i）~（ii）在该制度下都可以实现。笔者根据澳大利亚知识产权局网站上的材料估计，每年有1000~1500项创新专利被授权。笔者曾获得一份报告，认为这对于外国公司来说是一个严峻问题。

---

❹ 众所周知，为了测试澳大利亚新型专利制度，John Michael Keogh提交了一份名为“循环运输便利装置”的车轮申请，该申请于2001年6月13日被批准（授权），授权号为No.2001100012（Keogh，2001）。该成功申请被公开宣传（Knight，2001），然后该新型专利于2001年8月30日无效。如果没有被公开宣传（从而引发委员会介入），那么不得而知该专利权能保持多长时间的有效性，这很有趣。

中国[5]

9.12 中国次级专利（实用新型专利）保护期限为10年。中国次级专利与常规中国专利实质上具有相同的创造性要求。和德国一样，它们不适用于方法发明。中国居民申请的数量每年超过40万件而且还在增长，超过外国人申请专利及次级专利总数的5倍（SIPO，2013）。据报道，有大量无效的实用新型被授权，而且这些专利权还受到仅能严格使用中文证据的阻碍。一些申请人希望其专利能被“买断”而不是打官司（相比于第12章关于PAEs的讨论）。这对于试图在中国开展业务的外国公司而言非常重要（Waldmeir，2012）。

工业外观设计[6]

9.13 根据TRIPS第25条和第26条，WTO成员有义务为“独立创造的全新原创工业设计”提供保护，最短期限为10年。TRIPS不保护“基本上为功能性或技术性”的设计。这一排除规定也体现在UKRDA第1C（1）条、欧盟外观设计条例（6/2002/EC）第8条和美国专利法第171条[7]中，仅是具体措辞不同。因此，在笔者具有直接经验的商业领域（见第9.01段）中，工业外观设计保护仅对需要有吸引力的包装和时尚外壳的消费电子及通信设备领域有重要意义。

9.14 工业外观设计保护的术语在国际上各有不同，包括“注册设计”“外观设计专利”[8]“工业模型”“模型设计”以及这些术语的变体。更重要的是，保护期因地区不同长短也不尽相同，美国为14年，欧盟为25年。

9.15 这种保护形式对于权利人的一个好处是侵权控诉无须证明被控侵权人进行复制。然而对权利人和他人双方都存在的不利因素是评估侵权风险的不确定性。法院考虑侵权和有效性受到以下事实阻碍：授权权利中的文字内容只给出应用领域，而不表示新颖性和原创性，这将留给法院判断，法院必须比较

---

[5] 进一步讨论请参见Mak（2011）和Mak（2011a），本段内容部分基于上述著作。

[6] 本节中将不讨论零配件的工业设计保护问题（关于英国外观设计的“must fit，must match”例外）。

[7] 英国外观设计法及其条例规定，“注册外观设计的权利/共同体设计”不应有仅由产品功能单独限制的产品外观特征。美国专利法第171条规定，“……任何新的、原创的装饰性设计”。

[8] 这是因为美国的“外观设计专利”（以及根据美国专利法第161～164条的“植物专利”），如果上下文没给出充分说明，美国的发明专利被称为“实用专利”。美国术语“实用专利”与前一节中讨论的术语“实用新型”没有关系。

授权权利的附图与被控侵权产品及现有技术。因此，欧盟注册设计（RCD）通常具有“产品指示”，例如“摩托车车轮”（RCD 001812504 - 003），而美国外观设计专利的权利要求通常为“我要求一种用于缝合棒球式帽的装饰性设计，如图所示和所描述的”（美国外观设计专利 D657227S）。正如 Bently 和 Sherman（2009：669）所说（也正如 Apple 后来在 2012 年主张三星 Galaxy 平板电脑侵犯欧盟注册设计时所发现的）：“很难预测各个法庭在设计比较方面的操作方式。”

非注册外观设计权（UDR）[9]，集成电路布图设计除外[10]

9.16 UDR 是英国历史遗留问题的产物。UDR 的发展背景如下：1956 年版权法下的判例法和 1968 年外观设计版权法修正案创造了如下形式的版权保护：（a）功能性物体，例如制造船舶的零件和汽车排气管[11][12]，以及（b）可通过注册设计保护或者原则上可以以注册设计保护的物品（例如第 9.13 段所述的有吸引力的包装或时尚外壳）。在 1988 年版权、设计、专利法案（CDPA）中，创建特殊的 UDR 出于权衡以下两方面的考虑，一是［至少在（a）方面］部分人出于比例失衡及反不正当竞争的考虑而主张完全取消保护，另一部分人则从版权保护中受益（旧的版权保护经过过渡期后被逐步取消）。

9.17 CDPA 第 216 条的 UDR 保护期限是根据该设计制造的物品在制成可被销售或租赁的当年年末（自然年）算起 10 年，在一些情况下更短；因此，第 9.16 段（a）情况下总期限少了几十年，在（b）情况下少了几年。根据 CDPA 第 237 条，在保护期的最后 5 年，任何人都有权根据该权利获得许可，并且在与许可人的协议未敲定的情况下，许可期限可由 UKIPO 确定。与之前的版权保护一样，要确立有侵权行为必须证明存在复制，并且要检验原创性。然而，与版权保护不同的是，对于符合所有权资格的人有严格的国籍检查（见第 9.20 段）。CDPA 第 213（3）（a）条规定了建筑原理或方法不能申请设

---

[9] 与前一节一样，本节不涉及零配件问题（关于英国外观设计的“must fit，must match”例外）的讨论。2013 年 5 月，英国议会提出一项议案，该议案可能在适当时候实质性地改变 UDR。以下英国部分的内容显然将继续适用于修订法案实施之前的设计。

[10] 参见第 9.29 段。

[11] *Dorling v Honnor*［1964］RPC 160（EWCA），该案与船有关。作为一种法律技术要求，原告必须有被复制物的原始图纸。

[12] *British Leyland v Armstrong*［1986］RPC 279（UKHL），关于排气管，其中少数人的观点是格里菲斯法官的观点，即“法院进行错误的转变并误解议会的意图”，当产品按照“纯粹功能性物品的机械图纸或蓝图”生产时，应该不存在侵权行为，早期的 UKHL 在先判例应当被推翻。

计保护。

9.18　英国 UDR 确实为符合要求的创作者提供了对非功能性设计的重要保护。不仅如此，对于纯功能性设计的创作者也提供了非常重要的保护［忽略 CDPA 第 213（3）（a）条］。笔者的观点是，任何对设计中的功能性特征的保护从经济角度考虑都是不正确的；笔者认为，如果修改法律使得“原创的”功能性设计只能通过专利保护则更为合理（因而，如果没有专利保护，其将在首次公开时进入公有领域）。事实上，UDR 能够保护诸如隐形眼镜[13]、农业机械[14]、印刷电路板[15]等物品；在英国，安全的做法是例如仅在原理层面复制竞争对手产品的功能性设计。

9.19　在一些国外市场例如美国，对于享有英国 UDR 的特定物品并没有给予有效保护。但是，该 UDR 仍然会阻止未经授权的英国制造复制品出口，因此这位英国复制人可能需要考虑将制造外包给美国或其他合适地域的企业以出口到美国，所要选择的地域应既没有类似 UDR 的保护，也没有不正当竞争法来反对“毫无创见的原样复制”。

9.20　然而，英国制造商的复制意愿也可能会受 CDPA 第 217～221 条和第 256 条以及 SI 1989/1294 的严格国籍要求的限制（除了集成电路布图设计——见第 9.29 段）。由于 UDR 不受 TRIPS 保护（见第 20.31 段），因此一个国家的 WTO 成员资格并不保证其公民或公司有资格拥有英国 UDR。所谓资格可参考欧盟成员资格或参考 SI，包括互惠国。因此，在美国、加拿大、中国（香港地区除外）、日本、韩国或澳大利亚居住或（例如）注册并不符合资格要求。通常情况下，在上述国家中注册成立的竞争对手公司不享受英国 UDR 保护（尽管其可以通过注册地以外方式来获取资格，因此，每个具体案例都必须根据 CDPA 第 218～220 条进一步核实）。[16]

9.21　欧盟外观设计条例（6/2002/EC）也建立了欧盟范围内的统一非注册外观设计（Unitary UDR）。根据第 8 条，统一非注册外观设计，与欧盟注册外观设计（RCD）类似但与英国 UDR 不同，“不保护产品外观的纯技术功能性特征”。此外，其有效期自“该设计在欧盟内首次被公众可获得之日起”仅

[13] *Ocular Sciences v Aspect Vision Care*［1997］RPC 289.

[14] *Farmers Build v Carrier Bulk Materials Handling*［1999］RPC 461.

[15] *Mackie Designs v Behringer Specialised Studio Equipment*［1999］RPC 717.

[16] 根据 CDPA 第 51 条，纯粹出于国籍原因未能获得 UDR 资格的人不能依赖版权保护（*Mackie v Behringer*）。HMG 显然认为 CDPA 第 51 条的规定在 *Flos SPA v Semeraro Casa e Famiglia* SPA（Case C－168/09）案中拯救了 CJEU 的决定（Caddick，2012 年——Caddick 提到的 HMG 提案现已引入企业和监管改革法，2013 年）。

3 年（欧盟外观设计条例第 11 条）。因此，统一非注册外观设计可能仅对于短期受消费者欢迎的物品（例如时尚产品和玩具）具有重要意义，或者如果申请注册外观专利，则存在更大的被抄袭风险的情况。

版权

9.22　版权显然是出版和媒体行业以及培训等相关业务的核心知识产权。然而，大多数其他企业（本节仅关注这些客户）实际上希望接收者日常能够复制其投放到公共领域的许多印刷品或电子作品，例如产品文献和非机密商业信函。在英国，建立版权所需的原创性标准非常低[17]（数据库除外）[18]。因此，许多复制行为仍在进行，一方面（a）权利人不在乎——并且实际上通过传播他们的“信息”通常能使之获益，但另一方面（b）存在侵权，除非适用例外条款或存在默示许可（后两者尚不确定）[19]。

9.23　对于本章所讨论的客户，版权的使用可能仅是“后备方案”。它们最有可能在主张违反保密义务时伴随版权侵权理由，和/或在非法律措施阻止未经授权的复制或使用失败时（在计算机软件和电子数据库的情况下）主张版权侵权。[20]

9.24　对于这些客户，版权仅是偶尔使用，包括：

（i）避免因公布其非保密文件而产生窘境；

（ii）防止它们的品牌艺术品在商业领域以外被讽刺（由于不能通过反仿冒或商标侵权来阻止）。

情况（i）需要谨慎考虑。在英国，必须考虑（a）Bently 和 Sherman

---

[17] 参见 *Musical Fidelity v Vickers*［2003］FSR 898 第 907－908 页。Buxton LJ 和 Ward LJ 都惊讶地发现，根据 1925 年的在先判例，事务律师在立案前的信都属于原创文学作品，有权受到版权保护。Ward LJ 随后开玩笑地评论道：“在阅读了事务律师的一堆通信后，可能就能明白它们有充分理由被称为小说文学作品。”

[18] 这是因为根据 CDPA 第 3A（2）条，包括数据库的文学作品相关的原创性不能依据旧的英国判例法，而应依据欧盟数据库指令（96/9/EC）引入的定义。

[19] Buxton LJ 在 *Musical Fidelity v Vickers* 中指出，版权法中的合理使用（Fair Deal）例外是针对真正意义上的“文学”作品起草的，而不包括商业材料，因此不清楚它们如何适用于后者。他建议法官以后要具体考虑给信件收件人的默示许可，以及对于收件人在信件中受到诉讼威胁时考虑其人权。

[20] 最基本的措施是仅向需要的人（根据情况）提供计算机程序源代码。仅向其他人提供加密版本（没有源代码的情况下，不能进行程序维护或修改）。另外，“模糊处理”可以让解码更困难。其他措施依赖于密钥加密或密码狗来防止复制。参见欧盟软件条例（2009/24/EC）第 6 条和第 7 条、信息社会指令（2001/29/EC）第 6 条的规定，要求欧盟成员国提供解码和规避技术措施（也见 CDPA 第 50B 条和 296 条等）。

（2009：219～221）提到的“公共利益”抗辩理由，（b）CDPA 第 30（2）条的“时事报道”例外，（c）第 9.22 段脚注⑲提到的 Buxton LJ 的评论；在任何司法管辖区，都必须考虑（d）该行动是否会弊大于利，形成负面宣传。理由（d）自身就是不贸然针对纯喜剧或反讽复制版权而采取法律行为的充分理由。然而，情况（ii）还是不一样。对 Schweppes 在英国诉泡泡浴液制造商复制 Schweppes 印度汤力水标签中艺术创作的“主体实质性部分”案（*Schweppes v Wellingtons*［1984］FSR 210），笔者站在 Schweppes 一方，该复制行为尽管使用讽刺幽默手法，但其目的是商业行为（卖更多泡泡浴液）。在法国，存在关于“文体上模仿、讽刺和漫画”的版权侵权例外（知识产权法典第L122－5 节第 4 条，http：//www. wipo. int/wipolex/en/text. jsp？file_ id＝180336）。鉴于 *Schweppes* 案，法国法院会不会认为被告打破了“文体法则”，这将是一件很有趣的事情。2013 年 6 月，英国知识产权局就一项受到“合理使用”限制的模仿例外的措辞起草进行咨询。

9.25　上述内容并不意味着对这些客户来说，常规的版权相关防范措施不重要，即

（i）使用适当的版权声明（见附录 9.1）标记报告和宣传，以减少接收者非故意侵权的可能性；

（ii）为证据目的而保留重要的对外发布作品的连续版本以及作者详细信息；

（iii）在重要作品中故意留有一些无害的错误（例如，在计算机程序的情况下，设置一些在程序运行时“跳过”且无效的代码行），以便在将来可用于证明被复制。

9.26　对于上述客户，防范相反的风险即防止侵犯版权本身也很重要。从业人员应给予如下指导意见：

（i）确保合同方或雇员设计文学或艺术作品的相关合同条款不会成为客户相关活动的束缚。因此，确保合同方给予客户受让版权或许可版权，不仅要满足当前需求，还需允许下一步的开发或其他应用工作，并且让雇员放弃著作人身权（Moral Right）也是必要且可行的。[21]

（ii）建议客户强烈反对未经授权使用期刊或书籍中的材料以获取商业利益，例如将大量科学、医学或技术文章纳入其宣传文献中。应帮助客户打消以下念头：它通常可以随意使用互联网上有吸引力的艺术作品，如使用照片、向工厂工人播放音乐等。

---

[21] 根据英国 CDPA 法案，计算机程序或计算机生成的作品相关的著作人身权与雇员的著作人身权有不同的限制要求。

（iii）图书馆影印也会存在问题。2003年10月31日，CDPA第29（1）条将用于研究目的的版权侵权例外从“研究”缩小为“非商业目的研究”，以符合欧盟InfoSoc指令（2001/29/EC），因而研究型公司会受到影响。要联系并敦促公司文献管理员从收费协会获得许可证，注意公司研究人员可能在图书馆中复制文章，以便能够在方便的地方阅读相关文章。如今，图书馆可以付费订阅期刊和参考文献，其中包括网站在线下载许可证。因此，公司研究人员通常可以在获得完全许可的情况下，在他们自己的实验室方便的时候以任何方式进行阅读。

9.27 在美国，要求已出版的作品向美国国会图书馆存放副本；在英国和爱尔兰要求向大英图书馆存放副本，向其他图书馆比如牛津的Bodleian图书馆的提交要求则没那么严格。美国版权局（未出版和出版的作品）的版权登记在美国的版权诉讼中具有重要意义，对于美国原创作品尤为重要（参见英国图书馆和美国版权局网站）。

特定行业的相关权利

9.28 以下关于特定行业相关的一些权利的简要说明，旨在提示那些不经常从事这些领域的从业人员一些关于这些权利的关键特征。这些权利可能与理解一般法律观点（如第6.29段）或［第20.09（iii）段］有关，可用通过游说影响更多的“主流”权利立法。

半导体（或“芯片”或集成电路）布图设计保护

9.29 TRIPS第35～38条规定了布图设计保护，因此几乎所有国家都以某种形式提供相应保护。英国通过UDR提供保护。根据TRIPS的规定，国籍资格条款——对比第9.20段——确实使许多国家的居民受益，包括美国、加拿大、中国、日本、韩国、澳大利亚以及欧盟国家（SI 1989/1100，经修订）。

数据库权利

9.30 根据欧盟数据库指令（96/9/EC）第7条，以及可以通过版权保护（见第9.22段），数据库可享有用于“提取和/或重新利用整体或实质性部分”的特别保护。

专利补充保护证书（SPC）

9.31 在欧盟（其他地方也有类似制度），补充保护证书制度（SPC）可在专利到期后继续提供保护，以对权利人在药品和植物新品种申请监管审批过程中所损失的专利保护期给予补偿。法律层面的关注点在于，在欧盟（Bently 和 Sherman，2009：602）中，（补充保护证书）在专利制度和监管审批制度（如 MHRA）之间提供对接，因此其保护范围的确定涉及两个制度的概念，还要结合“产品”这个关键的混用概念。毫不奇怪，英国法院会认为有必要参考欧洲联盟法院（CJEU）的判决，以澄清其法律适用[22]。补充保护证书可根据英国“专利盒”制度申请减税（Smith，2013）。

监管数据独占权（RDE）[23]

9.32　这项权利（由 TRIPS 第 39 条规定）阻止了仿制药或农用化学品制造商“搭便车”，使原研制造商能保护其为了获得监管机构批准产品销售而提供的昂贵数据。在许多国家/地区，监管机构允许对该信息享有一段时间的独占权，在此期间，仿制药竞争对手只能独立生成数据以获得其自身类似产品的监管批准。一旦独占权到期，监管机构就可以用原研公司的数据来批准仿制药制造商的类似产品。*Kelly and Chiu v GE Healthcare* 案第 6.25 ~ 6.29 段的讨论明确了该权利的效果。截至 2001 年，GE Healthcare 为其 Myoview* 产品提供两种保护：监管数据独占权和专利保护。自 2002 年独占权期满直到其专利在 2008 年和 2010 年分别到期，其间只存在专利保护，这也影响了赔偿金（第 6.29 段）。如果到期顺序倒过来，或者专利被无效，那么 RDE 保护就更有价值。RDE 可根据英国“专利盒”制度申请减税（Smith，2013）。

9.33　RDE 目前还存在争议。欧洲药品管理局认为制药公司使用它不仅是为了避免丧失竞争优势，而且可以隐瞒试验数据而不为公共利益所用（Broadwith，2013）。Lemmens 和 Telfer（2012：86）评论到，“负面数据，即表明安全问题或缺乏疗效的数据，不太可能引起仿制药公司的兴趣”，但“这些数据对于公众健康有重要意义”（他们还讨论了关于药品科学出版物的“幽灵作家”和“客座作者”的相关问题）。制药公司表示愿意公布试验概要（Jack，2013）。然而，他们认为对原始数据的审查主要是监管机构的责任，除非是为了监管目的提供原始数据，不然则可能影响患者的隐私信息并引起误解。

---

[22] 从法律的技术层面来看，1949 年英国专利法案下的制度可能优于 SPC 制度。根据该法案，符合要求的专利权人可以被授予延长专利期限（事实上，对于所有类型的发明），当然可能有一些约束条件。至少有 4 名专利权人将当时的 16 年专利期延长至 26 年，并且至少有 19 项确定的、略短的延长期（Patent Law of the United Kirgdom，1975 年，涉及第 23 ~ 25 条）。

[23] 也会使用措辞“监管数据保护”，从国际化角度准确描述起见，参见 ICC（2012，43 – 45）。

第 10 章 知识产权争议——规避和处理

对个人来说，除了因流感失去全部家人以外，在这个世界上没有什么事比牵涉专利纠纷更糟糕。

——Esher M. R.（1817～1899 年）*in Ungar v Sugg*（1892）9 RPC 113 at 117（CA）

知识产权纠纷概述，以及本章的目的和对象

10.01 在制药行业（见第 5.32（i）段），专利所提供的垄断对商业模式至关重要，因此对侵权行为的索赔和对无效的反诉是制药企业开展业务不可或缺的组成部分。原研药企业之间以及原研药企业和仿制药企业之间发起的诉讼，长期以来在案例报告中占有相当大的比例。笔者认为，这种诉讼带来的经费支出虽然不产生直接的社会效益，但符合公共利益：如果不为支持这些原研药企业的商业模式而实施这些专利，它们所从事的研发工作将必须在人们无法想象的基础上由公众出资负担。

10.02 同样，大多数评论员会认为需要对造假者和盗版者开展高水平的知识产权执法活动。在西方国家市场，大多数假冒和盗版的东西都能卖出很高的价格，实际上用很低的成本就可以生产出以假乱真的仿制品；欧盟各国海关查获的大部分都是假冒名牌的时尚品。[1] 但在俄罗斯和中国，甚至连快速消费

[1] 2011 年，欧盟成员国截获的侵犯知识产权商品按以下国内零售价值估价：手表 2.89 亿欧元；除手表以外的个人配件（太阳镜、包、钱包、首饰等）1.8 亿欧元；鞋 1.73 亿欧元；服装和配饰 1.65 亿欧元。这些时尚品合计 8.07 亿欧元，占全部缉获量的 63%，手机和配件的价值 1.272 亿欧元（占所有缉获量的 10%），烟草产品为 8900 万欧元（7%），这些都产生了重大的安全和健康影响。药品的缉获量仅为 2800 万欧元（2%），但因健康原因而备受关注（这些数字根据欧盟委员会 2012 年附件 2 计算得出；请注意，相关的饼图似乎已部分损坏，而相关新闻报道与截获的物品数量相关性较低）。2012 年，美国海关和边境保护局查获的时尚品共计 8.31 亿美元，消费电子产品总计 7150 万美元（Taylor，2013）。

品（FMCG）也在当地被假冒销售；Nelson（2007）叙述了 Nescafé* 速溶咖啡和 Maggi* 调味料（两者都是雀巢品牌）被仿冒的案例。❷

10.03　在公共政策方面，更值得怀疑的是，过去十年信息通信技术（ICT）行业的专利诉讼水平。首先，尤其在美国，“专利权利主张实体”（PAE）利用信息通信技术领域专利的特殊威力。其次，信息通信技术行业的大公司似乎已经在模仿这些 PAE，制造出目前的“专利战争”局面，显然它们当中还存在一个群体，坚持用“墨西哥僵局”（Mexican Standoff）或战略协议的方式来运用专利（见第 5.32（iv）段）。❸

来自意见领袖的评论包括以下内容：

欧盟委员（European Commissioner）Joaquin Almunía：“消费者不能被诉讼挟持。”（News round up，2012）

美国法官 Richard Posner：“就像在所有丛林中一样，动物们将使用它们手上的所有手段［即专利］……目前尚不清楚我们在大多数行业是否真的需要专利（药品除外）。”（Aziz，2012）

《金融时报》主编 Richard Waters：“巨大的浪费——业内很少有人认为，技术专利的诉讼激增不过是巨大的资金浪费。”（Waters，2012）

一家 IT 公司的呆伯特式老板（Dilbert to Pointy-Haired boss）：“根据我的分析，一般专利已经覆盖所有未来可能的创意。所以我们最好的策略是停止业务，成为……侵权律师”。（Adams，2009a）

不得不说，Robin Jacob 爵士（Jacob，2013）质疑欧洲是否有真正的理由恐慌。

10.04　尽管如此，即使他们不太可能像 Esher 大法官（在本章开头引述）描述的那样害怕知识产权诉讼，但大量公司作为原告或被告出现在任何类型知识产权有关的法院诉讼中，这种情况仍然很少见。

10.05　本章的目的是确定一些与争议相关的一般战略和管理原则，这些争议可能对知识产权从业人员有价值，甚至或者特别是对于那些刚刚提到的支持较少争议的委托人。本章特别针对委托人的一线顾问，而不是一旦达到争议的分歧点，必须代表委托人参与的本地或外国诉讼专家。

10.06　对于所有类型的委托人来说，避免（或者至少减少）知识产权

---

❷　参见 Crozier（2012）关于英格兰和威尔士刑事选择的讨论，包括特别的刑事自诉（即由品牌所有者、收费协会或行业机构而非官方起诉）。

❸　一种可能是，在适当的时候，即使目前的“专利斗士”也可能采取墨西哥僵局或战略协议的方式。苹果和 HTC 通过涉及“双方目前和未来持有的专利”的 10 年交叉许可，结束了它们之间的所有诉讼（Apple，2012）。

争议，与处理这些争议同等重要。这也是本章后面两节的主题。最后两节分别涉及：（a）开始处理争议，和（b）文档。PAE 特有的问题将在第 12 章中讨论。

避免和减少知识产权争议（作为原告和被告）——概述

10.07　在品牌领域，笔者建议，从业者应该鼓励委托人寻求：（a）避免所有作为被告的争议（那些由愚蠢的原告发起而不可避免的除外）和（b）如果他是原告，应确保在法庭上获胜的概率足够高，使得被告除了和解或停止侵权别无选择。通过第 8 章关于品牌的第 2 ~4 节提出的建议，这应该是可以实现的（法院系统效率低下或腐败的地区除外），这些建议可概括如下：

（i）尽管商标注册存在混乱现象，但推出新品牌的委托人在商业上应该利用它的自由选择几乎所有可能注册的商标，包括：（a）不会有负面或不良的联想，（b）基于绝对理由不存在异议，和（c）没有侵权的风险，并且能保证检索时具有效力。

（ii）在许多企业中，可能采用一个独立的品牌架构，使尝试都集中在单一的企业标识上。

这些建议涉及预先的检索成本，以及委托人可能不得不接受教育以了解自己的弱点。但是，除非作为胜诉的一方，对于委托人最终走上法庭，在笔者看来，是从业人员说服力的失败。

10.08　通过第 7 章建议的现实和可靠的方法，即避免完全的保密义务，可以避免因泄露委托人秘密而面临的指控，而这种泄密是由主动提供技术建议的提交者造成的。同样，可以通过第 9.26 段建议的预防措施，将可能因侵犯版权面临指控的可能降至最低。类似于商标侵权面临的指控，这类指控的风险通常会大大降低，而不会使委托人损失有价值的商业选择权，因为这样的风险降低同样是“不费脑筋”的。

10.09　对于委托人来说，如果它的竞争对手、供应商和顾客尊重它的知识产权，而不需要它去实施这些权利（甚至威胁强制执行），那是更好的。[4] 这些当事人的知识产权意识是它们可能尊重这些权利的先决条件。此外，由于缺乏意识而开始侵权的侵权者，在侵权的同时也消耗资源。因此，如果它早能意识到委托人的权利，它首先会更倾向于避免侵权，而不是停止侵权或和解。仅仅为了有这种意识，就需要委托人有决心上法庭。总体而言，事实上：

---

[4] 本章中的“威胁”主要用于普通意义上。第 10.23 段则讨论应避免的可操作威胁。

（i）委托人应在未注册和注册的商标后使用TM和®；

（ii）委托人应采用对商品、贸易文献、公告和投标文件❺的标记来提高对其相关专利的意识；

（iii）委托人应对签发的文件使用保密和版权标记❻；

（iv）如果在一个并不特别好诉的行业追究任何侵权行为，那么委托人应该知道它已经这么做了，并且要达到“杀一儆百”（取决于和解协议的保密条款）。❼

如第5.55段所述的CMS领域和第5.57~5.61段所述的商业状态叙述，对保证（i）和（ii）能起到准确作用是有价值的，可以避免对错误保护主张的任意处罚。❽

10.10　一般而言，由于知识产权实体法律或程序方面的原因，委托人可以通过在不利于原告的管辖区找到特别重要的“节点”运营，从而减少被成功起诉的概率。仿制药企业将生产放在印度，由于印度不授予药品的专利，它们即使在后TRIPS时代，仍然从印度❾有利的法律环境中受益。根据诺基亚Vary（2012）的说法，“由于存在专利审判的双轨制度，ICT行业的参与者［不再］在德国设立工厂或分销中心”，因为德国利于原告寻求在第10.32（iv）段讨论的临时禁令。据Vary称，诺基亚已经关闭其在波鸿的工厂，并重新布局产品以降低被海关缉获的风险，而HTC已停止通过法兰克福将其产品进口到欧洲。此外，微软将其欧洲分销中心从德国迁到荷兰，以逃避预期将对摩托罗拉移动颁布禁令带来的后果（Palmer，2012）。

10.11　原则上，委托人可以通过在那些竞争对手几乎没有专利的国家找

---

❺ 根据实际的案例，参见第A5.2.01（iii）段，了解一项专利的知识可能对招标的客户产生影响。

❻ 此外，措施（i）~（iii）在当事人的权利完全明知受到侵犯的情况下也有好处：它们使侵权人更难以无罪为由对补救措施提出异议［如根据UKPA第62（1）条、CDPA第97（1）条和35 USC 287（a）］，并且客户可以根据美国专利法第284条（35 USC 284）主张增加损害性赔偿。出于保密，标记可能具有证据价值。

❼ 因此，Business Wire（2004）报道了美国包装公司Constar International发布的一项声明，其中描述了两起美国专利侵权诉讼案的和解。第一项和解协议中，该公司收到2510万美元（并且可能是持续专利使用费）。根据第二项和解协议，另一个被告获得专利许可，但不在关键的业务领域（刚性包裹）。该项目以Constar公司总裁兼首席执行官的报价结束，他还承诺在必要时将发起进一步的攻击，以敦促任何其他侵权者进行谈判（作者于1988年宣布有兴趣起草相关的PCT申请）。

❽ 例如，根据UKPA第110条、UKTMA第95条和美国专利法第292条的处罚［尽管如此，幸运的是，美国发明法案（AIA）修改了最后一条规定，以便如本书第12章第3节中的讨论付费给“标识流氓”］。

❾ 拜耳的Nexavar强制许可已经引起原研制药公司的特别关注（Jack和Kazmin，2012）。

到“节点”业务，从而进一步发展。如第 5.39 段所述，制药等高利润行业以外的申请人往往不会在一些较小和/或较不发达的欧洲国家寻求保护，除非它们知道那里已经有竞争对手的“节点”。因此，如果一家公司突然将“节点”迁移到这样一个国家，在其竞争对手改变其外国申请实践和（多年来）建立的重要投资组合之前，它将享有相当大的免于专利诉讼的自由。表 10.1 列出在选定的《欧洲专利公约》（EPC）国家授予的年度专利数量。可以看出，除德国、英国和法国以外的国家都有明显的“专利自由”（Patent-free）。在这些国家中，意大利、西班牙和瑞士有望无限期地保持这种状态，因为不可预见它们将参与欧盟单一专利。其他国家（假设它们确实参与）只有在数年间授权单一专利总量不断增加的情况下，其专利覆盖范围才会接近德国、法国和英国的水平。

表 10.1　《欧洲专利公约》主要国家年度专利数量　　单位：件

德国	100	奥地利	21
法国	87	比利时	21
英国	86	丹麦	16
意大利*	57	爱尔兰	10
西班牙*	30	芬兰	9
瑞典	24	葡萄牙	7
荷兰	23	卢森堡	7
瑞士*	22	希腊	6

注：由 Straathof 和 van Veldhuizen（2010）的表 2 计算得出。除意大利（2003 年）和爱尔兰（2000 年）以外，其他国家都采用 2008 年数据。

* 号表明该国家不可预期是否会参加欧盟单一专利。假设药物专利在那些几乎没有授予专利权的国家完全占主导地位是合理的。预期是否会参加欧盟单一专利。

10.12　委托人积极申请专利并为其提供诉讼的依据，通过“墨西哥僵局”和战略性专利协议的可能性，降低了它陷入专利侵权指控的风险。此外，专利所固有的公开制度保护委托人免受其他人在后的有效专利威胁，如防御性公开（见第 5.26 段）。在法国（INPI，2013），只需一笔低廉的官方费用[10]就可以向 INPI 提交一份包含技术披露备案的“Soleau 信封”，尽管（a）需在后来申请以获得法国专利和（b）信封的内容不向公众公开，但该信封提供了一种“持有人权利保护”，让信封的提交人能在法国备案自己的技术并进行商业

[10] 2013 年，法国国家工业产权局（INPI）提供一份信封以 15 欧元的费用保存 5 年。

化。尽管需要在法国当地寻求咨询以获得这方面的建议，但“Soleau 信封”的使用率很高：2012 年就提交了 44321 份备案（INPI，2013a）（“Soleau 信封”也可能在商业秘密纠纷中成为有用的证据）。看来，“Soleau 信封”将继续无限期地为侵犯专利提供例外，即针对侵犯法国国家专利或 EPC（指定法国）专利，以及在法国实际生效后的欧盟单一专利（UPC Agreement，Council of the European Union，2013，see Article 28，especially the words “a right of personal possession”）。

10.13　正如第 4.46 段和第 4.47 段所指出的那样，争议可能是委托人与其供应商、客户和竞争对手在技术问题上合作所带来的一种不期望的副产品。在委托人向另一方提供可授予专利的发明细节之前，最好建议它自己先提交专利申请（即使合同条款似乎足以保护委托人自身权利），以使（a）另一方后来提交的任何专利申请无效，否则另一方可能在某个时候发起针对委托人的侵权指控，以及（b）如果另一方将该发明用于未经授权的目的，则可提供独立救济。笔者的经验包括，由它的委托人私下提供有关当事各方的不当行为的案例，其中涉及可获得专利的发明细节。它的一般看法是，如果委托人已经提交自己的专利申请，则另一方在没有审判或全面审判之前就会妥协投降；但是，如果委托人没有提交申请，委托人最终会采取“商业”而不是法律观点来对待这种情况，并且已经对另一方作出重大让步。简而言之，已经证明占有者在法律判决上一定程度占有上风。当然，在后一种情况下，委托人认为声称拥有权利破坏信任，但拖延（如果纠纷阻碍商业运作）和费用是阻碍这样做的因素。就费用而言，第 O/268/05 号案例至少在英国是有启发性的，这是两起案件中的一起（另一个案例将在第 10.14 段提到），两起案件中都是由南安普敦就委托人私下与其沟通的发明提出专利申请，但南安普敦已经评估并发现可行。申请人（在向南安普敦披露发明前，自己并没有提交专利申请）成功获得南安普敦的专利申请权，但声称其花费成本为 621000 英镑，其中只有少数是可以收回的。

10.14　有些读者可能对第 10.13 段所述的信任义务下“豪取强夺”的做法感到惊讶。心理学显然是双重的：

（i）如果另一方只是简单地将委托人与他沟通的一项发明提交申请，而自己没有做任何进一步的工作，那么当产生异议时，尽管难以置信，他仍然倾向于声称自己独立完成了这项发明，以便挽回面子。

（ii）如果另一方确实做了与发明有关的进一步工作，则告知他——“谁想到了什么，谁又向谁建议了什么，在这些问题上，人们在事后很可能有不同的看法，因为人就是这样。一个人很可能以牺牲他人的利益为代价高估自己的投入，这是完全可以理解的，即使他从根本上说是诚实的”（Jacob，LJ in IDA Ltd and others v University of Southampton and others ［2006］ EWCA Civ 145）。[11]

但是，如果委托人已经提交专利申请，另一方可以据称由于委托人在先申请的除权效力简单撤回自己的申请，而不失面子。

10.15　针对最终可能不得不违背信任或合同，在技术问题上与供应商、客户和竞争对手合作时，委托人应该（a）确保合同的条款适当（见第 11 章），以及（b）确保出于证据目的，将技术信息的传输情况记录在案。

规避侵权——专利侵权检索和一般竞争对手专利意识[12]

10.16　专利侵权检索和一般竞争对手专利意识都是棘手的问题。在美国，由于美国专利法第 284 条规定“故意”侵权行为可能会带来 3 倍赔偿的风险，因此，一些公司在政策上尽量避开竞争对手的专利，这当然阻碍了专利制度的目标之一，即传播技术知识（FTC，2003：16 ~ 17）。然而，至少有一家总部设在美国的制药公司没有采用刚刚描述的观点（3 倍赔偿问题在该领域不那么重要，因为最令人担心的是一项完全的禁令，而索赔人任何条件下都不提供许可）。无论是哪个行业，对于总部设在欧洲的公司，甚至包括其大量美国子公司，都倾向于不采用美国专利法第 284 条鼓励的政策。事实上，有些人认为竞争对手的专利提供了需要传播的宝贵技术情报；而这些专利可能引导检索者在其业务领域制作定期的第三方专利分类公告，以便提供给研发人员。此外，欧洲的产品责任保险公司可能将此类公告视为一种降低侵权风险的手段。

10.17　本节的其余部分是基于这样一种假设，即委托人不受任何美国专利法第 284 条的限制，即由其启动的自发查看第三方专利。

10.18　研发和其他人员（例如，受上述第 10.16 段提到的专利公告激励）会不时地要求他们的专利顾问考虑专利是否存在风险。委托人可能被告知，要在作出任何可能导致诉讼的行动前，尽早向法院提起无效诉讼（或寻求非侵权声明），或者在相关的 IPO 启动诉讼程序。欧洲专利局（EPO）的异议具有集中攻击“捆绑”专利的优势，而美国专利商标局（USPTO）诉讼的优势在

[11] 和第 10.13 段中的情况一样，南安普敦输了这个案子。然而，这是在上诉法院恢复英国知识产权局的决定并撤销高等法院判决的情况下，这表明这些问题可能有很多困难。

[12] 本节中关于公司在实践中所做的概括，主要基于调查中的 10 个内部做法，这些实践做法是发生在 A0.18 段所述的业务范围内。它们与 65% 的美国知识产权人协会成员（附录 20.1）不同意这一说法的事实是一致的：“我们总是在启动任何研发或产品开发工作之前进行专利检索。”（Bessen 和 Meurer，2008：70）

于，至少在某些情况下，其成功的可能性高于在美国法院发起的无效诉讼。[13] 近年来，USPTO 的诉讼程序被越来越普遍地采用（Tridico 和 Ratici，2010），而且最新美国发明法案（AIA）扩大了其适用范围。

10.19　第三方专利应该在多大程度上决定开展哪些特定的研究项目，这是一个问题。在生物活性分子如药物领域，很少有项目在没有专利布局的情况下就开始启动；原则上，可以用化合物分子进行这种提前布局，因为专利或多或少涵盖可计算的化合物列表，其可以与计划研究的项目中将筛选的生物活性化合物组进行比较。在大多数技术领域中，很少允许由第三方专利决定研究项目的选择。在这些领域，专利布局的正确性更令人怀疑，特别是如果它使用的是商业工具，它们通常不是基于权利要求，而是基于现有技术的引用（见第 4.23 段以及第 5.71 ~5.73 段）。此外，大多数针对某个特定问题的研究项目，人们在项目刚开始时并不知道哪里有解决方案（第 4 章再次提到创新的不确定性主题）；研究和商业化之间的时间延迟通常很长，以至于竞争对手的相关专利可能因没有续交年费或到期而失效。

10.20　下一个问题是，一旦认真考虑将特定产品或服务商业化，应该进行什么样的专利侵权检索。可以概括如下：

（i）在与生物活性分子有关的行业中，如前所述，第三方专利问题通常是一个需要追溯到研究阶段的持续过程，并且考虑这个问题很实用。

（ii）在其他与化学相关的领域（包括一般和特种化学品，一些能源技术、食品、洗漱用品和家用产品）中，经常会进行侵权检索。在化学相关领域，查找和评估第三方专利很实用。利用化学工艺生产已知的材料时，可能反对开展侵权检索，因为第三方专利权人在确定侵权方面会遇到困难；但赞成侵权检索的人认为：（a）由于欧盟知识产权执法指令（2004/48/EC），现在被指控侵权人方面的公开/证据披露比以前更为普遍；（b）受委托的高昂的生产加工厂，如果授予禁令，则必须被注销（参考第 A5.2.01（i）段）。

（iii）在机械领域，权利要求不像化学工艺那样容易解释，但在适当的情况下，侵权检索也是合理的。

（iv）但是在信息通信行业，解释权利要求的难度很高，同样，在任何情况下专利被无效的比例也都很高。[14] 这意味着如果进行侵权检索，多半会导致

[13] 与法院不同，USPTO 对所述权利要求进行最宽范围的解释，并依据“优势证据”规则进行操作［参见第 10.32（i）段］。USPTO 程序与法院程序之间的其他差别是更高水平的专业知识［没有陪审团的专家委员会 - 对比第 10.32（iii）段］和更低的成本（0.4 英镑 M-sh）。

[14] 因此，截至 2012 年 4 月，对诺基亚提出的 150 项专利中，有 71 项进入全面审判，并且这些专利全部被认定无效。只有一个案例经修改克服无效才使专利具备可能的相关保护范围（Vary，2012）。

无用的结论，即尽管有许多第三方专利可能覆盖委托人计划推出的产品或服务[15]，但这些专利很可能无效。委托人需要坚强的意志，除非他能依靠“墨西哥僵局”或战略协议；另一种选择是采用呆伯特（Dilbert）式绝望的忠告，然后退出这个行业（见第10.03段）。

10.21　化学领域以外——尤其是信息通信技术领域，关于难以解释的权利要求的一般性问题参见附录10.1。

开始处理争议，尤其是专利侵权争议

10.22　本节包含关于开始处理知识产权争议各个方面的说明，但不仅限于专利侵权争议。有关造假者和盗版者的具体要点参见第10.02段；如前所述，关于专利权利主张实体（PAE）的具体事宜见第12章。

发出和收到侵权指控的管理

10.23　需要管理委托人对外发出的侵权指控，以避免可能引起被诉的风险，并遵守司法管辖区内的任何诉讼前协议。不应该轻视与对方的第一次接触，例如，不先考虑接下来可能发生什么（参见下面的小节）；最重要的是，在专利侵权案件中，（a）应考虑反诉的风险（参见第10.24段），以及（b）对专利中的缺陷进行非常基础的核查（参见第10.33（i）和（iii）段和第10.36段）。[16] 委托人需要接受教导（参见第14章），不应在未事先听取从业人员意见的情况下发出这些侵权指控；不熟悉知识产权事务的企业内部法务人员可能需要接受特殊的培训，因为他们从一般培训中可能不能获知造成被诉威

[15] 或者，在学者和政策制定者的观点中有一种“专利丛林”，由Shapiro（2001：120）定义为“一个密集的知识产权重叠网络，公司必须破解它以将新的技术真正实际商业化”。Hall等（2012）对学者和监管者以前关于专利丛林的工作进行回顾。根据“三重引文”指标，他们得出结论，在英国，“几乎所有与电气工程相关的技术，特别是电信、视听和计算机技术”中都存在专利丛林，“有些证据表明，在光学仪器领域专利丛林正在增加”。

[16] 在笔者的从业经历中，有3次在正考虑实施的专利中发现这种缺陷，幸运的是，在发现它们的阶段，所有这些缺陷都是可以补救的。

胁的风险。[17] 对于收到的侵权指控，应该冷静处理，避免不必要的承认。有时候，申诉权利人可能就同一主题以多种途径接触委托人；如果发现这种情况（例如，一家收费协会正在接触一名以上委托人的图书馆员），则需要发出警告，以避免不一致的陈述或谈判立场。

专利反诉

10.24 如果专利权人以侵权诉讼威胁另一方（或通过向其提供许可而暗示将这样做），则另一方通常会收到考虑发起反诉的建议。尤其是在专利侵权检索正常的技术领域（见前一部分）之外，专利权人正要作出的诉讼威胁可能在不知不觉中侵犯另一方的专利，而另一方可能直到受到诉讼威胁的挑衅才意识到被侵权，而它一直寻找这种机会。或者，潜在的权利人（申诉人）可能在不知情的情况下成为与另一方“墨西哥僵局”的受益人（参见第 5.32（iv）段）的威胁令人不安，但确实可能引发“专利战争”。在发起任何威胁之前，应考虑可能的反诉。

关系和宣传

10.25 原告索赔人和被告之间现有的和未来的关系至关重要。举个最简单的案例，A 公司为了自己的最终用途从 B 公司购买了一件产品，而该产品在 A 公司所在司法管辖区内受到 C 公司所拥有的一项专利保护。因而 A 公司是一个侵权者（至少正持有和使用专利产品），但它也可能是 C 公司类似产品的潜在客户，以及其他产品的实际客户。因此，在对 A 公司直接采取行动之前，C 公司应该非常谨慎，避免因此损害可获利的关系。一般来说，如果 C 公司在 B 公司的生产或分销地区拥有相应的专利，那么 C 公司起诉供应商 B 公司要好得多，这样会带来额外的好处，因为它影响到 B 公司向 A 公司以外的客户

[17] 即使是经验丰富的英国诉讼律师也会发现有关威胁的条款是一个雷区。法定威胁条款对下列权利的侵犯主张有各种限制：英国专利、英国和欧共体注册商标以及英国和欧共体注册和未注册的外观设计。但是，对侵犯版权、假冒或违反保密责任的主张没有类似的限制。英格兰和威尔士律师协会知识产权工作组建议废除有关商标和外观设计的法定条款，以便（专利除外）能够在起诉之前起草一份全面的信函；这将增加有效和经济解决事务的可能性，并降低“先诉、后谈”的可能性（法律委员会在 2013 年就是否需要改变进行咨询）。非英国从业者需要了解这些条款的存在，如果他们（例如）在欧洲范围内提出主张，并且在英联邦国家中作出类似规定。即使在知识产权法中没有具体规定的国家，不合理的威胁也可能构成不公平竞争（Law Society，2006）。

销售。

10.26 当侵权人是专利权人的竞争对手，则不需要得到与客户一样的同等对待，即使此时也可能存在合作关系，并且双方的高层人员之间也可能存在私人关系。此时，人们可能预计，一旦受到威胁，竞争对手将运用这些关系，以减少专利权人对其侵权案件施加的热情。因此，重要的是要确保当委托人主张其权利时，其高层人员会获得简要的说明并证明侵权人正在接近他们。知识产权政策可以减少这种关系运用的影响（参见第 19.05（v）段）。

10.27 即使没有如前 3 段所述的反诉风险或关系问题，如果潜在的原告索赔人有一个有利的案子，他有时可能害怕如果他行使权利会带来不良的宣传；另一方可能被认为是受公众同情方，并可能考虑诉诸媒体。但是（除非委托人行事不当），笔者通常会建议采取强硬措施，以免这类当事方发现弱点并尝试利用。因此，笔者认为，由于宣传原因避免与如第 6.15 段所述的不合规发明人之间的权属纠纷，或者避免与第 10.13 ~ 10.14 段所述的与大学之间的纠纷是不明智的。[18]

10.28 委托人和从业者需要做好准备，以应对正在进行的诉讼可能在新闻商业页面上被报道或错误报道的可能。笔者曾经读过对他的委托人发起诉讼动机的媒体推测，这种推测不准确（而且吸引读者），在这种情况下，应咨询客户的公司关系顾问；但他们的看法很可能是，“回应只会让故事传得更快”。

专利侵权诉讼论坛——权利人的观点

10.29 在本节中，笔者仅限于描述诉讼论坛之间的重大差异，先从费用和业务中断开始。

10.30 由于以下原因，在英格兰和美国等普通法管辖区，专利诉讼的费用和业务中断要比法国、德国或荷兰等大陆法系管辖区更大：

普通法管辖区规定广泛的公开（证据披露），这种公开非常昂贵并且对正常业务造成干扰；美国律师已经向笔者报告潜在的原告由于要求详细电子披露而决定不起诉的事例，因为法庭上对证人进行了大量口头辩论和（交叉）盘问。

大陆法管辖区允许对所称的侵权行为进行调查，例如根据符合欧盟知识产权执法指令的程序（2004/48/EC）。在法国，“saisie contrefaçon”是非常有效的。反之，公开和口头诉讼是最低要求。

---

[18] 笔者需要声明的利益：笔者亲自参与了第 6.15 段提及案件中的早期阶段。

由此产生的费用大致是这样：美国诉讼的费用为500万英镑，英国诉讼的费用约为100万英镑[19]，欧洲大陆诉讼的费用为25万英镑。

10.31　如果侵权涉及金额规模足够大，费用本身不会阻止权利人，但是侵权规模适中的话，可能会阻止权利人。

因此，考虑3个假设的案例（a）每个案例中权利人都希望单独实施许可，如果法院诉讼成功，预计将从过去和将来的侵权行为中获得1000万英镑；（b）每个案例中全部审判都获胜的概率为50%，但是（c）只能分别在美国、英国或法国发起诉讼。如果权利人花费第10.30段提到的非常粗略的费用金额，大致可能的结果（权利人获胜、权利人败诉）如下：

权利人胜诉。在美国［通常不向原告（即权利人）奖励诉讼费用］，权利人的赔偿额获得比索赔额高50万～1000万英镑，比开始时高出500万英镑，导致大量内部业务中断。在英格兰（假设免除全部诉讼费用），权利人的赔偿额比他开始时高出1000万英镑，导致大量内部业务中断。在法国（假设免除全部诉讼费用），权利人的获赔金额比它开始时多出1000万英镑，内部业务中断很少。

权利人败诉。在美国（关于诉讼费用免除的假设与上述情况类似），权利人最终以比开始索赔金额低500万英镑的价格结案，导致大量内部业务中断。在英格兰，权利人的赔偿金额比它开始低200万英镑，导致大量内部业务中断。在法国，权利人的赔偿金额比它开始少了50万英镑，内部业务受到的影响很小。

我们可以用赌博的术语分析3个地区的情况。在所有3个国家（正如我们所设想的那样），权利人获胜的机会是“均等的”（Evens）。但这3个地区提供的赔率和所要求的赌注有很大不同。撇开内部业务中断（如果包括可能使所有的赔率变得更低，所有的赌注更高），我们看到，美国给权利人提供1∶1的赔率，要求500万英镑的赌注；英格兰的赔率为4.5∶1，持有200万英镑的赌注；法国赔率为19.5∶1，持有50万英镑的赌注。在某种极端情况下，美国的赔率是毫无用处的——专利权人最好将“赌注”存入银行——另一极端情

---

[19] 如果所要求的损害赔偿额低于50万英镑，那么可以在专利地方民事法院寻求非常便宜的审判，其中，公开不是标准。上述费用金额适用于英国高等法院。普通法国家的诉讼费用不是一个仅限于知识产权案件的普遍问题。Nigel Boardman是最成功的英国律师之一，在执业近40年之后，他写道，现在是时候通过废除披露和减少口头听证来“彻底改革英国的狄更斯法律体系”（Boardman，2012）（“狄更斯”是指查尔斯·狄更斯《荒凉山庄》中虚构的Jarndyce诉Jarndyce案例。在这一案件中，长期的家庭纠纷中花掉的法律费用耗尽了所有争论的财产）。在2013年4月1日修订“民事诉讼程序规则”时，英国高等法院的费用将如何受到影响还有待观察。专利地方民事法院将在2013年10月重组。

况下，法国的赔率允许以小赌注进行一场很有吸引力的赌博。在这两者之间，英国人的赔率具有一定的吸引力，但可能比法国更容易因出错而变糟，因为假设的数字为 1000 万英镑和 50%。即使这些假设数字得到印证，英国的赔率也只有从长期平均的角度上与其他类似的诉讼一起被视为有吸引力，而这样的观点可能并不可行：对于一家中小企业来说，有 50% 的概率损失 200 万英镑很难让人满意，因为这可能代表一年或更多的利润；而对于一家大公司的业务部门来说，这可能对高层职员的奖金产生重大影响。[20]

10.32 在许多案例中，专利权人在若干地区拥有等效的专利，而另一方正在这些地区进行涉嫌侵权的活动。因此，专利权人可以选择以任何一种方式起诉［可能还有其他方式，例如根据欧盟布鲁塞尔条例（44/2001/EC）］。除利润率较高的医疗行业之外，专利权人通常只能在一或两个主要的地区获得成功，以说服大多数被告在所有涉案专利的地区寻求和解。因此专利权人会“挑选法院属地”（Forum-shops）。已经讨论过的费用和业务中断，可能解释为什么英国法院的专利诉讼数量仅是法国或德国法院的一小部分（Clayton 等，2012：9），其他因素如下：

（i）在美国法院，原告（即权利人）受到实体专利法的青睐。首先，根据美国专利法第 282 条，USPTO 授权的专利被认为是有效的，美国法院只能根据“明确和令人信服的证据”才能撤销 USPTO 的专利授权决定。其次，根据美国专利法第 284 条，故意侵权可能造成 3 倍赔偿。

（ii）在美国，在地区法院之间进行选择是可能的，例如，得克萨斯州东部地区法院因为倾向于专利权人而享有盛誉。此外，涉及进口的案件可由国际贸易委员会（ITC）根据 1930 年美国关税法案第 337 条处理。然而，由于三星公司在 2013 年 8 月发现 ITC 的失信，ITC 的“决定”受到美国总统的审查。在该案中，总统选择驳回这项决定，该决定将阻止进口为苹果公司生产的、侵犯三星专利的设备。然而，通知 ITC 的驳回信函（Froman，2013）指出，驳回决定“并不意味着在这种情况下专利权人无权获得补偿”，并且“专利权人可能继续通过法院寻求权利”。

（iii）在美国法院，判决的质量可能比较低，例如与英国相比较，英国的一审有专业专利法官，通常有两级上诉。在美国，一审地区法院的法官可能不是专家，最终的决定通常是由普通公民组成的陪审团作出。这有利于法理上较弱而情感表现力较强的一方。

---

[20] 有关解决此类问题的可能方法，参见第 15.22 段。

（iv）在德国，侵权由单一的“地区”法院进行判决[21]，而各个地区法院在审判速度上进行竞争。因此，最近，一家公司在杜塞尔多夫的诉讼案判决就被曼海姆法院的反诉判决超过（Keltie，2012）。

（v）在德国，无效和侵权诉讼是“分别审理”（Bifurcation）的，联邦法院审理无效的反诉，该法院比曼海姆和杜塞尔多夫法院的判决要慢，同时，这两个地区法院已经发现侵权行为并且授予专利权人临时禁令。[22] 地区法院通常只在现有技术的意义非常显著或者字面上没有侵犯权利要求的情况下才会考虑现有技术（但是“等同”的主张现在很少成功）。这可能利于专利权人更宽泛地解释侵权和狭隘地解释有效性[23]，同样剥夺了被指控侵权者的“挤压”辩护[24]；只有在两个法院的上诉中，被告才能确定用于判断侵权的权利要求的构成与用于判定无效的权利要求相同（Rödinger，2012）。第 10.10 段已经指出德国这种“分别审理”对信息通信技术行业的影响。

（vi）尽管 1978 年进行了法律协调，但 EPC 各成员国的国家法院对权利要求解释方法的分歧造成不确定性和国际上的不一致。因此，Brinkhof（2009）得出的结论是，荷兰最高法院认为“斯特拉斯堡公约、欧洲专利公约以及欧洲共同体专利公约对修改专利法的意义很小”，让更低级别的、更专业的法院“陷入困境”。Brinkhof 将荷兰的情况与英国和德国进行对比，在英国和德国，最高法院试图采用一种与欧洲协调一致的方法。然而即便在德国和英国，在权利要求范围超出其字面范围之外的拓展也有不同之处，需要区别对待：在德国，等同原则仍然存在（尽管很少适用），而在英国，Amgen 的 Hoffmann 勋爵（参见第 1.30 段）对比喻性解释方法作出规定。

（vii）公开（证据披露）的程度——以及影响上文所述的费用——可能通过揭露与发明有效性（如发明人的笔记本内容）以及侵权有关的事实，实质性地影响案件的结果。前者很可能只在普通法管辖区内，并且可能是权利人不选择它们的原因，前提是权利人不难确定侵权的事实。发明人与原始专利起草人之间进行保密通信的司法管辖区可能没有特权去特别关注权利人（见第 2

[21] 德意志联邦共和国由 16 个州组成，它们自己的州政府在不保留给联邦政府的事务上拥有行政权力。

[22] 30 年前，德国的权利要求是非常狭隘的“中心”权利要求（见附录 20.2），这时候分别审理可能更有意义。

[23] Vary（2012）通过比较表明，对于专利侵权判定而言，权利要求是一只干燥的、毛茸茸的、无所不包的安哥拉猫，而对于专利有效性判定而言，权利要求则仅是一只湿的小猫。

[24] “挤压”辩护的形式是“如果权利要求在 X 方面被广泛解释，那么它涵盖被告的产品，但对现有技术无效；如果在这方面进行狭义解释，那么产品就不会被覆盖，其有效性并不重要”。

章)。

(viii) 在统一专利法院 (UPC) 成立时 (不迟于2015 年), 上述欧洲做法的变化仍可能反映在国家法院或地区法庭中, 国家法院将继续同时处理国家授权的专利和一些欧洲 (国家阶段) 专利。

被告对专利侵权的反驳及无效反诉

10.33　关于现有技术, 有以下几种情况:

(i) 专利权人和被告都应该汇总和 (重新) 考虑所有的现有技术, 不仅针对诉讼中的专利, 还要针对在其他地区所有相应的专利申请。专利权人如果发现修改要求, 就应当在未来的被告出现之前考虑从相关的专利局中获得该修改。

(ii) 如果诉讼中的专利没有或很少有相应的申请, 则被告人至少应专门委托检索那些已经在其他主要专利局已经发现, 并向其提交相应申请中的现有技术 (比较第 5.08 段)。一般的检索可委托专业检索人员进行。[25] 如果某项专利与标准有关, 那就有必要核查任何之前向标准机构披露的发明的非保密信息。

(iii) 就美国诉讼而言, 专利权人和被告都应该核查专利权人是否存在失误, 即未向美国审查员披露专利权人在其起诉期间知晓的现有技术 (其可能发现对不公平行为的指控)。数十年来, 这种披露的重要性已经被原始起草人的非美国从业者所熟知 (如附录 0 的脚注①所定义的); 但仍会犯错误。在接近准被告之前, 专利权人通常会很好地处理 USPTO 诉讼程序中的这种失误。

10.34　被告不应忘记要审慎地考虑, 专利权人也应该积极准备, 寻找可能缩小权利要求范围来否认侵权的论据: (a) 根据专利本身的文本, 或者特殊规定, 例如美国的"方法加功能" [参见第 5.13 (iv) 段], (b) 基于美国的专利申请记录不容反悔的规定, 或者 (c) 模仿权利人在任何专利局或法院争论有效性时提出的缩小解释范围。专利权人应仔细分析具体实施例是否存在可能因公开不充分而被攻击 [例如 UKPA 第 72 (1) (c) 条对应于 EPC 第 138 (1) (b) 条或不支持美国专利法第 112 (a) 条]。起诉中提出的权利要求的修改可能被发现"附加事项"攻击 [例如根据 UKPA 第 72 (1) (d) 条对应 EPC 第 138 (1) (c) 条], 或者美国专利法第 112 (a) 条下的"缺乏书面描

---

[25] 最近也出现"众包"检索 (Ghafele, 2011; Turley, 2012), 似乎没有就它们是否有效达成共识。

述”攻击，被告也可以利用实际中获得的许可（例如在研发合作协议中）或承诺（如在标准承诺中）。

10.35　关于显而易见的问题，专家证人陈述的可行性至关重要。在英国和美国等国的交叉口头盘问中，证人必须是可信的。

10.36　最后，不应忘记专利律师的基本知识。争议双方一开始就应该核查专利的官方档案，以确保它仍然有效。一旦考虑诉讼，原告的专利律师就要采取特别的预防措施：

（i）需要缴纳未来的专利年费，以为诉讼中的专利以及同族专利提供三重安全保障。

（ii）任何仍在起诉中的同族专利申请都应该考虑用于诉讼。必须考虑引用这些申请的“新”现有技术，并缩小被告可能使用的解释范围［参见第10.34段（c）］。

关于系统处理（i）和（ii）的问题，请参阅第5章最后一节。

文档

意见——供从业者自己参考的备忘录[26]

10.37　一线知识产权顾问通常会创建一份备忘录，主要供他自己使用，然后就其案件的优缺点和/或准备咨询当地或外国专家的建议，向委托人提供意见。这份备忘录可以在任何诉讼或谈判中得到改进、更新和提及。

10.38　备忘录中要重点区分基本上不可挑战的声明，例如“根据1994年商标法第3（2）条，如果商标完全由货物本身形状所构成的形状组成，则不得对其予以注册”“第9行的‘Which’有两种可能的在先指代，第4行的B和第5行的C”

——记录观点，比如“我认为权利要求1第9行中‘which’指代的是C，因为……”

——事实上，在这种情况下通过“我认为”标识出这是一个观点。

10.39　为了确保他人能够理解（针对其他人可能接管案件），并且确保自己不受任何疏忽的指控，从业者应该在备忘录中记录他推理的所有步骤。小说家和教科书作者通常假设读者会做出推断；但这并不是备忘录中好的做法。

[26] 该术语取自较早的英国审查文书“英国专利的侵权和有效性”。如今，在CIPA/ITMA联合检查委员会的P6论文中，这个词被“详细说明”取代。

例如，权利要求结构的陈述：

“权利要求 12 引用权利要求 1 至 11，并且包含权利要求 1 的所有特征，权利要求 1 是它所引用的范围最宽的权利要求。”

——推荐给候审人，这在备忘录中很有意义。这项特别的声明记录（a）从业者已注意到权利要求 12 的引用关系，（b）他已考虑并在被驳回的情况下，有以下可能性：

权利要求 12 本身就是一项修改权利要求（本术语参见第 5. 15 段），

权利要求 2 ~ 11 中的一项是修改权利要求，

权利要求 2 ~ 11 中的一项是独立权利要求。

该声明还为随后对于权利要求 12 的意见提供合乎逻辑的前提，例如，“我已经得出结论，由于显而易见性权利要求 1 是无效的（不具备创造性），我认为权利要求 12 的特征是显而易见的，因为……；因此我认为由于显而易见性权利要求 12 是无效的”。

10. 40　出于任何关于特权的担忧[27]，备忘录应记录法庭上可能出现的所有问题。这是一个实质性的挑战，因为实际上是否出现特定的问题往往取决于另一方是否争论某个特定的早期观点以及这个问题是如何决定的。

以逻辑分支树的形式相应地构建备忘录十分困难。即便如此构建备忘录，在最后，从业者也很可能不再知道他自己认为是最可能的审判结果。一个避免“分支树问题”的方法是，首先，提出一致的论点，在论证中，从业者放下他认为法官将决定是否提出要点的内容，表明任何对事实或证据作出的假设。然后，他得出一个结论，可能是（比如说）——

“被许可人的行为违反了第 9. 4 条”“该专利的权利要求 3、权利要求 5 和权利要求 7 涵盖所提出的产品，但权利要求 3 和权利要求 5 是无效的，权利要求 7 虽然有效，但可以围绕该权利要求进行设计。”

最后，从业者回顾他的论点，确定关键的“分支”点，并附上以下陈述——

“如果证据不支持上面对 D 所做的假设，那么后果就是……”“如果我错误地认为以上权利要求 1 中第 9 行‘which’指代的是 C 而不是 B，那么后果就是……”

在专利意见中，如果从业者的“单一一致论证”考虑（a）在专利的字面上每项权利要求的构成要点，（b）这样解释每项权利要求是否涵盖所指控的

---

[27] 关于第二类特权的担忧如何影响备忘录，参见第 2. 36 ~ 2. 40 段。一旦考虑诉讼，第一类特权就补充第二类特权。

侵权行为，以及（c）是否如此解释每一项权利要求都是有效的，那么通常他在分歧点上已经有这些评论的前提。

意见——从业者与委托人的沟通

10.41 在创建刚刚提到的备忘录后，从业者需要向委托人概述他的推理——并且正如备忘录中，在适当的位置出现“我认为”对客户是一个有用的提醒，它只是一种意见。委托人希望对另一方获胜的机会有一个评估。调查中，英国的私人执业知识产权律师敏锐地意识到这样做的困难，而不表现出过度的精确性，从而迫使自己承担赔偿责任或至少是委托人的责难。一种建议是将委托人的成功（或失败，根据经验）的机会表示为“高”“中”或“低”。如果按照第10.31段的要求进行计算，例如，“中”将必须转换为“50：50”，并提出警告。

10.42 委托人将依据对风险的看法，在采取某种商业行动之前，对可能取得的收益进行风险权衡并征求意见。正如已经指出的那样，存在一些风险，特别是品牌方面，笔者认为，即使风险是“低”的（参见第10.07段和第10.08段），从业者也应该劝阻委托人，因为收益是微不足道的，除了可能的心理收获。

文档管理——诉讼目标说明

10.43 笔者以及受访者的经验是，即使诉讼是以预计的方式进行的，申请人经常会随着诉讼的进展而变得不满，尤其是在费用上升的情况下，更不用说如果出现意想不到的情况。有时候，委托人会因为生气而开始诉讼，比如感觉他们被欺骗，但是这种情绪本身并不能维持他们对诉讼的热情。

10.44 管理申请人对诉讼感受的一种方法是，在一开始就制作一份文档，说明申请人在诉讼中的纯商业性、非感性目标以及导致他发起诉讼的关键预设。因此，对于第10.31段所设想的英国诉讼，最初的说明可能指出，委托人认为他有50%的概率损失大约200万英镑，而获得大约1000万英镑赔偿的概率也是50%。[28] 反过来，也将列出假设能获得1000万英镑金额的证明（基于被告的销售额和假定许可费率）。随着诉讼程序的进行，披露的信息可能表明1000万英镑太高或太低，另一方可能提出新的论据，或者不像预期的那样，从而改变50%的概率。如果定期更新和回顾目标说明，委托人可以清楚地了

---

[28] 一般而言，目标的陈述将比这更复杂，例如涵盖禁令的可能性以及因缩减被告活动而导致的申请人销售额改善。在第10.31段中，假定申请人只希望通过许可来利用该专利。

解发生什么，并且可以设计新的选项（包括如果前景恶化可以出现的和解或放弃）。

10.45　在诉讼期间，委托人的联系人很可能发生变化，这种情况下目标文档的说明将具有特殊的价值。新的客户联系人可以在他的前任支持诉讼的基础上提交目标说明，并邀请他们作出类似的结论或要求新的选择。

10.46　委托人如果是一名被告，从一开始就本能地对诉讼不满，即使在他的案件中，一份不断更新的目标说明将有助于他确定在哪些问题上可能变得更具侵略性或寻求解决，或者停止侵权的商业活动。

纠纷的案件管理系统（CMS）

10.47　就专利和商标案件（参见第 5.57 ~ 5.61 段和第 8.44 段）而言，如果所述的案件管理系统（CMS）有为每个案例记录附加文本字段的功能（受第 10.40 段脚注中已提及的特权影响），有关任何纠纷案件的每条记录（参见第 3.20 款计划中的 H 或 J 系列文件）的商业状态叙述都会有强有力的论据。从文件打开到工作完成都将保持定期更新。正如第 5.78 段所述，如果 CMS 内的所有案例记录都附有商业状态说明，那么 CMS 作为一个整体将成为一种最强大的管理工具，可将不同的专业活动联系起来并避免严重错误。

第 *11* 章
知识产权协议

这起诉讼起因于当事各方（特别是当时代理案件的顾问）的失误，在当事方签订顾问协议时未能考虑或规定在原告参与过程中可能出现的知识产权问题。这起诉讼的最大教训是，在这类协议中规定这些权利是非常重要且必要的。

——Mr Justice Lightman（b. 1939）in *Ray v. Classic FM plc* [1998] EWHC Patents 333（18 March 1998）

用合同规范未来，因为未来是不可预测的，需要解释的问题必然随之而来。

——（US）Judge Richard A Posner（b. 1939）（Posner，2005）

"当我使用一个词时" Humpty Dumpti 说，

"意味着我选择了它正好要表达的意思——不多也不少"。

——Lewis Caroll（1832～1898 年），*Alice through the looking glass*，Chapter 6

本章目标及知识产权协议起草概论

11.01　知识产权协议是汇编判例和评论的主题（Anderson，2010；Cook 和 Horton 和 Melville）。本章不打算与这些前人的作品竞争或者对它们进行总结，而是力争选择一些特别实用的事项，这些事项对专业的知识产权协议从业者以及与他们合作的知识产权申请和诉讼从业者具有重要意义。[1]

11.02　正如本书前言所述，主要的法律专业资质不能单独地让从事知识产权协议起草工作的执业者做好准备：他们不能同时提供有关知识产权、合同和竞争法的必要知识。调查中的许多做法通常是全权负责谈判和起草知识产权

[1] 直接参与协议的、经验很少的知识产权申请和诉讼从业者可以参考 Anderson（2010）第 2 章，特别是如果他们发现知识产权协议很难实行时。

协议❷，即通过额外的正式培训和在职培训解决这一问题。在获得这些做法时，其委托人享有相当的特权，因为称职的知识产权协议从业者并不多：Anderson（2010：41）指出："在英国，一些有声望的商法律师在技术转让协议方面的经验相对较少。"因此，许多参与知识产权协议的企业和大学都依赖非专业的从业者，而这些从业者反过来倾向于过分依赖判例和标准条款。虽然强烈依赖判例和标准条款很符合（例如）常规销售和采购合同，但并不适用知识产权协议，因为事实背景通常很复杂。

11.03　与知识产权合同直接相关的资金价值（特别是保密协议/不公开协议（NDA）❸、一些研发合同协议以及研发合作协议）可能太小，以至于委托人认为他无法获得所需的专业知识水平，使先例或标准条款适应复杂的背景事实。这当然是过分简单化的。❹ 例如，一份起草不当的保密协议可能无意中给一方提供免费的许可以商业使用另一方提供的有价值的技术；对技术研究结果 X 的控制可能决定这种盈利性创新的大部分分配。❺

11.04　刚才所讨论的两个因素的影响，即熟练的知识产权协议从业者的稀缺和客户的虚假经济，都会影响笔者的经验，即起草协议的平均质量（实际上是曾经执行的协议）的效果令人失望，经常遇到对事实和法律的误解以及内部不一致。笔者的经历反映了（专家）知识产权律师在调查中对从另一方收到的一些协议作出的评论。

11.05　充分了解知识产权、合同和竞争法是成为知识产权协议从业者的必要条件。此外，从业人员必须非常详细地询问委托人，了解事实背景和商业目标，并建设性地挑战委托人对未来的看法（委托人对交易和目前商业计划的热情倾向于对未来其他和可替代的想法）。要成为一名合理且具有挑战性的问讯人员，从业者需要具备适合该案例的技术理解和商业意识。

技术协议所必需的相关技术理解已经在第 1.37 段、第 1.46 段、第 1.47

---

❷ 每 10 位专利律师中就有 1 位私人执业，所有 5 位诉讼律师都是私人执业（被选为非典型的知识产权专家），每 10 家公司内部知识产权法务中就有 8 位执业（参见附录 0）。

❸ 通常，对于保密协议/不公开协议，根本没有资金转手，并且双方之间沟通相关的成本微不足道。Anderson（2010：67）表明，根据英国法律，有时可能需要引入名义上的 1 英镑代价。

❹ 比较 Dilbert 的经历，当他决定不寻求"低价值"合同的法律建议时，他发现他已经同意摘取他的器官（Adams，2011）。

❺ 第 4 章讨论的研发与创新过程的不确定性将产生新的问题。如果有 10 份合同，每项都涉及 x 英镑的研究（总成本 $10x$ 英镑），那么如果 9 个产生的结果几乎毫无价值而只有 1 个成功且产生的价值为 $100x$ 英镑，这在一些技术中不足为奇。然而，人们无法提前预测这 10 个技术中的最后一个是哪一个（否则根本不会进入其他合同）；只有通过全面关注所有 10 个单独的低价值合同，客户才能确保享有 $100x$ 英镑的公平份额。通常所谓研究合同的"价值"，即按合同完成工作的成本或价格，与结果的价值之间只有最不确定的关系。

段以及第4.12（ii）段中进行讨论。通常情况下，专利起草所需的成本并不高，但从业人员至少应该能够使用技术字典和/或与技术专家（如客户的专利起草人员）进行有效协作。商业意识应足以揭露客户没有意识到的关键问题。通常，客户会向执业者提供它们认为是商业问题的合法解决方案，讨论主张知识产权所有权、许可和/或设立合资公司或"伙伴关系"❻，但是，没有完成必要的初步步骤，以充分形成正在寻求解决的问题。从业者需要坚持让客户来解释：（a）利润来自技术、产品和/或品牌，（b）客户为什么需要牵涉另一方，（c）它认为利润应该如何在它与另一方之间分配，以及（d）当这些问题会扰乱客户当前的现金流时，另一方可能对这些技术、产品和/或品牌做些什么。经过（a）~（d）的整理，从业者可以在自己的脑海中勾画出符合竞争法的协议，以达到客户的目标，并假设对方同意。如果与对方的初步谈判主要集中在（a）~（d），与其试图预测实现这些目标的法律机制，不如及早发现可能需要妥协的冲突目标或实际上存在不可调和的冲突，以便各方能够尽快摆脱谈判（因此尽可能友善）。

11.06　下一个问题是由一方向另一方提出协议的初稿。一方提出的初稿与第11.05段初步讨论的商业原则（a）~（d）得出的结论相矛盾，或者总体上很荒谬以至对方律师很难接受，这都是很常见的。这些初稿有时是由没有能力的从业人员起草的，对于客户的安全来说，有太多错误。然而，有一些完全胜任的从业者，显然在英国是少数，他们经常在初稿中提出"试用"；这种行为是基于道德上的界限（参见第2.07段，最后3句），有可能提高双方客户的成本。❼

11.07　本章的第2节涉及选定的法律和起草技术。第3节涉及各类知识产权协议的一些战略、商业和管理问题。第4节简要介绍税务问题。第5节也是最后一部分，讨论如何使用行政管理（a）提高协议的质量，（b）避免客户无意违约，（c）改善另一方遵守协议的情况。

---

❻ 最后，在英国法中合同有很高的比例需要条款来避免这一点。

❼ 显然，从业者向另一方提供他们可能不需要的东西是对客户的一种损害，而且，双方不可避免地期望讨价还价。但是，起草与另一方需求的初步讨论完全不一致的初稿或者提出荒谬的保证或终止条款则完全是另一回事，是（引用调查受访者之一）"时间和金钱的巨大浪费"。一位受访者表示，对于日本公司来说，"试用"初稿可能是一个严重的错误，它们可能在这种游戏中受到冒犯并暂停考虑交易。

选定的法律和协议起草的技术性细节

双方的身份认定

11.08 本书的任何读者都知道的一个基本观点是，如果不确定协议的当事方，协定就不能在法律上得到执行。特别是如果另一方不使用职业律师的服务（例如，研究人员自己签订协议）[8]，这是一个尽职调查的问题，以确保当他们说有 ABC 研究实验室有限公司时，是真的有一个，并得到正确的注册地址，这可能不是该实验室的地址（在英国，根据公司管理部门 Companies House 官方网址 www. companieshouse. gov. uk 提供的免费查询服务查询公司地址）。

11.09 除了第 11.08 段提到的基本观点之外，知识产权协议经常出现因双方寿命产生的身份确认困难。在协议可能的有效期内，如果公司的名称发生变化，那么其注册地址很可能也会发生变化。[9] 可能出现以下任何一种情况：

（i）由于希望在市场上重新定位或由于并购活动而产生的总体品牌重塑。有关这方面的例子，请参见第 8.33 段。

（ii）次要品牌重塑。例如，ABC Paints plc 公司可能会重新命名为 ABC Coatings plc。

（iii）重组公司集团。[10] 例如，一家公司可能将其名称从 ABC 公司更名为 ABC（Holdings）plc，以反映其中的业务已经被划分为子公司，现在它已成为集团的母公司。相反，母公司可能会停止报价，并在其上面插入一家新的报价控股公司；“降级”公司可能从 ABC 公司更名为 ABC（运营）有限公司。

此外，在不同的法人之间切换名字也很常见：如第 8.37 段所述，某人的名字可能从贸易公司转移到控股公司，反之亦然；更令人困惑的是，在大公司集团内，不同的贸易公司可能在不同的时间使用完全相同的名称。[11]

11.10 因此，表明无论在哪里（例如在英国或法国）都有与法人唯一关联的公司代码，除了当前的名称和注册地址外，还应记录在协议中。然后，在

---

[8] 注意在这些情况下出现的道德问题［参见第 2.07 段（vi）］。

[9] 例如，在目前金融时报指数 FT30 的公司中，超过一半的公司在过去 20 年中更换了公司名字。Marks and Spencer p. l. c. 和 Tate&Lyle public limited company 是少数几家与 20 年前名字相同的公司。

[10] 关于集团重组的可取性，参见第 13.02 ~ 13.05 段。

[11] 笔者在职业生涯中多次遇到这种情况，都在英国大公司集团内部。笔者敦促公司秘书停止这样做。

晚些时候，如果有任何疑问，可以在相关的正式登记册中查询该代码。一名从业人员拿起一份不带数字的旧协议，应该定期检查以确定另一方或多方的真实身份（WebCHeck 提供有价值的“曾用名”和“注销名”在线搜索）。

11.11 在转让知识产权的案件中，插入公司代码就比较有优势。在代理受让人时，从业者可能发现转让人未能将其以前的变更名和注册地址在相关的知识产权局（IPO）备案，而且往往会拖延多年。假设 2013 年 10 月，一组专利、注册商标和外观设计由第 8.37 段的第 178088 号注册公司 Dodecahedron plc 转让给客户，该公司最近更改了它的名称，在这种情况下，相关知识产权局未能备案这一事实的情况就情有可原。如果转让不仅包括新名称，还包括原名称和代码，那么知识产权局将很乐意接受证明新所有权的转让文件以及来自 Companies House 的第 178088 号注册公司官方标准证书——WebCHeck 打印输出还不够——还需要列出第 178088 号注册公司的当前名称和更改地址以及更改日以前的名称。

定义——常规

11.12 知识产权协议经常会有一个广泛的定义条款，这是协议生效的关键。英国的传统做法⑫是在定义条款中将定义的术语本身大写，例如

“‘净销售额（Net Sales Value）’的意思是……”

并在该协议的后续生效条款中暗示对该定义的引用，例如

“被许可方应向许可方支付净销售额（Net Sales Value）的 5%……”

11.13 传统的大写做法原则上具有以下的优点，即允许在“专利”（定义为“附表 A 所列的专利”）和在其他背景下的一般专利（未大写）之间作出区分（例如保证条款中提到的第三方专利）。笔者建议采用“带括号”的方法使用传统的大写方式，在这种情况下，通过使定义的术语具有足够的独特性来减少发生误解的风险，而不会在其他未大写的场合造成意外的误解。在上述案例中，“附表 A 专利”将是一个更好的术语，除非协议很简单，以至于我们有信心从协议起草一开始就不会提到其他“专利”。

11.14 通常，避免将术语定义为与其正常含义不一致似乎是一种好的做法。笔者甚至见到有人将“专利”定义为包含非专利的内容，例如英国注册

---

⑫ 这种做法纯粹是法律术语；在数学、科学或哲学中，现代作家没有使用类似定义复杂性的文本。即使在英国的法律实践中也不普遍。英国的立法中没有使用它。HMG 并未在公司章程中给出这种建议（Companies，2009）。有趣的是，这种意义上的定义很少用于专利说明书中；通常，生效条款（权利要求）的等同条款在第一近似中是独立的。

外观设计。法院可能接受 Humpty Dumpty 的做法（引用本章开始的话）并在判案时不考虑定义，但协议生效后，将会被非专业人员参考，而他们的混淆可能导致本可避免的违规和纠纷。

技术协议中的“知识产权”定义

11.15　谈到技术相关的知识产权协议中“知识产权”[13] 的一般定义时，即使在经验丰富的从业者中，也分两个派别。调查中，知识产权律师的做法存在分歧，事实上英国 Magic Circle 律师事务所的知识产权组内就存在分歧。第一个思想学派将“知识产权”定义为仅包括专利和版权等真正的知识产权；技术诀窍或商业秘密通常由第二种定义术语表示，例如“技术信息”。

第二个学派将信息纳入“知识产权”定义中，这非常令人眼花缭乱（相当 Humpty Dumpty 式），因为信息通常并不是一般的物权，至少在英国法律中，这是一个人可能持有但是不能拥有的东西。[14] 这些定义（不分学派）在更具体的定义中被使用，例如前景[15]知识产权、背景知识产权、前景技术信息和背景技术信息。之后，整套定义在实施条款中被使用。

11.16　遵从一个学派或另一个学派实施条款的实际后果如下：

第一个学派将知识产权和技术信息分开定义。这里的主要观点是任何许可授权都分为两个独立部分，如前景知识产权和前景技术信息。有关前景知识产权转让的条款在法律上是合理的，因为该定义只涵盖可以拥有的东西。假设现在你希望有一个与前景技术信息相关的效果相当条款，例如，A 方已经产生的，但 B 方希望控制其开发。为达到这一目的，可规定不使用信息或将其披露给第三方（可能是交付或销毁副本）的条款，而 B 方被赋予全权处理信息而不考虑 A 方。

第二个学派认为，知识产权的定义包括信息。这种方法简化任何许可授予条款：只需许可前景知识产权。但是，如果控制所有这些信息要从 A 方转移到 B 方，那么与前景知识产权有关的转让条款将不会这样做，因为人们一般不转让信息；那么就必须将真正的知识产权和信息分开，并像第一个学派那样来处理这个问题。在一份简单的许可协议中，第二学派通过许可授予条款而获

---

[13] 一些起草人在定义的术语中排除了“权利”一词。

[14] 在 Fairstar Heavy Transport NV 诉 Adkins 案和［2012］EWHC 2952（TCC）案中重申了英国法律中信息不属于财产的原则。上诉法院拒绝就该主题发表“存在争议”或“赞同信息中永远不存在财产的主张”（［2013］EWCA Civ 886）。

[15] “前景”是研发合同协议和研发合作协议中常用的术语，用于描述性地引用根据协议执行的项目而产生的那些事物。“背景”通常是指在其他方面的引用，正如它们在协议中由一方所许可的。

益，即使是非专业客户也可以理解。但是在更复杂的协议中，比如研发合作协议和并购协议（转让、许可证和受许可证支持的转让），第一学派的方法有助于严格地起草协议。因为在起草协议时，人们不知道协商可能会多么复杂，当由笔者来起草“初稿”时，笔者一直采用第一学派的方法。重要的是，不要混淆两个学派的判例。无论采取哪个学派的方式，任何使用信息的许可都应与第11.17段讨论的“保密”条款相结合。

协议中要注意的错误

11.17 人们经常会遇到与授权许可使用信息不完全一致的保密条款。建议保密条款应明确规定，信息的接收者可自由使用协议其他条款授权的信息（例如制作产品）。此外，需要注意的是，实际行使出售产品的许可证可能必须首次披露该信息。Cook 和 Horton 在这方面建议在许可产品的市场化或销售或服务或维修过程中引用“［必要的披露］”。笔者经常起草“保密条款”“保密和限制使用信息”，强调它必须与任何许可授予条款连续出现。

11.18 粗略限定的“期限”条款也很频繁，不能清楚地说明有关结束日期是否为：

（i）某些事项（例如，由一方向另一方提供信息，或由一方或多方完成研发工作）的完成日期；

（ii）各方之间提供任何信息不再受保密条款限制的日期；

（iii）被许可人必须停止制造和销售许可产品的日期；

（iv）许可证被“支付”的日期，即超过该日期，被许可人可以制造并出售许可产品而无须支付任何许可费。

显然，（iii）和（iv）之间的任何混淆都非常重要。对于被许可人来说，（iii）和（iv）在商业上几乎是完全相反的。

11.19 非专业人员经常提出共同拥有研发合作所产生的知识产权的建议，他错误地认为（a）双方之间的协议必须公平，以及（b）该协议避免需要知识产权许可的规定。对这种提议的回应应该是，各方利用成果权利的结果将取决于事实上产生的知识产权类型和开发所在的国家，导致这种混乱是任何理性的一方都不可能想要的。[16] 相反，通常每个合作者都拥有其产生的知识产权，

---

[16] 例如，未经其他共同所有人同意，英国版权的共同所有者不得自己利用该作品，而英国专利的共同所有者可以在不与其他共同所有者核算的情况下利用该发明。此外，未经其他共同所有人同意，英国专利的共同所有人不得许可第三方，但美国专利的共同所有人可以在不与其他共同所有人核算的情况下许可第三方，等等（Kim 和 Lipton，2012 年回顾了 13 个国家的共同所有权）。

并将其授权给其他人，或者（在大学合作者的情况下）将其转让给主要的产业合作者，并将其许可给其他人。[17]

协议本身的保密性——对随后尽职调查的影响

11.20　许多类型的协议通常都有一个“样板”条款，规定该协议本身不应由任何一方披露，除非在法律规定的狭义的情况下。大多数知识产权协议较长的有效期限（与它们处理的权利的期限长短相匹配）使此类条款令人讨厌。尤其是，一方当事人可能希望在第三方尽职尽责的情况下披露协议。这可能是为了预期后来的知识产权协议或后期并购交易而进行的尽职调查。有人建议，除非有明显的需要，否则应完全忽略此类条款，以免后期交易被无端质疑。[18]如果协议中有明显的敏感材料，则可将该条款缩小为仅适用于已识别的敏感材料（可能是价格、某些技术内容或特定的担保），以便使经修订的协议能够用于尽职调查。有时候，敏感度是暂时的，并且保密期间可以相应地被限制。另一种方法是明确地允许披露，以进行尽职调查。

一些类型协议的管理、商业和战略方面

保密协议（非公开协议，Non-disclosure Agreements，NDAs）

11.21　“保密协议”“非公开协议”，以及“NDA”是用于将一方的技术信息初步供应给另一方或双向交换的协议的常用条款。严格地说，这些术语是不正确的，因为在所有情况下，协议都是一个假定狭义范围的专有技术许可。[19] 信息的接收者总是对信息进行某些处理，即使只是评估信息。典型的例子是为制造商提供机器的图纸，以便制造商为信息供应商提供制造机器的报价，以及大学向企业提供技术成果，供后者决定是否通过谈判取得权利。因此，协议的执行条款将规定提供信息的有关条件（a）不向第三方透露，（b）仅用于相关目的。保密协议（NDA）需要考虑可能涉及提供或接收信息双方的

---

[17] 在共同产出的情况下，上述内容会产生一些共同所有权，因此，尽管在任何可能适用的领土上都有共同所有权的法律，仍需要有一个条款明确说明当事人的使用权，正如其他地方所述，否则将适用所在领土的相关法律。另一种方法是制定一条规则，当共同产出时将所有权分配给其中的一方。

[18] 在某些情况下，第三方未能进行适当的尽职调查，将对以后的交易造成致命的后果。在其他情况下，后期交易将会完成，但只有在花费大量的法律努力之后。

[19] 知识产权协议中的“保密条款”通常也存在用词不当的现象（参见第 11.17 段）。

任何相关公司。[20]

11.22　保密协议（NDA）需要指定它适用于哪些信息（如公共领域信息的正常例外等情况）[21]。因此，该信息可能被定义为协议签署日及之后6个月内提供的“与聚氨酯有关的信息”。在这种情况下，信息提供方的工作人员需要得到明确的指导，6个月后没有更新或修改协议，就不能提供更多的信息，同样也不提供聚氨酯以外的聚合物有关的信息。[22]作为保护条件，一些保密协议要求在14天内（例如）书面确认口头公开信息，在这种情况下，信息提供方的员工需要再次得到明确的指导。如果要保护书面材料，某些保密协议需要额外的标记，例如“A公司专有”；但在微软的Office Powerpoint、电子邮件和电子文本流行的时代里，至少当委托人是信息提供方时，笔者倾向于避免这些条款。即使没有要求必须书面确认口头公开或书面标记，也应该建议信息提供方的工作人员做到确认和标记，（a）用于证据目的；（b）降低另一方一段时间后落入无意违约的风险。关于标记的一些一般建议详见附录9.1。

11.23　一些企业坚持认为，保密协议应该由知识产权从业人员独立起草，但其他企业对于双方工作人员填写必要选项的“方框”之后代表各自组织签字的三种披露类型（企业对另一方，另一方对企业以及双向）中的每一种都有标准格式。前一种方法（即要求依赖从业人员）的缺点是，工作人员（例如研发人员或市场推销员）可能认为这太麻烦，并且在没有协议保护的情况下简单地与其他各方进行交谈。后一种方法（即提供标准表格）的缺点是，如果没有指导性说明，工作人员几乎肯定会犯严重的错误，甚至即使有指导性说明，也可能会犯错。指导性说明必须要求工作人员确认对方的身份，并在可能的情况下插入公司注册号码（参见第11.08段和第11.10段）。指导性说明需要强调正确填写相关选项“方框”的重要性；以第11.21段第一个例子为例，“允许使用”方框需要填写“用于向我们报价，以根据图纸向我们提供一台机器”，或“用于与我们讨论”，而不是“用于制造机器”（相当于授予免费许可）。

11.24　大多数企业坚持认为，它们的员工在未咨询专业人员的情况下，不应签署其他方准备的保密协议。尽管信息事实上将双向流动，但如果另一方提供的保密协议是信息不对称的，就需要特别小心——有些企业经常提出这种

---

[20] 例如，在收到信息的情况下，保密协议可以允许直接收件人将信息传递给相关企业，前提是它“降低”限制。

[21] 这些例外情况参见第7.04段。

[22] 这一术语与披露期限有关，而与限制公开和使用信息的期限（通常为5年或10年）有很大不同。有时候，人们会看到没有明确分类的不完整的保密协议（参见第11.18段）。

保密协议。

11.25 对于不诚信的人，保密协议的保护效果很差，而且即使是诚实的人也会违反保密协议。在公开重要信息之前提交专利申请，通常是明智的——有益的故事可参见第 10.13 段和第 10.14 段。另一个预防措施是在为达到目的所需的最低限度内披露信息。

盈利性技术许可——概述[23]

11.26 技术许可主要采用两种方式：专利的“被动”（Stick）许可和“主动”（Carrot）许可［这个术语至少追溯到 Branson（1999）］。被动许可（Stick Licensing）是简单地向侵权人许可一项专利。而主动许可（Carrot Licensing）是最常见的在专利和/或版权的保护下，鼓励另一方使用自己的技术，并经常提供专门技术和技术支持。

11.27 被动许可是基于明确或隐含的威胁，要起诉拟提议的被许可人的现有行为，因此只有在考虑第 10.24～10.28 段所述的反诉、关系和宣传之后，才能着手进行［关于专利实施主体（PAEs）的被动许可，请参阅第 12 章］。即使是主动许可在一定时候也可能涉及诉讼，因此也存在相同的情况，因为许可协议中会包含许可人必须执行的内容，以及在被许可人未经许可的情况下应该由谁承担费用的规定。

11.28 下面是三种常见和成功的企业对企业的主动许可［正如专门涉及专利的第 5.32（iii）段所述］：（a）许可人无法满足市场的需求（尤其是产品的制造需要较高的资金投入和/或运输的成本或难度太高）[24]；（b）顾客要求（希望有第二个来源）或管理机构出于竞争原因（罕见）[25]；（c）专利权人以一个经济的价格购买所需产品的最佳方式[26]［信息通信技术领域的标准必要专

---

[23] 如果交易涉及转让先前存在的专有技术，则在保密协议中规定的所有预防措施同样适用：标记文件和记录通信，回避不值得信任的人，不披露超出必要的信息，并在披露之前申请获得专利的专利权。

[24] 例如，如果一家英国公司想在澳大利亚市场上解决玻璃制品、散装化学品（尤其是危险产品）或包装，这些产品相对于其价值而言具有较高的运输成本，那么它可能选择授权许可一家现有澳大利亚公司，而不是在澳大利亚建立自己的工厂。许可方甚至可以为被许可方建立工厂运营（“交钥匙许可”）。

[25] 到目前为止，竞争主管部门主要在版权和类似的专有权利方面行使这种权力，而不是专利权。

[26] 因此，电信运营商可能设计其不希望自己制造的现场设备，并且实际上可能对该设备也没有足够的需求为供应商的制造提供规模经济。在这种情况下，从授权制造商那里购买设备可能是有意义的，该制造商也有权在支付专利使用费的情况下制造该设备，以便出售给第三方（例如，国内外的其他基础设施公司）。运营商不仅可以从许可收入中盈利，还可以从降低的单价和更高的供应安全性中获益。

利许可，这一特殊情况有些难以归类为“主动”或“被动”，但无论如何，由于它过于专业化，在此都不会进一步涉及]。

11.29 在许可方熟知的范围之外，对“副产品”技术应用进行主动许可，可能有问题。著名的案例是，美国国家航空航天局（NASA）说，不粘煎锅是太空计划的一个副产品，但据 Emsley（1994）所说，不粘煎锅首先是由法国 Tefal 商业化的。该副产品有两个问题：另一个市场的许可方缺乏知识，以及两个市场可能有不同的质量规格。后一种情况中，由于需要保护整个昂贵的系统（如飞机和/或人类生命维持），航空航天和国防部件（例如）必须达到非常高的可靠性和精度标准。笔者的经验是，低规格的技术转移到诸如航空航天和国防等领域（尽管它可能需要升级）比反向转移更为常见。

11.30 除了与临床业务相关的医生的工作外（见第 4 章，标题为“大学”），由于大学可能缺乏对目标市场的了解，来自大学的许可（或直接出售知识产权）可能产生问题。

11.31 评估进行谈判的业务部门的内部情况和政策是值得的。如果许可方正在通过许可部门进行谈判，而许可部门与制造和销售业务是脱离的，被许可方有时可能会发现，它们出人意料地取得主动许可，或者根据上述许可部门设立的期望，获得令人惊讶的被动许可。此外，这样的许可部门可能以被动许可的方式威胁提起诉讼，认为它实际上无法被跟进，因为制造和销售业务部门会担心遭到反诉等（参见第 10.24 ~ 10.28 段）而干涉（众所周知，不切实际的期望和/或治理不善导致很多公司在成立后不久就完全关闭许可部门）。第 2.11 段讨论了在出现治理问题时许可方专业代理的道德地位。

盈利性技术许可——主动许可的范围和排他性通过迭代（重复）获得

11.32 尽管可能有吸引力，但以深入地讨论许可费开始许可的协商并不合逻辑。知识产权许可的谈判并不像买卖永久产权房屋。当购买永久产权房屋时，价格可以在一定程度上提早讨论。买家将亲自清楚地了解房屋的舒适性（恰当的社区，厨房足够大但需要新设备，房间适合孩子们并直到他们长大，距离火车站很短的车程，适合双职工父母的花园等），并会根据其他提供类似设施的房屋的价格，作出与此相称的报价。相比之下，确定主动许可协议中“出售”的内容是谈判过程中的一个反复过程；就好像在购买房屋时一样，在谈判期间可能会失掉厨房的专用权，或者增加一间卧室或 0.5 公顷的围场。

11.33 许可方应从以下四个方面考虑它可能愿意授予的许可范围[27]：

（i）技术范围。例如，许可方可能同意被许可人使用许可的塑料成型工艺，用聚丙烯而不是聚乙烯制造产品。这可能是因为许可方想要给自己保留聚乙烯产品的利润，或者因为它认为另一个潜在被许可方能够更好地利用与聚乙烯相关的工艺。

（ii）地域范围。许可方可能希望将被许可人限制在特定的制造和销售地区（不一定是相同的）。

（iii）个人范围。例如，许可方可能愿意允许被许可人的全资子公司利用许可，但不允许其他人这样做。它可能准备允许被许可人将部分生产分包给第三方，前提是第三方没有独立的开发权并且只有有限的专有技术（可能以第三方向许可方直接承诺为条件）。

（iv）持续时间。在被许可人的开发权（a）中止或（b）变为免许可费（关于这一点，请注意第 11.18 段）之前，被许可人的开发权将持续多长时间？

11.34 无论对被许可方做了多少研究，许可方都可能对于被许可方在第 11.33 段（i）~（iv）中所表达的意愿感到惊讶，例如由于商业能力和市场敏感度的原因。被许可人在（iii）方面需要特别小心，并且要涵盖其集团内部重组的可能性，这可能将执行许可行为的业务从一个法律实体转移到另一个法律实体。

因此，如果被许可人本身是 TopCo ABC plc 的子公司，则至少应该使其获得 ABC plc 的任何全资子公司的分许可（以不变的付款条件）；如果许可方在这一点上坚持认为 ABC plc 是该协议的一方或当事方，那么通常被许可人承认这一点是明智的。如果被许可人被接管（“控制权变更”规定），许可方终止许可的规定显然是不能接受的，因为被许可方可能因此作出一项重大投资，在被接管时无法获得回报。

11.35 被许可人可能要求某种程度的排他权，禁止许可方自己以某种方式开发和/或授权他人这样做。[28] 如果许可方可以考虑这一点，那么它可能需要最低限度的许可使用费（参见第 11.38 段）作为继续排他的条件。许多大公司不能同意完全许可它们的许多专利（也许这对被许可人来说是一个惊

---

[27] 不建议许可方或被许可方的改进许可或第三方侵权的义务等其他条款，这些不重要，但建议最初关注（i）~（iv）是恰当的。这种四维方法遵循 Jewess（1990）。

[28] 笔者在此使用“排他性”来指代对许可方的活动和交易施加的任何限制，不考虑（a）英国的许可术语，区别于“独家”和“排他性”许可，以及（b）英国法规，为特定目的定义“排他性”许可（Anderson，2010：414~416）。

喜），因此排他权可能仅限于专有技术或版权。由于大量专利已在战略专利协议得到让步，不可能出现这种情况。[29] 此外，不仅专利，其他知识产权和专有技术也可能因并购交易而受到损害。[30]

11.36　随着许可方与被许可方之间的迭代转向可以相互接受，协议从业人员有必要检查，并重新核查确认协议没有违反受影响地区的竞争法。如果双方市场份额较低，那么将协议限定在技术许可协议集体豁免条例（TTBER）（772/2004/EC）[31] 中，可以避免一方通过申请国家法院根据《欧盟运行条约》（TFEU）第101条宣告无效来逃避协议规定的义务。[32] 但是，如果至少有一方是大公司，则该条例第3条的市场份额测试可能会失效（或可以这么说），因此不能自信地假设会适用豁免，因此法院必须授予任意豁免（根据欧盟第1/2003/EC号条例）。在这种情况下，一个切实可行的办法是：（a）协议起草内容不落入豁免范围，且不适用于市场份额测试——特别是避开第4条规定的核心限制——以及（b）考虑相关的指南（Commission Notice 2004/C101/02）。

盈利性技术许可——财务方法

11.37　在第11.28段（a）~（c）的主动许可方案中，谈判者经常使用"25%规则"来确定被许可人应该支付的金额。也就是说，如果被许可人可以从许可活动中获得£ x 的利润，那么它可能愿意将其中£ 0.25 x 让利给许可方（有些可能高达£ 0.33 x）。实际上的利润由合同按照会计期来确定和分配，这种情况很少见；通常是对利润和25%的份额进行估计，然后推导出一个等价的支付制度，明确地纳入协议中。可以考虑这样一种情况，即被许可人预计会制作产品并出售，在考虑所有成本后，根据其任意的消费税（如增值税）前的销售价格，获得40%的利润。那么该产品合理的许可使用费率 r 为25% × 40% =10%。25%是基于惯例和习惯做法，这一方面可以追溯到几十年前，另一方面仍在讨论；例如，可参阅 Anderson（2010：754 - 756）、Lu（2011）、Kidder 和 O' Brien（2011）、Jarczyk（2011）、Goldscheider（2012）、Granstrand 和 Holgersson（2012）。无论对规则有何批评，大多数许可协议的谈判代表心里都有其自己的想法，以及他们在其商业领域个人替代经验。即使在被动许可中，当事双方的想法中也存在其他因素［例如（a）侵权人的活动对许可

[29] 参见后面处理这些的章节。

[30] 参见后面处理这些的章节。

[31] 正在接受欧盟委员会的评估，可能从2014年5月1日起修订它。

[32] 大多数情况下，不可执行性比被欧盟委员会罚款的风险更大。

人自己的利润造成损害，（b）如果被强制执行，将会对侵权人造成损害，以及（c）诉讼的成本和风险］，25%的规则很可能发挥作用。

11.38 被许可人的付款不一定纯粹是基于销售额的许可费形式。指定如果在会计期间销售额是£ S，许可证持有者必须支付£ M 或£ rS，以较高者为准，r 为特许权使用费率，这种情况并不少见。许可人可能希望此条款支付最低金额£ M，以使被许可人有动机利用许可。如果 $M > rS$，被许可人可能希望选择终止许可或终止任何排他性，作为支付£ M 的替代方案。

11.39 许可方设法证明被许可方承诺的另一种方式是坚持预付款。假设在一个简单许可费基础上，如果被许可方合理行使自己的权利，许可方会期望在每一年年末支付£ x_i（$i = 1 \sim 10$），此后不用付款。如果被许可人没有发挥自己的作用，作为一种惩罚的方式，许可方会坚持预先付款£ U。在这种情况下，问题就出现了："在接下来的几年中，应该支付多少钱£ y_i 少于£ x_i 才对被许可人公平？"处理这个问题的技术标准是用现金流折现（DCF）计算，以比较两种方案下的净现值（NPV）。[33] 没有预付款的简单计划的净现值 NPV 是——

$$\sum_{i=1\sim 10} £\ (1+d)^{-i} x_i$$

而预付款的方案则是——

$$£\ U + \sum_{i=1\sim 10} £\ (1+d)^{-i} y_i$$

其中 d 为"折现率"，因而如果 $d = 10\%$，则

$$(1+d)\ -i = (10/11)\ +i$$

如果双方就折现率以及其他假设达成一致，那么它们会同意如果两个净现值 NPV 相等就可以实现公平。

11.40 预付款的可接受程度和规模可能受到双方年度预算和奖金计划的影响，因此，谈判人员有必要关注另一方预算和奖金压力的迹象。例如，与本财政期间的预算相比，相关业务部门表现不佳的许可方可能愿意接受比现金流量分析所建议的更小的前期付款；当有关业务部门在本财政期间表现良好，被许可人则更愿意以预付款项的方式提出支出。例如，与当前财务期间的预算相比，相关业务单位表现不佳的许可人可能愿意接受比现金流折现 DCF 分析所

[33] 现金流折现和净现值是附录 3.2 中推荐的主题之一，作为知识产权从业者财务培训的一部分。Brookson（1998）的第 7 章很好，Brookson 在第 247 页描述了 DCF 作为处理上述问题的"唯一真正的重量级"手段，一些替代方案并不成熟（"会计收益率"和"投资回收期"）。本书的许多读者都会发现 DCF 的计算容易，并且它们不太可能需要"折扣表"，其中（1 + d）列表为 Brookson 使用的 d 和 i 的各种值。但是，Brookson（1998：243）应该阅读其会计洞察力，例如（如上所述）忽略 DCF 计算中的通货膨胀，而不是简单地使用当前价格。

暗示的更小的预付款；而相关业务部门在当前财务期表现良好的被许可人可能更愿意通过预付款方式支付。

11.41　本小节中描述的计算与其中的数字一样准确，这些数字体现了对未来的猜测，不仅关系到双方的行为，还关系到技术和市场的发展。然而，商业的本性是必须作出这样的猜测并采取行动。

付款给承包商和顾问以生成技术或其他材料[34]

11.42　在这种情况下，付款方希望将技术或其他材料交付给它以可以设想的最低限度（至少）自由的方式使用它。很多关于未能实现这一最低限度的轶事涉及低价合同（参见第11.03段），特别是技术领域之外的合同，例如宣传或品牌材料的制作。在本章最开头引用的案例中，Classic FM（一家电台）1992年每天支付Robin Ray 200英镑，用于制作古典音乐选辑。Ray并没有选择Classic FM为其自己的广播使用该目录的权利，而是成功地将其权利提供给其他广播公司。

11.43　对于一个公司的技术顾问，他能提供大量服务，那么执行可减少错误次数的程序是切实可行的。现在，付款方的最佳合同远远超出第11.42段所述的最低限度，是为了确保绝对排他性和不受限制的权利——由合同产生——包括知识产权的转让，通过转让知识产权，连同供应商提供的免费许可，使用供应商或其公司集团能够许可的任何支持“背景”。付款方需要保证供应商没有将来自第三方的任何设计或保密材料纳入交付品中，但通常不保证专利或注册设计不会因商业使用交付品而受到侵犯。付款方还将限制供应商，限制在它所要完成的工作说明中使用所提供的信息。所以，一个可能的程序如下：合同人员接受培训以使用标准表格，其中附有上述工作时间表的附加条款。如果他们确实让供应商同意这些条款[35]，他们希望不会有太大的错误。如果供应商拒绝标准条款，那么将需要提示合同人员参考更多专业的知识产权从业者。然后，这些专业从业者需要考虑在满足供应商合理要求的同时，是否可以实现该公司在第11.33段（i）~（iv）四个方面所需的自由（确实有供应商不能接受上述建议的标准条款。例如，一家软件公司可能会依赖于能够为后来的客户重新使用针对某一客户编写的通用数学或会计惯例，并且实际上会声称所有客户通过其优惠的定价受益。客户必须满足按照自己需要的方式获得使用产品的权利，否则只能得到软件公司的承诺，以保持客户规范的某些方面的

---

[34] 紧接在第11.26段之前的小节标题脚注㉓同样适用于本小节。

[35] 发出带有附加条款的订单并不好，因为这会产生“表格之战”。

机密性，特别是让它们远离其他客户）。

11.44　研发的公共采购具有特殊性。政府经常将采购研发作为采购产品的第一步，以满足其自身的航空航天和国防或基础设施需求，最常见的是从具有下一步供应产品能力的公司采购研发。㊱ 一旦研发完成，政府部门或机构理想地希望，自由竞争性地采购体现该技术的产品，即不受限于从原始研发供应商处采购。如果它确实从竞争对手那里采购产品作为研发供应商，它一般不会期望以支付许可使用费为前景，但它可能愿意直接或间接地为背景知识产权和技术信息支付许可费㊲，甚至在某些情况下要绝对尊重研发供应商的某些背景技术信息。通常情况下，研发供应商为其他客户（在国防部的情况下，为盟国武装部队）生产和销售产品，而对于合同中产生的知识产权，研发供应商有自主权起诉知识产权的侵权者。因此，这类合同的一个共同特征是，合同中产生的前景知识产权由研发供应商所有（受到已经讨论过的竞争性采购许可的约束），而政府部门或机构则有权就其销售给其他客户“征税”。使用“征税”而不是“许可使用费”一词是因为付费的义务纯粹是契约性的，而不是为获得许可而付款。

企业间产品和服务的销售和采购㊳

11.45　企业间产品和服务销售和采购相关的主要知识产权问题是，在所提供的产品或服务侵犯第三方知识产权情况下的担保和赔偿。通常情况下，合同的效果是，只要买方的规格导致侵权，买方就应承担责任，而供应商自愿设计满足该规格的选择是供应商的责任。这可能受到责任限额的限制。通常，个人谈判将由合同工作人员使用知识产权从业人员提供的标准条款进行，如果对方拒绝接受，他们将征询知识产权专业人员的意见。

研发协作（或“合作”或“联盟”）协议㊴

11.46　在过去的 30 年里，研发合作大幅增加（第 4 章最后一节）。如第 11.05 段所述，运用其商业意识的从业人员可能会失望地发现，多数合作背后的驱动力并非一般意义上的商业，而是为了确保从欧盟获得资助，特别是欧盟委员会不会为一个非合作的项目提供资助。

㊱ 从政府获得大量研发资金的英国公司将它们自己资助的研发项目命名为“PV 资助”（PV = 私人资本）。

㊲ 背景知识产权在任何情况下都可能是脆弱的（例如，根据英国专利法第 55 ~ 59 条）。

㊳ 紧接在第 11.26 段之前的小节标题脚注㉓同样适用于本小节。

㊴ 紧接在第 11.26 段之前的小节标题脚注㉓同样适用于本小节。同样参见第 11.19 段。

11.47　在欧盟委员会资助的项目中，通常的安排是，委员会与合作方签订一份合同，此外，合作者之间还会订立一项“合作协议”[40]，欧盟委员会不是该协议的缔约方，而且至少达到委员会要求的最低水平，根据协议，它们互相许可使用该项目成果。假设一个类似技术层面背景的竞争者之间的合作是“横向”的，每一方都在项目中投入近似程度的努力（无论是否由欧盟委员会资助）。在这种情况下，合作协议可能允许每一方都免于许可使用费，商业性地使用项目中取得的所有成果（“前景”），而不管哪一方产生哪部分结果，也不管哪一方拥有其中产生的知识产权。此外，必要的辅助背景也是可用的（可能是免许可费，可能是以公平合理的条款）。这种非常开放的安排可以减少合作者在项目过程中为谁做什么而争吵的机会。合作者相对于彼此失去竞争优势，但是由于项目规模是它们可能没有单独考虑的因素，因此它们在合作之外的竞争优势超过竞争对手。

11.48　然而，即使在刚刚描述的同等竞争对手之间进行“横向”合作，无论是有资助或资金不足，执业人员都需要充分了解项目技术，以确定何时需要特别协议条款。其中一个例子就是“评估工具”。假设竞争对手正在合作编写某个类型硬件产品的设计软件：它们的目的是编写和评估软件；但是它们想用它来实现各自的最佳优势，即不在实际设计新的硬件产品方面进行合作。但是为了评估正在编写的软件，一个或多个合作者可能需要在真正的产品设计问题（评估工具）上尝试一下。在评估过程中产生的任何设计都将被完全排除在许可的范围之外（与项目的其他成果不同），因为它将是解决方案的背景问题。

11.49　在有资助和无资助的合作中，如果合作者在“价值链”中占据不同的位置，即合作是“纵向的”，就会出现问题。假设一家化工公司与一家汽车制造商合作设计改进的尾气催化剂。它们各自的专长可能是互补的，也不可能在没有各自参与的情况下取得任何有用的结果，因此在技术方面，合作是好的。然而，在商业方面，这比两个直接竞争对手合作的情况更成问题，因为（a）如果协议允许其从该化学公司的任何竞争对手免许可费采购改进的催化剂，汽车制造商将最大化其利润，而（b）如果协议允许其将催化剂免费出售给汽车制造商的任何竞争对手，该化学公司将最大化其利润。如果任何一方拥有理想的条件，相对于所有竞争对手而言，竞争优势的丧失将会对另一方造成毁灭性的打击，不仅仅是第 11.47 段中的例子。显然，化学公司不能容忍

[40] 大多数英国从业者都喜欢“协作（Collaboration）协议”或“合作（Cooperation）协议”这两个术语。

(a)，而汽车制造商不能容忍（b），所以妥协是必然的。

11.50 对于出现的问题，双方都可以接受的解决办法需要遵守有关司法管辖区的竞争法。欧洲相关的集体豁免［Commission Regulation（EU）No 1217/2010 of 14 December 2010］如第 11.36 段所述的技术许可协议集体豁免条例（TTBER），有市场份额测试（第 4 条）。因此，大公司可能无法直接从中获利。对于它们来说，类似于第 11.36 段提出的方法，一种实际的做法是：（a）协议起草内容不落入豁免范围，且不适用于市场份额测试——特别是避开第 5 条[41]规定的核心限制——以及（b）考虑相关的指南（Commission Notice 2011/C11/01，Section 3）。[42]

战略专利协议

11.51 战略性专利交叉许可［第 5.32（iv）段和第 10.03 段已经提到］至少在信息通信技术行业几十年来是很普遍的。[43] 两家拥有特定技术或技术中有大型专利组合的企业选择将它们全部相互许可，可能还有一些平衡付款。此后，每家企业都可以设计和商品化产品，而不用担心收到他人的禁令。平衡付款的计算几乎不会很精确，并且可能如下所示一样的粗略：

A 公司在涉及的广泛技术领域拥有 200 项美国专利，并且每年在美国基于这项技术生产或销售价值 500 万美元的产品；B 公司拥有 100 项美国专利，并且每年在美国生产或销售价值 100 亿美元的产品。假设这些专利具有相当的相关性，而 A 的专利覆盖 B 公司 20% 的产品，而 B 的专利覆盖 A 公司 10% 的产品（仅 10%，因为 B 的专利只有 A 的一半）。另外，假设该行业专利许可的许可使用费率为 5%。然后，如果 A 公司与 B 公司协商单个许可，则预计将支付 500 万美元 ×10% ×5%/年 = 250 万美元/年。相反，如果 B 公司与 A 公司协商单个许可，那么它将支付 100 万美元 ×20% ×5%/年 = 100 万美元/年。因此，就美国而言，如果所涉及技术的所有专利都进行战略性交叉许可，则 A 公司给 B 公司的平衡付款应该为（250 - 150）万美元/年 = 100 万美元/年（对于交叉许可涵盖的其他国家也可以进行同样的计算）。

---

[41] 第 5（e）条相当模糊。可能的解释请参阅 Jewess（2011）。

[42] 有关本小节的附注，请参见第 11.53 段。

[43] 公司通常不公布单独的交叉许可，但许多 ICT 公司会公开提及它们的存在，尽管十分笼统。但是，一些单独的交叉许可在文献中被辨认出来。20 世纪 50 年代，西方电气公司（贝尔）利用它们的晶体管专利与“几乎所有欧洲的大型电子公司”谈判达成——最好是交叉许可——协议（Taylor and Silberston，1973：293）。英特尔与其他公司之间，IBM 与其他公司之间以及惠普与施乐公司之间都存在交叉许可（Shapiro，2001）。最近，Apple 和 HTC 宣布了交叉许可（Apple，2012）。

11.52 要求平衡付款的交叉许可协议的一个替代方案是“墨西哥僵局”(也已在第5.32（iv）段和第10.03段提到)，但这很容易由于一方决定起诉另一方而突然终止。折中的方案实际上并不是许可专利，而是要达成协议，根据该协议双方同意不寻求相互禁令，但总是基于公平合理的条款许可单个专利，这些条款是根据协议中定义的标准进行仲裁而制定。仲裁的关键优势是可以避免多重管辖权的诉讼。

11.53 两家公司之间的战略性专利交叉许可的一个附带优点［由微软公司注册（Mulgrew，2007）］，是通过取消谈判项目特定专利许可条款的必要性，促进其随后在研发项目上的合作。

并购交易——背景概述

11.54 “并购”是公司法从业者的标准用法。它不仅涵盖合并和收购，还包括出售（一方收购，另一方抛售）和合资企业。在某种用法中，“合资企业”将包括诸如研发合作之类的任何合作，但在本书中，它被用来指合资的目标，最常见的是通过一家合资公司，直接在公司之间分享风险和利润。有纠纷的并购是发生在一家掠夺性公司越过目标公司董事会，直接面向目标公司的股东提出要约，以便两家公司之间不存在交易，这一点在本小节中并未讨论，任何情况下都比较少见。内部并购（在不影响最终所有权或管理的情况下，在公司集团内转移资产）将推迟到第13章讨论，前提是除非它与外部方进行交易。

11.55 那么，(非内部）并购交易的商业目的是什么？大部分并购交易(a）将以前在不同最终所有权下的共同最终所有权业务放到一起，以便可以一起管理，并且/或者，将企业分为不同的最终所有权，以便可以更合理地进行管理。

(b）这些交易将以“协同作用”为理由，将业务X与业务Y[44]结合起来，或通过将业务P与不同的业务Q分开而实现聚焦。举例如下：

(i）将两个业务结合起来的协同作用几乎是不可避免的，因为它们之前直接相互竞争（例如，如果一家公司将其产品X的制造业务出售给另一家也制造产品X的制造商)。[45] 通常既可以降低研发和营销成本，又不降低其有效性，

---

[44] 在大型交易中，通常有专门团队负责确定交易的协同效应。有时，本可以独立于这笔交易而进行的成本削减会被扮成一种协同作用。

[45] 这种合并也可能引发竞争问题，这些问题将由全面负责交易的公司律师处理，包括必要时与竞争管理机构进行直接讨论。这些问题不在这里讨论。

或者以相同成本获得更好的结果，并且在制造和分销方面可能有规模经济。

（ii）一家公司可能希望退出制造聚丙烯的行列，因为它不再希望为其工厂的升级提供资金，宁可将资金投到其他业务上。

（iii）垂直整合可能带来价值。例如，一家电子设备制造商可能希望拥有自己的芯片代工厂，以便在需要时采购芯片。另外，芯片代工厂管理层（可能希望将芯片出售给其他电子设备制造商）与设备制造管理之间的关系可能存在问题。垂直整合可能随着时间的推移在一家公司内进行。

（iv）一家公司可能希望把重点放在特定的客户群上（例如，在航空航天领域，放在军事客户而不是航空公司）。另外，积极参与多样化的市场可以为经济下滑提供一些统计保障，所以这样的论点可能并不明确。同样，公司一直知道需要改变重点（通常被称为“管好自己的事情”）和多样化。因此，BAE系统在2012年考虑与EADS合并，这将使其军事业务恢复到空中客车资产的相同所有权，而这些资产在处置EADS之前仅有几年时间。

（v）有时候，一家公司的知识产权可能使收购方特别感兴趣，例如收购卫生部门的初创公司，或者谷歌收购摩托罗拉移动（Roberts，2011）。

不得不说，并购为股东创造价值的历史记录是不一致的，也有一些臭名昭著的故事。[46] 笔者（从大量案例当中）回忆起两件认为显然不好的交易，即使心情沉重，但也必须专业地支持。[47] 总的来说，知识产权从业者通常可以根据知识产权所提出的建议，与顶层和高级管理层推动交易的合理商业逻辑相一致。

11.56 除了理解商业逻辑之外，知识产权从业者还需要了解，有时为设计交易的整体法律机制作出贡献。通常，交易将通过包括特定知识产权协议在内的整套协议来实现，而不是通过包括知识产权条款在内的单一协议（交易

---

[46] 参见 Rankine 等（2003），其专注于英国公司 Ferranti 在1988年对美国国际信号控制公司的灾难性收购。Ford（2012）回顾了以下不成功的并购交易心理：Marconi 集团的收购，该集团于21世纪初倒闭；2000年，时代华纳（Time-Warner）公司与美国在线（AOL）在美国合并，2009年结束时，AOL再次以收购价值的10%分拆（BBC News Channel，2009、2009a）；美国惠普公司（Hewlett-Packard）于2011年收购了英国自治公司（Autonomy of the UK），结果110亿美元的交易价格最终贬值为88亿美元（Nuttall et al.，2012）。福特的结论是，公司的首席执行官过度受到股票市场因素（包括“私募股权嫉妒”）的驱使，这些因素更应留给基金经理来考虑。另一种可能的但并不矛盾的解释是，有时公司在商业和战略上运作良好，董事会主要负责批准业务部门经理的计划并确保公司治理；在这种情况下，董事会成员——尤其是首席执行官——可能将并购看作一种打响名声的方式。

[47] 两项交易中的一项是1997年BT/MCI合并，当MCI在完工到期前不久发出盈利预警时，该合并被放弃。另一项交易，由笔者的委托人处置，确实完成了，但是交易额太小而不能成为战略灾难。

完成后，这样一套协议通常被称为交易的“圣经”)[48]。执业者需要密切关注可能涉及的众多法律实体，遵循前面分节“确定当事方身份”的原则。关于具体法律结构（除知识产权外）的说明如下；

（i）在直接出售企业时，有两个基本机制。一个聚合物制造商希望摆脱聚丙烯生产，但保留其他聚合物的生产。如果交易是跨境交易，则必须有一种机制，即将包含聚丙烯业务的子公司的股份出售给买方。为此，典型的初步内部并购是（a）将聚丙烯业务的资产从卖方集团中的其他公司中“排除”为壳公司，或（b）识别其中具有聚丙烯业务的现有公司，将非聚丙烯资产从该公司转移到卖方集团中的其他公司。

另一种在英格兰和威尔士常用的较小处置机制是通过将资产从卖方集团中的一家或多家公司转让给买方集团中的一家公司来直接转让资产［上述“资产”包括场所或租赁场所、设备、就业合同以及与客户和供应商的合同——知识产权将在下一小节中讨论。当然，需要转移上述计划的一些合同可以通过它们的条款在未经另一方同意的情况下不可转让，而雇用合同可能受特殊法律要求的约束——英国的企业转让（就业保护）法规（TUPE）］。

（ii）合资公司通常是通过从其母公司转入壳公司的相关资产而创建的。

（iii）“合并”将两个以前的独立企业纳入共同合并的最终所有权下，由单一管理层负责。但是，请注意，两个法人的合并只允许在某些国家进行，不能跨境进行。因此，遇到“合并”并不罕见，这在法律上不是错误的。假设两家报价公司希望合并，那么有两种主要的可能性：

（1）这两家公司中的B公司成为A公司的子公司，A公司的股票发给B公司的股东（批准交易），以便以对两家原始股东公平的方式替换它们在B公司的旧股份。A公司通常被描述为“TopCo”。

（2）B公司的资产［如（i）所述的财产和合同］转移给A公司和B公司的股东根据（1）给予A公司的股份，B公司在适当的时候清盘。

如果两家公司在不同的国家，（1）是正常的做法。如果两家公司都在英格兰或威尔士注册，原则上（2）是可能的。被选为A的公司通常是两者中较大的一个；但其他因素则是税收，就跨境交易而言，则是理性或非理性的民族主义因素。另一个可能的因素是两家公司之一与包含“控制变更终止”条款

---

[48] 交易完成后，一套协议通常有十几份，通常会以多份副本生成，供将来参考，从而产生“圣经”一词。注意，交易完成前在草稿和通信中通常使用代码名称［第16.37（i）段］。在谈判和起草过程中，从业人员必须仔细记录或记住代码名称，以免犯下可怕的错误。交易完成后和在“圣经”中，各方的代号被实名取代，但由于缺少更好的术语，交易本身经常保留其“Project Brown”或其他代号。

的第三方之间的一项重要合同，该条款可能有利于该公司根据方案（1）或方案（2）被选为 A 公司。

11.57 有一些交易是出售和兼并的混合。因此，当英国航空公司（British Aerospace plc）于 1999 年收购通用电气公司（GEC）的防务权益时，由于有关业务的价值（80 亿英镑）太高，无法完全以现金支付。而 GEC 剩余的非防务部分仍然保持独立，由前 GEC 股东拥有，但它们也获得英国航空公司的股份。但是，在任何知识产权密集型交易中，为客户进行日常工作的知识产权从业人员通常会参与创建权利注册的时间表、执行尽职调查、协助股东招股说明书和/或就可能影响交易的现有知识产权协议并发出警告。[49]

11.58 一些并购交易——从法律角度看[50]——完全由内部的公司法专家处理，但许多交易都外包给一些由公司秘书或内部法律职能部门指导的大型私人执业专家。这些私人企业的规模使它们能够应对超出内部法律职能范围的工作高峰和低谷，而且它们还有一些不寻常的资源，比如通宵办公服务。此外，这类私人执业公司可能有自己的知识产权协议专家，为公司法专家提供支持。然而，在任何知识产权密集型交易中，为客户做日常工作的知识产权从业人员都参与制定注册权利时间表、进行尽职调查、协助股东招股说明书和/或对影响交易的现有知识产权协议发出警告。在某些情况下，他们可能负责谈判和起草交易的知识产权条款（如前所述，经常包含在整套协议内的单独知识产权协议内）；尤其可能发生的情况是，如果公司内部的公司法专家在没有外包的情况下完成大部分工作，并且有对协议了如指掌的内部知识产权部门，则更是如此。

11.59 伴随着并购活动产生一些不寻常的心理状态，任何刚接触并购的从业人员都需要做好准备。偶尔，最初决定进行并购交易时，背后的心理是令人不安的（第 11.55 段的脚注㊻）。即使没有这样的根本性问题，大多数具有规模的并购交易谈判都是在激烈的气氛中进行的，而这并不利于分析性思维。有时候，高层会为下属设定“男子汉”的最后期限；如果只有一方这样做，这就会给对方提供一个忽略最后期限的机会，以便第一方急于完成所有的工作，而第二方则以更为周全的方式开展工作，并利用第一方无意中的让步。会议和起草工作持续到深夜的情况十分常见——而大城市的法律私营机构也都为

---

[49] 随后，GEC 集团的剩余部门更名为 Marconi 和扩大后的英国航空航天集团（BAE Systems）。Marconi 集团后来倒闭，部分原因是它所做的错误收购判断（第 11.55 段的脚注㊻）。

[50] 交易还可能涉及双方的财务、养老金、（技术）商业、税务和其他团队，包括可能识别协同效应的团队（第 11.55 段的脚注㊹）。

此做好了准备。此外，在受交易影响的业务中工作的人员，具备有助于影响交易至关重要的知识；但这些人可能开始为他们在交易后雇主的利益行事。通常情况下，任何特定的人是否有可能改变雇主是明显的，所以从业者要估计到偏向性，但笔者回忆起一个令人遗憾的例子，这个当事人的计划并不明显。对工作保障可能有直接的个人担忧；部门负责人，包括有时是知识产权负责人，如果两位同级别的部门负责人在交易后竞争一个职位，则特别容易受到伤害。[51] 在他们现在的雇主退市或迁往新雇主后，个人可能为其股票期权的安排而忧虑（或受吸引）。

11.60 在某些情况下，一个集团可能被另一方以现金或股票方式（即合并）完全接管。但大多数交易涉及以前属于某一方的业务分离，这是本小节的主题。这些问题将以下一个出售聚丙烯生产业务的例子来解释说明：

（i）卖方继续生产其他聚合物；

（ii）尽管不需要共同使用品牌，出售和保留业务也需要使用一些共同的技术。

11.61 知识产权协议通常可以相对准确地处理专利。专利的出售者通常分为以下几类：

第1类：专利所有权将从卖方集团的任何一个地方转移给买方集团的适当成员，而这些专利由于历史或政策原因（参见第13章）目前归属于卖方，并且其中一些或全部被免费许可给卖方（“一些”意味着该类别进一步细分为类别1a——非反向许可，类别1b——反向许可）。这些专利的所有权可能已经部分归属于卖方的子公司，而子公司的股份正在被转让，因此，这些专利自动通过子公司进行移交，但为了避免疑问，它们通常会按照时间表列出，因为如果出现错误，则会出现“错误口袋”条款（在错误地方的计划中或计划外的专利）。否则（不可避免的情况下，如果没有子公司被转让），个别专利将列入正在转让的时间表中。这类专利对于聚丙烯业务非常重要，在交易之后，买方需要能够起诉第三方竞争对手的侵权行为。如果某些或全部专利被反向许可给买方，这可能是为了与其他聚合物相关的使用，和/或以便避免它违反以前对这些专利进行许可的承诺。它甚至可以出于任何目的获得反向许可，但仅限于交易的“非竞争”条款（参见第11.62段和第11.63段）。

第2类：专利所有权仍保留在卖方的集团中，而这些专利权是免费独占许

[51] 在交易的准备期间，部门主管和其他高级职员可能会选择放弃目前的雇主寻找一份全新工作，而不是等着看他们的职位是否能在交易中幸存下来。为了阻止这种情况，可能给他们提供一份忠诚奖金，条件是他们在交易后仍然留职。

可给使用聚丙烯的买方，或者非独占许可给那些按“非竞争”条款提供的使用。卖方希望保留这些专利权，因为虽然它们涵盖正在出售的业务的一些活动或可能的活动，但它们也保护公司的剩余业务，它需要起诉。这一类专利有时是单独计划的，是在出售聚丙烯业务的情况下，可能比较容易确定哪些专利由卖方保留，并将用于出售的业务。然而，在权利要求难以解释的部门（附录 10.1），确保买方自由经营权的唯一方法，是卖方许可其保留所有专利，但仅限于确定的例外情况。这种例外情况的一个例子可能是“卖方根据它在 2007 年收购 Z 公司而获得的所有专利”，很显然，Z 公司的业务因此与目前正在出售的业务没有任何关系。

第 3 类：专利所有权属于卖方集团，并且完全不受交易的影响。这些都不属于第 1 类和第 2 类，但是在权利要求解释困难的部门，它们的数量可能很少，例如在刚刚提到的例外中所定义的。

介于第 1 类和第 2 类之间的专利可以构成额外的类别——第 2* 类。这些专利最初属于如上所述的第 2 类，但是知识产权协议不允许卖方在不先向买方提供专利所有权的情况下，放弃后期完成，而买方可以选择将其作为上述第 1b 类的迟到成员予以收购。作为买方的代理人，如果有早期专利按照被出售业务的成本或者指示进行维持，但在交易完成之前，却由卖方内的一个低效业务部门［参见第 5.50（i）段］接手，笔者将考虑坚持这一点。

11.62　第 11.61 段提及的“非竞争”条款是业务出售中的一个常规条款。如果一位本地屠夫出售他的肉店，买方可能要求他一段时间内不要在同一个城镇新开另一家肉店，以尽可能保持顾客对商店地点的忠诚度。同样，聚丙烯业务的卖方可能被要求在很长时间内不能重启聚丙烯生产。“非竞争”条款对于知识产权从业人员来说有两方面的严重问题：

（i）如果参与起草整套协议中的知识产权协议，知识产权从业者必须坚持参与起草主要交易协议的“非竞争”条款，因为它们可能相互作用。

（ii）一名知识产权从业者可能被要求就具有悠久历史的并购交易提出建议。例如，一个悠久历史的出售者可能会问：“我们曾将这项专利作为交易的一部分出售，那我们是否获得这项专利的许可？”单独的知识产权协议可能会给卖方所享有的自由带来不好的印象。只关注整套协议中的知识产权协议是没有用的；不竞争条款也会在这套协议的其他地方出现。

11.63　如果一名委托人曾经已进行大量出售，那么它剩余的许多专利将对历往买家进行非独占许可，这种情况并不少见。如果它曾经进行大量收购，那么许多专利将被反向许可给它们以前的所有人。这就是在以挣钱为目的的许可中，不可能授予独占权（参见第 11.35 段）的两个原因之一（另一个是更明显的战略交叉许可）。出于同样的两个原因，上述第 1a 类（不带反向许可转让的专利）在一些交易中可能很小或根本不存在。在任何情况下，在出售时，卖方都可采取一种态度，即非竞争本身是对买方的充分保护，将拒绝已经出售的专利所施加的对其经营自由的任何限制，它们应该在非竞争条款的期限内生存下来。

11.64 就版权和未注册设计权（UDR）等未注册的知识产权而言，合同条款的定义质量明显不佳是司空见惯的事，因为没有更好的。例如，通常实际上几乎不可能列出向买方移交版权作品和设计文件权利的所有权（相反，可以列出上述第 1 类中的专利），反而会对被出售的业务“完全或主要”的权利进行总括性的分配，可能附带一些奇怪的项目，以避免质疑，或者因为这些项目特别重要，可以根据需要进行适当的反向许可。这意味着在几年后，希望执行第三方权利的买方在没有卖方帮助的情况下可能难以证明自己的所有权（一般而言，并购交易标准的准确性可能让那些熟悉更加具体的知识产权协议的人失望，事实上，交易规模越大，标准就越低，因为特定事项的列表变得越来越没有希望）。专门技术通常也不会列出，而以一般性条款处理，且需符合第 11.15 段和第 11.16 段的技术性协议起草注意事项。

11.65 商标（不论是否注册）通常比与技术有关的权利更为简单，因为在交易完成后，当事方很少希望商标具有双重用途。因此，假设在交易前聚丙烯企业将其产品品牌化为“Dodecahedron（出售方的企业商标）Propacell（产品商标）”，买方通常会被转让 Propacell 商标而不向出售方签发反向许可，而被转让的企业将被要求立即停止使用 Dodecahedron 品牌。关于商标的另一个问题是，在商标和假冒中使用“商誉”一词与会计师在收购方资产负债表中报告收购时使用“商誉”无关。[52]

11.66 关于转让的最后一个问题虽然不是商业或战略问题，但实际上可能是至关重要的，在本小节的前几段中没有细说。通常，在整套交易的 IP 协议中，未注册的权利实际上是在完成时转让的（例如版权，在美国保留注册，还有未注册的设计权）。但是，在处理未注册权利的转让和许可的同一协议内，完成专利等已注册权利的转让实际并不令人满意。相反，通常的做法是，

---

[52] “商誉”一词有很多用途。Kerly（2011）在第 586 页脚注⑧⑨说，“会计师的观念和商誉的估价……可能包括‘假冒’商誉，可能除此之外还有很多”。如果会计对商誉的定义，在一个企业的现金收购的简单案例中，是早期常见的那种（即现金支付 + 获得的负债 - 有形资产），那么情况就是如此。但是，如果根据国际金融报告标准 3（也称为 IFRS 3）——企业合并，在第 32 段中将“有形资产”替换为“可识别资产”，则存在更为复杂的关系；该标准下的“可识别资产”可包括商标。Kerly 描述了一个“生动”的英国上诉法院关于房东和房客法的商誉讨论，推荐给动物保护者阅读。

整套协议中的知识产权协议要求出售方在收购方选择的未来某个时间转让已注册的知识产权。[53] 这么做有三个好处：(a) 它可以避免在知识产权局（IPOs）提交知识产权协议本身的认证副本，包括可能不希望公布的许可和其他条款；(b) 在收购大型投资组合时，非常重要的是，它允许大量资产组合的收购人系统地单独组织文件并按照专业的优先顺序在每个知识产权局进行备案；(c) 它可以使收购方系统地减少实际转让和备案之间的延误，从而避免因过度延误（例如根据英国专利法 UKPA 第 68 条规定）可能产生的任何处罚。对于专利而言，要求签订转让合同和其及时备案（其他事情一样）的优先顺序显然是——

(i) 优先权申请以及要求优先权的权利，以便收购方能够依公约申请（享受优先权）；

(ii) PCT 申请，以便国家和地区的阶段可以由恰当的人员来完成（延迟将会增加工作量）；

(iii) 欧洲（EP）申请，以便验证可以由恰当的人员进行（延迟将会增加要完成的工作量）；

(iv) 其他未决申请，按领土划分的管辖区；

(v) 授权的国家专利，由领土划分的管辖区。

理想情况下，根据代理的变化来调整转让备案（参见第 11.69 段）。

并购交易——知识产权尽职调查和知识产权保证[54]

11.67　在“尽职调查”中，企业的预期购买方通常向卖方发出调查问卷，卖方通过使用“数据室”中提供的各种材料来回应该调查问卷（就知识产权而言，除知识产权的所有权，问卷还涉及对第三方的现有许可，特别是任何独占权、内部许可条款和知识产权纠纷）。买方和卖方随后将根据卖方披露的情况谈判例外情况的保证条款。如果协商中的保证和相关例外表明买方的收益低于它的需求或预期，那么它将放弃交易或重新谈判价格。即使保证看起来令人满意，但在关键问题上，买方可能不乐意在不评估自己相关风险的情况下进行交易；它希望利用收购作为成功商业活动的跳板，而不是发现自己为违反担保而提起诉讼或如 Rankine 等（2003：147）所述，“先验知识胜于诉讼”。

Jordan（2012）也以类似方式，特别提到知识产权保证，并指出“作为唯

---

[53] 通常，还有一项“进一步保证”条款，要求卖方在此事项上向收购方提供任何必要的协助。

[54] 知识产权尽职调查是法律尽职调查的一个子集。Rankine 等（2003）也将商业和财务尽职调查区分开来。有关知识产权尽职调查中可能遇到的特定问题，请参见第 11.20 段。

一的补救方法，返回［保证］条款能够把未来的商业计划扔进垃圾箱”。她举了两个例子，买方从一家卖方那里收购企业，而卖方却没有合法权利授权它们使用重要和明显相关的商标：1998 年，大众公司（Volkswagen）收购了制造劳斯莱斯（Rolls-Royce）汽车的“硬资产”，但在汽车上使用该品牌的权利随后只能从第三方购买；同样在 1990 年，Clorox 收购了 Pine Sol 公司及其 Pine Sol 商标，目的是“通过将商标标记在 Pine 清洁剂之外的其他产品上，以提升这些产品的影响力”，但是由于卖方之前在与另一个品牌所有者达成的和解协议中作出的承诺，所以根本不能这样做。

11.68　从事并购交易工作的知识产权从业者可能被要求参与尽职调查问卷，并分析“数据室”中的答复和资料。原则上可以考虑许多事情，但很少有时间全面进行。关键目标是必须避免上述警示故事成规模出现的尴尬，实际上是有选择性的。有关具体问题的说明如下：

（i）卖方知识产权的所有权、有效性和产权负担。如果被收购的企业是一家初创公司，而专利是其关键资产，或者是一家依靠几项专利获得大部分利润的制药公司，或者是一家依靠其关键品牌进行销售的公司（如上述两个警示故事），那么仔细核查所有权、检查文件，并进行额外的调查，例如现有技术检索可能是否合理的。但是，出现知识产权密集型的情况较少，例如，涉及的权利有很多或数以百计，其中没有一项被认为是至关重要的。在这种情况下，买方可以接受保证，即预期计划中的知识产权是由卖方所有的。

（ii）现有的侵权行为。如果被收购的企业已经处在知识产权纠纷中，那么就必须对此进行评估。如果它正“试图逃脱”侵权行为——例如，通过在其获得软件的许可条款之外使用该软件，忽视其自身向外许可的独占权，或者仅仅是侵犯专利——则需要对第三方被交易驱动而对新所有权的公司发起诉讼的风险进行评估。卖方可能被要求提供侵权意见的副本。

（iii）对内许可的控制/转让/再许可的变更。如果内部许可的控制、转让和再许可条款发生错误的变更，可能妨碍收购方获得需要的价值。如果需要与许可方进行谈判，那么谈判必须在交易之前进行。[55]

并购交易——与出售企业或合资企业达成的服务协议

11.69　在大多数交易中，在整套协议内有卖方与买方之间的“服务协

[55] 为避免丧失特权，需要注意一些问题。如果一名顾问向 A 公司提出侵权意见，A 公司向 A 下属某个企业的潜在买家 B 提供意见，那么提供的该意见需要保密并且仅用于交易谈判（有人认为，虽然这是必要的，但仍然不够）。在这种情况下，私人执业者需要考虑他们的责任。

议”，即交易完成后，一段过渡期内卖方向出售的公司提供（例如）计算和会计服务。通常，由于存在冲突风险，一般法律服务将很快终止，即使是合资企业也是如此。然而，正如第 2. 18 段和第 2. 19 段所讨论的那样，知识产权申请、审查和续展服务通常不会在出售后很快安全终止，而且它们可能在合资企业的生命周期中继续存在。

知识产权从业者参与起草服务协议至关重要，以免（a）遵循一般的法律模式，或者（b）基于对计算或会计服务有效的模式，对申请、审查和续展（fp&r）服务规定强加一些不适当的专业或财务模式。有时，将知识产权服务从服务协议中删除，并在交易完成后立即进行私下联系来协商一个独立安排是更简单的［请注意，对于合资企业而言，通常有一条一般规定，所有进一步的母公司—合资（JV）合同必须经过审批程序］。

并购交易——完成后的“收尾工作”（Loose Ends）

11. 70 一些实质性问题可能在完成时仍未解决，因为各方已同意以后再处理这些问题，而不是延迟交易。例如，交易文件中可能存在一个条款，要求双方稍后真诚地进行谈判[56]，例如处理狭义问题的特种许可。如果该条款相当准确，并有善意，这可以奏效；但是，在开始谈判时，受益于不浪费时间的一方总是明智的，因为这种善意很少持续很久。

11. 71 笔者建议，应在交易文件中完全避免承担下列进一步谈判的义务：

（i）任何就某事进行谈判的义务只是模糊的界定。这可能是不可执行的，然而如果有善意和意愿，那么在主要交易完成后不久，独立谈判就没有理由不成功。有一次，在笔者的经历中，高层的热情情绪导致在交易协议中加入一项善意谈判的义务，以建立一家额外的合资企业；但在几个月内，一方干脆背弃整个想法。

（ii）卖方有义务协商公平合理的条款，以对未来生成的知识产权进行许可（“改进”），以处理与已出售掉的业务相关的任何义务。如果有人要求这样做，就可以证明它与“为钱许可”协议中的改进条款类似。然而，这种类比是有缺陷的，因为被许可人支付使用费可能合理地期望获得最新的技术，但出售应该是“彻底结清”。如果卖方接受这样的改进条款，那么这为它重新进入出售业务的市场制造额外的障碍。

---

[56] 理想的情况是，这类条款的必要性将会完全避免，因为法院可能认为它们是无法执行的“商定协议”。

税务

11.72 在任何资金易手的知识产权交易中，客户的税务顾问都是团队的重要成员。他不仅掌握有关税法的最新知识，还了解客户当前的税务状况（哪些子公司处于盈利和亏损状态，以及哪些未使用的税务机会还悬而未决）。在并购交易中，知识产权从业者通常发现税务顾问已经参与其中，否则他将不得不主动让税务顾问在早期阶段就介入。

本节的目的不是要预告顾问可能会说的内容，而仅仅是为了确定知识产权从业者在每笔交易的详细情况下应该注意并向税务顾问咨询的事情。[57] 这里没有特别考虑集团内部知识产权交易（参见第13章），只是“公平交易”。需要记住的一点是，出于税务目的的账户和公司进行股东报告的账户通常是不同的。

11.73 可能影响知识产权交易的主要税种有：

（i）知识产权转让印花税。在英国，由于2000年和2002年财政法案，印花税大都成为过去。如果在交易中没有支付印花税，就会在英国知识产权局备案交易造成影响。

（ii）增值税（VAT）。在VAT注册的两个无关的英国公司交易中，增值税（目前为20%）必须加入转让费或许可费中，并且收款人在适当的时候收回增值税。在英国公司和外国公司之间的交易中，通常可以免收增值税，但必须办理手续（例如，向另一个欧盟国家的被许可人开具的发票需要承担被许可人以及许可人的增值税号）。

（iii）预扣税。如果被许可人和许可人处在不同的司法管辖区，那么被许可人的辖区政府可能会坚持从许可人的付款中扣除被许可人直接获得的税款（例如日本与英国之间10%的版权许可）。被许可人向许可人提供预扣税证书，它可以使用该证书抵消其当地的税务责任。以前，两家英国公司之间必须上缴一种类似的预扣税（原则上类似于英国公民熟悉的股息或利息预扣税）[58]，但现在已不再需要。

（iv）对知识产权收入的优惠措施。像荷兰这样的国家和2013年4月以来的英国，降低了对知识产权利润的税率（英国，参见第5.32（vi）段、第9.32段和第9.33段）。

---

[57] Anderson（2010）的第17章回顾了英国对知识产权协议的征税。

[58] 10%从股息中扣除，而20%来自于利息。

（v）研发的税收抵免。英国和澳大利亚等国家有效地允许 100% 以上的研发费用抵消应纳税所得额，而要求这种补助金所需的条件可能会对协议产生影响。

11.74　协议中需要精确地阐明对被许可人付款的预扣税和增值税及其他销售税的安排，以（a）避免纠纷，以及（b）防止税制改变（在许多许可协议的有效期内不太可能发生）。

11.75　税务专家试图总结的一个关键区别，在于“资本”支付和“收入”支付之间。他的客户作为“收入”支付的款项获得早期税收减免（推荐），而作为“资本”向客户支付的款项推迟税收（推荐）；反之则是不利的。

11.76　在英国，税务专家会关注在集团内收到付款或税收证明的法人。虽然英国集团大多数是作为集团征税的（例如，它们不需要互相征收增值税），但个别实体有各种各样的私人物品。例如，一家英国公司目前处于亏损状态并且不能转让给另一家盈利集团的英国公司，这家英国公司不能使用扣缴税款证书。

11.77　显然，知识产权从业人员不仅需要参与，而且要听从税务专家的意见，但这并不意味着他不应该试图了解税务专家正在应用的原则，这对于知识产权从业人员可能需要给予物质支持。例如，税法通常关注交易的“获利”效果，因此，如果税务专家要作出正确的判断，集团内对共同所有权以及独占和非独占许可知识产权安排（参见第 13 章）的实际效果可能需要在每种情况下进行仔细解释。如果税务专家的最佳结果（客户相对于税务当局）只能以客户相对于协议另一方的商业不利为代价来实现，则需要作出判断。

11.78　有时候，知识产权从业者受邀确认一个特定的评估，例如被收购公司的商标，对于税务或报告目的而言是合理的。在这种特殊情况下，知识产权从业者可能对自己提出问题：“假设£ *x*M 是为所有与企业有关的资产支付的，但根本没有权利使用该商标，那么商标的独占使用权还有多少额外价值?”如果消费者熟知该商标（第 11.67 段中劳斯莱斯标志的案例证明了这一点），那么高价值将是合理的。然而，如果客户是成熟的组织，事实上它们并不在意被收购的业务产品是否立即“整体”更名（参见第 8.19 段），那么高价值是不合理的。

管理

工作监控

11.79　如第 1.05 段所述，有一条规则，即所有实时的案件（不只是 fp&r

案件）应该有一个日记提醒，这对他们通常有好处，即使有效描述期限很困难，即使在谈判一项交易时，工作推动很快，一些中间期限可能不值得记录。这一规则在并购协议的后续工作中尤其重要。因此（根据第3.20段的方案），可能有一个E－系列文件用于完成交易，但之后，作为出售方，可能需要打开几个其他文件，例如，J－系列文件用于监控购买者是否停止使用客户的企业品牌（参见第11.65段）；一个L－系列文件用于“收尾工作”的对外许可（参见第11.70段）；K－系列文件，用于“收尾工作”的引进许可（参见第11.70段）；L－系列文件用于向购买者转让（参见第11.66段）。只有通过单独的文件和自己的日记日期，才能确保没有遗忘任何东西。

盈利性许可后的费用征收

11.80　大部分被调查受访者向其客户费用提供或支持费用征收服务。这对于从事申请、审查和续展工作的业务来说是一个理想的附加业务，它将运行良好的基于CMS的提醒系统，能够覆盖很长时间范围。经验是，如果让客户的业务部门去收取许可费，那么被许可人迟早会停止支付到期的费用：客户联系人的变动，或者其业务部门可能完全消失，以及用来确保被许可人付费的非正式系统被弃用。提醒系统需要对任何固定付款进行减税处理，以便开具发票并发送给被许可人（通常，对于被许可人的系统来说，合同承诺的支付是不够的）。它需要对被许可人发送销售声明的日期进行每日记录，以便提醒它（因为没有销售声明，不能计算开具发票的许可使用费）。关于第3.20段的计划，许可协议的谈判和起草工作将在L－系列文件上完成，然后将专门为费用征收打开Q－系列文件。该文件本身将只包含签署的协议副本以及与收款相关的信函，而提醒将与CMS中的Q－系列记录相对照。许可费用征收通常由行政人员来执行，但需要知识产权从业人员在费用发出之前检查任何发票。只要被许可人拖延或做任何事情使得客户有机会终止许可或其独占性（为此，需要对行政支持可用的文件中的关键条款进行简单摘要），从业人员也将参与其中。

11.81　审计被许可人的权利使用情况是值得的，经常发现的错误是被许可人以较低的转让价格进行集团内部销售，以及因使用新的内部产品代码而导致缺乏销售报告（Ray，2011）。Ray建议在最后付款后进行审计。

11.82　原则上，提供费用征收的做法可以依靠客户的会计职能来开发票和检查账龄过长的债务，但通过这种做法收取费用可能更简单，并可按照第3.48段所述的方式将其贷记给客户。

注册权管理

11.83　在签署知识产权协议之前，fp&r 从业人员的一项关键职责是确保客户权利的时间表是正确的。最重要的是，客户不承诺给予任何无法合法给予的或者不应商业操作的东西。一种好的做法是将临时提议安排的权利标记在 CMS 同族记录的合适字段中，然后打印出这些权利的数据表；之后从业人员检查数据表中是否有警告标志，表明任何权利都不能按照提议的方式处理（第 5.56 段中涉及并购交易的专利就是这种程序的典型例子）。最后，在协议签署之前，即刻由 CMS 的报告生成器列出时间表。“选择”的报告应能够查找同族记录上的标记，但应省略那些国家申请的案子，包括（a）在不相关的司法管辖区，（b）已经失效（例如优先权申请）或有效（例如已经决定不再续缴费用而放弃权利，并且只有自觉的行为才能在延期付款期结束时避免放弃）。协议时间表的最终设计只需要列出少量信息，例如内部案卷号、内部标题、国家、申请号和日期以及待审或已授权的状态。如果可能的话，应该将完全由 CMS 生成的设计加入协议，而拒绝将其导出到文字处理或电子表格包中进行美化；两名被调查者对拒绝这种过度美化有严格的规定。美化会增加引入错误的风险。除了简单的人为打字错误，计算机相关的问题也可能出现。例如，当导入数据到 Microsoft Office Excel 中时，全数字化的案例引用中的“ * ”初始零可能丢失，大小写引用中的“ - ”或“/”能够被视为数学运算符处理[59]，并且不是日期的数据可能被转换成日期。

11.84　在签署协议之后，重要的是要避免因对所涉及的权利审查和续展的不当处理而违反协议，正如第 5 章“重要专利”的最后一节所讨论的那样，其中的原则同样可以很容易地适用于注册外观设计和商标。第 11.66 段已经讨论转让的生效和备案。被许可人应考虑尽可能在知识产权局备案其相关权利。

避免协议冲突

11.85　避免协议冲突是一个实质性问题；尽管知识产权的寿命确实使其成为一个具有特定风险的问题，但很少有大公司没有相互冲突的协议，不仅在知识产权方面而且在其他方面。客户不能合理地期望私人执业律师按要求起草这样一份协议，却发现该协议与几年前为客户起草的另一项协议相矛盾。如果客户将业务分散到不同的执业律师，问题会更加严重。私人执业律师所能提供的最好的服务可能是，在每份协议签署后，写出主要条款的摘要，以便客户可

[59] 第 A3.1.03 段举例说明了这种误解。

以将其纳入自己保留的某些限制登记中。

11.86 内设部门应尽力避免客户签订相互冲突的协议。除非所有影响知识产权的协议都必须通过该部门，否则这项工作无法确定——很可能影响知识产权的协议是由合同部门或者未能咨询一般律师处理的。[60] 一个现实的观点是，如果出现问题（即使私人执业律师在类似情况下不会疏忽），那么知识产权部门很可能受到指责，因此一项不完美的工作比完全没有工作要好。

11.87 在内设部门能够做的事情中，无论该部门是否对该协议负有专业责任（参见第3.20段计划中的W系列），都要创建相关已生效协议的文件或副本。这将包括全套并购交易协议，因为全套协议中的IP协议与其他协议之间可能存在交叉引用和/或因为全套协议中其他地方的非竞争条款（参见第11.62段）。在创建文件的同时，如果CMS允许，商业状态叙述可以像专利、商标和纠纷一样加载到CMS中（参见第5.57~5.61段、第8.44段和第10.40段），以便能够搜索相关的先前协议并打印出数据表以供检查。只要从业人员看到相关的旧协议副本，他就应有责任将其输入该部门的系统中。在签署协议后有任何重大事态发展时，应更新此类商业状态叙事。事实上，最好在打开工作文件时（L-系列用于对外许可，E-系列用于并购等）就可以看到商业状态的说明，以便有可能搜索同时平行生效的冲突协议。正如在第5.78段中提到的那样，如果CMS中的所有案例都附有商业状态叙事，CMS作为一个整体就成为一个最强大的管理工具，将不同的专业活动联系起来并避免严重的错误。

11.88 另一个基本的预防措施是对于内部部门的任何从业人员，开始任何协议工作时，把通知所有同事作为例行事项，以防（从记忆中）他们可以识别可能的冲突。在一个部门中，这种冲突只能在闲聊中被找到；在这种侥幸之后，该部门的从业人员每个月的会议议程上都会提出一个常规项目——不仅涵盖所有预期的并购和许可证交易，还涵盖所有预期的诉讼（因为诉讼可能最终通过许可来解决）。部门培训课程还可以增加对部门工作的历史协议背景的认识。

11.89 如果客户已将相同的技术授权给两个被许可人，其中一个被另一个许可人接管，则可能出现协议冲突的特殊情况。在这种情况下，从业人员需要评估两个被许可人在哪种程度上可以在两个许可的条款之间进行选择，并要注意任何滥用行为，例如将一个被许可人的销售额错记在另一个名下。

---

[60] 有针对性的教育可以减少不向IP部门咨询的风险（参见第14.14段和第14.15段）。

第 12 章
PAE/NPE、专利流氓、标识流氓及 UAIPs

troll[1]/trōl 或 trol/n. （北欧神话）一个邪恶的、丑陋的矮人……或巨人。

——钱伯斯词典

我们坚信，UAIPs 是对知识产权制度的一种破坏。

——弗朗西斯·高锐，WIPO 总干事（b 1951）（Gurry，2011）

本章概述

12.01　本章主要关注三类人，作为一个群体，它们（通常）❶ 以合法的方式利用知识产权制度去损害制造和销售正常产品和服务的公司（后者在本章中称“正常公司”）。本章在接下来的一节讨论第一种也是这类人中最重要的一种——专利主张实体（PAEs）。PAEs 在商业媒体以及政府和学术界引起了很多关注；大多数人的观点似乎是，它们不仅对作为其目标的正常公司，而是对整个经济有害。此外，PAE 的活动依赖于知识产权制度中令人不满的方面，特别是信息通信技术领域的低质量专利，以及美国法律制度的根本缺陷，由此，专利制度本身也受到损害。❷ 第二种人的活动，即本章第 3 节简要讨论的美国“标识流氓”的活动，已经被美国发明人法案（AIA）终止。而本章第 4 节和最后一节讨论了第三种人，它们主动发起知识产权付费请求（UAIPs），UAIPs 的发起人在财务方面并不像 PAEs 那样重要，但它们很难反击，因为它

❶ 第 12.12 段、第 12.20 段和第 12.21 段讨论了合法与非法活动之间的界限。

❷ 某些方面名声不好的原因是“专利战争”（参见第 10.03 段）和 TRIPS 第二部分（参见第 20.33 段）。

们可能瞄准所有类型的正常公司，而 PAEs 更加专注技术和领域。

专利主张实体、非专利实施实体、专利流氓

背景

12.02 “专利主张实体”（PAE）是美国联邦贸易委员会（FTC，2011：8）和英国知识产权局（UKIPO，2011：16～17）关于这类组织的首选术语，这些组织在过去 15 年中变得越来越突出，“其唯一或主要活动是主张从他人那里获得的专利权，反对目前市场上公司的活动”❸❹。该活动包括追求损害赔偿和坚持许可的（威胁性）专利诉讼（关于许可的“胡萝卜”和“大棒”术语，参见第 11.26 段和第 11.27 段）❺；并不存在真正的技术转让问题，因为 PAEs 没有自己开发专利发明的经验，也没有自己的专门技术。❻ PAE 的活动在以下方面有别于一家正常公司 A 就另一家正常公司 B 侵犯专利权而起诉或考虑起诉的案件——

（i）公司 A 可能直接为产生该专利的研发活动付费；

（ii）公司 A 可能正在防范自己在专利产品或服务中的市场份额损失；

（iii）关键的是，由于公司 A 像公司 B 一样从事制造和销售产品或服务的业务，公司 A 可能因担心报复而被禁止主张其专利权（参见第 10.24～10.28 段和第 11.27 段）。

12.03 本章主要使用中性词“PAE”，但不太中性的非专利实施实体（NPE）和“专利流氓”（Troll）也广泛使用。“NPE”具有相当的误导性，笔者同意上一段提到的美国和英国当局应该避免使用该词。

除了包括“PAE”，“NPE”在字面解释中还包括研究机构和大学等组织，

---

❸ 该引用来自 ICC（2012：18），笔者是该出版物的撰稿人之一。

❹ Lemelson 基金会不是上述意义上的一家专利主张实体（PAE），尽管它像现代的 PAE 一样声称它持有的专利被广泛侵权，并可能启发现代 PAE。所谓的发明源自 Jerome H Lemelson 的纸质发明，其优先权可追溯到 20 世纪 50 年代，有关美国申请在诉讼中已经花费很长的时间，并且在 2000 年后仍然宣告有效（根据相关的旧法律，这些美国专利的有效期从授权日开始持续 17 年而不是申请日期起算的 20 年）。这些专利已经被无效（*Symbol Technologies IncusLemelson edical*，*Education & Research Foundation*，*Limited Partnership*，US CAFC No 04－1451，2005 年 9 月 9 日），但那时基金会已经收到大量和解金。

❺ 如果可以的话，可以寻求禁令，以便为 PAE 提供一份更好的交易许可协议。

❻ 对比美国联邦贸易委员会（FTC）：“PAE 的商业模式侧重于购买和向已经使用该技术的制造商主张专利权，而不是开发和转化技术。”

它们（a）创造发明并申请专利，（b）没有能力在商业上实施发明，和（c）寻求说服正常公司投资其专利进一步开发，并在“胡萝卜”许可的专利保护下进行生产。研究机构和大学可能是“不实施的”，但它们通常被认为对第 4 章第 1 节和整体经济所定义的创新过程有积极的贡献。PAEs 的另一个术语是“专利流氓”（Patent Troll），它表达了 PAEs 可能在正常公司中产生的恐惧和厌恶。❼

12.04 PAEs 主要是发生在 ICT 行业的一种现象（它们在化学品或药品相关行业很少出现），这与专利丛林（参见第 10.20（iv）段和附录 10.1）的原因相同：权利要求的解释难度大且知识产权局（IPO）授权了数量庞大且有效性不稳定的广泛的权利要求。PAEs 也主要存在美国，反映了美国制度的特点（已经在第 10.31 段和第 10.32 段中更笼统地提到过）。对于 PAEs 而言，美国制度具有以下优点：

（i）美国法院很少免除败诉方的诉讼费用，并且对于被告方而言，PAEs 用非常低廉的费用发起诉讼，但其应诉费用非常高，从而形成一类 PAEs，它以（比如说）100 万美元的价格为某公司提供许可，因为正常公司知道即使它作为被告应诉并最终胜诉，它也会花费超过 100 万美元。当然，收取大量 100 万美元付款的 PAEs 会建立一个基金，实际上这样它能够在今后负担将重要资源投入对那些拒绝这类许可要约的公司诉讼中。

（ii）即使原告的专利很差，那些受到 PAEs 威胁的人仍可能对于全面审判美国专利的质量和比例原则没有信心，这是因为（a）假定权利有效，（b）在全面审判时使用陪审团，（c）原告可以选择法院，以及（d）故意侵权的三倍损害赔偿金额。即使 PAEs 未提供（i）中所述的相对便宜的和解方式，以上所有这些因素都会促使被告自己寻求和解。

美国的法院判决和立法改革一定程度削弱了 PAEs。❽ 但是，如果没有根本性的立法变革（参见第 12.16 段），PAEs 可能仍然是在美国影响相关技术领

---

❼ 具有讽刺意味的是，“专利流氓”一词是由 Peter Detkin 在英特尔这个“正常”公司创造的。Detkin 之后跳槽到高智（Intellectual Ventures）公司，现在成立一家 PAE。

❽ 在 *eBay Inc. v MercExchange*，LLC No 05 - 130（最高法院，2006 年 5 月 15 日）案中，联邦最高法院拒绝批准美国联邦巡回上诉法院（CAFC）授予的 PAE 对 eBay 的禁令。在 *Eon-Net LP v Flagstar Bancorp*，No 09 - 1308（Fed. Cir，2011 年 7 月 29 日）案中，CAFC 维持了对 PAE 的律师费和费用的裁决。CAFC 表示“专利权人强行执行其专利权并非不合适”，但“对许可收入的兴趣，不能压倒当事人及其律师依据法律和事实合理的提交案件的义务，以及对那些案件提起诉讼的善意”。此外，美国发明法案 AIA（美国专利法第 299 条）使原告更难实现联合诉讼。以前，即使与涉嫌侵权行为相关的事实没有关联，PAE 也会在一次诉讼中起诉多方（这种策略至少可以追溯到脚注⑦提到的 Lemelson）；现在这已不再可能。

域活跃的正常公司的主要经济力量。在专利有效性受到异议之前可能会颁发临时禁令，分别审理（Bifurcation），使德国成为 PAEs 的第二选择［参见第 10. 10 段和第 10. 32（v）段］。有人担心计划中的欧盟统一专利法院的分别审理可能在适当的时候吸引 PAEs(Roberts，2012)。

12. 05 PAEs 所拥有的专利通常都收购自正常公司（需要获得背景许可证），否则这些公司可能会停止为这些专利续费，这样 PAEs 就可以阻止发明进入公有领域，原本它们将会进入公有领域。向 PAEs 出售专利的正常公司可能不知道 PAEs 的预期目标：可以想象（比如说）PAEs 主张的一项专利，其具体实施涉及军事雷达，却针对一家移动电话公司。但是，如果原始专利权人保留专利权并将其保持到期，它可能永远不会对移动电话运营商造成困扰。因此，PAEs 活动的影响可能是抑制创新和增加消费者的成本。Bessen 和他的同事们的研究支持这个推理得出的结论（Bessen 等，2011；Bessen 和 Meurer，2013），根据他们的研究——

从 1990 年到 2010 年，PAEs 减少了美国被告人的财富，其中大多数科技公司在研发方面投入 5000 亿美元巨资；

2011 年，美国被告人的直接成本为 290 亿美元（“直接”意味着不包括资源转移、新产品发布延迟和市场份额损失）。总的来说，PAEs 的影响是“减少创新激励和社会福利净损失”。

PAEs 活动的主要受益者似乎是（a）PAEs 的投资者/所有者，（b）美国法律界的一部分人，因为律师费用占直接总金额的 1/4。有关小发明者获得 PAEs 报酬的任何轶事似乎只是这样的：“很少有损失表明转嫁给了小发明家。”

此外，与美国大型正常公司相比，中小型普通美国公司受 PAEs 影响较大。

12. 06 一些人试图为 PAEs 辩护，称它们只是像在资本市场上对商品或工具一样处置专利；但 Foley（2011）通过将 PAEs 与通过缺乏监管而合法交易金融工具的银行进行比较，以“对实体经济不增加一点价值”但变得极其富有从而带来全球经济衰退来回击这种辩护。在 PAEs 受到限制之前（如果这样的评论是正确的），PAEs 将继续不当获利，摧毁而不是创造更多价值。

对 PAE 威胁的应对

12. 07 对于为普通公司服务的从业人员，除了对 PAEs 进行游说外，前面小节的公共政策论点是无关紧要的；从业者必须告知受到 PAEs 威胁的委托人，普通公司可以选择的选项之一就是本身更像 PAEs 本身。

12.08 PAE 主要有两类：

(i) 据 Bessen 和 Meurer（2013）所述，所占比例最大的是提供相对“便宜”的 PAEs［第 12.04（i）段］，和解金额通常低于上述 100 万美元。

(ii) 根据 Bessen 和 Meurer 的说法，少数 PAEs 是“大型猎人”“其寻求并获得几十亿或数亿美元的和解”。

12.09 关于从业者如何劝告他的委托人应对 PAEs 威胁的第一个建议是，他应该找出关于该特定 PAEs 的已知信息。Bessen 和 Meurer（2013）、Risch（2012）、Ewing 和 Feldman（2012）给出了关于单个 PAE 的信息，PAE 发展迅速，所以从业者需要填写所给出的全部信息。Ewing 和 Feldman（2012）的工作包括对知识风险投资的详细研究，他们（报告）已经“尽力维护保密”，以便他们不得不投入“数千小时的研究，……通过约 1300 家外壳公司和数千项专利”。另外，需要评估代理 PAEs 的人员的个人性格。值得一提的是，PAEs 在早期阶段可能不会通过符合道德规范的合格法律从业人员进行沟通。

12.10 第 12.08 段（i）类中的 PAEs 可能在没有可预见的先前研究的情况下明显含糊地指责侵权行为，甚至不涉及制造和销售客户产品的地点（主要因为大多只涉及美国专利）。它甚至可能无法正确识别公司（错误的名称和/或地址）。也许在经过类似的最低限度研究之后，它已经向数十家其他公司发表同样的信函，希望有一定比例的“软接触”。在这种情况下，最好的选择是不直接向 PAEs 作出任何回应（甚至不承认有过联系）[9]，直到（如果有的话）PAEs 确实开始重大诉讼；因此忽略 PAEs 的后果是，它可能从最初的“软接触”建立一个诉讼基金，然后返回给委托人，获得财务支持后开始重大诉讼，它们可能不会轻易脱手，就好像已经接受最初的报价。另一种方式是对 PAEs 的“小额”支付，这可能使委托人暴露于其他 PAEs 的“软接触”，或者（a）因为第一个 PAE 宣传许可证以鼓励其他许可证持有人效仿或（b）因为它私下通知第二个 PAE（可能是一个委托人不知道的相关权利）。

12.11 第 12.08 段（i）类中的 PAEs 可能会依赖与美国律师的按判决金额收费的安排。挫伤律师积极性的一种方法是，如果只有一项专利或与之密切相关的一组专利被主张，将使非美国管辖区的相应专利失效。

12.12 一些正常公司自己也参与购买专利，否则这些专利会被高智（Intellectual Ventures）和 RPX 等专利聚合公司所敌视的 PAEs 收购。根据 Ewing 和 Feldman（2012）的观点，高智的初始资金似乎来自微软、英特尔、索尼、诺基亚、苹果、谷歌和 eBay。它成立于 2000 年，创始人 Nathan Myhrvold 和

---

[9] 要做到这一点，一般律师（参见第 14 章）和董事会成员的秘书需要听取简要介绍。

Edward Jung 曾是微软的高管。然而，对于高智投资的公司来说，这是一个威胁。它通过其他 PAEs 转让专利进行诉讼，并且自 2010 年 12 月起公开诉讼，从而成为 PAEs 本身。RPX 成立于 2008 年，代表超过 120 位客户购买“高风险”专利（截至 2012 年 6 月），这些客户每年支付该项活动资金并获得每项专利的许可（White，2012）。它不发起诉讼，并将自己形容为提供“防御性专利聚合”。但是，获得专利后，它可能将其出售给 PAEs，但需要向其客户提供许可。因此，一两家正常公司从一些 PAEs 的活动中受益，以抵消遭受其他 PAEs 的损害。Ewing 和 Feldman（2012）在第 28 ~ 29 页（他们描述了一个未经起诉的未经 RPX 证实的刑事申诉）以及第 35 ~ 37 页（他们讨论了竞争法的风险）讨论了专利合并可能的法律异议。

12. 13　据悉，正常公司已经将大量专利转让给专门为此目的设立的 PAEs：博世（Bosch）将专利转让给后来起诉诺基亚的 IPCom；Waters（2011b）讨论了其他“专利流氓”。但是，这种转让专利的不当判决，可能会降低正常公司对指控专利侵权的其他正常公司进行报复的能力。

12. 14　正如前两段所讨论的那样，很多正常公司都遵循“如果你无法打败流氓，就加入它们”[10] 的格言，这看起来似乎是传统的看法。通过遵循这一格言，一家正常公司可以通过其选定的专利聚合公司或 PAEs，部分抵消已支付给其他 PAEs 的费用。最终效果是将价值的重点集中在那些不遵循相同准则的正常公司上（但所有正常公司都比不存在 PAEs 的情况更糟）。但是，如果目前的“专利泡沫”破灭，例如由于美国的激进立法（参见第 12. 16 段），那些资助专利聚合的人可能会对其过去的支出规模感到后悔。[11]

12. 15　有些正常公司无法“加入流氓”。对于这样的公司来说，唯一可以减轻 PAEs 威胁的方法是通过 PAEs 提供的适量款项来支付该公司指定的专利。该公司将根据其分配的专利获得一定许可，但同一 PAEs 可以反过来根据其投资组合[12]中的任何其他专利权起诉该公司，并且绝对没有针对其他 PAEs 的辩护。向第一个提供报价的 PAEs 出售专利的另一种可能的替代方法是拍卖专利（例如通过 Ocean Tomo）。另一种情况是，除了常规销售以外，美国的专利一直存在直至到期，特别是那些 PAEs 表示感兴趣的专利，以保持多种选

---

[10] 以上格言是由 Waters（2011b）阐述的。布鲁塞尔自由大学的 Bruno van Pottelsberghe 教授将流氓（Trolls）比作吸血鬼：被一个人咬伤，受害者成为另一个（van Pottelsberghe，2012）。

[11] 如果没有美国制度的潜在缺陷，人们就会怀疑，一家倒闭的公司（北电）的专利是否值 45 亿美元（第 5 章开始的第二个引用）。

[12] 此外，与 PAEs 签订的合同需要仔细审查，特别是对 PAEs 的任何保证。当合同的另一方将诉讼作为其核心业务时，并不希望为这种诉讼提供机会。

项：（a）稍后“加入专利流氓”或（b）在以后与 PAEs 的争议中使用进行部分支付。

未来

12.16 许多美国政治家已经决定现在是对 PAEs 采取行动的时候。总统已经表示，“美国发明人法案（AIA）已经在我们需要去［管理破坏 PAEs 活动］的半路上”（参见第 12.04 段的脚注⑧）。白宫指出，PAEs 现在发起大部分美国专利侵权诉讼：从 2006 年到 2012 年，新的非 PAEs 诉讼每年稳定在 1800～2000 件，在此期间，PAEs 诉讼数量从约 400 起/年增加到大约 2800 起/年。此外，PAEs 每年发出大约 10 万份警告信件，“威胁来自财富 500 强公司的每个人，甚至是咖啡店，以及普通消费者”（参见 President's Council of Economic Advisers 等，2013；Sperling，2013）。2013 年 2～7 月，三项旨在控制 PAEs 的法案被提交国会：HR 845，“Saving high-tech innovators from egregious legal disputes”；S 866，“Patent quality improvement”；和 HR 2716，“Stopping the offensive use of patents”。

标识流氓

12.17 这一节非常短，基本上是历史性回顾，描述（a）美国法律体系可以操纵的独创性，以及（b）对于那些最后一节感到沮丧的人——可以控制操纵者。

12.18 根据美国专利法第 292 条，以前有可能针对误导性地将未经专利保护的物品标记为已获专利或被未决专利申请所涵盖的人员提起私人诉讼。对于侵权标识负责人可以每件物品征收高达 500 美元的民事处罚，并且最多可以给予采取该行为的人一半的处罚。“标识流氓”的这种说法曾经激增，其本身并没有受到虚假标记的竞争劣势影响，当然可以有意寻找虚假标识的例子。这些行为可能会严重威胁被指控的罪犯，因为标记的物品价值可能远低于 500 美元。目前，美国发明人法案（AIA）修改了该部分，增加了“只有美国可以就被授权的处罚提起诉讼”等字样，剥夺了这些流氓的生存权。美国国会对所发生的事情感到非常愤怒，以至于法律追溯到消除 2011 年 9 月 16 日的任何诉讼的程度，除了美国政府提起的诉讼。⑬

⑬ 正如 Paul 等（2012）所讨论的那样，追溯性在美国引出有趣的宪法观点。

主动接洽的知识产权付费请求（UAIPs）

12.19　知识产权从业者应建议其委托人建立机制，以减少主动接洽的知识产权付费请求（即 UAIPs）而支付费用的风险。UAIPs 存在以下类型：

（i）主动提供与专利、外观设计或商标申请或续展相关的专业服务，乍看起来像（a）代理商已提供服务的发票，（b）知识产权局的费用提醒，或（c）来自客户的常设代理提醒即将到期的续展或公约期限结束时提交集体商标申请。

（ii）主动提供的委托人专利、外观设计或商标进入没有实际价值的私人登记簿，乍看起来像（i）的（a）或（b）。

（iii）域名恐吓，其中一个组织给出的是与域名注册商（例如）Dodecahedron plc 联系，警告说第三方即将注册（比如说）www.dodocahedron.cn，但是紧急支付费用，例如通过信用卡，从而阻止第三方。

请求的付款范围从几百到两千左右的英镑、美元或欧元

12.20　第 12.19 段中（i）和（ii）类型的 UAIPs 示例在 OHIM（2013a）和 WIPO（2013）的网站上作为警示向公众发布。WIPO（2013）提供了其他知识产权局网站上的警告链接。UAIPs 通常是优质纸的信件，其设计甚至设备和徽标都以 IPO 形式信件为蓝本。[14] 许多签发人的名字包括“组织”“国际局”或“办公室”，还有一些缩略语是对“OHIM”和“WIPO”进行换位或稍作修改的缩略语（尽管在小字中可能有一个明确声明，签发人也不是官方机构）。UAIPs 签发人提供的银行详细信息，是为了让收款人可以进行付款以及提供增值税的详细信息，并且可能有一个撕票条以伴随支票支付。UAIPs 通常复制与正式记录中出现的单个客户专利、外观设计或商标有关的信息。通常 UAIPs 发送到委托人的注册地址（当然不是指 UAIPs 更可能被识别的服务的任何注册地址）。通常，仔细检查会发现信件不是发票（“这不是发票”很可能出现在小字中），而是接受方在付款时接受的服务报价。当然，UAIPs 签发人显然仍在继续业务，因为大部分收件人会付款，而不是仔细审查信件。真实的小字体以及所提供服务的实际指标（尽管很少）显然阻止了多年来由多个欧

---

[14] 英国政府部门和机构（包括英国知识产权局）于 2013 年开始放弃各自的设备和徽标，取而代之的是皇家徽章，并以普通的方式与该部门或机构的名称相结合。这将使 UAIPs（类似于政府活动其他领域）的发行者更难模仿政府通信，而不犯下任何罪行（UKIPO，2013 年和 UKTMA 99 节）。

洲经济区国家、美国和瑞士的知识产权局和贸易标准当局采取的有效行动。此外，引起当局注意的 UAIP 签发人可以改用另一名称制作信件。

12.21 第 12.19 段中第（iii）类的 UAIPs 很可能以电话或电子邮件的形式出现，并且通常来自远东地区（可能是因为它们经常依靠欺骗行为，如果骗子驻扎在欧洲或美国这会使它们更容易受到起诉）。电子邮件可能促使收件人将其转发给他或她的首席执行官，假定首席执行官将其标记为“请处理”，以便更多的初级人员将其解释为“请付款”而不是“请考虑”。

12.22 小公司尤其易受攻击，因为它们可能没有大公司那样严格的财务管理。大公司通常要求在支付系统上设置供应商，然后在支付供应商之前提供采购订单（参见附录 3.3）；但例外情况可以用于相对较少的金额，如 UAIPs 的请求，这在一定程度上可以解释大公司继续获得 UAIPs 的情况。拥有大量专利、设计或商标组合的公司每年可能都会收到许多如第 12.19 段第（i）类和第（ii）类的 UAIPs。任何拥有 .com 域名和国际利润的公司都能收到某些第（iii）类的 UAIPs。

12.23 处理 UAIPs 的最佳方法是通过使用公司内网，偶尔邮寄可能的目标，和/或通过教育课程（参见第 14 章）提高客户公司内部的意识。其目的应该是让 UAIPs 重新定向到单一位置，任何真正的商业通信都可以被分离出来。这些通信可能涉及内部知识产权实践或任何适当的个人介绍。重要的是建立一个系统，在这个系统下，负责 UAIPs 的人员，无论是紧急的还是官方的，都可以免除个人责任。内部法务和［第 12.19 段第（iii）类］内部计算机人员需要支持该系统。

第 *13* 章
企业或集团内的知识产权

大多数大企业的首席执行官在某些时候常说，“我们是一个团队”（及其他类似说法）。

概述

13.01　知识产权从业者的客户通常具有一定的规模，是隶属于一个法律实体或同一所有权下几个法律实体的事业部结构（本章不考虑非全资子公司和合资公司，因为商业可能性的范围太大不能一概而论）。本章第 2 节针对单一税务辖区内的组织，为明确起见，笔者在这里统一使用英国上市公司（即 TopCo），该公司可能（也不可能）拥有英国全资子公司。第 2 节包括以下内容：

关于法律选择的两个小节，其他辖区的从业人员可以阅读这两小节并根据各自辖区的情况进行调整；

以及最后一小节涉及技术转让中的管理原则，这些原则不需要调整就可以适用。

本章第 3 节和最后部分介绍业务涉及两个或两个以上税务辖区的组织。

单一税务辖区内

法律选择（知识产权除外）

13.02　第一个问题是为什么 TopCo 应该拥有英国子公司。与 plc（公开有限公司）的运作相比，它在税收方面没有任何优势（在某些情况下甚至有一些劣势)，它们之间的区别纯粹是管理（而非法律）边界。❶ 比如，在 plc 模式下可以设立金属包装部和塑料包装部，每一个部门都有自己的负责人和高级管理小组，其职称分别为“行政长官/常务董事/高级副总裁”和“董事/副总裁”，他们不一定在 plc 董事会中有一席之地。❷ 拥有金属包装子公司和塑料包装子公司的一个所谓的优势是这些人将具有公司董事的地位并相应地感到更多的责任和工作投入度（笔者对此表示怀疑）。比如，当试图按客户而非按产品重新安排上述包装业务时，子公司的缺点就会暴露出来。不论是金属包装还是塑料包装，所有的包装都将在一个管理团队之下销售给食品公司；同样，不论是用于包装油漆还是其他工业品，所有的容器都将在另一个管理团队之下进行销售（或许希望将支持与销售分开等）。许多大企业的业务重组有着显著的规律性。❸ 每一次重组都有以下法律选择：

选择一：在子公司之间转移资产（暂且不谈知识产权资产)，使法律结构与新的管理结构相匹配（第 11.54 段中提到的内部并购)；

选择二：将资产留在原地，使集团的法律结构不再与管理结构相匹配。

13.03　第 13.02 段的选择一

· 消耗法律资源；

· 造成与客户和供应商的合同转让/更新/分许可相关的法律风险；

· 产生法律历史记录，在进行任何外部交易或诉讼时必须检查历史记录。

13.04　第 13.02 段的选择二

· 通常会在员工中造成混乱，他们甚至可能搞不清雇主是谁；

· 导致管理账户和法律实体账户涵盖不同范围的活动，从而使会计费用增加。❹

---

❶ 一般而言，公司税在合并集团的基础上进行评估，从而使支付税款不受子公司的影响，但也有一些不利的例外情况（如第 11.76 段所述)。

❷ 英国的“董事”职位与美国的“副总裁”职位相对应，后者的“董事”地位较低。但是“董事”一词也可能指一个公司的董事，在这种情况下还广泛使用“董事”作为职称，笔者感到非常困惑。

❸ 许多公司连续两次重组之间的时间短暂表明，重组的决定并不总是经过深思熟虑，或者至少部分是为了满足个人短期抱负而创造的岗位。

❹ 管理账户用于监控业务绩效和员工奖金计算。法人账户是（a）向股东传达并在公司总部备案的账户，以及（b）向税务机关提交的账户［可能与（a）在折旧和摊销等方面有所不同］。即使管理账户和法律实体账户涵盖的活动范围完全相同，它们仍有所不同：（a）管理账户按法律实体内的业务单位和按收入/支出类型更为细分；（b）因为管理人员主要负责优化其单位的税前利润和现金流，而税收对利润和现金流的影响主要由在合并集团基础上工作的会计师负责，所以他们通常忽视税收甚至增值税。然而，如果管理账户涵盖的活动范围完全相同，那么将管理账户转换为法律实体账户就容易得多。

13.05 从本节前面各段可以看出，由于税收或管理原因（也是最常见的原因），子公司结构通常不合理。[5] 一般来说，这种子公司结构存在的唯一有效原因如下：

（i）一家子公司可能被允许“破产”以背负未偿债务和其他债务[6]，而这些债务可能会拖垮整个集团。对于知名集团而言，这种做法是不常见的，因为让一家全资子公司倒闭将损害集团声誉。此外，与子公司进行重大交易的第三方可以通过要求并获得母公司担保来破坏该策略。

（ii）作为一项临时措施，作为外部并购交易的一项初步措施，活动可细分为一个子公司（例如，见第 11.56 段）。

（iii）监管可能会强制执行合法分离。出于竞争考虑（避免交叉补贴和/或采购中的不公平），英国电信有限公司在 1984 年私有化时，被要求将某些制造业与主营电信服务业务分开并归入子公司。同样，英国航空系统有限公司不得不承诺将 1999 年从通用电气公司收购的航空电子和造船业务保留在子公司中。

（iv）TopCo 可以收购另一家英国公司的股份［而不是通过出售和购买资产获得企业——见第 11.56（i）段］。如果所收购的业务与 TopCo 的其他业务有很大不同（因此不可能与其他业务合并），则可以不考虑这种情况。也就是说，不必在第 13.02 段两种选择之间做出不愉快的选择。然而，如果目标是在管理上将所收购子公司的活动与 plc 内的相关活动相结合，则执行一次性内部并购交易（将业务转移到 plc）将是明智的。

法律选择——知识产权

13.06 对于知识产权从业者而言，产生知识产权的子公司是一个特定的问题，特别是当这类子公司的数量不必要地大量增加时［在笔者看来就是第 13.05（i）~（iv）段的某项理由不充分］[7]。出现知识产权特定问题的原因有：（a）技术上可能有很大的共性，特别是在包括通信技术在内的工程方面，和/或子公司面向客户；（b）产生知识产权人员通常在集团之间频繁流动，有时更换雇主，有时非正式借调。笔者知道，一个为所有企业服务的中央研发实

---

[5] 笔者曾就一个对他来说毫无意义的历史结构展开询问，得到的结果是：经理们把责任归咎于税务人员，税务人员把责任归咎于经理们。

[6] 只是“可能”。在 *Chandler v Cape plc*［2012］EWCA Civ 525 案中，母公司被认为对解散后的子公司的前雇员负有照顾义务。这位雇员因工作而患了石棉沉滞症。

[7] 笔者有幸在其 1/3 的职业生涯中为多家 TopCo 公司工作，这些公司都没有产生不必要的子公司激增。

验室［参见第 4.28（i）段］甚至就隶属于 TopCo 的子公司下面。在这种情况下，一个显而易见的安排❽（尽管对于完全不相关业务中的子公司可能有例外）就是让产生重要知识产权的 TopCo 子公司与 TopCo 签订常规知识产权协议，根据该协议，本应由子公司拥有的权利被转让给 TopCo。例如，如果子公司的雇员在英国专利法第 39（1）条规定的情况下作出发明，TopCo 自动获得提交专利申请的权利。这可以大大方便第 6.10 ~ 6.14 段所述从业人员的工作。即使在识别员工发明时所工作的子公司方面出错也不是致命的，只要该子公司与 TopCo 达成常规知识产权协议。该子公司可能不会根据英国专利法第 37 条提出索赔，而且在任何情况下，只要它仍然是 TopCo 的子公司，它实际上都不会提出索赔。

13.07 在不需要许可回授所转让的知识产权的基础上，常规知识产权协议可以简单地如刚才所描述的那样转让知识产权，因为在任何情况下母公司都不会起诉子公司侵权。但是，一些常规知识产权协议（尤其是它们可能受到外部审查以确保完整性和公平性）确实允许子公司在免使用费的情况下开展其正常业务；许可证通常不局限于其转让的知识产权下的备用许可证，还将涵盖 plc 拥有的其他知识产权，例如 plc 内部产生的和其他子公司产生并转让的知识产权（关于这方面的管理理由见第 13.10 段）。

13.08 重要的是，转让知识产权及其他许可的义务当子公司不再是全资时自动终止，并且协议不可转让，以免混淆随后涉及该协议的并购交易。最后，常规知识产权协议应对子公司与 TopCo 或子公司之间传递的所有材料作出尽可能严格的保密规定，以确保发明的可专利性不因内部通信而受

❽ 另一种选择是将知识产权留给产生知识产权的一家或多家子公司，因此在每次重组时，必须选择知识产权资产是否按第 13.02 段选择一或选择二处理。选择一：会有很高的记录成本和潜在的风险事故导致权利损失，并提出以下问题：（a）如果两个或多个子公司正在处理专利发明，那么已经做了什么？（b）是否确实知道情况是否如此？选择二：知识产权留给子公司，随着时间的推移，子公司对其拥有的知识产权的相关性将越来越小，使得未来的外部并购交易更加复杂（笔者甚至不得不处理留在一家子公司的知识产权问题，这家子公司已经停止所有交易，进入“休眠状态”，离完全停止存在仅有一步之遥）。此外，如正文所述，在英国 TopCo 拥有知识产权的法律优势很狭窄。假设一项专利是由子公司 X 拥有（因为它雇用发明人），但是该发明被子公司 Y（和子公司 X 一起，甚至取代子公司 X）使用；在这种情况下，当 X 起诉侵权人时，竞争对手的侵权损害赔偿可能会受限。然而，如果 TopCo 是所有者，相对于 X 和 Y 子公司的竞争对手，它有各种补救措施，因为几乎可以肯定“子公司损失 1 英镑就是 TopCo 损失 1 英镑……”（Gerber Garment Technology Inc. v Lectra Systems Ltd，［1997 年］，RPC 443，第 479 页）

质疑。[9]

13.09　如果子公司与TopCo签订常规知识产权协议，这将极大地便于一家子公司与另一家子公司签订涉及知识产权和专有技术产品或服务的供应合同。例如，如果一家子公司委托TopCo的中央实验室或另一家子公司进行研发，知识产权所有权、许可和保密无须也不应在合同中提及，因为已经涵盖在常规知识产权协议里。

技术转让的管理原则

13.10　第13.07段的原则，即技术在管辖范围内的所有集团内自由流动，以供每个业务单位在其正常业务中使用。这在管理上是一个有效的原则，无论其法律结构如何，通常都推荐使用。[10] 设想一个汽车配件部门发明一种改进的点焊技术，可由另一个洗衣机配件部门方便有效地使用。无论这两个部门是否隶属于不同的法律实体，最终股东的最大利益是洗衣机配件部门采用新技术，并且在通常情况下仅向汽车配件部门支付技术支持费（按正常日费率计算）（相反的办法是，在技术转让方面建立一个内部市场并支付使用费，这将阻止洗衣机配件部门采用这种新技术，甚至可能导致从外部购买竞争性技术）。

13.11　然而，自由流动的原则不应扩大到允许一家子公司与另一家子公司竞争从而脱离其“正常业务”，因为无论如何，高级管理层[11]都希望对此有一个通盘的考虑。例如，考虑以下情况：第一家子公司负责制造螺母和螺栓，主要用于一般销售，现在将一些螺母和螺栓出售给通过内部收费系统付款的另一家子公司。在技术转让上不设内部市场的这一政策不会允许第二家子公司建立自己的设施并用第一家子公司的技术制造螺母和螺栓，即使只是为了自身使用。无论采用何种技术，高级管理层都需要首先考虑增设螺母和螺栓制造设施的必要性（更重要的是，第二家子公司在没有得到更高管理层同意的情况下，不可以随意让外人利用第一家子公司的技术为其制造螺母和螺栓）。高级管理

---

[9] 在公共领域，信息的例外情况不会造成损害，但常规知识产权协议的保密条款中不希望出现公平交易协议中常见的以下特征：独立生成的例外情况；保密义务的期限；书面确认口头披露或标记文件的要求。

[10] 有时可能需要遵守监管机构的义务（如当“中国墙”被设置时）或维护国家安全。但是，如果（a）首先避免子公司的扩散，并且（b）与为子公司工作人员签订的合同经过适当培训以避免麻烦的义务［参见第14.14（iii）和（iv）段］。一种实际的看法是，除非将这种义务减至最低限度，否则无论如何它们都会被违反；例如，TopCo管理层不会允许子公司隐瞒其与第三方签订的合同所产生的困难和风险的详细情况。

[11] 更高的管理层是指这两个单位的汇报关系相遇的点，甚至可能是TopCo的董事会级别。

层必须决定：(a) 第二家子公司是否有特殊需要证明其增加设施是合理的；(b) 第二家子公司希望建立自己的业务是对第一家子公司的弱点做出反应，例如将第一家子公司纳入其管理之下；(c) 整个问题源于第二家子公司不正常的野心。

13.12　另一种情况可能涉及第一家子公司将其软件以每个座位 p 英镑或每个项目 q 英镑的价格许可给外部人员。作为软件内部客户的第二家子公司可以认为，技术的自由流动意味着它没有义务通过内部费用转移系统支付类似的金额，并且有权使用源代码进行软件维护。但该问题的实质与螺母螺栓案例相同（尽管乍看之下，软件实际上是许可的而不是销售的），高级管理层是否希望第二家子公司进入一些复制和维护相关类型软件的业务，即使只是为了自己使用?

13.13　事实上，前两段所述的争议在内部技术自由流动政策下并不常见。在实践中，与知识产权有关的内部争端往往涉及第一家子公司（特别是研发单位或纯粹的许可证业务单位）许可外部人员使其成为第二家子公司的竞争对手，可能在赚 x 英镑的同时对第二家子公司造成 y 英镑的损失（y 大于 x）。研发单位和许可业务单位发起的许可证存在管理问题，除非有董事会的明确授权（参见第 2.11 段和第 11.31 段）。

13.14　知识产权从业人员在涉及内部知识产权纠纷时的角色是清楚的。无论争端方是在同一法律实体内还是在不同的子公司内，它既不应在争端方之间的所谓法律问题上浪费时间，也不应允许其他人浪费时间。如果争端方属于同一法律实体，它们之间就不会有法律问题；如果争端方属于不同的实体，最终是管理性事务，因为它们之间的安排可以改变，而且这些实体永远不会被 TopCo 允许诉诸法院。知识产权从业人员的职责（如有必要，还应得到采用类似方法的其他专业人员的支持）是为高级管理层确定和评估各可用选项对整个企业利益的影响。唯一值得考虑的法律问题是那些决定整个企业相对于客户、供应商、竞争对手、监管机构、知识产权局和/或税务机关外界地位的问题。

跨税务辖区

背景

13.15　大多数大型集团的实体涉及两个或两个以上税务辖区。[12] 一个辖

[12] 通常，一个地区的任何实质性业务都由一家当地公司负责，尽管一个地区的公司偶尔通过另一个地区的“分公司”开展业务。这里不考虑分支机构。

区的实体与另一个辖区的实体之间的任何交易原则上都由两个辖区的税务机关负责。任何一个税务机关如果担心交易的结果是税款到期而未支付，都可以进行“转让定价”调查。考虑A区的一家集团向B区的另一家公司销售中间产品以制造最终产品。如果是不相关公司之间的交易（“公平交易”），税务机关不会感兴趣；但是因为它们是相关的，所以

A区税务机关可能担心有人串通压低价格，从而减少A区应纳税利润，而B区税务机关可能担心有人串通抬高价格，从而减少B区应纳税利润。

税务机关很容易怀疑在税务辖区之间转移利润的动机，比如，一个集团将利润转移到一个利润被亏损消耗的辖区从而不缴纳公司税，或者将利润转移到相关公司税率较低的辖区从而缴纳较少的税款。如果税务机关确定价格不是公平的价格，并因此损失税收，那么它会“估算”利润并征税。此外，一旦一家公司被发现“调整”转让价格，其很可能被开展其他调查。[13]

13.16　同样的原则适用于司法辖区之间技术或品牌的许可。有许可协议的，税务机关可以对其进行调查；没有许可协议但很明显技术转让是在不付费的情况下进行的，那么这也可能被调查。税务机关和公司集团面临的问题是，没有一个既定的市场可以确定公平交易价格，而且通常没有好的公平交易比较系统[14]（事实上，即使同一技术以前获得公平交易许可，谈判范围也可能有所不同，参见第11.32~11.36段）。此外，如果特许权使用费是支付给一个在特许权使用费方面有优惠税务安排的区域内的实体，例如荷兰以及2013年4月1日起的英国［参见第5.32（i）段，第9.32段和第9.33段，以及第11.73段（iv）］，那么税务机关尤其会怀疑。

13.17　税务机关目前对因知识产权交易而损失收入的可能性十分敏感。经济合作与发展组织（OECD）在最近的一份税收报告中列入了知识产权（OECD，2012）。在英国，星巴克是英国税务海关总署转让定价调查的对象，下议院公共账户委员会（Houlder，2012）就使用费支付问题质询星巴克和谷

---

[13] 原则上可以在一个地区内进行转让定价调查，但这种调查很少，因为地方税务机关损失的可能性较低；HM Revenue and Customs（2013）承认，“对于它们而言，转让定价风险主要发生在属于同一集团的两家公司之间的跨境交易中”。例如，尽管英国集团全资子公司之间的交易应该是公平的，如果不是的话，对英国税务海关总署来说也不重要，因为影响在集团内消除了（另一种情况是，一家公司以≤23%的利润缴税，另一家个人股东以≥40%的边际利润缴税）。

[14] 相比之下，在不同地区的相关实体之间出售的是“布伦特原油”，这种原油有一个公共市场或信息技术支持，市场利率范围相当狭窄。

歌的证人。[15] 2013 年 6 月，八国集团会议上，英国首相将国际税收竞争的一般性问题列入会议议程。

辖区间的技术转让

13.18　在国际技术转让不多的集团中最简单的方法是为每笔交易制定一个临时许可协议，并为其计算一个公平的许可费。可能有人认为，最好的办法是让两家公司在没有集团指导的情况下进行公平谈判，但笔者认为内部政治使这种模拟不可能实现。最糟糕的情况是，政治上更强大的一方获得交易的最佳结果，将利润不合理地转移到两个地区中从税率的角度看较糟糕的一方，然后另一个辖区的税务机关将利润归咎于政治上较弱的一方。笔者有一个未经检验的理论，认为最好的方法如下：

（i）告知两个业务单位，其管理账户和工作人员奖金不受已结算价格（即已结算价格仅影响提交税务机关的实体账户）的影响；

（ii）要求它们支持知识产权从业者（可能使用 25% 规则，可比交易，第 11.37 段）估算公平交易价格。

上述方法将第 13.10 段所建议的原则国际化，即就业务部门经理而言，技术在集团内部自由流动。

13.19　如果一家集团从事半连续的跨国界合作和/或技术交流，则可以使用未来研发费分摊制。以下示例说明了这种方法的工作原理。假设本集团在 A 和 B 两地运营，但所有研发均在 A 地进行，且研发结果拟用于两地的类似业务（营业额比率为 4∶1）。如果 B 地的实体每年向 A 地的实体支付 20% 的研发费用，则两地的税务机关都应满意，因为这是合理的“公平交易”，并且在未来不会期望 A 地和 B 地之间为使用研发成果而支付使用费。用于确定上述运营可比性（或缺乏可比性以便进行调整）和周转率的算法（A 地和 B 地可能具有与研发个相关的其他运营）应记录下来，以便能够每年持续运营。

13.20　根据有关地区目前的税务建议，出于法律上的便利，人们可以选

---

[15] 据路透社的一份特别报告（Bergin，2012），总部位于美国的咖啡连锁店星巴克在英国的业务近 3 年来获得 12 亿英镑的收入，该公司向荷兰一家集团公司支付了 6%（即 7200 万英镑）的知识产权许可使用费（英国的利润也可能因集团内部涉及咖啡采购的交易而减少来自非洲的豆类和集团内部的贷款）。这些年，英国子公司没有缴纳任何公司税，因为它在税收上亏损（总计 1.19 亿英镑）。显然，这些不是“初创企业”损失，因为该公司成立于 1998 年；也不是暂时衰退的结果，因为首席执行官一直在向投资者暗示，英国企业的业绩令人满意。特别报告援引普华永道一位税务合伙人的话说，为了证明特许权使用费是“公平的”，必须证明特许权使用费是子公司盈利能力的关键，而这反过来又“需要显示盈利能力的跟踪记录”。星巴克回应英国公众的担忧，承诺向英国财政部支付 2000 万英镑（Jones，2013）。

择签订将知识产权转让给全球顶级公司的常规知识产权协议，将第 13.06 段所建议的原则国际化。实际上一些公司集团也是这样做的。但也有一些公司集团的知识产权流向辖区内（不是辖区外）的顶级公司。⑯

13.21　众所周知，会计事务所在适当的司法辖区内推广将大量注册知识产权组合转让给专利持有公司的税务最低化计划。笔者建议在实施该计划之前，会计事务所应谨慎从事，理由如下：

（i）记录转让是昂贵的，并且存在导致权利损失的事故风险。

（ii）这些计划依赖于现行税法，可能只有短期利益。例如，2013 年 4 月英国“专利盒”的推出可能抵消几年前英国公司在海外转让专利时所推广计划的许多好处。此外，英国计划的寿命可能很短，因为德国已经迫切要求取消该计划以及欧盟的其他类似计划［参见第 5.32（vi）段］。

（iii）根据第 13.17 段中提到的发展，这些计划的使用一般受税务机关的更多审查。

跨司法管辖的商标许可

13.22　高额的品牌使用费可能受到税务机关的质疑，特别考虑到第 13.17 段中提到的星巴克案例，在该案例中，人们假定许可知识产权包括食品饮料制备和零售技术的品牌化。本书对品牌价值的“炒作”提出普遍的警告（参见第 8 章第 1 节，第 11.78 段）。对于不与公众打交道的企业来说，高品牌价值和品牌使用费是令人难以置信的。即使是与公众打交道的企业也可能发现，税务机关不愿意接受高额使用费的有效性。一家美国本土的快餐连锁店正考虑 2013 年首次向其他地区扩张，它提交商标申请以保护其在这些地区的品牌，并授权其在这些地区设立的子公司使用与美国母公司相同的品牌。就标牌、文字和广告的规模经济而言，在现有第三方权利以及语言和文化差异允许的范围内，在“本土”水平和针对个别产品采用共同品牌具有实际意义。然而，人们可能会质疑这些品牌的高额使用费是否合理。在外国地区的子公司开始运营之前，该品牌可能在该地区并不知名，而且该品牌后来在外国地区的主要价值可能主要来自子公司的实际运营。如果因为先前存在的第三方权利或语言或文化差异而不得不选择其他品牌，那么这些产品也可能同样畅销。

---

⑯　本地顶级公司可能发现自己处于因侵权者活动而遭受损失的子公司和全球顶级公司之间的中间位置。在少数情况下，这在英国可能是一个劣势（参见第 13.06 段的脚注⑧）。但笔者怀疑这可能是在合理安排之间作出决定性的选择。

Part C

其他主题

第 14 章　教育客户

第 15 章　财务模型

第 16 章　信息安全

第 17 章　业务连续性规划（灾难恢复）

第 18 章　人与组织

第 19 章　知识产权政策

第 20 章　游　　说

第 14 章
教育客户

凡事预则立（Forewarned is forearned）

——英国谚语

教育演讲——概要

14.01　如果从业人员通过专题会议和日常案件工作对非专业客户[1]进行教育，双方都会受益。这类会议的主要目的是确保客户从从业人员处获得及时帮助，从而使他的支出物有所值。筹备和举办这类会议所花的时间一般视为业务发展的一部分而不收取费用。笔者建议，在一个由 n 个全职从业者为非专业客户工作的实践中，每年 $15n$ 小时的总预算并不算多。这一时间多数被资深从业者所用，他们可以给客户一个平衡的战略观点，而不是狭隘的法律观点。演讲的一致性和经济性可以通过资料库来实现，为每个演讲对象定制合适的教育内容。资料库将包含单个主题的多组 PPT 幻灯片，必要时还包括相关手稿。

14.02　英国学者 Roach 和 Soetendorp（2008）指出，本科教育很少培养学生为以后职业生涯中的知识产权做准备，在他们写作的时候，这种知识产权教育的“教材”尚未建立起来。本科课程[2]缺乏实质性的知识产权教育对他们来说是错失的机会：“本科生乐于接受新的想法，如果他们的大学教育中包含某些东西，在工程教授选择忽略的情况下，他们会看到其重要性。”IPAN/IPO/NUS（2012）发现，英国大学生对知识产权的了解不是集中在商业问题上，而

[1] 因此，本章不包括指导溢出早期工作（Overflow Originating Work）或代理工作的法务部的教育需求，以及指导代理工作的外国同事的教育需要（见附录 0 脚注①中的定义）。然而就目前而言法务部普通律师也被认为是“外行”。

[2] 英国伯恩茅斯大学是个例外，Roach 和 Soetendorp 在那里教书。

是集中在剽窃上。Pitkethly（2011）通过调查发现，在英国公司大多数员工都不知道先前公布的英国专利无效这一关键事实。他还发现，员工人数少于250人的公司的员工对知识产权的了解程度低于大型公司，而大型公司的员工对知识产权的了解程度与4年前的一次类似调查相比有所下降。

14.03　因此在可预见的将来，作教育演说的从业者必须对他的客户作如下预期：他们没有接受过知识产权方面的大学教育并且通常没有基本的知识产权知识。接受教育演说的对象不会像本科生进行“为科学家/工程师而设的知识产权”模块教育时那样舍得花时间，也不会有大学生热情地记忆所学内容。从业人员只能期望如下：

（i）他所针对的人可能有对于知识产权的错误看法和见解。

（ii）虽然可以成功地在演说中传达一些关键想法，但这些想法可能不会“坚持”很久。

（iii）关键客户联系人会定期更改。

（ii）和（iii）加在一起的结果是：客户教育是一种“福斯桥”练习，需要不断重复进行。❸

14.04　在进行介绍时，建议从业人员：

（i）保持“法律简洁性”（与其他法律专业人员的情况不同，参见第14.15段），仅指出影响演讲对象要做什么的法律要点，而不是从业人员要为他们做的事❹，并强调（a）“正确地做”知识产权带来的商业利益和（b）客户遵循的战略。

（ii）预测并直接处理可能妨碍演讲对象做正确事情的重大错误看法。

（iii）使用示例和轶事来吸引演讲对象。❺ 可能的话，示例和轶事尽量从客户组织的近期历史中获得。

（iv）包括如何与从业人员取得联系的实际问题（在某些情况下，可能需要通过指定的非专业联络人员进行联系，该联络人员需要出席演说会并提供支持）。

（v）确定战略的高级支持者，最好有一个或多个这样的支持者在场。

---

❸　对非英国读者来说：苏格兰的福斯桥承载着横跨河口从爱丁堡到法夫的铁路。它是公认的最长的桥之一，传说从一端开始刷漆的话，还未到另一端，油漆工就必须重新从第一端开始。

❹　这位执业者在指导Vaver（2009）所称的知识产权法的“纯粹的丰富性、复杂性和混乱性”方面的专业自豪感不妨碍选择和简化知识产权法的实际需要。

❺　在法务部的实际工作中，（见附录0）通常要做大量非fr & r工作，需要有轶事不仅（a）来说明专利（按照附录5.2的思路）和商标所传递的价值，而且（b）要详细叙述重大的成本/风险规避成功案例（例如围绕竞争对手专利重新设计和避免损害并购交易协议中的知识产权条款）。

（vi）确定哪些内容不仅是推荐，而且是客户知识产权正式政策（如果有的话）下对所有员工的要求（参见第 19 章第 2 节）。

（vii）避免使用或卷入知识产权法的“更恶劣”的表现形式❻，因为这些表现形式往往使演讲对象感到迷惑，并损害从业者试图传达信息的严肃性。

14.05　演说应具有选择性并突出重点，如果演说对象的兴趣点过于复杂，就不可能做到这一点。例如，对研发人员具有相关性和吸引力的演说不太可能对合同人员具有相同的相关性和吸引力。如果一个自我选择的小组要求一个演说，从业者应该迅速作出积极回应并给出一个演说，因为如果小组中的人觉得他们有共同的问题，他们就可能真的有。

教育演说——关于特定主题和特定对象组的注释

“知识产权”一词

14.06　这个术语本身就是一个问题。演说对象可能有先入为主的想法，除非在演说开始时解决，否则会妨碍他们的理解。包括 MI5（英国“军情五处”）在内的英国政府仅使用该术语来表示“有价值的信息”，如网络攻击中的“知识产权损失”（Blitz，2012；Goodman，2013）。笔者回忆起一位资深人士的提问：“专利这么多，但知识产权呢?”对此稍有了解的人可能知道“知识产权”是版权、专利、商标、设计、商业秘密等法律的总称。Jacob（2013）指出，事实证明对记者和政界人士在内的许多人来说，这种知识是一个陷阱，他们“往往认为它们是同一类东西，出于同样的理由，应该甚至确实适用同样的规则”。

14.07　为明确满足假设的英国先进机械工程公司 Dodecahedron plc 研发人员的需求，以下是消除这种先入为主观念的一个可能的手稿：

“知识产权是一个总括术语，指的是一大堆法律权利，允许知识产品的创造者或其雇主（例如，对于你们，则是 Dodecahedron plc）阻止竞争对手和其他人在商业上使用这些知识产品。这些权利是一个大杂烩，除了负面的重要特征之外，它们没有什么共同点（它们允许 A 阻止 B 做某事，而不是给 A 自己权

---

❻　奇怪的专利有，例如美国专利 US 3 936 384 “宗教皂”、已故 Arthur Paul Pedrick 的英国专利、美国专利 US 2005/0057434 A1 “自愿性协议套件”，以及美国专利 US 2007/0035812A1 “神圣的力量”很可能已经被 *New Scientist* 或其他杂志的读者注意到。

利做任何商业活动)。[7] 出于历史和公共政策的原因，这些权利在涵盖范围、期限和市场支配力量方面差别很大。

“Dodecahedron plc 在技术方面的关键权利只有 4 项（如图 14.1 所示）。同时，Dodecahedron plc 还利用知识产权保护自己的品牌——企业品牌本身和一些产品名称，例如其计算机算法控制的工件定位系统 Algopos。但本次讨论的只是与技术相关的知识产权。除了这四项权利之外，还有其他一些与技术有关的权利，例如数据库和半导体芯片特有的权利，但这些权利对 Dodecahedron plc 来说并不重要。”

14.08　对于许多公司（在英国没有重大利益，或不参与机械设计的公司），不存在图 14.1 中的未注册设计权；对于营销人员，则需要增加商标；对于制药公司，则需要增加药品补充保护证书（SPC）；等等。

新技术概念类专利	20/21 年	国际	绝对
计算机软件版权	作者去世后 70 年	国际	无独立生成保护
未注册的机械产品设计权	10 年	只在英国	
任何信息合同	直至进入公共领域	国际	

图 14.1　Dodecahedron plc（一家假想的英国先进机械工程公司）的研发人员提供的幻灯片演示文稿的一部分

简化包括以下内容：术语是近似的（正如旁白所说的）；欧盟的未登记设计权和注册设计被忽略，因为 Dodecahedron plc 的设计大多是专有的功能性设计；省略非合同信任义务。

研发人员

14.09　对于研发人员，图 14.1（或其改编版本）的后续扩展中涉及的法律和商业要点可能包括以下内容：

（i）避免向第三方非保密地披露和公布发明对专利的重要性（除此之外，在此类非保密披露或公布后一年内，某些专利可以在美国得到挽回，在许多情况下美国可能是主要的商业地区）；

（ii）与“可申请专利的发明”一词在外行人头脑中可能产生的印象相反，化学品、材料和工艺以及设备都是可申请专利的，而且他们可能听说过的计算

[7] 笔者评论说“知识产权首席律师”或类似用语的唯一好处是给他一个职称。

机软件的专利限制并不是很严格❽；

（iii）申请专利所需的创造力水平不需要达到极致的水平，研发人员认为是新的（可能为公司赚钱的）东西都值得考虑申请专利；

（iv）权利要求的性质（类似于图 1.1 的内容，适用于熟悉维恩图的研发人员），可能使用一个简单的与演说对象相关的发明的例子来显示权利要求 1 是如何达到目的的；

（v）专利保护的广度和宽度影响［即使在“快速移动”技术中，比较第 5.36 段中的准则（b）］以及保护的“绝对”性质，这使专利在大多数技术部门成为知识产权的“王”；

（vi）优先权制度的大致运作方式；

（vii）他们为之工作的特定公司如何使用专利；

（viii）如何处理保密协议和文件标识；

（ix）为什么不在自己的软件中包括第三方代码；

（x）如何处理未经请求的技术建议或侵权指控；

（xi）公司对研发项目是否存在第三方侵权风险进行筛选的做法；

（xii）在诸如化学工业中，专利是真正有价值的技术文献❾，如何“挖掘”它们（例如在开始时查看现有技术的描述和优势陈述，然后跳转到具体实施例，在化学专利中的“实施例”）。

在采纳第 5.13（iii）段建议的公司中，即优先权申请和 PCT 申请都不应包含“以该形式表征的”权利要求，所幸专利实践这方面内容在演说中可以忽略，这部分可以留给从业者来完善。❿ 对于从业者来说，许多其他很重要的事情同样可以忽略。

14.10　与第 5 章、第 7 章、第 9 章、第 10 章和第 11 章中讨论的上述议题（i）~（xii）（供从业人员讨论）相比，演说内容可能非常简短。例如，在讨论制药公司专利的使用时，人们可以只注重使用第 5.32（i）段；在一家采用第 7 章中建议的 UTS 方法的公司中，演说者可能只会告诉研发人员，“不要阅读它们，不要参与任何讨论，并且在不保留副本的情况下将它们给我或某某先生。”

14.11　从心理学角度来看，提出申请的从业者应该向研发人员保证，他

---

❽ Dodecahedron plc 的员工了解了 Algopos 机器（参见第 14.07 段）已获得专利，无疑会印象深刻。

❾ 见脚注⑩和第 A10.1.01 段中对 Harhoff（2011）的讨论。

❿ 用这种形式起草权利要求对专利审查人员和律师来说，是一个很好的逻辑练习，但也是理解权利要求的障碍（甚至可能影响司法理解，见第 5.17 段）。

们参与专利申请时将与有技术背景的人打交道（他们之前可能从未遇到过专利代理人）。应讨论参与专利申请的动机和可能的障碍（见第 6 章，特别是第 6.19 段）。

可保护性与使用自由的区别

14.12　最近，一家大型国际公司的知识产权负责人对笔者说，他的老板多次不理解这一区别。笔者的经验同样表明，知识产权从业人员以外的人确实难以理解和维护这种区别。简单的警示如“仅仅因为我们有一个专利/注册商标[11]/注册设计，并不意味着我们可以自由使用它”可能需要多次给出警示。例如，一本书由 A 用英文写成，由 B 翻译成法文（A 和 B 都拥有版权），这个例子的效果很好，尤其适用于非技术人员，如普通律师。

营销人员

14.13　与研发人员相比，这些演说对象对专利的细节不感兴趣，尽管他们应该意识到过早向潜在客户披露发明的风险，他们仍然对专利的商业用途感兴趣。他们可能需要关于如何处理侵权指控的教育（第 10.23 段）。可能需要鼓励他们报告其他方明显侵犯客户专利的情况，并以正确的方式传播有关客户产品专利状况的信息（第 10.09 段）。他们应对商标感兴趣，演示文稿应涵盖客户的品牌结构（整体品牌与产品品牌）以及法律和实践。该演示文稿的关键是避免演说对象在提交完整的死板的品牌推广建议（第 8.10～8.11 段）时过晚与从业人员见面；他们还需要为侵权检索中申请商标的低成功率做好准备（第 8.26 段）。有必要指出，演说对象的计划可能因以下任何一项而受阻：（a）先前的商标注册；（b）先前的公司名称注册；（c）先前的域名注册。

商业/合同人员和普通律师

14.14　可考虑向商业/合同人员和普通律师介绍以下主题（尽管选择的主题因其在客户公司中的角色而异）：

（i）在知识产权问题上采取国际观点的必要性（培训对象几乎完全是国内的）；

（ii）知识产权的共同所有权不是谈判问题的解决办法（第 11.19 段）；

---

[11] 即使对英国的演说对象来说，最好不要提及英国商标法第 11（1）条规定的侵权抗辩，因为（a）该条范围狭窄，具有挑战性；（b）该条不可在欧洲各地复制（Kerly，2011 年，第 15－041 至 15－051 条；Mezulanik，2013）。

(iii) 当子公司签订外部研发绩效合同（甚至保密协议时）时，集团需要尽可能多地通过谈判行使内部许可（第 11.21 段和第 11.33（iii）段）；

(iv) 一般来说，需要避免对知识产权问题采取狭隘的部门或子公司观点（第 13.14 段）；

(v) 同系子公司之间订立合同时，需要避免与常规知识产权协议发生冲突（第 13.09 段）；

(vi) 构成威胁可采取行动的风险（第 10.23 段）；

(vii) UTS（第 7.03 段和第 7.13 段）；

(viii) PAE（第 12.10 段脚注⑨）；

(ix) UAIP（第 12.23 段）。

14.15 然而，这些培训对象都是法律专业人员，出于兴趣和持续专业发展的目的⑫，与其他培训对象相比，他们需要更多的法律分析。他们可能对法院系统（美国联邦巡回上诉法院、英国专利法院、英国专利郡法院及其继承者、德国分支系统等）感兴趣。他们会发现可替代方案的观点与权利要求的说明类似（第 1.09 段）。如果演说是由专利代理人完成的，那么他们可能对专利代理人的客户权利和客户——专利代理人特权感兴趣。同时作为法律专业人员，他们希望可以向自己的客户联系人解释问题，而不仅仅是取得他们的信任。第 14.14 段中（ii）和（viii）的案例源于笔者的经验，在这些案例中，演示者特别需要说服而不是告知。演说的一个重要目的是帮助演说对象避免采取错误的立场（避免知识产权从业者参与进来后丢脸）。

管理或影响知识产权活动经费的人

14.16 针对知识产权活动付款人的演示文稿的第一个目标是使与专利计划和研究有关的第 5.36 段中的准则（a）和（b）内在化，通常未受过知识产权教育的资金提供人一方面会很努力地为优先或专利合作条款申请辩护，另一方面又会因为担心“沉没成本”而不愿放弃旧案例。第二个目标是确保他们认识到知识产权方面不寻常的预算问题（第 15 章倒数第 2 节）。

14.17 针对这些演说对象的方法必须侧重于知识产权活动对业务的价值和战略。从业者需要预料到听演说的每个人都有疑问；商人倾向于认为，“如果我们幸运的话，律师可能会有商业意识，但他们中大多数人都没有这个本事。图 5.1 所示的幻灯片显示了这种做法对财产的管理能力。强调投资组合管理、成本分析和基准制定的管理流程（第 5 章倒数第 2 节，特别是第 5.62 段）

---

⑫ 至少对于英国律师来说，有可能获得 CPD 认证的培训课程。

对保证财产安全至关重要。

14.18 对于坚持自己进行发明挖掘的客户，本章所讨论的一般教育是不够的，最好对个人进行具体培训［第5.37段准则（e）］。

特权

14.19 在更具诉讼性的行业中，如制药行业和目前正在进行专利战的行业，对于一些演说对象来说，有必要强调必须避免披露法律咨询意见或对法律问题进行无原则的讨论（第2.29段和第2.47段）。

网络或印刷文献

14.20 通过将类似材料放在客户的内部网上可以有效地补充现场演示[13]，应包括与处理特定部门或主题事项的内部从业人员的电子邮件链接，或与私人执业人员联络的电子邮件链接；一些公司的内部网（第3.63段）允许直接在线“公开发明”。内部网消除了以前一些公司编写书面“知识产权手册”或专题概况介绍的需要；但仍有符合公司风格的小册子存在的空间，例如，内文为两张A5纸的A4硬折页。这种小册子制作成本低并免费发放；希望它能留在桌子上或贴在布告牌上。内页的A5页面可以在“标题”级别标明知识产权，包含的法律细节可以比演示文稿或内部网材料更少，但仍然保留公司轶事。封面设计美观、标题醒目，如“保护我们的东西”，而封底则可以为内部从业人员或私人执业联系人以及内部网网站做广告。客户的企业宣传部门提供的专业制图与艺术设计将大大提高小册子的效果。

---

[13] 法务部通常与客户在同一内部网。私人律所可以考虑采用一种替代办法，从客户内部网到其自己网站点的安全客户特定区域的链接。

第 *15* 章
财务模型

钱能叫万事应心。

——《传道书》，第 10 章，第 19 节

事务所的财务模型

概述

15.01　笔者曾在多家公司担任知识产权内设部门负责人，几乎经历了所有您能想象到的财务制度：

第一种制度：部门逐项列举收费项目，并制定利润目标，

第二种制度：公司给部门设定预算上限，用以支付其为公司开展的所有工作。

还有其他制度位于两者之间。第一种制度与私人事务所的商业模式基本相同。

15.02　笔者一直提倡（a）从业人员（包括笔者自己在内）应记录处理不同案件所花费的时间，（b）如果所处理案件是专业案件，而非一般性部门行政事务，则应按该时间计算收费金额，（c）记录该案件所收款项。如第 3 章第 2 节所述，这通常会用到与时间记录系统相结合的“时间和支出记录及客户账单计算系统”（TDBS）等计算机系统。在第一种制度以及两种制度之间的其他制度下，上述相关工作是收费的基础。即使在第二种制度下，亦应该坚持记录时间和所收款项，以便

（i）在公司对核心职能的财务制度政策进行调整时有备无患❶；

❶　财务制度的平均寿命约为 3 年。笔者所在的部门曾经有不同寻常的变化，调查中的其他部门也表示其制度亦曾发生变化。

(ii) 在部门受到管理层质疑时能证明自身合理性（第 3.22 (iii) 段）；

(iii) 能够科学地重新分配部门中的工作（第 3.22 (iv) 段）；

(iv) 能够监测一般性行政事务所花的时间和所收款项（第 3.33 段）；

(v) 能够将部门处理特定事务的开支与外包开支进行比较❷；

(vi) 能够支持成本分析和预测［参见第 3.22 (iv) 段和第 5.62 ~ 5.65 段］。

其中，(iii) 项、(iv) 项、(vi) 项对于私人事务所而言，亦有参考意义。

15.03　简而言之，笔者认为任何机构都需要一套详尽的财务模型。调查发现，所有 15 家私人事务所和 10 个内设部门中，6 家（个）都会就具体案件的所收款项进行登记；所有私人事务所和 4 个内设部门还对所花费的时间进行记录。

计时费率

15.04　如果对从业人员处理专业工作所花费的时间进行登记，那么这种登记就需要与**计时费率**相关联。简单地说，部门的综合经济指标可以这样表述（根据第二种制度，或两种制度之间的中间制度，“回收”和“回款”视为内设部门未收费）：

Σ（第 i 级从业人员登记的收费时长 × 第 i 级计时费率）

等级 9 全体人员

= 事务所的总成本❸ - 客户支付的与案件有关的款项 - 其他回款（不计费时长/付款）+ 事务所所有人的利润❹　　15 - 1❺

式（15 - 1）中登记的收费时长不包括用于处理事务所内部管理事务（第 3.33 段）、业务发展和客户培训（第 14.01 段）等内部“一般性部门行政事务”的时间，并已考虑账单发出前所作调整等因素（第 3.29 段）。在事务所

---

❷ 与大多数内设部门负责人一样，笔者认为，将续展付款外包是划算的（第 3.69 段）。如果内设部门为维持其工作职能的灵活性，需满足一定工作量的最低要求，那么将早期的提交申请和审查工作外包通常是不划算的（少数溢出除外）（关于“早期”的定义，见附录 0 脚注①）。将“非申请、审查和续展工作”外包通常也是不划算的，除非此类工作量极大或缺乏专业含量（诉讼是外包的一个特殊领域——见第 A0.21 段）。

❸ 就私人事务所而言，向事务所所有人支付的费用涵盖其作为从业人员和管理人员的双重身份。

❹ 对于内设部门，上级公司就是“老板”。财政年度结束时，内设部门的利润计入该上级公司。

❺ 人们可以很容易地利用这个公式（以及第 15.05 段中的分析）来为每一位从业人员计算个人小时费率（而不是如上述公式那样，根据等级确定小时费率），或者允许客户使用乘法器（第 3.28 段）。

内部，应鼓励从业人员就“可收费时间”形成共识。

15.05 如果是从零开始建立的系统，则需要对式（15－1）中计时费率的所有设定值进行估算（参见下一小节“其他回款”），并判断客户能接受什么样的计时费率倍数。计时费率可以通过简单的代数方法计算出来。一个较大规模的内设部门的倍数可能如表 15.1 所示（并不绝对精确，因为倍数还取决于事务所的具体结构和人员配备情况）。

表 15.1 按职业等级开列的参考费率（初级合格从业人员 = 1.0）

知识产权主管	1.3
高级合格从业人员	1.1
初级合格从业人员	1.0
高级受训人员	0.8
受训人员	0.6

一般来说，不同等级从业人员中，平均个人薪酬越高，其计时费率也越高，但并非严格等比增加。例如，知识产权主管的薪酬可能远不止是初级合格从业人员的 1.3 倍，因为他是最高级的管理人员。表 15.1 中的 1.3 倍是客户对其在案件中所发挥作用的估值。同样地，私人事务所的客户也希望计时费率体现的是从业人员的知识专业水平，而非其管理技能，更与事务所所有人身份无关。但经理和所有人通常会获得额外报酬。

式（15－1）中的“其他回款”：事务所和客户利益不一致的风险

15.06 式（15－1）中的“其他回款”可包括（a）特定事务（例如提交 PCT 申请或完成特定续展工作）的“固定费用”或“手续费”；（b）垫付款加成［对（a）和（b）所收取的费用应对客户“透明”］。（a）项工作收费的理由是：与起草知识产权协议和出具侵权意见方面等非 fp&r 工作相比，fp&r 工作非常耗费流程人员（律师助理）的精力；如果不对（a）项工作收取费用，那么流程人员的开支❻则需按处理非 fp&r 工作的计时费率计算，但他们又极少参与此类工作。对（b）项工作收取费用的第一个理由是，所付款项具有坏账风险：如果事务所委托一位美国代理人提交专利申请，然后客户不向事务所支付费用，而事务所仍需向美国代理人付费。对（b）项工作收取费用的第二个理由是，与非 fp&r 工作相比，fp&r 工作因其为数众多的小额付款而极大

❻ 这笔开支将包括薪金，加上住宿费等间接费用，以及合格从业人员设计流程和系统以及其他辅助性的流程工作的费用。

地增加财务工作量。[7]

15.07　然而，如果（a）项和（b）项收费背离合理的成本和风险，利润率高于计时收费[8]，则会出现两个问题：

（i）这种收费导致事务所和客户利益不一致。由于（a）项、（b）项收费较高，计时费率就被人为压低。假设有两件专利申请，每件均按10小时收费并各自加上处理费和加成费，相比于每件专利申请按20小时收费计算，前者显然更有利可图，但后者可能是客户真正需要的。此外，事务所可能会不愿意提供按小时收费的专利资产管理服务，不愿意帮助客户科学地删减专利资产（如第5.27～5.73段所述）：因为（a）项、（b）项收费是额外收费，而且贴补上述专利资产管理服务，但成功地帮助客户删减专利资产则意味着来自这些收费的补贴也会减少。

（ii）理论上，新近出现的一些专门机构很容易从事务所手里抢走这些流程业务。续展代理业蓬勃发展（第3.69段），虽然不能全面替代事务所，但也是一个警告信号。

内设部门的财务制度[9]

15.08　许多公司为知识产权部门的fp&r业务和非fp&r业务提供年度常规预算，并为诉讼和树立公司新形象等重大活动提供特定时期的额外预算。就管理而言，这很简单，也很好运作，但可能存在以下问题：

（i）业务部门不愿意删减专利资产（即花时间去帮别人解决预算问题）。

（ii）很难限制业务人员提各种要求。由于业务人员不需付费，他们认为这些工作是对他们开展业务的免费保障措施，或是他们个人的“保护伞”。典型案例就是那些他们不需花太多时间就可以提要求的事情（例如专利查新检索和意见，以及向更多的国家提交申请）。

问题（i）、（ii）在一定程度上可以由部门主动作为来解决。但在某些公司，内设部门是向公司其他部门收费的。[10] 此类收费其实是一种“虚拟货币”，

---

[7] 开支将包括薪金和住宿等间接费用。

[8] 据说，有一些处理申请、审查和续展工作的私人事务所存在这种情况。问卷调查未涉及这一问题。

[9] 本小节讨论内设部门为公司及其在同一司法管辖权地区内的全资子公司所开展的工作，不涉及其他客户［参见第3.27段（ii）和（iii）］。本小节所建议的原则不一定适用于跨国业务，因为有些跨国集团允许不同国家的公司高度自治。有些集团对研发和知识产权全球统一管理，不授予自主权。对于这些跨国集团，上述原则仍可适用，但需考虑转让定价［参见第3.27段（iv）和第13章最后一节］。

[10] 调查中10个部门中有3个部门至少承担部分工作。

不影响公司的利润计算，但确实会影响内部客户的绩效表现。

15.09　笔者认为，尽管上述问题需要内设部门主动作为来解决，但几乎所有公司都为内设部门设定一个最低公司预算。内设部门应合理地将该预算用于开展特定工作，（主动）与内部客户进行沟通，而非（被动）接受那些付费内部客户的指令。最重要的是，应如本小节其余段落所述那样，审慎确定收费项目，并仔细核算收费的确切标准（从事 fp&r 工作的知识产权部门，不宜原样照搬常规的法律职能部门的组织架构和融资供资方式。事实上，笔者所在部门的财务制度往往与常规法律部门不同⓫，虽然两者向同一人报告）。

15.10　企业的时间和付款预算（加上合理的固定支出和加成）通常应涵盖：

（i）企业活动。包括企业形象、企业并购项目、研发和合同等工作人员使用的知识产权合同条款（第 11.23 段、第 11.43 段和第 11.45 段）、主动技术建议（第 7 章）、知识产权政策的制定和执行（第 19 章）以及游说（第 20 章）。

（ii）就公司资助的研发项目所产生的发明申请专利（第 4.29 段、第 4.32 段和第 4.33 段），至少是早期阶段。（由于发明的性质）至少在一开始就很难确定应由哪个业务部门来为专利申请提供资金。

（iii）就那些不同业务部门都可能使用的技术申请专利⓬，而不论研发活动最初是从哪个部门如何获得资金的。这可以避免（a）就不同发明专利的联合出资比例进行冗长讨论，以及（b）由于联合出资者无法形成一致意见，而影响不同的 fp&r 案件的决策。

（iv）在早期阶段［在公司特定业务部门难以理解第 5.36 段中的准则（a），即做不到在早期阶段就对发明慷慨解囊的情况下］，为包括业务部门自己资助的研发项目在内的各类发明申请专利。据笔者所知，有两家公司都推行这样一项制度：优先权申请和 PCT 申请均由公司提供资金，业务部门在优先权日后的 30 个月内不需要支付费用。

此外，根据笔者的经验，就（i）~（iv）以外的其他事项收取费用也不是一个大问题（尽管这取决于公司文化），而且确实是有益的（第 15.08 段）。在大公司中，一个部门可能由许多业务小组组成。这种情况下，收取足够高的

⓫　例如，在英国，从事常规法律工作的从业人员可以被分至一个部门（如并购部门等）下的不同小组，这些小组的财务关系和地域关系都是相互独立的，他们和总法律顾问之间近似“虚线”报告关系。但对于英国知识产权部门来说，这样的分拆可能就不太明智。

⓬　例如，信息和通信技术公司就很可能出现跨商业部门使用类似技术的情况，而这在快速消费品公司则不太可能出现。

费用是非常重要的（这对私人事务所和内设部门均有影响，将在下一节进行讨论）。当专利和同期进行的开发工作推进到业务部门能够认识到专利对自己的重要性的时候（例如需要进入 PCT 国家或地区阶段时），业务部门就会收到收费报价并付款，进而在了解相关情况后，对专利资产清理产生兴趣。企业形象以外的商标的资金通常是有保障的，虽然根据相关政策制度［参见第 19.05（iv）段］，他们不可以省略掉排查工作。专利意见和协议工作通常可以由业务部门提供资金，这样就不会有漏做的风险。

15.11　在一个混合制度中（既有部门预算，也从业务部门收取一定费用），由部门整体预算列支的工作和对外收费的工作，应适用统一的估值标准。这样，在需要的时候，该部门就可以证明，公司并未对被收取费用的部门提供资助，反之亦然。

15.12　有些内设部门在收费时不用时间记录系统，而是通过计算人头的方式估算时间（约翰 50% 的工作时间用于处理业务 A，50% 的工作时间用于处理业务 B，珍妮特 100% 的工作时间用于处理公司业务，等等），也可以根据每个客户付款额按比例分摊时间成本。尽管内部客户和公司会计可以接受，但笔者不喜欢上述两种估算的方式。笔者倾向于针对不同个案记录时间的精确计算方式，原因如下：首先，该部门可能需向处于不同财务文化的客户［合资企业和第 3.27（ii）~（iv）段提及的其他客户］收取费用，客户可能拒绝根据估算时间付费；在这种情况下，部门或建立时间记录制度，或收不到钱。如果终归要建立，那何不日常使用呢？其次，对于第 15.02 段第（ii）~（vi）项所述的情境，估算远不如时间记录好使。最后，时间记录计算机系统能自动将结果录入“时间和支出记录及客户账单计算系统（TDBS）”（见图 3.1），比之很多部门需要大费周章地将付款数据一一输入“时间和支出记录及客户账单计算系统”，前者运行起来并不麻烦，而且毫无疑问比后者更省事。

15.13　正在阅读此书的读者中，有一部分人所处的部门目前正幸福地享受着公司资助，但他们可能会发现，在未来某个时候，公司小环境会发生变化，因此上文所讨论的可能有助于确定（a）什么是需“必保”的公司预算，以及（b）在需要收费时应适用什么原则。本小节最后讨论的是，那些可能导致严重后果的制度建议，如：

（i）工时计入部门预算，而款项由公司其他部门支付。这种简单的折中制度（在计算机时代之前，这是相当常见的）⑬ 意味着部门工作人员的薪金和配给完全由公司提供预算。笔者认为，这一制度无论对公司还是个人，都是非常危险的。该制度会导致业务部门在希望获得安全保障的时候，更愿意委托知识产权部门出具专利意见（主要涉及时间），而非获得新的专利保护（涉及大笔额外开支）。对于那些以“墨西哥僵局”和战略专利协议为策略（如第 5.32 (iv) 段和第 10.20 (iv) 段所述）的行业而言，这一选择是非常错误的。此外，由于大多数公司会定期削减成本，我们可以进一步假设，在这一制度下，唯一可能削减的就是知识产权业务人员配置。这种情况下，外包业务就会增加，最终付款的部门会发现，它们所付的钱可能比“公司”省下的钱多［相反，如果如第 15.10 段所建议的，公司预算既包括特定业务的工时，也包括款项，那么在削减公司预算时，所削减的就是业务（而不需考虑该业务是耗人还是耗钱），这样对公司的损害最小］。

(ii) 申请专利的相关预算由研发部门把控。⑭ 通常而言，这不是一种好的管理方式。尤其是因为研发部门通常既不生产也不销售产品，即使专利保护薄弱，对于研发部门而言，也不会有任何经济损失，所以研发部门可能企图将一部分专利申请资金挪用至研发（如果研发部门有权就许可进行谈判并收取许可费⑮，那么专利申请对于它而言就会有更大的经济利益，但这种利益并不一定符合公司的整体利益）。据笔者所知，有两家开展国际业务的英国公司都因这一制度而错误地放弃在英国以外的其他国家和地区获得专利保护，虽然这一保护至关重要。它们的研发部门认为，专利只能带来荣誉，而对发明在一国（英国）进行逐项保护就足以实现这一目的（事实上，对于公司来说，只在美国进行保护可能是更好的选择）。⑯

(iii) 知识产权的资金来自其收到的许可收入。笔者认为这在道德层面是值得商榷的（第 2.09～2.10 段）。

预算编制与小规模事务所的问题

15.14 为下一年度编制预算通常很难做到精确：用式（15－1）编制预

---

⑬ 在折中制度下，知识产权部门只签署发票然后交由其他部门付款，不需要记录支出，也不需要关心对不同案件或客户的时间分配问题。当所有清点和时间记录工作都必须完全手动完成时，这种折中制度就可以节省相当大的工作量。此外，在那个时代，折中制度的危险性比现在小，因为按照现代标准，当时公司的财务管理是很松懈的。

⑭ 对于非用于专利申请的预算，更不适于由研发部门控制。

⑮ 第 2.11 段就研发部门从事许可活动所可能产生的更具普遍性的管理问题进行讨论。

⑯ 读者可能会和笔者一样，怀疑知识产权负责人是否“夸大”这一问题来揭露监管问题。如果不是，原因何在？

算，需要进行估算，还需要进行各种假设，如客户需求和从业人员资源之间的匹配等。本小节所讨论的是，由于知识产权事务所的规模小所带来的一个特殊问题[17]，即随机波动会对财务表现造成很大影响。

15.15　下面的简化模型即可说明这一问题。假设一个私人事务所有 10 名从业人员在案件中计时收费。再假设平均每年会出一件大事，即 10 人中有一位带薪缺勤 6 个月（病假、产假、陪产假或事假）。退而求其次，在估算成本和计费时长的时候已考虑到这些常规预期：对利润的预期应低于没有发生此类事件财务状况良好的年度。如果此类事件是随机发生的，维持平均水平、计费时长在预算范围内的概率是多少呢（在其他条件不变的情况下）？答案非常惊人，只有 37%。[18] 一年中不出大事的概率也是 37%，这样实际计费时长会比预算时长高 5%。发生两件或两件以上大事的概率为 26%，计费时长会比预算时长低至少 5%。规模较大的事务所，有 100 名从业人员，平均每年发生 10 件大事，他们的预算编制相应能更精确[19]，但大多数知识产权事务所的规模都很小。

15.16　同样的不确定性也适用于内设知识产权部门，更值得关注的是，内设部门的年度预算不可以结转至下一年度，而私人事务所则可以从好年景中保留利润。[20] 内设部门承担大量需要用公司预算来支付的工作。部门编制预算的依据是在部分外包的情况下每年平均对内部服务的时长。如果没有大事发生，则外包就会较少，那么内设部门的实际开支就会低于预算；而如果发生两件或多件大事，则外包就会较多，那么部门为了完成预定工作就会超出原定预算。但是如果内设部门在某一年（比如说 2013 年）没有发生任何大事，开销低于预算，省下来的钱也就消失了，无法用来填补后一年度因发生两件或两件以上大事所造成的损失。

15.17　如上文所述，内设知识产权部门不会因为对公司损益账户作出不可预测的贡献而受到表彰，因此，它有责任尽力实现支出的顺利。举例来说，

---

[17] 在调查的 25 个事务所中，从业人员平均数为 18 名。7 家事务所的从业人员为 6 ~ 9 名（这 7 家事务所涵盖所有三类事务所）。

[18] 如果每年随机发生一件大事，则根据泊松分布，在任何给定年份中，发生 n 件大事的概率为 $(1/e)\ /n!$（McColl，1995：78 – 82）。

[19] 虽然从数字上一看就很明显，但也可以遵循泊松分布计算出来。对于拥有 100 名从业人员、每年平均发生 10 件大事的事务所而言，任何给定年份发生 n 件大事的概率是 $(1/e)\ 1010n/n!$。n 超出 1 ~ 19 的概率只有 0.35%，即计费时长与预算时长差异达到或超过 5% 的概率只有 0.35%。而对于仅有 10 名从业人员的事务所，这一概率则为 63%。

[20] 当然，公司可以保留利润，而不是作为股息分配，但利润是保留在高（通常是最高）级别，而不是在部门级别（如内设知识产权部门）。众所周知，对于大型公司的经理人而言，“残酷”的年终目标不翻车可能会失灵，但有很好的理由，这种情况会持续下去（Hill，2012）；指责“残酷”毫无意义。

如果财务部门选择不对存款账户开支进行累积计算（即一旦存款账户存满，之后的钱就会被列为开支），则只需轻微调整“周期”，便可令存款账户在财政年度结束时出现好年景非常高、坏年景非常低的情况。同样，在完全由公司提供预算的制度下，在选择通过 PCT 进入美国国家阶段时（对于未来不会放弃的发明），在好年景中可以在 30 个月届满前进入，而在坏年景中则不提前。而提前进入美国国家阶段确实具有明显的优势［第 5. 09（iii）段］。因此，如果资金到位，提前消费是非常合理的。当然，在坏年景年尾的时候，千万不要延期续展，因为下一年度支付罚款就纯粹是浪费金钱。

付费客户的财务模式

概述

15. 18　如果客户不能富有战略眼光地管理其知识产权，就会一团混乱，无论它投入多少钱，收益都会很低，这时客户很可能把不满转嫁到为它服务的事务所上。客户想管理好知识产权，尤其是专利，它就需要得到懂策略（见第 5 章，第 4 ~ 8 节）且受过良好专业培训（第 14. 16 ~ 14. 18 段）的从业人员的支持 。但是，即使客户和从业人员作出最大努力，尤其是在第 3. 22（v）段和第 5. 62 ~ 5. 64 段所述的相关预算计划方面，预算编制仍比许多其他工作困难。所作的基本假设存在极大的不确定性，在可能出现超支时调整空间也有限，例如，客户不能在财政年度结束前 4 个月，为达到预算目标而停止知识产权方面的支出，这样会造成无法挽回的损失（停止培训预算可能也会造成无法挽回的损失）。最后，客户还面临着数据波动问题，这意味着需将知识产权工作的预算保持在足够高的水平。数据波动问题将在下一小节进行讨论。

知识产权支出（非诉讼）——数据问题

15. 19　第 15. 14 ~ 15. 17 段讨论了数据波动会对事务所造成困扰，而这种波动同样也可能对客户造成影响。小公司在所难免。那些试图将成本细摊到公司内尽可能小的单位以提高经理个人责任感的大公司也不能幸免。公司可以将员工成本、差旅、小型办公设备等可预测的项目的预算授权设定至较低的级别，但这不适用于知识产权支出，这是因为统计数据的波动，知识产权支出相对不可预测。在大公司，如果预算授权放低至部门级别以下，就很危险。

15. 20　假设一个大公司的业务小组平均每年需要开展 5 项同等规模的知识产权工作，并且需要为这些工作编制预算。如果工作是随机开展的，该小组在所有财务年度内支出与预算持平的概率仅为 17.5%（在其他条件不变的情况下），而相应或严重超出或低于预算计划（7 项或以上，或 3 项或以下）的概率超过 50%（见图 15.1）。由于公司不允许跨年结转㉑，如果波动太大，业务小组的营收无法消化这一波动，将会错过许多宝贵商机。

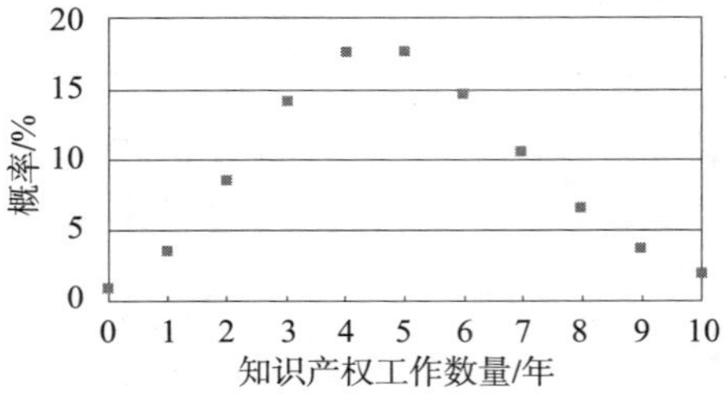

图 15.1　平均每年 5 项知识产权工作的客户的概率分布

资料来源：使用泊松分布进行计算（McColl，1995：78－82）。

15.21　但是，如果该小组是一个部门 10 个小组中的一个，也是唯一需要知识产权服务的单位，而且预算授权上升到部门一级，那么上述波动仅涉及该部门营收的 1/10，就很可能消化。即使其他 9 个小组平均每年也需开展 5 项知识产权工作，但由于所有 10 个小组的预算都集中在部门一级，总波动增幅可能就会远远小于 10 个小组增幅的简单叠加。相对所涉营收而言，增幅是缩小的，因此更有可能被消化。㉒ 第 15.17 段所述的有能力顺利完成年度目标的情况可有效促进消化吸收上述波动。

知识产权诉讼

15.22　知识产权诉讼的高昂费用可能使得客户在有胜算的情况下仍就是否提起知识产权诉讼犹豫不决（参见第 10.31 段）。在大公司，问题可以由部门“上交”至更高级别，以对相关利害关系进行仔细分析。对于小公司，如未提前购买相关保险㉓，则在诉讼发生地允许的情况下，可考虑第三方融资或适用胜诉酬金制（英国自 2013 年 4 月起开始实行名为“依据赔偿金确定收费的协议”的胜诉酬金制）。

㉑　参见第 15.16 段脚注⑳。

㉒　如果一个部门的 10 个小组平均每年开展 50 项知识产权工作，根据泊松分布预测，工作总量在 45～55 的概率为 56%，30 及以下或 70 及以上的概率小于 1%。

㉓　Greenhalgh 和 Rogers（2010）对雇员少于 250 人的英国公司进行调查，其中 75% 的受访者未购买保险。

会计人员

15.23　笔者发现，不论是内设知识产权部门还是客户，都会出现会计制度不完善的情况。同时发现，公司的高级财务人员愿意接受合理的争论，愿意（a）在必要情况下了解细节，（b）参与策略制定。在与高级会计师打交道时，从业人员应开诚布公，并使用财会术语（适当的培训足矣，见附录 3.2）。由于高级管理人员的要求，会计师通常非常希望创建一些财务制度来鼓励在公司内部作出良好的决策。

第 *16* 章
信息安全

你永远都不知道谁在偷听。
——“二战”时期英国国内宣传

介　绍

16.01　本章将讨论信息安全问题，因为它会对从业人员造成影响，并进而通过从业人员对客户造成影响。虽然知识产权事务所自身有一些信息需要保护（例如关于工作人员和营销计划的信息），但关键是要保护客户信息，既包括客户提供给事务所的信息，也包括事务所给客户的咨询意见信息。本章并无意帮助从业人员就如何降低总体安全风险向客户提出建议，因为这已经超出客户与事务所的沟通范畴（即使如第 8.43 段、第 10.13 ~ 10.15 段和第 11.25 段所述，的确曾出现此类更为一般性的问题）。

16.02　保证信息安全是一项吃力又不讨好的工作。说它吃力，是因为安全措施可能会妨碍工作的开展，说它不讨好，是因为客户认为事务所理所当然应该保证信息安全，因此它们看到的就只是安全漏洞。一套结构完善的安全系统可以通过以下方式实现平衡：

（i）对所有信息进行最基本的保护（如本章下节所述）；

（ii）识别并确定需要采取特别额外保护措施的信息（将在本章第 3 节讨论）。

16.03　事实上，信息安全管理系统是有标准的（ISO 和 IEC2005 年标准，以及随后更详细的 ISO 标准）。Humphreys（2007）报告第 168 ~ 169 页描述了 2005 年标准在英国一家有 3 个办公地点和 17 名全职员工的合法私人事务所中的应用情况。对这一合法事务所进行初步研究后，发现了一些“风险点”，其中，笔者在参加问卷调查的一些知识产权事务所中也有发现。

16.04 Humphreys 报告发现，事务所最低级的失误是对风险毫无知觉。第二个失误是缺乏信息安全政策和程序。本章将查找知识产权事务所特有的风险，以及减少这些风险所可能采取的措施。在下文中您将读到：所建议的所有措施都应形成书面材料，以便所有工作人员知晓（无论是如第一章最后一节所述纳入质量管理体系，还是其他方式）。

16.05 如果确实存在危害客户的安全漏洞，事务所得对自己的处境有清晰的认识。如果事务所没有成文的信息安全政策和程序，往往会被指责失职。但是所有的这些政策和程序都有明确的文件，并得到落实，每一类信息都能得到合理的保护，那么在面对失职指控时，事务所就能很好地为自己辩护。

对所有信息的基本保护

16.06 事务所的全体员工都应该认识到信任对他们这个岗位的重要性，这不仅需通过雇用合同，还需通过持续的文化强化来实现。客户信息仅限于事务所内部，一般不可以传递给外部，也不可以通过事务所传递给其他客户。❶对于从业人员和律师助理人员而言，这应该是第二天性，但秘书和文书职员可能需要培训才能提高这方面的意识。仔细检查电子邮件和信封的正确地址，并在信封上写上回信地址，这应是常规动作。如果客户 A 收到本应该发给客户 B 的信函，即使没有对客户 B 造成实际损害，也不会给客户 A 留下好印象。

16.07 一般来说，限制长期雇员访问大量的客户信息是不可取的。❷ 大多数知识产权事务所都很小（与附录 0 第 2 节相比），只有保证大多数长期雇员能够访问大多数信息，才能实现质量和流程监督，避免失误。但是在处理客户信息时，应考虑采取以下预防措施：

(i) 通过招聘流程以及对雇员举止的日常观察，尽最大努力确保长期雇员甚至临时咨询从业人员都是诚实可信的。有财务问题的工作人员是一种潜在的风险，媒体或竞争对手可能通过收买他们而获得事务所内部的信息。

(ii) 临时文秘和行政人员应来自可靠的机构，并限制他们获取信息（无论是纸质文件还是从计算机系统获取信息）。

(iii) “清理办公桌” 是一种经常被推荐的防范措施，可防止清洁人员等

❶ 需遵循共同所有权客户之间（第 13 章）或专利权人与被许可方之间关于信息传送的政策规定。

❷ 建议仅在存在客户冲突（第 2.13 段）和最敏感的材料（见本章最后三节）的情况下，才在长期雇员间设立“隔离墙”。

(通常都是) 非直接聘用人员窃取相关信息。这意味着，在工作日结束时，所有信息都应被放置在别人看不到的地方。然而，如果从业人员在回家前已经把所有文件都有序地摆放在桌子上，清理办公桌意味着第二天早上他还需花时间按序重新摆放文件。为了避免上述不便，如果从业人员的办公地点是锁门就可以防止清洁人员进入的办公室，而非开放空间，这时可酌情简化清洁办公桌政策要求。只清理垃圾箱，办公室可以一两天不用打扫，直到桌子上的材料使用完毕。

(iv) 通常，事务所应该设置“前台”和/或电子门禁，以防止有人在白天闯入。但在日常运行中，这两项措施都不是万无一失的。因此礼貌地问询任何不认识的、没有佩戴证件的（或错误证件的）以及没有授权人员陪同的人，这应该成为企业文化的一部分；特别需要防范电子门禁的“尾随进门”行为。根据笔者的经验，员工们非常不愿意盘问陌生人，应该鼓励他们这样做，并且指出他们自己的钱包或手提包也可能成为入侵者的目标。

(v) 将有客户信息的纸张放入废纸箱之前，应小心地将其撕碎或切碎，以及/或签约一家保密废品处理承包商。

(vi) 事务所的信息技术供应商应保障基本的信息技术安全（虽然他们显然不会为第16.03段所述的律师事务所提供这种服务）。当然，计算机系统必须有用户名和密码，当机器无人看管时有登录超时的防火墙设置。由于现在日常工作中必须访问互联网，因此需要有防火墙和最新的防病毒软件❸来保护计算机系统免受来自互联网的黑客攻击。需要意识到，无线网络、手提电脑和其他便携设备以及远程登录都可能有漏洞。

(vii) 最新的风险点与USB闪存驱动器（也称为“U盘”）有关。不到20英镑就可以买到一个能够存储16GB数据且尺寸仅为47毫米×20毫米×8毫米的U盘。将它插入个人计算机USB端口，就可以从服务器复制53000个Word文档，每个文档都与本书最长的章节（第5章）一样长，无人察觉。鉴于可以如此容易地复制如此多的文件，一个人可以不加判断地进行复制，不必识别哪些文件对要购买该U盘的人有价值。即使是诚实的员工使用U盘也有一个常见的习惯，那就是在办公室外弄丢U盘❹，这大概是因为记忆棒太小。具有安全意识的企业已经限制仅一定数量的机器配备可以连接存储设备的USB

❸ 计算机病毒最初是使计算机无法正常工作的恶意代码（“恶意软件”），但现在有一类非常重要的“恶意软件”是允许外部人员监视计算机系统。

❹ 如果把单词“记忆”“棒”和“丢失”输入互联网搜索引擎，您会发现搜索结果颇具教育意义。

端口。❺

(viii) 禁止员工通过事务所的系统访问网页邮件可能也值得一试。假设，员工中有一名滔客（TalkTalk）用户，如果允许他访问网址 http://www. TalkTalk. co. uk/mail/，那么他就可以登录到个人电子邮件账户并发送邮件，而事务所原则上无法对这些邮件进行监控。为了减少给员工带来的不便，可以明确规定，允许员工使用事务所的工作电子邮件账号正当处理个人事务。

专利申请和处理——未提交的申请

16. 08　在从业人员负责撰写优先权专利申请的过程中，客户和从业人员之间的往来通信格外敏感。如果它们被无意中寄给或错发给能够阅读它们的第三方，那么在 EPC 成员国和许多其他国家，其后的任何专利申请都可能由于缺乏新颖性而无效（在 EPC 成员国，根据公约第 54（2）条规定，该发明已经向公众公开）。您可能想，可否依据 EPC 第 55（1）a 条规定要求宽限期，但该规定要求存在"明显的滥用"，而客户、从业人员或承运人的粗心大意显然不在此列。❻ 美国专利法第 102（b）（1）条❼规定的 1 年宽限期给客户提供了机会，但有附加条件。

16. 09　假设在从业人员或客户按下电子邮件"发送"按钮后的第二天（申请尚未提交），就意识到有关发明的描述发送给错误的接收方，从业人员应该怎么办呢？如果错在他，即使万分尴尬，他也应该向客户坦白承认。不管错在哪一方，他都应本着预防为先的原则，尽快提交（PCT）申请，当然必须在发错电子邮件后的 6 个月内，因为这是 EPC 第 55 条规定的期限（如前所述，他仍可能因任何原因不符合 EPC 第 55 条要求）。此后，申请人可以从容地决定是否继续，并在适当时候就新颖性与有关知识产权局进行抗辩。但这对

❺ 当然，外部硬盘和光盘驱动器早就可以插入计算机，而在计算机出现之前就有复印机。然而，U 盘的不显眼、易用及便携（以及容易丢失）将风险提高一个数量级。Croft（2012）报告了一起银行打印室工作人员因处理与收购相关的文件而被定罪的案件，他们复制了 U 盘上的电子文件，在两年内获得 732000 英磅的报酬。

❻ 承运人违反职责的错误交付似乎是明显的滥用职权；但是，在一个类似的案例中，巴西专利局错误地提早公布则被认定不是明显的滥用职权（T585 / 92，联合利华/除臭剂洗涤剂，OJEPO，1996：129）。然而，大多数读者很高兴地注意到，通过互联网向正确的收件人发送未加密的电子邮件不构成"公开"，尽管这样的邮件很容易被拦截（T2 / 09，飞利浦/*Public availability of an e－mail transmitted over the internet*，[2012]；简要摘要见 CIPA 指南，2013 年第一次补编，第 11 页）。因为这一决定的转变，数以千计的欧洲专利现在将容易因有效性受到攻击。

❼ 在美国创新法案生效后，这与美国专利法第 102（b）条规定的发明人自己公开的效果相似。

客户来说不是一件好事。如果发现错误时已经来不及利用宽限期或无法避免不必要的开支，这就更糟糕了。

16.10　笔者的建议是，在整个申请流程中都应尽早地适用预防原则，保证与优先权申请撰写相关通信的安全，这一点将在下文加以说明。

16.11　如今，电子邮件误发是主要的风险（谁能保证永远不会把 johnevans56@hotmail.com 误拼成 johnevans65@hotmail.com，或把 john.brown@smithslasers.com 误拼成 john.brown@smithlasers.com 呢）[8]。调查表明，20 家开展申请专利业务的事务所中，8 家意识到这一问题并针对这一问题制定规则，但有两家事务所对这一问题是否普遍存在表示怀疑。此外，一家私人事务所的一位合伙人自己作了相关规定。最常见的一条规定是，如果这类信息是通过公共互联网[9]发送的，那么必须使用某种形式的加密。最低要求是，在邮件附件上[10]加设 word 格式的密码，并将该密码单独以电话等形式发给客户联系人。如果客户一开始就没有采取此类预防措施，建议私人事务所立即通知客户：即日起，事务所发给客户的所有函件都将受到这样或那样的保护，客户与事务所沟通时应采取类似措施。两家私人事务所特别指出，客户对此并不抵触。5 个内设知识产权部门在工作量超负的时候会请外部私人事务所来起草优先权申请文件，他们也要求外部事务所遵守这样的规定。这 5 个内设知识产权部门是懂业务非外行客户的典型代表，他们有能力自己理解第 16.08 段和第 16.09 段的相关思路。笔者认为，不采取行动保护非专业客户（通过制定规则并确保遵守规则）是私人事务所的失误。

16.12　如果客户与事务所之间的函件需要通过邮递送达，那就需要采取

---

[8] 请注意，对接收电子邮件的 smithlasers.com 的服务器来说，不一定有专门的程序来识别 John.brown。如果它处于“匹配所有配置”状态，它将接收所有带@smithlasers.com 后缀的电子邮件。此外，任何人在向知名公司发送电子邮件的时候都应该意识到，“误植域名”几乎百分百是出于恶意。[见第 8.43（ii）和（iii）段]。

[9] 内设部门通常是通过配有内部通讯簿的内部电子邮件系统与客户打交道，这实际上消除了敏感信息无意间泄露给外部人员的风险，密码也就变得不必要了。

[10] 实践中，这几乎可以阻止任何收件人阅读该附件，因此人们可以信心满满地辩称：（a）该信息尚未向公众公开；（b）即使技术超常的错误收件人解密相关信息，这也是对《欧洲专利公约》第 55（1）a 条规定的明显滥用；当然，使用 PGP 格式或在客户和事务所间构建安全门户可以提供更好的保护。笔者认为，仅凭下述这种常规的注脚无法在国际层面上具有说服力，“如果您不是此电子邮件的预期收件人，则不允许以任何方式使用其内容，您需通知发件人并从系统中删除此电子邮件”。实际上，错收邮件的人可能认为他是预期的收件人；而实践中，在阅读邮件或附件之前，他不会阅读注脚；甚至可能像大多数人一样，压根不会去读注脚。这个收件人还可能将信息传送给其他人，因为他们没有理由认为自己不能自由使用该信息（例如，他可能在转发电子邮件时删除注脚），或者在互联网上发布该信息，这两种情况都将进一步恶化法律状况。

签字收付和/或“二次密封”（见附录16.1）这样的相应措施。

16.13 为了更明确，上述讨论仅针对未公开的优先权申请。然而，因函件发错而造成损害风险虽然有所减少，但至少从提交优先权申请到优先权年度结束之前都会持续存在，因为披露优先权申请的内容会对申请的结果产生不利影响（第5.19段和第5.20段）。最严的规定则是在申请公布日之前一直采取特别的预防措施，而申请公布日是既可以提交相关申请，又可以避免EPC第56条因在先申请而影响创造性的最后一天。

国家安全和公共安全——英国从业人员处理以英国为常住地的客户和/或由以英国为常住地的发明人作出的发明

本节的目的和概述

16.14 本节旨在对特许专利律师协会（CIPA）指南所提及的英国专利法第22条和第23条规定进行补充说明，重点探讨与国家安全和公共安全相关的法律的管理后果，帮助知识产权事务所了解英国政府关于此类事项的政策和程序。近年来，英国政府公布了其政策和程序，而不像以前那样，只向那些“需知晓”的人传达（这是卡夫卡式的，因为英国政府不一定知道谁实际上需知晓）⓫。

16.15 在英国，受国家安全/公共秩序因素影响的发明可分为以下(a)～(c)类。随着等级的提升，政府认为需要予以保护的信息越来越多，落入分类的发明也会越来越少。至于（c）类，政府还会根据所需保护的水平进一步加以区别。笔者将以斜体字标出主要区别。

（a）类。与军事技术（或者其他与国家安全和公共安全）有关的发明，这些发明会被英国专利法第23（1A）条*自动*截获。因此，英国居民不得向英国知识产权局以外的任何机构提交或安排提交专利申请（除非向英国知识产权局提交首次提交后6周未收到第22条禁令，或经英国知识产权局授权）。

（b）类。英国知识产权局*对专利申请的文本进行审核后*颁发了英国专利法第22条禁令的发明。根据该禁令，申请所包含的信息不得告知任何第三方。

⓫ 英国政府对这一变化的解释如下（Cabinet Office，2013）：“政府为何公开其安全措施？政府致力于提高透明度，务求在不制造或增加脆弱性的情况下实现这一目标。各部门承诺努力遵守这些公开的安全标准，这也强化了整个英国政府的问责制。无论如何，政府都有责任在这一进程中发挥领导作用。归根结底，安全是每个人的责任，必须提高公众的认知和意识，使我们每个人都能发挥自己的作用。”

(c) 类。根据英国专利法第22条禁令被*国防部*“定级”的发明，具体国家安全定级“保护标记”包括：

英国限制，披露技术信息会导致维持英国或盟军的行动效力或安全*变得更加困难*，或帮助犯罪；

英国秘密，披露技术信息会*损害*英国或盟军的行动效力或安全，或损害*重要安全或情报行动*的效力，会帮助严重犯罪，或*损害个人安全或自由*；

英国机密，披露技术信息会*严重*损害英国或盟军的行动效力或安全，或*严重*损害高价值安全或情报行动的持续效力，会*直接威胁生命*，或*严重损害*公共秩序、个人安全或自由。⑫

加了“英国”前缀的意义在于将英国标记与其他友好国家的标记区分开来，这些国家可能使用限制等其他词，来涵盖比**英国限制**更敏感的材料。

16.16 从业人员有必要了解以下相关数据。很大一部分发明属于上述(a)类（并不仅限于那些为国防和安全行业客户工作的从业人员才能遇到这类发明）。仅少数属于(a)类的发明随后会收到英国专利法第22条禁令⑬，从而升为(b)类。英国知识产权局基本会在申请日起6周内发出英国专利法第22条禁令。如果发出英国专利法第22条禁令，而申请人也立即（填写表格DP2）同意国防部对专利申请进行审查，那么（通常在优先权年结束之前）国防部将：

(i) 对申请进行定级，并将其上升为上述(c)类（在这种情况下，即使不完全禁止向外国提交申请⑭，也只限于向特定友好国家提交，且必须通过外交邮袋转于经核准的外国人）。

(ii) 宣布不对申请定级（在这种情况下，英国知识产权局将取消英国专

---

⑫ 关于保护标记的完整定义参见附件1中的Cabinet Office (2013 a)。第四个保护标志，即英国绝密，是专利从业人员最不可能遇到的。然而，专利从业人员可能会遇到其他一些标记，如“仅英国/美国可见”等国家警告 。

⑬ 这不仅因为英国专利法第23 (1A) 条截获的一些申请实际上与国家安全或公众安全无关。即使在军事技术领域，英国知识产权局也能够“排除”许多专利申请。因此，英国主要的国防公司——英国宇航系统公司自2009年7月1日起作为唯一申请人提交109份专利申请，但从提交申请和正式公布申请之间的时间间隔（28~49天）和没有注释“增补”来判断（UKIPO，2009~2010），显然没有收到第22条禁令。读者如果希望了解哪些军事技术不属于英国专利法第22条禁令范畴，可以阅读109项发明的全文，这些发明随后于自2011年1月1日起一年左右作为PCT申请公开。

⑭ 全面禁止提交向国外提交申请似乎并不常见。

利法第 22 条禁令，允许不受限制地向其他国家或地区提交专利申请）。[15]

所有从业人员（不仅仅是为国防和安全行业的客户工作的从业人员）都需谨记，即使如上所述，随着时间推移，发明永远达不到（c）类，一时不遵守英国专利法第 23 条或第 22 条禁令也可能会构成违法行为，可被处以罚款和（如果罪犯被起诉定罪）监禁。虽然您可能会质疑，没有实际损害是否会被起诉，但从业人员的职业责任无疑是要避免英国发明家、英国客户、本人或其事务所面临的这种风险。[16] 在相关发明进入（c）类的情况下，必须遵守当局的要求，以避免违反英国专利法和可能的其他法律规定。[17]

发明申请首次（和“提前”）申请的国家或地区

16.17　向英国知识产权局提交优先权申请的从业人员（并不打算在 6 周内就相关外国申请提交“提前申请”）可以忽略英国专利法第 23 条，对于第 22 条禁令，也可以等发生后再处理（关于具体申请提交方式，请参阅后面的“处理”一节）。

16.18　然而，如果他希望在国外提交首次申请或提前申请，例如向美国或直接向世界知识产权组织或欧洲专利局提交（而不是通过英国知识产权局），他必须考虑英国专利法第 23 条。对外国申请的限制适用于以下情况：

“（a）申请中包含与军事技术相关的信息，或因其他任何原因公布上述申请可能危害国家安全；

（b）申请所包含信息的公布可能危害公众安全。”

英国知识产权局曾公布过一份技术清单，要求“上述技术在海外提交［首次或提前］申请时需获得英国知识产权局的许可”（UKIPO，2013 a 及更早版本）。因此我们可以明确得出结论，如果一项发明属于清单所列的技术，申请人不能自由决定该申请是否为法律所规定之“与军事技术有关”，也不能自由决定自己是否适用这两项“可能”试验中的任何一项。对于直接涉及国防、安全或公共安全（或以任何形式扩展原子能）的客户，不会有任何问题，

---

[15] 尽管英国知识产权局作出最大努力，但如果没有国防部更为专业的审核，它们无法排除某些申请。例如，自 2009 年 7 月 1 日起一年内，英国宇航系统公司提交 6 份申请，这些申请显然都收到了英国专利法第 22 条禁令，但在公约年度内被确定为不定级（UKIPO，2009～2011）。禁令撤销后，最快自申请日起 54 天，最慢 329 天会公布“增补”后而正式成立的申请。同样（比照脚注⑭），感兴趣的读者现在可以阅读这些发明的全文。

[16] 无论如何，客户作为实际或潜在政府承包商的地位，以及事务所在英国知识产权局的声誉都可能受到危害。

[17] 例如，专利申请可能包含客户因其作为政府承包商的地位而获得的与国防有关的信息，这种情况下可适用 1989 年英国保密法第 2 条。

最好且便捷的做法就是在任何情况下都假定适用第23条。糟糕的是，最新发布的清单（UKIPO，2011 a）对非针对国防、安全、公共安全和原子能发明的规定，与前一版（UKIPO，2007）[18] 相比，在很多方面都不够恰当（关于清单内容的更详尽分析参见第16.19段）。当前，在一项与上述发明相关的诉讼中，如果申请人或代理人未能核对清单并严格遵守相关规定，法院的观点可能会与英国知识产权局做法不一致，不认为申请人或代理人的上述行为过于轻率。[19] 但是，笔者仍建议，从业人员应以预防原则来处理与英国专利法第23条所列技术相关的所有申请，无论专利申请看起来多么安全。同理，即使该技术未列入清单，但有一丝可能性与军事技术、国家安全、公共安全或原子能有关，从业人员仍应假定英国专利法第23条适用，以预防为准则所带来的费用和延误影响都很小（见第16.20段）。

16.19 笔者认为，只要在英国以外的其他国家或地区提交首次申请或提前申请，都应参考该清单（UKIPO，2011 a），因为该清单确实涵盖了一些意想不到的事项。从字面上看，清单将包括以下事项（以下仅为举例说明，主要是极端例子）：民用飞机跑道（6a类，注意用了“包括”一词），小型制氧机过氧化氢分解催化剂（10a类），Microsoft Office Word* 密码类型（14a类）的低级加密技术，花园池塘用潜水电动机（15g类），警用雷达速射炮显示器（17c类），电子直流放大器（18c类），烧烤照明用胶凝燃料（38b类）和娱乐潜水器具（43k类）。

16.20 如果从业人员无法确定是否可向英国以外其他国家或地区提交首次申请或提前申请，他应遵照英国知识产权局的建议（UKIPO，2013 a），与该局安全处联系。如安全处获悉此事的急迫性，通常会立即对海外提交申请进行许可审查。但是，许可审查的申请量可能会增加。2011年版的特许专利律师协会指南未提及2007年清单，因此少有人知。但2013年版的特许专利律师协会指南（第一次增补）提到了2011年清单，因此会有更多的人进行咨询和申请。

16.21 英国公司的常规做法是提交EPC优先权申请，以便在优先权年度

---

[18] 2007年的清单是国防部为英国专利法第22条禁令之目的，同时考虑第23条规定，而向英国知识产权局提供改编的清单。而当前的清单不过是国防部清单的编辑版。因此，不具有“特定的军事用途”的电子直流放大器不在旧清单上，但电子直流放大器整类都在新清单中。这一问题显然是根据2000年信息自由法向信息专员提出某一申诉的意外后果（见信息专员办公室，决定通知，参考 fs1 0601，2011年8月30日）。

[19] 如果检察官不能证明符合英国专利法第23（3A）（a）条的要求，就必须根据第23（3A）（b）条辩称被告过于轻率，此时这一点十分重要。

结束前在欧洲专利局进行检索（第5.06段）。为规避英国专利法第23条规定，可以向作为受理局的英国知识产权局进行备案。但如果触发英国专利法第22条禁令，则文件将不会被传送给欧洲专利局，欧洲专利局也就无法预期进行检索。这时就必须将EPC申请转换为英国国家申请；对于可能触发英国专利法第22条禁令的发明，较好的解决方案是，同一天既向英国知识产权局提交英国申请，也提交EPC申请。其后如果收到英国专利法第22条禁令，并且没有可能在欧洲专利局有效完成检索前及时撤回申请，那就撤回EPC申请。

16.22　英美两国共同发明人是一个众所周知的问题。这种情况在国防产业中很少发生，因为出口管制条例和按国籍区别对待的个人审查程序阻碍合作。然而，对于开发个人护理和化妆品产品的集团而言，就很容易出现这种情况。在这种情况下，向英国知识产权局提交首次申请将违反美国专利法第184条（通常这与英国专利法第23条类似，但涵盖所有技术）[20]。这时，人们很可能会觉得该申请不受英国专利法第23条规制，因此可以在未获任何许可的情况下向美国提交首次申请（然而，如果一个人确实希望首先在美国之外的国家或地区提交申请，则需要得到美国专利商标局的许可。参与问卷调查的一名受访者表示，对于那些显然不敏感的技术，这种许可的批准速度很快）。

遵守英国专利法第22条禁令

16.23　如上所述，必须严格遵守这些禁令，即使人们绝对相信上述禁令很快就会解除。从业人员一旦收到禁令，就必须立即通知客户和发明人，以保护客户和发明人。在常识不足以指导行为的情况下，应避免以下被动局面：

（i）即使发明已公开，英国知识产权局也不会认为禁令已失效。笔者曾收到一项禁令，该禁令所针对的申请在提交后不久就发布于某期刊。笔者被告知，已经发生的发布行为不违反英国专利法第22条禁令（因为它是在禁令颁发前发生的），但再次发布就算违规。

（ii）需要注意的是，虽然国防部负责对第16.15段所述（b）类发明进行定级（或宣布不定级），但国防部仅通过英国知识产权局与申请人沟通。而知识产权局本身就有权改变或撤销禁令。因此如果国防部要求申请人向第三方

---

[20] 美国法律与其他国家法律的重大差异包括：（a）美国专利法第184条规定的期限是6个月，而不是6周。（b）对未经授权向国外提交申请的行为，可予刑事处罚（美国专利法第186条）。此外，在特定情况下还可宣布相应的美国专利无效（美国专利法第185条）。（c）限制向英国提交注册外观设计申请，或向美国以外的其他地区提交同类申请［英国注册外观设计法第5（4）条包含与国防相关设计的规定，但相关规定仅在国务大臣决定设立这一外观设计分类时才生效，而国务大臣显然从未作出过这样的决定］。

（例如另一个国防承包商）传送受禁信息，那么在执行该指令前，申请人需首先向知识产权局说明上述情况，知识产权局将对禁令作出必要的变更。

16.24 大部分收到英国专利法第22条禁令的申请人会立即向英国知识产权局提交表格DP2（参见第16.16段），以

——（如维持禁令）及时在友好国家提交“秘密申请”，以在公约年度内在这些国家获得申请日（由于外交邮袋程序缓慢，准备向获准国家提交的申请文件需在公约年度结束前约3个月准备就绪）；

——（如撤销禁令）尽快解除对客户的不便限制，依常规国际程序处理专利申请。

处理

16.25 第16.15段所述的（a）类发明“不应”通过英国知识产权局在线申请系统提交（UKIPO，2013b）。虽然这样做实际上并不违反英国专利法的规定，但为示尊重，从业人员应避免在网上提交任何可能收到英国专利法第22条禁令的申请。如果根据同一客户在类似申请上的经验，收到英国专利法第22条禁令的可能性极小，则从业人员不必推迟提交在线申请（第3.61段）。所以，采矿公司的所有申请都可以在线提交，但涉及铀的开采和提炼的申请除外。另外，对于显然与军事技术相关的申请，或者与国家安全、公共安全和原子能相关的申请，应完全避免在线提交，因为其中很大一部分都会收到英国专利法第22条禁令。

16.26 只要收到英国专利法第22条禁令，与英国知识产权局的所有往来通信都必须通过其安全处进行，即使面送的信函，也必须放在一个密封的信封中，标明安全处亲启。

16.27 对于国防和安防行业，某一特定申请是否会收到英国专利法第22条禁令是很明显的。例如，如果申请人是应国防部要求攻克某一难题时作出的某项发明，而上述课题已被定级，则从业人员应直接向安全处提交申请。从安全角度来看，这样做不仅是正确的，还具有实际好处，因为英国知识产权局会立即发布英国专利法第22条禁令，而DP2和国防部评估流程也会很快启动。从业人员应在DP2表格上注明委托相关课题的国防部联系人的姓名，这个人可以有机会重新评定课题的保密定级，或作出解密决定。

16.28 处理第16.15段所述（c）类发明的事务需承担高昂的成本和较低的效率，当然这种高成本和低效率通常会转由客户来承担。工作人员需通过国

家安全审查[21]（对于没有英国国籍的人来说是一个问题）[22]，流程人员需接受向国外提交申请时走“外交邮袋”流程的相关培训（第 16.16 段和第 16.24 段）。如果（c）类发明的量没有多到需要对所有工作人员进行审查，那么就有必要筑起“隔离墙”，但正如第 16.07 段所述，这种做法存在职业风险。此外，事务所的安保和计算机安全措施都将受到国防部的检查。

16.29　对于保密或机密级别的材料，相关的文件和计算机介质都需要使用经批准的保险箱。人们会发现普通的台式电脑没法用，因太笨重而不能放入保险箱；事务所或可选择一个易于拆卸的硬盘，或可选择在保险箱外连接一个扩展坞而把笔记本电脑存放在保险箱内。此外，相关文件不得在配备可操作无线网卡或有线互联网连接的计算机上键入（与外界的唯一连接只有电源线）[23]。因此，事务所普通的联网打印机、扫描仪、影印机和备份程序都不再可用；所使用的计算机需要配备独立的打印机、扫描仪和备份设备，且上述设备不能与其他设备共享（同样独立的计算机除外）。即使不联网的复印机，如果不是放置在安全的地方，也不能使用。在家办公几乎不可能。与发明人和客户的通信最可行的方式是纸质文件，再双层套封（见附录 16.1），然后还要受其他规定约束。

16.30　即使对于限制级的材料，互联网防火墙也应达到一定的标准，并且禁止通过公共互联网发送未依批准方式进行加密的电子邮件，因此，对于仅处理少量机密材料的事务所，涉及以上所有三类级别材料时，完全在隔离的计算机上工作以及通过纸质文件与发明人和客户进行通信更为容易。相反，国防或安保行业的内设知识产权部门可利用已采取适当安全措施的公司内部网络和电子邮件系统，上述安全措施使得个人从业人员可以用处理受限制材料的同一台个人电脑访问互联网；他可以与内部客户交换未加密的受限资料，但不能与外部交换。

要求撤销英国专利法第 22 条禁令

16.31　受英国专利法第 22 条禁令限制的专利申请具有一定价值，因为申请人的相关商业秘密在英国、盟友政府和其他政府承包商处享有优先待遇，并

---

[21] 国家安全审查分为三级：反恐审查、安全审查和发展审查。反恐委员会的职能不涉及敏感信息的获取权限管理。安全审查是最常见的许可级别，允许定期不受限地访问机密信息，这对于专利事务足矣。参见 Cabinet Office（2013 b：20－21）。

[22] 举例来说，事务所的法国员工无法获批接触带有国家限制标志的材料（比如“仅英国/美国可见”）。

[23] 除了电源线之外，与外界没有任何联系的计算机当然不会受到互联网黑客攻击。

有可能依据英国专利法第22（7）（b）条收取一些费用。不过，如果英国专利法第22条禁令有商业危害，那么在条件允许的情况下，从业人员就应考虑积极努力撤销该禁令。

16.32　在一个案例中，客户的一项与电信设备有关的发明收到英国专利法第22条禁令，而（客户深信）该发明与国家安全无关。可以百分百断定，申请永远不会从第16.15段的（b）类提至（c）类，而且禁令将在几个月内取消。但专利申请是在准备发布邀请招标前提出的，目的是保护客户免受其潜在供应商的损害；而禁令禁止邀请招标。客户通知英国知识产权局，国防部很快审查申请并及时解除禁令，招标邀请得以按期发出。

16.33　一旦国防部审议一项申请并对其进行定级［将其定为（c）类］，短时间内要求重新审议很可能是徒劳无益的。然而，随着时间的推移，国防部每年根据英国专利法第22（5）（c）条对申请进行重新审议时，可能不了解某些情况已经发生变化。因此，如果（例如）竞争对手发布的信息与申请中包含的信息相似，或展示的设备与申请中描述的设备相似，那么申请人的代理人可以致函英国知识产权局：

（i）说明英国专利法第22条禁令使申请人处于竞争劣势，因为（a）竞争对手的广告推广自由度比申请人高，以及（b）申请人没法利用已公布专利来行使或许可专利权；

（ii）指出由于相关信息已为公知信息，继续执行相关禁令毫无意义。

在申请取消（c）类定级时，如果能指出与同一技术后续改进有关的近期的申请并不为英国专利法第22条所禁止，会格外管用。

除专利申请程序外其他程序中的国家安全：出口管制

16.34　如上所述，如果专利申请被定级，则需通过外交邮袋传送给外国联营公司。如果未定级，即使涉及军事等项目，仍可以常规方式处理。相反，如果在除专利申请程序外其他程序中（例如在许可证谈判过程中），需要将军用或军民两用货物的相关信息传送至国外，则信息的发出可能需要申请许可［BIS，2010；2008年出口管制令（SI 2008/3231，而非BIS 2010中说的“/3232”）；BIS，2012；Ell Dual - Use Regulation，2009/2012］[24]。客户通常都了解这些事项，自己就可以通过一般许可证完成出口手续，不就有关具体信息单

---

[24] 该管制令和条例就专利设定了例外［分别为第18（1）（b）（ii）条和附件一的一般技术说明］。

独申请许可。从业人员应了解的一个重要问题是，即使他明知相关信息已被定级为非机密信息，仍可能需要申请许可。如果信息被定级为机密级信息，除了申请许可外，自然还如前一节所述，需要遵循相关处理限制。

具有重大商业价值的非专利信息

16.35 在出现利益冲突的情况下，应确保客户与事务所之间的通信信息不会被无意间传送给另一方。向另一方披露关于专利或商标侵权的意见、诉讼策略或许可谈判策略等信息，无疑会对客户造成很大损害。糟糕的是，另一方可能与从业人员的往来频繁，并且因从业人员和秘书之间的理解偏差而出现失误。对于未提交的专利申请而言，仅仅将信息传送至错误接收人就会有危害。非专利信息则不同，在错发给那些能够并且有意㉕利用相关信息进行直接损害的人时会有危害。尽管如此，笔者还是倾向于在任何情况下都以纸件形式交流意见（第 2.29 段），可以通过双层套封来加强防护。需输入密码方可打开的电子邮件附件也是一种防护措施，但前提是密码仅自己人知道。

16.36 更敏感的是那些股票市场投资者可能感兴趣的信息（“股价敏感”信息），特别是与重大并购交易相关的信息。重大交易相关信息确实会被滥用，由于专业顾问掌握着此类信息，他们很容易成为收购目标。㉖ 在企业买卖过程中，或供应商和购买者之间谈判知识产权条款时，对知识产权进行尽职调查的事务所通常会掌握股价敏感信息（并非知识产权事务的具体细节，而是有关各方交易的具体类型和规模这种简单事实）。

16.37 知识产权事务所只是并购交易中的众多专业顾问之一，因此通常由客户或其首席顾问决定适用何种安全标准（这与上文讨论优先权专利申请时建议由知识产权从业人员来制定标准截然不同）。所存在风险及其可能的对策如下：

（i）*误发电子邮件或信件，或无意中听到的谈话，使其他人能够从股票市场获利。*使用代号不失为一种保护措施。代码名称应该是任意的，完全不会泄

㉕ “有意”所隐指的是另一方的律师从业人员。有道德的从业者在意识到出错的那一刻就会停止阅读邮件，并通知发送者。

㉖ 金融服务管理局（FSA）会监测收购公告发布前两天的异常价格变动。过去的十年间，早些时候，异常变动发生的频率比没有内幕交易的情况下要高大约两倍（FSA，2011：61－62）。最近（FSA，2013：37），这些变动可能变得不那么常见了。这也许是因为并购活动减少，或许是因为金融服务管理局的执法得力（完成了“创纪录数量的内幕交易审判”）。关于专业顾问泄露并购活动资料的具体案例，参见第 16.07 段（vii）脚注③和第 16.37（iv）段脚注㉚。

露身份：人们通常会随机选择地名、经典神话任务或颜色，例如，红黄双方可能会就蓝色业务的销售在棕色项目下进行谈判。[27] 使用加密的电子邮件和双层套封也能降低风险，为该工作创建安全的门户网站也应该如此（第 3.62 段）。

（ii）*事务所中某些人的不诚信行为，例如向炒股的亲戚传递股价敏感信息*。虽然对法律专业人员内幕交易的起诉并不多见，但仍应筑起“隔离墙”，将交易的信息局限于事务所中那些与工作有关的人。然而，如果防护过度，又可能使那些实际上具有相关背景知识的人无法参与，或使有些雇员认为不过是“常规业务”而在不经意间损害交易。[28] 了解拟议交易的人通常会收到禁止其从事相关股票交易的详细通知；如果内设部门的从业人员有雇主的股份，那么他们的部分个人财富会被冻结，直到交易完成。

（iii）*老练的罪犯（或外国政府）会拦截事务所和客户之间的通信*。有人说，通过公共互联网发送未加密电子邮件的安全性与发送明信片相当。[29] 如前文所述，即使是国家安全等级最低的“限制”级的事务，也禁止使用未加密电子邮件发送。还需定期提醒人们，不要通过公共互联网在未加密电子邮件中发送出生日期和信用卡号码等个人信息（例见卡内基梅隆，2013 年）。通过公共互联网使用未加密的电子邮件获取股价敏感信息同样是不可取的。通常，连未加密的传真都比未加密的电子邮件安全，只要收件人在纸张出来时站在机器旁，或者传真只能用密码从机器上恢复。

（iv）*老练的犯罪分子（或外国政府）将侵入该事务所的内部网络*。[30]第 16.29 段所述适用于机密和秘密信息的极端措施，即内部网络和互联网隔离运行，并使用打印稿来传递信息，可以绝对避免这一风险。但这可能不现实，在这种情况下，可以对服务器存储的数据进行加密，使得黑客无法读取数据。

---

[27] 在军事界，带暗示性代号的缺点早已为人所知。在第二次世界大战中，伯明翰、布里斯托尔、伦敦、谢菲尔德和南安普敦作为轰炸目标的代号分别是 Bild、Bruder、Loge、Schmalstiegel 和 Suden，这对于防御者来说是显而易见的，而伯明翰的代号 Regenschirm 亦然（Regenschirm→伞→内维尔张伯伦→伯明翰）（Jones，1978：152－153，173－174）。

[28] 笔者记忆中有两次并购交易，由于没有向合适的人提出合适的问题，相关信息披露得稍晚或很晚。

[29] 上文用了“老练”一词，笔者认为，拦截者确实具有超常的技艺；但第 16.08 段脚注⑥中讨论的 T2／09 案中，败诉方声称，“世界上至少有 100 万人具备拦截互联网电子邮件的技术知识”。

[30] 在撰写本书时，包括军情五处在内的英国政府正在向企业发出警告，提醒企业因网络攻击丢失宝贵技术和商业信息的危险（Blitz，2012；Goodman，2013；无数其他报纸报道）。最成功的攻击未被发现，成功的攻击往往没有被报告。较为详细的报告是 Schwartz（2011）关于纳斯达克－OMX 集团遭到黑客攻击的报告，具体涉及 Directors Desk * web 应用程序（共有 10 000 名高管和董事使用该程序）。另一份报告（Gray，2012）涉及必和必拓收购钾肥公司的细节摘要；被黑客攻击的是数家加拿大律师事务所的网络。需要指出的是，一家中国国有企业被认为是钾肥的潜在竞购方。

16.38 对于敏感信息，大多数大公司通过借鉴国家安全等级制度建立安全等级标识保护系统。因此可在公司内部实施特定的内控措施，例如，第16.35段所讨论的敏感材料可标为“保密”，第16.36段和第16.37段所讨论的非常敏感的材料可标为“严格保密”。然而，每家公司的标识系统各不相同，因此外部人士（如并购中的专业顾问）无法一目了然地辨识出这些标记的含义。即使在公司内部，这种标识系统也可能难以长期运行，尤其因为信息的敏感期可能相当短暂（例如到发布公告前），因此，适当对标记文档进行降级就成了一个沉重的行政负担。笔者认为，对于那些不像本节所讨论的信息那般敏感，但员工不得在本公司之外披露的信息，使用保护性标识不切实际、不必要且可能有害（参见第6.17段）。

第 *17* 章 业务连续性计划（灾难恢复）[1]

做好准备。

——罗伯特·巴登－鲍威尔（1857～1941 年）

总　则

17.01　本章所讨论的是事务所就妨碍业务正常进行的事件所作的计划。所谓事件，通常亦称灾难（例如建筑物被烧毁，或计算机网络出现重大和长期故障），因此业务连续性计划也称为灾难恢复。"灾难恢复"一词在喜好委婉表述的商界并不流行，因为它所指代的问题是消极的，而非积极的。然而，"业务连续性计划"一词还是具有客观价值的，因为具有灾难性的并非事件本身，而是无法应对它。事件发生后，事务所应：

(i) 在短期内，避免对客户造成实际损害；

(ii) 在稍长时期内，为客户恢复正常的服务水平，即使可能无利可图；

(iii) 最终，恢复业务，实现财务可行。

17.02　与信息安全（第 16.02 段）一样，业务连续性计划既吃力又不讨好。不讨好是因为客户在服务受到严重影响前，都可能认为这是理所当然的。吃力则是因为：

(i) 需持续开展一些工作，如计算机备份等；

(ii) 需根据计算机软硬件和商业活动的变化对计划进行半持续更新；

(iii) 需定期对计划进行测试，以确保计划有效（即不因失察而出现重大改变）；

(iv) 需定期向员工重申计划相关内容，以加深老员工记忆，确保新员工

---

[1] 与上一章讨论的信息安全问题一样，关于业务连续性计划的建议也是有已发布标准的（可在 ISO 网站的业务连续性下搜索）。

知晓。

17.03　与信息安全（第 16.05 段）一样，如果出现损害客户的失误，事务所需对自己的处境有所了解。如果没有证据证明事务所已进行实际风险评估，也没有文件记录证明事务所已实施业务连续性计划（并经适当修订、测试和宣传），往往会得出失职的负面结论，需要有一个业务连续性文件来证明事务所已采取必要措施。毋容置疑，下文建议的所有措施都应该毫无遗漏地以适当方式记录下来。

17.04　三个关键要点：

（i）法律事务所尤其需要在事件发生后立即着手处理很多工作，这与类型无关（相反，许多非法律事务的企业可能有几天的完全“停工时间”，不会对客户造成重大损害）。负责专利申请的事务所就是一个典型。假设某天早上，从业人员来到办公室，发现办公室已被大火烧毁。我们进一步假设，公约年在当日到期，而他需要根据前一晚几近完稿的草案提交 PCT 申请。如果事务所未要求且导致他无法提交申请，我们可以认为该事务所未采取合理预防措施。

（ii）有些风险是无法实际预防的，例如“9·11”式袭击或海啸造成大多数员工死亡。但事务所不能以此为借口，不对一些较小的事件进行预防（而小事件发生的可能性却要大得多）。

（iii）随着技术的进步，“合理”风险评估和预防的范畴也在不断扩大。据笔者所知，在计算机出现前，没有一家事务所会将每天往来的所有邮件都进行异地备份，因此火灾确实可能对客户造成灾难性后果；但就当时的办公技术而言，这可能并不构成失职。如今，电子文档的复制便宜且快速，因此，没有理由不做到每天对所有往来电邮以及由事务所本身创建的大多数或所有其他电子记录进行异地备份。将来某个时候，当大多数事务所都实现“无纸化办公”（第 3 章第 3 节），未能定期对收到的所有纸质材料进行扫描，并每天进行异地备份，就可能被认为是失职行为。

17.05　由于事务所的制度和所处地理位置各不相同，它们的业务连续性计划内容亦会不同。因此本章以下各节虽然比上文更具体地对业务连续性计划的内容进行分析阐述，但目的仅是就具体问题提供具体指导。

计算机备份

17.06　笔者认为，所有事务所每日都应至少对其能够备份的所有电子文件进行异地备份［如第 17.04（iii）段所述］。调查显示，25 个事务所中只有一个似乎不符合这一要求。理想情况下，异地备份的位置应适当远一些，因为爆炸或火灾可能导致应急服务部门对事务所周围相当大的区域进行封锁。对于多点办公的私人事务所或公司内设部门而言，这样的远程位置很容易找到。单点办公的私人事务所则需借助承包商和/或个人，每天对磁盘、磁带或驱动器进行异地备份。

17.07 调查问卷还发现，一些事务所一天内会进行多次备份，或使用远程“镜像”服务器。对于单个文件（如 Word 文本文件、幻灯片文件或表格文档）而言，这很有效，但对于交互文档系统（如 CMS 或 TDBS）来说（如第 3 章所述），频繁备份会带来技术问题。计算机对文件的复制操作需要时间，如果在操作时正在使用 CMS 或 TDBS 系统，则可能会在 10：36 对文件 A 进行复制，又在 10：38 对文件 B 进行复制（其间文件 A 和 B 发生修改），因此复制后两份文件就不一致。唯一可能解决这一问题的办法是，在工作日结束（或在午餐时间，所有用户被告知注销后）没人使用系统时，对系统进行备份。

17.08 在有备份、有电脑，还具备将 Word 文本或其他文字处理文件从备份传输到计算机的手段，那么第 17.04（i）段中假设的那位痛苦的从业人员就可以立即着手提交 PCT 申请。CMS 和 TDBS 等系统（以及电子邮件系统）则可能需要几个小时才能恢复。但是，如果“到期日”是记录在 CMS 系统中（如大多数专利代理事务所）或电子邮件系统的日程模块中（如大多数知识产权律师事务所），即使几个小时的停机时间也可能造成严重后果，因为事件发生后第二天需要做的工作可能会被忽略。只要稍用点心思，就可以避免这种风险。例如，如果使用 CMS（第 1.03 段），通常的做法是每周为从业人员生成一份临期事项清单。除了发给从业人员和律师助理之外，该清单还会作为档案存在 CMS 系统的某个位置。成文的业务连续性计划需要确定此文件在备份中的拷贝位置，以便在 CMS 系统整体关闭的情况下，仍可以借助其他软件（如 Word 文本或微软记事本）来读取该文件。同样，客户和供应商信息也可能保存在 CMS 系统中，需要定期运行检查。

17.09 备份程序仅对下达备份指令的文件进行复制。因此事务所需能确切知道事件发生后所需文件的位置。如果事务所允许将文件保存在电脑硬盘上，那么这些文件就可能丢失。相反，许多机构禁止将工作文件存储在硬盘上（与网络断开的笔记本电脑除外）；这种情况下，备份或镜像服务器就足以抓取事件发生后需要的所有文件，而等待重新连接网络的笔记本电脑上保存的个别文件大部分情况下都可正常使用，因为笔记本电脑不在受事件影响的办公室里。

硬件、办公场所和核心团队

17.10　如果没有机器能够基于备份文件开展工作，那备份就是毫无用处的。如果所谓事件仅仅是网络故障，那么员工可以进入办公室并使用计算机。❷ 但是，如果事件导致办公室损毁，或者人们无法进入办公室，或办公室根本无法使用（例如，长时间停电），那么在事件发生后的第二天，核心员工就需带着机器去偏远地点工作，并通过远程登录到服务器，必要时还可通过在家工作的员工私人电子邮件账户，来协调其他员工的工作。因此，业务连续性计划需要：

（i）能确定核心小组人员及其办公场所（例如，笔者在经营一家几十人的事务所时，曾安排 7 人在一间有 5 台计算机的房间里工作）；

（ii）能提供员工私人电子邮件账户的详细信息；

（iii）能考虑到远程登录激增时服务器的处理能力。❸

就（i）而言，计划可能需要包括如何前往偏远地点，以及附近可供员工入住的酒店等信息。

存　储

17.11　有些纸质文件，原件很有价值，例如获奖证书和签署的协议。而有些电子备份，则因国家安全考虑无法进行远程访问（如第 16.29 段）；每天将这些文件备份到物理介质上，并运至其他场所，这同样难以实现。

17.12　幸运的是，这类文件在事件发生后的几天内不太可能用到［对于涉及国家安全的申请件，因为（a）不会在公布或非机密披露后马上提交优先申请，（b）其后所有工作都需打足提前量，以应对外交邮袋“延误”（见第 16.24 段）］。然而，由于其独一无二，应努力提高它们的存活性。保险箱——实际上是整个房间——的存在，就是为了保证在应急服务部门扑灭火患期间，其内容之物能免受外部火灾的侵害。

---

❷　这种情况下，可能需要解除对电脑硬盘驱动器和 USB 端口的限制（参见第 17.9 段和第 16.07（vii）段）；如果确实需要，则业务连续性计划需就解除限制的相关规程作出规定。

❸　在很少发生重大灾害性事件的情况下，当出现交通问题（天气、罢工或重大公共事件）时，在家办公的工作人员就会增加，这就是测试服务器处理能力的好机会。

员工意识

17.13 核心团队自然必须非常熟悉业务恢复计划文件，并会参与测试（下一节将详述）。但是，其他员工也必须知道根据计划他们需采取什么行动，以及无法进入办公室时核心团队会做什么。不言而喻，计划的副本不应在事件中销毁。调查问卷还发现一些好的做法：

（i）定期向拥有个人电子邮件账户的所有员工发送电子邮件，列出事务所全体员工的家庭电话号码和电子邮件地址（需定期进行，因为员工会出现更迭，具体信息也会变化）。这是非常有效的。当员工被警告不得进入办公室时，他们仍可以保持联动，而且在事务所自身的电子邮件系统关闭的情况下（如第 17.10 段所述），也有助于协调分配工作。

（ii）通过电子邮件、光盘或可带回家的 USB 闪存，或通过独立于该事务所主系统以外的网站向员工发放业务连续性计划文件。无论选择什么方式，随着计划的改变而定期进行更新都是非常必要的。

（iii）在钱包、皮包或文件夹中别入一张紧急联络卡，卡上有紧急电话号码和紧急网址（如有的话）。有一家事务所中把上述信息印制在员工每天都必须使用的出入证背后。这是一个“小诀窍”，如果员工不慎丢失或误放通行证，在申请新卡之前往往能很快找回。

测　试

17.14 业务连续性计划不仅应汇编成文，还需经过测试。虽然并不需要全体员工就它所预防的每一系列事件都进行模拟演习，但必须对计划中可能出问题的关键节点进行测试，核心员工也需要就所涉及的技术规程进行练习。计划不同，所需进行的测试也相应不同。典型的测试包括：

（i）如果异地备份由某一个人拥有或控制，则应不定期突击要求其生成备份。保存备份的位置需为其他相关人员所知晓，这样在拥有或控制人不在场的情况下，其他人员仍然可以拿到备份文件。

（ii）对于备份恢复或切换至镜像服务器这两项工作，需定期对以下两方面进行排查：

（a）首先，是否所有需要备份或镜像的内容实际上都已进行备份或镜像。需要防范的风险是，需要备份的文件会迁移到服务器上其他未备份或备份不可靠或不频繁的区域。对于必须自己进行关键内容备份的内设部门而言，这尤其危险［第 17.18（iii）段］。原则上，公司信息技术部门是不了解其活动（例如将 CMS 系统迁移到其他服务器）❹ 可能对备份造成什么影响。虽然私人事务所理论上可以完全控制自己的信息技术，但也需防范墨菲定律，因为随着时间的推移和信息技术的不断变化，必然会出现问题。

（b）其次，镜像文件或备份文件是否可以马上用于实际工作。例如，假设文件迁移至新站点后，连接该站点的计算机发生变化。这可能对生成 CMS 系统或 TDBS 系统的独立副本的协议的正常运行造成影响。

（iii）需检查安置点是否有在事件发生后几乎不太可能“关闭”的计算机系统。例如，对于多站点办公公司的内设部门，电子邮件、CMS 或文档的服务器很可能不在被损毁的办公室中，这是一件好事，因为这些服务器还能够继续运行。但是，从受损办公室搬迁过来的核心团队成员可能会选择使用一个非常规（非默认）的菜单选项来访问那些仍在运行的服务器，安置点原来的员工则使用默认设置来访问与其关联更密切的其他服务器。这种问题很难在事件发生后很短时间内得到解决。计划应包含登录协议的相关内容，并应定期检查安置点信息技术配置是否有调整。

（iv）应检查安置点的持续实际可用性和适宜性。对于负责将其他用户清理出该安置点并安排办理通行证的人，应与其保持可靠互信关系。例如，依笔者的计划，7 人核心小组［第 17.10（i）段］需使用研究部门的一个培训室。之所以如此选择，是因为知识产权部门的业务恢复工作的优先等级高于研究人员培训。提前向当地研究管理人员简要介绍相关情况，以确保在需要征用时，如果房间正被占用，能符合安置征用要求。知识产权部门会定期检查房间是否被重新分配给更重要的活动，或是否发生影响使用的硬件改造。

17.15 每次测试后，业务连续性文件均应就是否需修改业务连续性计划作出合理决定。当然，实际发生的“例行”破坏性事件或“未遂事件”❺ 也应记录在案，并在必要时采取措施予以更正。

---

❹ 笔者曾有一个案例，信息技术部门在没有警告其用户的情况下，将某个日期之前的所有文件夹从一台已满的服务器移动到另一台服务器，并用快捷方式替换接近满负的服务器上的文件。备份快捷方式本身当然毫无用处。

❺ 统计规律显示，预防措施不足的问题通常会借由一些后果轻微的事件暴露出来，然后才导致更严重的后果。这在健康和安全领域表现突出。轻微的水淹可能表明机构的某些部门处于危险位置，因为楼上就是厨房或厕所。如果业务连续性规划在电源或网络故障时启动，但因电源或网络的恢复而未能落实并完成，这就暴露出了不足。如果在正常工作过程中出现某个文件损坏或意外删除，但无法及时找回，这就暴露出备份工作的不足。交通问题则能测试出远程工作的不足［见第 17.10（iii）段脚注③］。

公司内设部门——特殊考量

17.16　私人事务所能直接控制自己的办公场所、计算机系统和承包商，而内设部门则只有部分控制权。特别是负责管理计算机的员工通常隶属于其他部门，同时还得为公司其他部门提供技术支持。尽管内设部门很可能有一个CMS系统专用服务器，但可能会与其他部门共享文档和电子邮件服务器。公司的业务连续性措施总体是粗略的，可能不会认识到知识产权部门的特殊需求[第17.04（i）段]。笔者认为，知识产权部门仍有必要制定自己的业务连续性计划。该计划一方面应考虑到公司层面将采取的措施，另一方面还应在一些关键节点填空补缺。

17.17　内设部门应确保其了解所用的服务器及其鲁棒性（鲁棒性被分为不同等级，例如，一个考量因素就是停电时是否有备用电源）。在某些公司，第17.04（i）段中假设的那个痛苦的从业人员可以回家拿出笔记本电脑或去往其他办公地点，有信心自己能够继续工作，如同他自己的办公室没有连同主服务器一起被摧毁似的。但在其他很多公司就不同了，信息技术部门会遵循预设的恢复计划，不会容许任何特别要求，例如“我需要一份A12345WO.doc文件，必须跟昨天晚上的一样，这样我今天好提交申请”。事实上，有些信息技术部门即使在正常情况下（更遑论遇到紧急情况时），也不能及时回应这项要求：“我的一份A12345WO.doc文件刚刚损坏了，无法恢复成昨天晚上的状态；请在备份中找到它，并在一个小时内通过电子邮件发送给我”。

17.18　在信息技术服务能力不足的公司，内设部门需要：

（i）让自己能够在预设恢复计划中获得“优先信息技术用户”[6]的地位（调查中有两个内设部门就是这样）；

（ii）如果有专用的CMS服务器，最大程度地发挥其效用；

（iii）自己对磁盘、磁带或驱动器进行异地备份，无须信息技术部门的协助即可访问和使用这些磁盘、磁带或驱动器。

17.19　除非内设部门在公司的总体业务连续性计划中具有优先地位，否则至少在事件发生后的几天内都需要自行解决办公场所，例如（如上所述）确保自己能使用位于其他地点的兄弟部门的培训室。耗费几天的时间来等待公司完成一项宏伟计划（例如在大型食堂装备200台能连接到恢复网络的计算机）也许适合于许多部门，但不适合知识产权部门。

---

[6] 例如，实时处理大量现金的资金管理部门可能会获得这种地位。

第 18 章 人与组织

作为一名经理，你得收拾烂摊子。有谁愿意干这事呀？

——彼得·德鲁克（1909～2005 年）（杰克逊引述，1999 年）

他是证人、受害者，甚至是邪教不情愿的先知……

每一种新时尚都被誉为灵丹妙药……

每一种最后都呜咽着退场。

——约翰·勒卡雷（生于 1931 年）如此描述一个虚构的情报机构的管理风格（《史迈利的人马》，1980 年）

波洛涅斯……尤其要紧的是：你必须对你自己忠实；正像有了白昼才有黑夜一样，对自己忠实才不会对别人欺诈。

——威廉·莎士比亚（1564～1616 年）（《哈姆雷特》第一幕，第三场）

从业人员——面向客户 VS 职能组织

18.01 如果征询客户的意见，客户很可能建议为其服务的事务所采用"面向客户"的构架。他希望有一个主要联系人，所有业务要么都交由此人完成，要么由一个或多个向其报告的人完成。此人很可能是私人事务所的合伙人。而在拥有大型内设知识产权部门的公司中，每个客户都可能希望此人是向知识产权主管报告的高级从业人员。

18.02 然而客户的理想很难实现，所指派的这个人或这些人常常会发现自己不能满足客户的需要，必须求助其他同事，而这些同事则已被指派负责其他客户。职业操守和工作实际兼顾的巨大压力［第 2.03（iii）段和第 18.03 段（i）至（iv）］，推动从业人员往业务精专化方向发展，如精于专利（按技术细分)、商标、协议或诉讼。实际上的确有一种解决方案，就是根据职能分工来构建知识产权事务所，但以垂直管理的方式，任命某一个人作为客户经理，半独立于其业务职位之外（之所以称之为半独立，因为如果客户的主需求属于某一业务领域，合理方案就是从该领域选择客户经理）。这种“矩阵管理”在知识产权以外的领域已有使用，本书其他部分（第 4.34 段）也有介绍。

18.03 笔者曾任某公司知识产权负责人，接手该部门时刚刚实行一种构架。这一构架并不是笔者自己设计的，但由于刚实施不久，笔者不得不试一试。笔者发现，在内部合作良好的情况下，这种构架运行顺畅，无须调整。在合理范围内，所有的构架都可正常运行。因此，笔者并非特别推崇某一种构架，而是想提出在设计构架时需要考虑知识产权工作的特性。

(i) 一般而言，如果要保持个人的技能，他们就不能过度偏重某一方面。专利和商标工作安排比重为 70 : 30 或 30 : 70，应可保证维持两方面的技能，并足以证明在两个领域的培训费用是合理的。

(ii) 即使按照第 (i) 项的建议保持大致平衡，有些类型的工作仍无法兼顾。假设从业人员在专利和协议两方面的工作量大致相当，但他可能发现，这两种工作的节奏不一致。协议工作（尤其但不仅限于并购，参见第 11.59 段）往往会设定一个“冲刺”期，但可能与专利工作的法定期限相冲突。冲刺截止期限可能与一个重要的项目有关，但可能毫无意义，甚至适得其反。而专利申请工作法定期限所涉及的发明，其重要性可能尚不得而知，一旦错过就可能是灾难性的。有一次，一位负责与客户接洽的员工直接问笔者，他第二天要处理的发明与他要处理的商业协议孰轻孰重。同样也是考虑到工作节奏因素，Morgan 和 Wallin (2010) 也不建议同时处理专利申请与专利诉讼两项事务（如果有人希望兼顾两种节奏不可调和的工作，那可以让他交替开展，每次重点进行其中一项工作）。

(iii) 有很多商标从业员技能高超，但缺乏技术背景。除非有客户只要求商标工作，否则就必须进行一定程度的职能架构调整，这样才能发挥他们的技能。

(iv) 为提高效率，经常需要指派某一人承担特定职能的任务。因此，一位从业人员常常需要负责 CMS 系统，并承担大部分的法律助理/手续工作（第 18.08 ~ 18.10 段）。从业人员还常常需要负责培训或网站工作。此外，有些纯专业的工作即使与其他从业人员手上的案子有直接关联，也最好由一个人处

理，他需与其他从业人员和客户适当地进行沟通。❶

(v) 不论采用何种架构，都需要有一个机制保证客户可以处理具体行政事宜，例如听取事务所工作报告、查询账单等。该机制还需保证客户作出那些会对所有为其提供支持服务的从业人员工作产生影响的决策得到沟通和传达。

(vi) 如果该事务所需要处理大量的原始专利工作（定义参见附录 0 脚注①)、专利申请战略或协议工作，则需要有专人负责跟踪了解客户的业务运作情况，并将其意见传达给为同一客户服务的所有从业人员。这种跟踪会使用事务所的一些内部信息，如 CMS 和 TDBS 等，可能还需要进一步了解客户的内部重组、实际和预期的并购交易，以及地域扩张。

从业人员及其“舒适区”

18.04 一些曾为法律团队绩效提供过咨询服务的顾问表示，法律团队往往与从事其他工作的团队不同。法律从业人员可能不愿意应对威胁和机会，因为这需要他们走出小小的“舒适区”来做一些事情。而且他们可能还会辩称并不存在威胁或机会，尽管证据确凿。画出一片“舒适区”这一心理及其后果将在第 18.05 段进行分析。需注意的是，这种分析仅是一般意义上的，在批评人时利用心理学阐述尤为得不偿失［第 18.15（iv）段］。

18.05 法律从业人员自十几岁开始就参加各类考试，历经多年方可具备资质。参加考试本身即是一项极端孤独的事。而且在大部分时间里，他都是独自工作，或只有一个助手。法律行业中，“独行侠”的比例极高。这可以解释为什么一些法律从业人员——

(i) 不愿意在必要时寻求帮助（第 1.42 段）；

(ii) 不愿意适度参与那些为确保专业质量而制定的制度，如同行评议（第 1.08 ~ 1.19 段）；

(iii) 不愿意让为同一客户服务的其他从业人员知道他们正在做什么（如第 11.85 ~ 11.88 段所述，这在协议工作中非常重要，当专利工作涉及多位从业人员时也很重要）；

(iv) 不愿意接受任何会对其就客户或事务所整体工作的专业判断造成限

---

❶ 最好由一名从业人员代表整个事务所来处理问题，例如，20 世纪 90 年代，终止在马来西亚各州和新加坡对某些英国专利权进行再注册；2005 年前后，暂时停缴意大利续展费；最近，终止提交 EPC 分案申请，以及中止停止提交美国发明法案（AIA）生效前不符合专利有效性要求的专利申请。还包括可能对申请、审查和续展造成影响的公司名称变更或转让行为。

制的要求，如遵循本书 A 部分和 B 部分所述建议❷，以及遵守客户或事务所的相关政策规（第 19 章）。

此外，考试是一种“闭环”智力题，个案工作在很大程度上也是：审查员或客户提供信息，从业人员通过法律推理编写草稿或意见，任何不确定性都需以大家认可的推理方式予以解决。❸ 因为这种“闭环”智力题，大家就更不愿意去触碰开放型问题了。再加上“独行侠”的天性，很多法律从业人员——

（v）不愿意接手专利申请战略（第 5 章第 3～7 节）和品牌申请战略（第 8 章大部分内容）等开放型个案，而更愿意向客户提供纯法律、中立的建议；

（vi）不愿意处理客户培训和财务金融等非案件类工作（第 14 章和第 15 章）；

（vii）不愿意向那些乐于处理开放型问题的同事寻求支持；

（viii）不愿意适度参与主要涉及人的事务，如重大的质量、成本或道德问题，这些问题需要在事务所内部或与客户进行讨论，需要深思熟虑。

最后，法律从业人员有时会因自己做的一些工作而感到“屈才”，不能充分发挥他们的法律技能。幸运的是，许多知识产权从业人员具有理科或工科背景，他们曾受过培训并/或曾经从事过计算机编程工作，因此具有数学思维。通常能找到人从大局出发，为支持事务所的整体运行，随时愿意（a）提供算法和法律思维，为法律助理/手续工作人员提供支持（参见第 18. 10 段）；（b）处理计算机系统方相关工作（第 3 章第 1 节）。❹ 即使如此，您仍会发现很多知识产权从业人员——

（ix）不愿意处理大量数据（可能是烦琐乏味的），而在第 18. 03（iv）段脚注①所述的情况下，以及专利申请战略相关工作中，只有从业人员才能清楚地解释这些数据；

（x）不愿意花心思决定一些非法律事务［例如，新打印机、影印机放哪里？如何宣布内部重组？（最棘手的是）聘用和提拔谁?］，他们宁愿在未经充

---

❷ 例如，不要以书面形式提出任何不利意见［第 2. 37 段中的预防措施（g）］、专利申请的法律策略的指示（第 5 章第 2～3 节），以及在协议中如何定义“知识产权”（第 11. 15～11. 16 段）。笔者甚至还记得自己极尽说服之能事，方才制止一些显然在法律上不尽如人意的做法，但人们已经习惯这些做法（现在他们已经摒弃这些做法）。

❸ 专利侵权意见就是一个很好的例子。两名从业人员就有效性可能作出不同的判断，而哪一个判断“正确”则倚赖于负责裁决的最高法院的意见。可以用“我认为”这样的表述来强调这是一种观点（第 10. 38 段），这样，在判断失误时，从业人员可以如第 10. 40～10. 41 段来保护自己。

❹ 根据笔者的经验，要说服那些非知识产权法律从业者去有效地参与创建和维护他们所需要的支撑系统，这是一件非常困难的事情。

分了解信息或未深思熟虑的情况下就作出决定，速战速决。❺

18.06　如今，第 18.05 段（i）到（x），法律从业人员不愿做的这些事情并非对所有事务所都很重要。此外，指望从业人员个人克服自己的喜好，强扭自己的性格特点，这也是不现实的［见第 18.15（iii）段］。这意味着，管理层必须允许一些从业人员在某些方面被人“推着走”，前提条件是，不能放任“独行侠”们孤僻到无法被“推着走”。

18.07　管理层可以通过以下方式，鼓励法律从业人员在必要的范围内适当作为：

（i）尊重从业人员源自内心的职业压力（例如，为日常个案工作提供额外的支持，以确保从业人员能够按时完成专利申请战略、手续或计算机项目）；

（ii）采用年度目标和奖金制度，奖金依项目工作、行政合规以及个案工作计算❻；

（iii）鼓励从业人员发现问题，鼓励其承认能力不足或错误；

（iv）培训（第 3 节将讨论这一问题）。

律师助理/手续人员

18.08　调查的 20 家从事 fp&r 业务的事务所都有律师助理（也称为手续工作人员），他们负责（a）填写各国专利、商标和外观设计申请表格（纸张或电子表格）；（b）随时更新计算机所保存的相关记录；（c）发布日志通知提醒从业人员。大部分情况下，上述所有工作几乎都是由律师助理完成的，偶有例外（例如，优先权申请和电子申请可能必须由从业人员提交，或者从业人员选择自己做这些事情，而不交由律师助理）。必要时，律师助理需将工作成果提交从业人员核查；但有些工作通常由律师助理独立进行，不需要进一步求助于从业人员（例如，根据从业人员的指示办理续展，或在从业人员指定的国家办理欧洲专利生效手续）。

18.09　调查显示，负责 fp&r 工作的法律助理有多种隶属关系。半数以上的事务所会设立一名首席律师助理，其他律师助理向他或她报告。一些事务所中，律师助理们直接向一位从业人员报告，这名从业人员实际上履行首席律师助理的职责。而在另外一些事务所中，律师助理在集中管理的同时还会单独分

---

❺ Drucker（1967：33）说，优秀的管理者的决策速度通常有快慢之分，但没有一个人能快速就人事问题作出决定。

❻ 如欲了解如何使用团队目标来制造来自同事的压力，请参见第 5.61 段脚注⑭。

配给不同从业人员小组。

18.10 fp&r 这一工作要求法律助理具备高超的技能。需要对细节的极致关注和对程序的严格遵守，这通常需要律师助理彼此交叉核查。法律法规发生变化，程序就会随之变化，还有很多涉及微妙法律问题的事情，因此需要律师助理和监督他们的从业人员之间保持沟通，或直接通过首席律师助理。负责监督律师助理的从业人员❼必须投入大量精力来了解律师助理的工作细节和 CMS 系统。

秘书工作

18.11 过去数十年间，秘书在知识产权事务所中的作用发生了显著变化，现在一位秘书不太可能仅为一两名从业人员工作（传统上，大家已经认为，仅为一两名从业人员工作比在打字室中好得多）。从业人员和秘书的比例进一步提高，这是因为从业人员越来越多自己打字，对打字的需求减少（第 1.22 段后半部分）；语音识别可进一步减少打字需求（第 3.60 段）。❽ 数字听写（第 3.59 段）具有虚拟打字室的功效。调查发现，两家事务所的秘书由首席 fp&r 律师助理管理，这有助于根据法定期限而非从业人员来安排打字工作顺序；但这样做亦有风险，秘书可能觉得自己被降职归入打字室。不同事务所的情况不同，因此没法作出普适性的建议，但是管理层应采取特别措施，确保秘书不会因大环境的变化而消沉低落。

为提高人际关系、问题解决和决策技能而进行阅读和培训

18.12 Kellaway（2006，2008）和 Broughton（2011）对一些新管理思想提出了质疑，德鲁克（Druker）的早期著作（尤其是 1967 年出版的《卓有成

---

❼ 以下两个关于沟通不足的例子颇具教育意义。一位私人事务所的首席律师助理曾经遇到法律问题，致电相关的知识产权局后，在未征求其主管从业人员意见的情况下，提议按照知识产权局错误的建议行事。由于（非外行）客户的坚持，该行为方被阻止。对于事务所而言，这种工作保障方式并不可取。还有一次，首席律师助理与主管从业人员就行动方案达成原则一致，首席律师助理致函相关主管局时借鉴先前的另一信函。但他所借鉴的信函所适用的情境与此次并不相同。未能提前注意到这一问题，首席律师助理和主管从业人员都没有过错。但如果主管从业人员按照规定核查这封信，问题本可以避免。

❽ 调查问卷虽然未就从业人员与秘书的具体占比数字进行询问，但显然公司内设知识产权部门的比例高于私人事务所。这在一定程度上是因为一些私人事务所不鼓励从业人员自己打字。但笔者也发现有一家内设部门，因公司压力而被迫将秘书减少至成本效益不划算的程度。

效的管理者》一书）和 20 世纪 80 年代"全面质量管理"的相关思想除外。❾笔者根据经验，赞同他们的观点。回想起来，自己从德鲁克和"全面质量管理"理论中确有收益，同时也发现，其他管理理念没有什么价值，甚至极其危险。《卓有成效的管理者》一书简明、扼要而平实，很对法律从业人员的胃口；但对于年纪小于 45 ~ 50 岁的读者来说，可能缺乏共鸣——案例研究已是半个世纪之前的事了。正如布劳顿（Broughton）所说，整本书弥漫着 20 世纪 50 年代制造业公司办公室里护发剂和烟雾的味道。上文说过，除德鲁克的早期著作和"全面质量管理"理论外，基本上乏善可陈。如果有新管理思想宣称自己的理论截然不同，那可能就是错误的（可以肯定地说，德鲁克和全面质量管理之后的管理术语，90% 都是无用的。这些术语混淆紧张的类比、毫无意义的同义词，以及愤世嫉俗的委婉语。但是一些生僻词组，如本书所用的"舒适区"，倒是可以用来概括一些情景）❿。

18.13　经典的管理理论让人觉得难受，因此在面对一些压力较大的事情时，管理者需因训练而运用这些真理，而非出于自己的原始本能。就像一位飞行员，他被训练成在发现引擎着火时做正确的事情，而不是本能地采取逃跑这一原始却无用的方式（当面对一些更为常规的简单威胁时，如面对危险的动物，原始本能则更为有用）。对于法律从业人员而言，他们需训练克服根深蒂固的职业思维习惯，这些习惯对于管理人员这一角色可能是无益的，例如"从业人员及其舒适区"一节中提到的那些习惯。

18.14　培训需要重复进行（航空公司飞行员使用模拟器），定期对知识产权从业人员进行管理培训是非常重要的，因为这相当于将那些经典管理理论

---

❾ 德鲁克的一些思想在本章中有所运用。全面质量管理一方面鼓励了质量管理体系（第 1 章最后一节）；另一方面，它也强调组织内的职能协作（而不是职能间争议和推卸责任），同样强调供应商和客户关系管理的重要性。

❿ 露西·凯拉韦（Luay Kellaway）在其文章、亚当·斯科特（Adams Scott）在漫画作品《迪尔伯》中都无情地对管理术语进行了嘲讽。以下两个空洞陈述中，一个是真实的（Kellaway 引用），一个是虚构的（来自 Dilbert），但你很难回答"哪一个是真实的？哪一个是虚构的？"陈述（a）："商业的下一个渐进式变革，需要对思维方式进行一次划时代的转变，需要从根本上进行改变。"陈述（b）："我们需要遵循战略路线，加强我们的核心竞争力，使自己成为供应商中的佼佼者"（有关答案请参阅 Kellaway 和 Adams 的参考资料）。每个人都有自己痛恨的东西，笔者痛恨的是对那些精准的数学概念的滥用："拐点"被用来指 $d^2y/d^2x = 0$ 以外的任何东西；用文氏图而非图形来表示布尔代数（Kellaway，2011 年也有同感）。牛津大学赛义德商学院滥用"正规"代数和布尔代数，用所谓的文氏图来指代集合"你""赛义德商学院"和"一般管理"，三个集合的交集是"你^2"（Said Business School，2011）。知识产权企业也会受到商业术语的影响。请看这句话"最优秀的离岸法律服务提供商之一，[该提供商] 利用其知识产权领域的渊博知识，在承诺的时间范围内提供高质量服务，同时确保所有交易的完全透明性"（Mahaffey，2012）。

重新进行包装，使之更合理，更引人入胜，而不是推介一些新的管理风尚。主要议题包括：（a）团队建设、劝导、提出和接受批评，以及（b）解决问题和作出决定。有些培训课程最好部分或全体学员参加，而另一些培训课程最好每次派一个人，与来自完全不同背景的其他学员一起参加。有些课程需要学员的团队合作；有些课程则需进行案例讨论。有时，这种非法律培训可与事务所的年度法律培训活动（如果有的话）结合举办。

18.15 培训的目的是帮助从业人员内化实际规则，在日后工作中能迅速浮现在脑海中（与航空公司飞行员一样），使他能够对当前的情况作出正确的反应。从培训中能学到什么，这因人而异。对于一个人来说，可能大开眼界，而另一个人可能觉得不言自喻。对于笔者来说，包括以下重要的几点：

（i）认识到学术诚信的重要性，并有勇气维护学术诚信。这一点已在“从业人员及其舒适区”一节以其他形式进行讨论。尤其值得一提的是，以1986年1月28日美国挑战者号航天飞机发射73秒后爆炸造成7名宇航员死亡的这一灾难为案例所进行的一些培训。这场灾难是由橡胶O型环在－2℃的严寒中失去弹性造成的，这种严寒对于佛罗里达来说非常罕见。在以前最低12°C的发射中，O型环已有弹性不足的迹象；但在发射的准备阶段，装配该O型环助推火箭制造商的高级管理人员在对待这一问题上，显然未坚持学术诚信（Feynman，1988年，第2部分；Bergin，2007）。[11]

（ii）情绪不利于决策。举一个简单例子，如果某人发现自己在法律工作中犯错误，他的情绪可能会沮丧到无法准确评估这一错误的严重性，也无法拿出合适的补救措施。在挑战者号事件中，美国国家航空航天局的行为使助推器制造商员工极度焦虑。众所周知，即使在没有时间压力的情况下，情绪也会影响智力活动，参见Bond（2008）和O'Callaghan（2011）。

（iii）个性差异巨大，即使这种差异仍属于非病态范畴。[12] 例如，针对正常人群的著名心理测试迈尔斯－布里格斯（Myers－Briggs）类型指标成功地将人分为四大类（在此基础上还可进一步细分），它们可以概括为“让我们保持这个状态”“让我们换个方式思考”“让我们现在就做”和“让我们改变一下”。如果一群人互换他们的迈尔斯－布里格斯结果，他们就会为以前那些令人不快的互动找到解释，也因此找到未来改进互动的方法。如果没法进行心理

[11] 诺贝尔物理学奖获得者理查德·费曼是调查这次灾难的总统委员会成员。

[12] 职场的精神疾病（如抑郁症）需要寻求医疗支持。

测试，但又需要说服某人，也可以努力探寻对方的核心价值⑬或“尊重需求”⑭，从而做到争论而不挑衅。Drucker（1967：88～89）指出，雇员身上只有一种人格缺陷是致命的，那就是缺乏诚信，因为他身上原本可能有益于雇主的特点将变成不利于雇主的缺点。在作出招聘和晋升决定时，如果想发现这一缺陷，首先可以自问：“如果我有儿子或女儿，我愿意让他或她为这个人工作吗？”⑮

（iv）批评必须准确和具象。因此，（a）“上周客户如何如何非难我了，因为你没有做某某事”比（b）“上周你没有做某某事，你一直都这样，眼高手低”⑯ 更有效。关于提出和接受批评，最好（但也昂贵）的培训是雇用演员（在培训顾问指导下）来扮演知识产权事务所的同事，可以拍成录影带后私下学习。

（v）“咨询”“兜售”和“指示”之间的区别。如果经理不确定应该如何决定，那么咨询他的员工是一种明智选择。但是如果一个经理已经作出决定，他就不应该假装咨询他的员工该做什么决定。这种欺骗行为一旦被发现，造成的伤害远远大于（a）他兜售自己的想法（他承认自己已下定决心，但鼓励讨论，这是获得他人承诺的一种方式），或（b）他指示员工该做什么（如果不需要员工提供意见，如落实外部强加的安全准则，则是合适的）。

（vi）宣布决定的方式很重要。不论事务所规模大小，在宣布内部重组这种决定时，都应该慎之又慎。特别需要注意的是，如果要在大范围内宣布，应首先私下告知那些受影响最严重的人。举个简单的例子，如果要提拔一个人，应先告知他的秘书，无论秘书觉得对自己有何影响。秘书有所准备，在提拔决定宣布后，就会尽量减少一些可能引发不满情绪的难堪对话。

（vii）有些大事发生时，你无能为力，但这种担忧不能妨碍其他工作的开展。日常生活中也是一样。一个人看起来身体健康，也努力避免各种危险

---

⑬ 休闲风格的信息技术（IT）公司开发人员的核心价值观可能体现在他们的非正式着装规范中。外来的老板可能觉得这种着装非常随心所欲，非常任性，但要挑战他们的着装规范是很危险的。

⑭ 需求可能是“被认为有能力”“被认为重要”“被认为在控制中”和“被认为敏感或友好”。

⑮ 也许德鲁克当时就预见近年来职场上关于“心理变态者”的讨论：对于那些控制欲强、对他人的弱点高度敏感、但缺乏同理心的人，Babiak 和 Hare（2006）认为至少应该避免敬而远之。Dutton（2012）则用一个令人不安的词“攫取”。

⑯ 第二种说法用“你一直都这样”的表述，会让被批评者从新近发生的这一不容辩驳的失误中脱身出来，开启新的争论。错误行为背后的动机很可能是准确的，但是提出批评的人这么断言，只会换来被批评者的否认，对于这种否认，批评者无法反驳，毕竟他不能声称自己会读心术。批评者必须事先考虑他要说什么，不要因为被激怒而“跑偏”。这种表述方式很多读者都很熟悉，在家里常听见。姑且不论这种言论对家庭是否有害，在办公室里都是无用的。

活动，但他仍可能明天就会死去。只要你立遗嘱，这种预期就不会对今天的生活造成干扰。同样，在内设知识产权部门工作的人可能会担心，如果公司被接管，会发生什么情况。他可能会申请其他工作，也可能不申请；但无论如何，如果他的担忧影响到日常工作，这就毫无意义了，无论公司是否会被接管，都会损害他的职业前景。接管可能不会发生；如果真的发生，其影响可能不像人们担心的那样严重，至少对他个人来说是这样。同样，由于时机尚不适宜，对于一些极其令人不满的事情，我们可能无法改变，所能做的（和应该做的）就是认真等待情况的改变。

内设部门

18.16　对于内设知识产权部门，关键问题在于向谁汇报？美国的知识产权负责人传统上向总法律顾问汇报，正如第 A0.22 段所述，目前在英国亦有此趋势。作为内设知识产权部门的负责人，笔者个人的体会是，如果是向“技术”高层汇报[17]，沟通往往相当顺畅；尽管如此，笔者仍认为，更多地还是应向总法律顾问报告（特别是关于第 2 章所讨论的职业道德和特权）。此外，这种结构有助于与一般律师合作开展工作，也有助于解决分工边界不清的问题。其缺点是，在以下问题上可能难以与总法律顾问达成一致意见：（a）专利开支的规模，（b）律师助理的人数，（c）与一般律师不同的高度专业化的 CMS，（d）为合资公司和第三方提供服务（第 2.18 ~ 2.19 段以及第 11.69 段），（e）与一般律师不同的财务模式（第 15 章）。总法律顾问会觉得很困扰，因为他发现诉讼的核心问题可能是显著性问题，而他自己根本无法评估，因为关键的法律文件和基本事实都超出以往教育所给予他的能力范畴。[18] 然而，笔者认为，知识产权负责人应该着手解决这些重要问题。

18.17　内部从业人员大多能安心工作，享受自己工作的独特性（附录0）。然而公司生活的一些特性会令人困扰，并带来挑战。专业部门可能会发现，公司全员推行的一些举措与自己格格不入，例如（a）为体现董事会提出

---

[17] 笔者曾先后在 4 家公司担任知识产权主管达 21 年之久，接受汇报的 9 位老板中有 3 位是技术型老板。

[18] 与健康和安全有关的诉讼可能也会涉及技术问题，但比起权利要求 1 涉及 p 型半导体这样的专利诉讼，对于缺乏理科背景的人来而言，通常还是要简单得多。这可不是指责总法律顾问。只有一小部分受过专业培训的人知道如何证明原子或电子的存在（更不用说用来解释 p 型和 n 型半导体特性的能带模型），或有足够的基本知识来理解半导体的关键特性在于其电阻随着温度的升高而降低（更不用说理解为什么霍尔效应能通过实验区分 p 型和 n 型半导体）。

的“价值观”或“使命宣言”，推出一系列文化变革举措[19]；（b）让人觉得咄咄逼人且明显具有操纵性的员工调查或“360 度评估”；（c）ISO 9001 标准的合规（第 1 章最后一节）或“产品生命周期管理”。重要的是，法律从业人员要控制自己的天性，不要过度解释上层的指示（而公司其他人通常不会）。此外，法律从业人员通常会被默许有所例外，但是他们不能四处张扬。对于那些自上而下的倡议或方案，人们通常可以自行调整，以避免与专业原则冲突，尽量减少不利的资源消耗。虽经调整，但仍会出现一些不利的资源消耗，不应在本部门之外抱怨这些事情；抱怨得到的反馈可能是，对于整个公司来说，该倡议被认为是有利的，不允许有任何例外。与此同时，知识产权负责人违反自己的真实想法，假装认同一项举措也是违反诚信原则的。无论如何，谁都不是好骗的。[20] 只有在部门的诚信受到威胁的情况下（如第 2.09 ~ 2.11 段和第 4.26 段所述），才可真正对公司的一些举措进行抵制。

18.18 所有公司都会半持续地对其业务的有效性进行审查。对于被审查的知识产权部门来说，关键的一点是能够证明本部门是按照一个理性的、连贯的战略计划在创造价值（如本书 B 部分所述）。在介绍本部门工作时，应以能得到最高管理层认可的方式进行，不可矫饰，应简明扼要；说些趣闻轶事往往很有效。如果不能展示出对成本的精准控制和对财务模式的熟练掌握，可能对部门的生存造成致命打击（第 3.22（iii）段和脚注⑩；第 15 章）。

---

[19] 这些举措也可称为“行为改变计划”。

[20] Dixon（1976）认为，“权威”军事领导人的表现比“独裁”军事领导人差（他是以一种特殊的方式使用这些词的，详见该书第 287 页）。权威主义者不管个人想法如何，很可能会积极支持这项倡议，而独裁者则可能会采取上文建议的方法。

第 *19* 章
知识产权政策

再精磨的政策，仍不免有粗粝。
——爱德蒙·斯宾塞（1552 ~ 1599 年）

何为“政策”——概述

19.01　客户可能要求事务所提供知识产权政策指导。企业和大学等组织的所谓政策包含各种规则，这些规则

——或不允许偏离；

——或要求在出现偏离时，证明其合理性，甚至需要正式审批。

19.02　有人会认为，既然本书的主要任务是就知识产权法律、管理和战略的最佳实践提出建议，那么，为特定客户制定的最佳实践也应该纳入其中。笔者不认为这是一个好主意，因为（a）情况变化很快，一些最佳实践的生命周期太短，无法以规则形式体现；（b）出于有效性考虑，一项政策应侧重于几件重要的事情。接下来的第 2 节将讨论正式政策所应包含的规则，这些规则经客户组织内部最高层批准，并适用于所有员工。第 3 节将探讨如何通过非正式政策进行补充，非正式政策包含客户联系人与事务所共同认可的其他规则（如果没有正式政策，则所有规则都属于非正式规则）。最后一节将讨论鼓励遵守知识产权政策的可行性。

正式政策

19.03　如今，大公司都依靠正式政策来证明其管理的透明性，如 Astraleneca（2013）、BAE Systems（2013）、BP（2013）和 BT（2013）。通常有以下政策：财务报告；董事及最高级雇员的薪酬；无歧视、包括避免贿赂和腐

败等内容的商业道德行为；环境、健康和安全；风险管理（发挥“清道夫”作用）。建立程序来对政策的遵守情况进行监控。知识产权政策属于风险管理的范畴❶，由内部审计职能部门负责监控。Astra Zeneca（2013：114）和 BAE Systems（2013：86）要求经理们定期向公司提供书面保证，保证其遵守政策。我们可以合理地猜测，阿斯利康公司（Astra Zeneca）的政策中包括知识产权政策（Astra Zeneca，2013：12），而 BAE Systems（2013：19）则明确提及该公司的知识产权政策。❷

19.04 如同所有正式政策一样，正式的知识产权政策必须得到机构指定的高级人员的批准，并且可能需要先经由内部审计部门“审核筛查”后才会被批准。对于一个组织而言，要努力将政策限制在最低必要水平。因为政策会（a）束缚商业判断，（b）造成违纪行为，和（c）产生审计费用。就贿赂和腐败问题制定严厉政策显然是非常必要的，因为两者会带来包括刑事诉讼在内的重大财务和声誉风险。但对于大多数公司而言，知识产权政策并没有如此重要，因此提出的任何知识产权政策都需要非常具体，匹配公司的实际需求。在就一项政策提出建议时，最好能够借用过往的失误来证明每项规则的合理性，亦即，如果当时已有这样的规定，就不会发生那样的失误。❸ 如果特定情况下需要有例外的话，那么政策需要指明谁有权批准这些例外。正式政策不应包含可能在几年内就过期的东西（因为重新审批的流程可能会很烦琐），也不应包含非正式政策可以解决的问题。可能有一些东西是公司本身就要遵守并已做到的，就不值得画蛇添足再制定政策。第 19.05（i）段所描述的情况在很多公司都出现过。

19.05 下面我们将主要按照本书中的主题顺序（而非按重要性顺序），罗列出正式政策规则需要考虑的事项（无论如何，各事项孰轻孰重取决于客户的具体业务）。

（i）*寻求知识产权法律建议的途径*：无论是通过内设知识产权部门，还是通过负责选用特定私人事务所的具体人员。

（ii）*处理“未邀约技术建议”的程序*：如第 7 章所建议。

---

❶ 还将制定针对具体行业的政策，如一些公司的药品监管和其他公司的出口管制。

❷ 在阿斯利康公司，经理必须每年都写一封“保证书”。在英国宇航行系统公司，经理每 6 个月都需提交一份运营保证声明。英国宇航行系统公司明确规定，对经理的这一要求适用于职能部门（即包括法律/知识产权职能部门）以及业务部门。

❸ 如何具体，以下补充意见可能能够帮助读者理解。一些知识产权政策包括大意为“我们尊重和保护知识产权”或“知识产权是企业资产”的一般性声明。不清楚什么构成违反这类声明，因此它们只能是第 19.05 段所建议的那类具体规则的序言。

(iii) *其他任何公司必须征得全资控股集团同意之后方可使用集团的品牌*。企业品牌对任何客户都很重要，事实上可能是客户唯一重要的商标资产。通常，公司内部都制定关于品牌使用方式的政策（第8.29段），规定在进行品牌合作或类似活动时，需由企业传播/营销部门从审美和声誉的角度出发，由审查许可工作的从业人员从法律角度出发，个案处理。从法律角度出发关于正式同意（或拒绝）的决定通常由客户的知识产权负责人（如果有的话）或总法律顾问作出。

(iv) *需经同意后方可发布新的非叙述性品牌*。这一规定很可能要求由从业人员对降低商标选择门槛所带来的法律风险进行评估（第8章“商标选择”一节）。需注意的是，企业为甄选符合该规定的非叙述性品牌，可能会增加成本、延迟进程。当然，如果公司政策已经明确其品牌架构是“单一的”（第8章“品牌架构”部分），那么还需作额外限制，如需要获得公司传播/营销部门的同意。

(v) *需经同意方可提起专利诉讼*。这一规定可以确保对第10章“开始处理争议，尤其是专利侵权争议”一节所列事项进行事先审议。处理此类问题，通常先由从业人员就相关情况进行介绍，然后由一位高级商务主管作出是否同意的决定。高级商务主管的具体作用是权衡不同业务部门的不同利益（例如，一个业务部门希望起诉竞争对手侵犯专利，另一个业务部门则担心专利战争爆发的后果）。此外，高级商务主管还有助于“防止走关系”（第10.26段）。

(vi) *第三方违规行为的上报*。根据这一规定，公司高层可酌情介入，避免业务部门因资金短缺而无法提起诉讼（第15.22段）。

(vii) *新产品上市前进行专利侵权检索*。这种规定适合某些行业，但在其他一些行业则行不通（第10章“避免侵权——专利侵权检索”……）[4]。

(viii) *需经从业人员同意方可支付高额许可费用*。这一规定旨在确保，作为被许可方，在对可能遭遇的陷阱进行仔细斟酌前，不会支付大笔资金（如本书第11章“盈利性许可技术——概述”小节所述）。

(ix) *需经从业人员同意方可转让或许可知识产权（无论排他程度如何）*。未经同意这样做，极有可能造成不同协议之间的冲突（第11.35段）。

(ixA) *作为规则（ix）的强化版，要求需经额外批准后方可对外授予非排*

---

[4] 如果惯常的做法是不进行专利侵权检索，那么就不要将其制定为政策。同样，如果在日常工作中未要求使技术人员忽略第三方的专利（第10.16段），或未要求避免以书面形式提出不利意见［第2.37段（vii）］，那么也不要制定相关的规定。如果制定为政策，而日常工作中又做不到，这会出现什么后果，显而易见。一旦客户成为侵权诉讼的被告，被发现有这样的书面政策声明可能是不利的。

他性许可。对于那些销售受专利保护的高利润产品的客户（如生命科学公司）或不同业务部门使用一种或多种共同技术的客户来说，尤其需要关注。这一规则将自动对公司内的研发单位和许可业务单位实施治理（第2.11段、第11.31段和第13.13段）。除从业人员之外，还必须有高级商务主管参与。

(ixB) *介于(ix)和(ixA)之间的规定*，要求业务部门遵守规定(ix)，或需经同意方可对外许可出其明知源于公司其他业务部门或由其他业务部门付费的技术。

(x) *需经从业人员同意方可与知识产权开发机构进行合作*，因为：(a)此类合作可能会使公司会失去对规则(ix)、(ixA)或(ixB)所涉活动的控制，以及(b)业务部门在与此类机构打交道时可能缺乏经验。

(xi) *需经从业人员同意方可签署其他曾出现过问题的协议*。例如保密协议，有些公司对保密协议有严格的控制，有些则不然（第11.23~11.24段）。

(xii) *全资集团内部的技术自由流动和与子公司签署常规知识产权协议（第13.06~13.14段和第13.18~13.20段）*。这在客户新收购子公司时特别有用，可以阻止新上任的管理人员利用“伪法律理由”来阻止全资集团内部的技术自由流动，以及与子公司签署常规知识产权协议（“伪法律理由”详见第13.14段）。

(xiii) *对那些理论上可能变成侵权者、伪造者或工业间谍的供应商进行审查和监督*。位于华盛顿的非营利组织企业和贸易中心(CREATe)正在倡导大家制定此类规定。请注意，与供应链相关的已有政策还可能涉及贿赂和腐败等其他事项（由CREATe建议），以及质量、劳动条件和自然灾害脆弱性(Jones, 2013 a)。[5]

非正式政策

19.06　非正式政策是由客户主要联系人和/或为其服务的事务所自行制定的规则。非正式政策可以涵盖很多内容，虽然相比正式政策而言，适用面小，但很有价值，例如——

(i) 同行评议（第1.08~1.19段）；

(ii) 专利申请的法律技巧（如选择在哪个国家提交优先申请，以及选择PCT还是其他途径）（第5.05~5.09段）；

---

[5] 近期发生的对公司声誉造成影响的生产供应链问题包括牛肉糜中检测出马肉、孟加拉服装厂火灾，以及导致主要汽车供应商陷入瘫痪的日本海啸。

(iii) 在专利申请的早期阶段对发明采取广撒网的做法 [第 5.36 段准则 (i)];

(iv) 在协议中如何定义“知识产权”一词(第 11.15~11.16 段);

(v) 电子邮件通信的安全(第 16.11 段)。

非正式政策可以避免不慎“偏离”，而不是刻意对公司的实践进行改变。这种非正式的政策规则可以纳入事务所的质量管理体系，也可以体现在客户和事务所之间的书面理解中，并且可以根据情况的变化随时进行调整。

19.07 此外，如果第 19.05 段建议事项未在正式政策中体现，也可以将其纳入非正式政策中。但是，非正式政策只对该事务所和直接或间接向客户联系人汇报的人具有约束力。因此，对于处于不同汇报关系下的人员，如果不能说服他们遵循非正式政策规则，则实施该规则的唯一方法是由事务所或客户将特定案例“上报”给对其具有直接管理权限的人员(相反，在正式政策规则下，增在的责任在希望偏离规则的人身上)。

19.08 非正式政策:

(i)“人走政策亡”，因此如果关键人员发生变化，则需要对其进行审查和更新;

(ii)(在遵守规定会产生开支的情况下)不可能经受住财政压力，尤其在机构和/或客户的知识产权财务状况不佳的情况下(第 15 章)。

政策遵循

19.09 如果正式知识产权政策中规定审计程序，则内设职能部门(如果没有内设知识产权部门，则通过知识产权负责人或总法律顾问)应在审计时查找出已发生的违规行为。如果(实际上尤其是)当相关业务部门未就其违规情况提交报告时，该职能部门可能会因未能确保以某种方式进行报告而受到批评。❻但是内部审计所能实现的仅仅是：记录下所有违规行为，将其列入业务部门的“风险登记册”中，并要求进行处理。如果业务部门拒绝，而违规行为又需要处理，那么内部从业人员需要直接通知高级管理层。然而这不过是“亡羊补牢”。在大多数公司，知识产权不当行为不能与腐败和贿赂相提并论。对于腐败和贿赂，公司会鼓励立即报告，且犯事者往往会受到纪律处分。因此，对于知识产权不当行为，职能部门在采取任何主动行动前都必须经过谨慎

❻ 几乎可以肯定的是，该职能部门还将被要求确定当前的重大知识产权风险，无论这些风险是否源于不遵守政策。

考虑。

19.10　遵守知识产权政策（无论是正式还是非正式）的关键是对相关客户联系人进行预防性教育［第 14.04（vi）段］，防止他们以不了解为借口不遵守知识产权政策。

第 20 章 游 说[1]

我不认为……我们比他们更自私；
唯一的区别……他们是理性的自私。
——托克维尔（1805～1859 年），《美国民主》

导言——游说的定义和结构

20.01　游说是影响各国政府、机关及其国际同行[2]（为方便，本章称为“政府/官方”）的立法、政策和做法的过程。游说是有独特回报的，如果成功，便可以在法律制度上留下永久或半永久的印记。它可以加深从业人员对法律和经济事务的认识。遗憾的是，时间可能会拖得很长，涉及面很广。

20.02　知识产权法、相关竞争法以及知识产权局和竞争主管机构所适用的政策不断变化，改革建议不断涌现，这就意味着，对知识产权法的游说也在不断进行。[3] 近年来，英国政府积极地对知识产权法进行审查，以至于当 Hargreaves（2010）请大家提供证据支持其“对知识产权法及其演进的独立审查”研究时，他一开始颇有些为自己辩护的意味，“自从同意为英国政府开展此项审查以来，我听到了……一个有些令人沮丧的反应，说这是对一个已经被盖棺

[1] 笔者自 20 世纪 80 年代中期就开始参与知识产权问题的游说活动，主要通过代表组织进行，有时也直接代表雇主（客户）。这里所表达的意见未必反映这些代表机构或前雇主的意见。

[2] 除本章最后一节外，本书避免使用“说客”一词。正如大家所看到的，它只是指那些进行游说的人士，其中一些人可能需要受到监管。

[3] 英国知识产权联盟发布的《趋势和事件》（*Trends and Events*）对过去 20 年所讨论的议题进行持续记录。

定论的问题的又一次审查[4]，那么：为什么要再审查一次呢？”

20.03　从业人员以两种方式参与游说：以法律专业人员的身份（通过他们的机构或通过他们的专业部门亲自游说）；作为向客户提供的一种服务，客户可能希望直接或通过行业协会来陈述观点。从业人员有时会主动提议改革，有时会被动地评估并响应其他人发起的改革提议。

20.04　对于每一位知识产权专业人士或每一家事务所来说，直接就它们所关注的所有事项展开游说，或帮助其客户就所有关注事项展开游说，都是非常费时的事情。因此，如果可能的话，最好是依靠代表性组织（即专业团体或行业协会）来与其他人一起分担工作。即使在一个值得机构或客户投入精力的重要问题上，由一个代表性组织发挥领导作用并继续开展其他工作，效果可能更好。比如，从附录 20.1 中列出的组织中选择一个适当的代表性组织不失为一个好办法。理想情况下，代表性组织应在地域上与被游说的官方组织相匹配，例如国际商会适于游说世界知识产权组织、欧洲商业委员会、欧洲委员会和国家机构。一般而言，代表性组织所涵盖的“派别”越多，就越难以统一达成直截了当（而非含混其辞）的立场；但是，如果能统一达成直截了当的立场，由于所代表的利益较多，它的影响力就更大。《London Translation Agreement（2000）》就是一个很好的例子。一方面，一个特定的代表性组织发现自己无法支持或反对协定生效，因为组织成员既包括高度依赖翻译收入的南欧国家私人专利律师事务所，也包括为获得欧洲专利授权而承担高额翻译费用的公司。另一方面，对于协定的支持者而言，获得代表法国及其他欧洲国家产业界利益的代表性组织的支持，也是至关重要的，因为如果要使该协定生效，法国的批准是必不可少的，这就需要克服法国人对该协定的反对（基于文化而不是商业原因）。一旦该协定最终于 2008 年 5 月 1 日生效，部分申请人就会发现，他们每年能够节约 6000 英镑的翻译开支（英国知识产权联合会，2010 年初）；毫无疑问，北欧国家的一些私人机构和翻译人员的收入将受到损害（意大利、西班牙和其他国家没有批准这一协定，这使各公司无法进一步节约翻译开支，但这些国家未批准并不妨碍该协定在北欧国家生效）。

20.05　游说活动中往往会有冲突。正如上文所述，私营机构与行业之间

[4] 哈格里夫斯本人对以前的游说活动进行了总结：“《高尔斯知识产权报告》［Gowers，2006］对整个制度进行了概述，认为其基本能满足需要，并提出 54 项具体的改革建议。《创意英国》（2008 年）和《数字英国》（2009 年）两份报告分析了版权执法如何应对互联网带来的挑战。最终，上一版的《政府版权战略》（2009 年）提出了 32 项结论和行动，力求使版权制度更好地适应数字时代。”哈格里夫斯清单应该进一步涵盖 HM Freasury and Department of Trade and Industry（1998）报告第 7 章，以及 Department of Trade and Industry（2003）报告第 4.13～4.29 段。

可能存在冲突，但这种情况相对较少。商业部门可能会发生冲突［例如，在英国版权、设计与专利法案第213（3）（b）条中关于“必须符合，必须匹配”的例外规定下，汽车制造商和汽车零部件制造商之间可能出现冲突］。此外，企业还发现自己可能与“绿色”组织、编程自由联盟和第三世界网络等组织发生冲突。❺

20.06　政府/官方经常会求助于学术界，以寻求独立的观点。政府/官方不仅会考量学术界为回应公众咨询而主动提交的材料，也会委托学术界❻出具研究报告。很多商业机构也会这样做。❼ 的确，有些具有法律、经济学或政治学背景的知名学者在研究知识产权法。通常，与其他参与游说的人不同，学者没有直接的私利。因此可以假定，即使他们是受委托进行研究的，也会以独立立场回答问题，而不是提交委托方想听到的答案。然而这并不意味着学术观点一定好于利益相关方的游说。以下因素都有可能削弱学术观点的说服力（笔者希望并期望学术界的朋友和熟人不会生气——这些弱点在很大程度上都不可避免地与独立性相辅相成）。

（i）学术界不可避免地会严重依赖公开资料。律师、学者倾向于依赖公开案件，对大量法律运作情况知之甚少，如因存在第三方侵权风险而决定不采用某种技术、设计或商标，以及通过协商或仲裁解决争议。分析实体行为的经济学学者可以查阅到大量申请或异议意见，还有公开的研发支出等，但查不到影响行为的其他关键因素。例如，一位分析通信技术领域异议行为的经济学学者很可能不会发现公司之间的战略专利协议，而这些协议可能会降低异议的价值。学者还可以获得引文数据，他们可能会不得不退而求其次地使用这些数据，因而他们得出结论的有效性是有待商榷的（参见第5章倒数第2节）。

（ii）经济学家还得使用统计方法。例如，如果想解答“知识产权法A在X国的通过，是否推动该国的研发工作”这样的问题，他既得努力辨别两个重要而非巧合的事项之间的相关性，还得努力辨别如存在显著的相关性，何为因何为果，以及导致它们的共同原因。经济学家通过技术统计术语来展示自己对

---

❺ 第三世界网络成功地说服世界知识产权组织和一些西方国家政府放弃计划针对非洲政治家和公务员举办的知识产权论坛，这是一项巨大成果（Masnick，2012）。第三世界网络的抗议信（Shashikant，2012）的一个核心观点是，这一论坛是由私营部门赞助的，这使世界知识产权组织的公正性受到质疑。赞助者包括“白金”级的阻止假冒和盗版商业行动（参见附录20.1）、“黄金”级的礼来公司和“白银”级的辉瑞公司。

❻ 请登录英国知识产权局网站，查询了解委托学术界进行的各类研究，其中一些研究在本书的其他部分亦有提及。

❼ 商业机构委托学术界进行研究的一个例子（即一家烟草公司委托就烟草产品包装的限制进行研究），参见Gervais（2010）。

结论的自信，（如果结论重要的话）从业人员在解读经济学家的结论时，可能也需要借助这些统计术语。

（iii）有时，经济学家的确会犯一些看似显而易见的错误。例如，专利申请权利要求的总数在统计分析中有时会被作为一个变量，但作为一名业内人士，笔者不认为这有任何实际意义。[8]

（iv）学界素有辩论的传统，这可能导致不同学者意见两极分化（有时是“压根站不住脚的的极端观点”）[9]。《哈佛法律评论》[10] 等期刊就乐于刊登一些有争议的文章（Gervais，2009）。

（v）学者必须对所研究问题的范畴进行限制，以使自己的工作保持在合理的范围内，例如博士生在导师的监督下可以做什么，或资助者愿意支付什么费用。假设有这样一个问题：“如果在某国引入二级专利系统，该国的公司会使用吗?”如果学者在开始研究前没有具体明确二级专利制度的具体类型，我们可以说他敷衍了事。但如果他没有回答“如果引入这样一个系统，公司会受益吗”这样的问题，则是无可指责的。因为前一问题不能完全指代后一问题［见第 20.19 段和第 20.21（iv）段］。但是，学者并无权阻止他人如此曲解。从业人员需警惕对学术成果的不当使用。

即使存在上述明显缺点，从业人员也应尊重针对他提出的那些学术观点，并应以平衡的方式来应对这些观点。

20.07 有人认为，在游说时那些不假思索便与客户（或其事务所或行业）的利益保持一致的从业人员，可能或因遗漏真正的要点而白费力气，或因把精力花在无望的事业上而效率低下。这在游说活动中比常规处理个案工作更为突出。他必须从学术著作中摘取一些内容。在一些关键问题上，比如哪些知识产权应该存在，以及竞争法及其他相关法律应在何种程度上限制知识产权

---

[8] 例如，权利要求的总数用于表明专利的覆盖范围或强度，以及审查员的工作量，但笔者对此表示质疑。关于前者，美国制度允许的同一类（产品、方法等）中第一项权利要求之外的独立权利要求通常会扩大保护范围。但从属权利要求仅在主要权利要求涵盖所要求的产品或工艺但被无效的时候才起作用。此外，权利要求的总数通常随着专利中的权利要求类别的增加而增加（特别是《欧洲专利公约》允许要求多个类别时），但是额外的类别仅在无法证明对最重要类别的权利要求被侵犯时才有意义（因此，如果对化合物本身的权利要求有效，则对制备或使用化合物方法的权利要求通常是多余的）。因此，权利要求的总数和专利的重要性之间不一定有必然联系。关于后者，至少在美国以外的其他国家，如果主要权利要求被批准，专利审查员处理从属权利要求的速度似乎就会相对较快，因此，使用权利要求总数作为审查员工作量的衡量标准是有待商榷的。

[9] 这是著名历史学家泰勒（Taylor A. J. P.，1906～1990 年）陈述政治观点的方式。他对历史所得出的结论同样具有争议。在第二次世界大战起源的问题上，引发与休·特雷弗－罗珀的公开辩论。（Taylor，1977、1983；Burk，2000）。

[10] 《哈佛法律评论》由哈佛大学的法律学生把控。

的使用，从业人员必须认识到，即使在一个发达国家或劳动力和资本自由流动的发达国家集团（例如欧盟）内部，社会都期望在知识产权的利与弊之间保持一个公正全面的正平衡（避免出现个别极端怪诞的结果）。专利能促进对研发的投资，促进技术信息的传播（这是专利作为公共政策存在的原因），但大多数人认为专利主张实体（PAEs）的活动是一种功能失调（参见第 12 章），而许多人也非常关注 ICT 当前的专利战（参见第 10.03 段）。注册商标能帮助消费者确定其所购买的商品或服务的来源（特别在协助打击假冒行为时），但它曾被用于扩大药品的专利垄断（参见第 8.15 段），这无疑应被制止。[11] 在小说家的运营模式中，版权至关重要，但如果仅凭版权法就能阻止报纸复制一份显示某个公司或政府存在不良行为的简短文件（比如一份内部备忘录），大多数公民都会感到不满（参见第 9.24 段）。

20.08　有观点认为（Jewess，2003、2005），知识产权诉讼的原告有朝一日也可能成为被告，这些公司的知识产权观点更符合总体经济利益和消费者利益。对于那些私人执业的专利代理人来说，要形成一个平衡的个人观点可能很困难，因为他们主要面对的是需要保护的客户，而且他们自然希望满足这些客户。内部从业人员和私人执业诉讼律师经验往往更丰富，但他们也需避免在个案中玩弄规则。

20.09　参与游说工作的从业人员可能需要获得或借用一些他们开展日常个案工作所不需要的专门知识，尤其是：

（i）*与所开展工作的立法依据相关的专业知识和信息。*最近一个奇怪的例子是在欧洲单一专利制度中引入以前只在离婚法中使用的“强化协作”机制。

（ii）*与所开展工作相关的国际法的工作信息。*例如，必须能够分辨欧盟条例和国际条约的区别，前者在国内法中完全有效，而后者虽更常见却不具这一效力，如欧盟指令和 TRIPS。这种国际条约要求国家政府遵守规则，如果不遵守规则（以 TRIPS 为例），则政府可对另一成员方政府提起申诉，提交 WTO 的争端解决程序处理。

（iii）*对知识产权及其工作原理的广泛涉猎。*如果就一项权利进行游说的

---

[11] 商标法律中的部分公共政策仍存在争议。Greenhalgh（2012）指出，澳大利亚、新西兰、马来西亚和新加坡的商标法已被财大气粗的公司利用，导致社会成本的增加。同样，一些人质疑，欧洲法院在欧莱雅诉贝勒尔案（C－487/07）[2010] Bus LR 303 中对欧盟误导性和比较性广告指令（2006/114/EC）第 4（g）条所规定的诚实的比较广告的解释，会产生怎样的社会效益。最具争议性的可能是烟草的平装或标准化包装。包括乌克兰、洪都拉斯、多米尼加共和国和古巴根据 TRIPS 第 20 条，对澳大利亚的这一法律规定提出质疑。第 20 条禁止在贸易过程中对商标的使用设置不合理的障碍（争端 DS434、D435、D441 和 D458，最新进展参见 WTO 网站）。

从业人员对其他权利的特殊特征也有所了解（侵权例外、期限计算、刑事处罚、互惠等），他或他的对手就能进行有说服力的类比。第9章讨论了一些权利，其中一项或多项权利将超出任何特定从业人员日常个案工作的正常范围，例如很少有从业人员会主动关注半导体布图设计保护和程控交换机。

游说指南

20.10　笔者建议从业人员参考下列游说指南：

准则（a）：*每当提出新提案时，不论你的任务是预备一个答复意见，或是起草一个建议，你都需要通盘考虑，力求面面俱到*，要充分考虑建议一旦实施可能出现的各种情况。这说起来容易做起来难，因为这与常规个案工作不同。在个案工作中，通常都有事实陈述，不需要想象。

准则（b）：*如果你想提出的问题纯粹是为提高法律的便利性和效率，那么明确阐述（连同可能的一些立法措词建议）就足够。*

准则（c）：*但是，如果你想提出的问题可能会引发变革，涉及潜在的经济得失，那么*

——*直截了当*，解释为什么政府/官方应该偏向某一方而不是另一方，论据应基于可信的预测，兼顾原则、公平和均衡；

——*可能的情况下，说明你的立场如何符合整体公共利益，一般表现为“理性的利己主义”，避免赤裸裸或不理性的利己主义*（比较本章开头的引言）；

——*避免似是而非的论点。*

赤裸裸或不理性的利己主义和似是而非的论点通常会暴露，很可能以失败告终。一个表现得如此自私自利的人，尤其是那些试图用似是而非的论点来掩盖自己私利的人，在下一次游说时就已名声扫地，即使下一次他“站在道义一方”，也于事无补。

准则（d）：*小心政客和公务员纯朴的无知。*他们出于好意，一心想实现某一实际或想象中的利益，但没想到可能会造成其他不利后果。而这恰恰就是他们在建议立法前公开征询意见的原因。

准则（e）：*切勿想当然地以为政治家和官员都真心关心公众利益*，他们有时只是想让人们觉得他们在做事，因此会对提案的缺点视而不见。但忽视那些有说服力的书面论证会损害职业声誉，这显然不是官员们所期望看到的，因此这种盲目性通常是可以克服的。

准则（f）：*官方为追求“有据”这一理想而执着要求出具证据，切勿为此所吓倒。*它们所要求的证据，并不是在法律背景下使用的证据，亦非用以构建历史事件、科学事实或物理学推定的那种证据。它们往往会问：“如果法律、政策或实践以这样或那样的方式改变，会发生什么呢?”这是对人们行为的预测。因此，证据可以采取断言的形式，例如“如果以这种方式修改法律，我会这样做”。

准则（g）：*切勿仅仅因为有人声称战斗已失败就放弃*。这可能是你的游说对手（或处于“盲目”模式的政府/官方）的一种策略，通过说服你停止游说来达到他们想要的目的。

准则（h）：一般情况下要持之以恒。同样的问题可能会反复出现。每一轮都必须重申你支持或反对所提议的修改，以免被认为你不再感兴趣。[12]

案例研究

20.11　以下案例研究进一步阐明上述准则，这些典型案例有些是笔者本人亲身经历的，有些是别人的。

案例研究 A：《欧洲专利公约》的缔结［适用准则（c）］

20.12　糟糕的法律和效率低下的官方程序会给专业法律顾问带来短期利益，因为无论是什么样的工作，他的工作都会比在法律健全和程序有效的情况下更多，报酬也更多。因此，笔者年轻时曾花费许多烧脑的时间向英国、德国、荷兰、法国和比利时专利局提交相同发明的申请。每个申请都各有独到之处（附录 20.2）。1978 年 6 月 1 日，欧洲专利局开业，无论对作为发起性专利申请[13]撰写人的笔者还是笔者的欧洲合作伙伴，在所有这些国家获得专利所需的工作量大大减少。短期影响是，许多欧洲专利申请机构都缩小了规模，也减少了实习生的招聘。[14] 但那些与各国政府共同推动《欧洲专利公约》缔结的从业人员所表现出来的就是一种理性的利己主义。因为从长远来看，客户实现了

---

[12] 引用一家大公司前董事长的话，“如果你不游说，政府会认为你没有意见”（Duffy，1986）。

[13] 关于“发起性”，参见附录 0 脚注①。

[14] 当时的很多人都记得这件事情。当然，一些统计数据也能帮助我们了解当时的状况。英国专利代理人（私人执业和内部自雇的）：1978 年之前及其后的数年里，各机构都减少实习生的招聘，这成为一个劳动力问题（Farwell 和 Wong，2001）。2001 年，50% 的从业人员年龄在 50 岁以上（大部分是在 1974 年之前招聘的），因此，随着这些年龄较大的代理人逐步退休，为满足日益增长的工作需求，需要采取措施。荷兰专利代理人（私人执业和内部自雇的）：1978 年 65 岁以下的代理人为 274 人，1993 年降至 245 人，1998 年恢复到 274 人（Jorritsma，1999）。瑞典专利代理人（仅限私人执业）：1972 年为 75 人；1978 年为 125 人（6 年增加了 67%），1984 年 132 人（增加了 6%），1990 年则为 171 人（增加了 30%）（Holmberg，1999）。瑞典专利代理人的人数没有减少，但是增长率长期下降。

更高的性价比，更明了他们所得到的保护，客户开始提交更多的发明申请，整个行业恢复至良好的运行状态。

案例研究 B：欧洲的二级专利权［适用准则（a）、（c）、（d）、（e）、（f）和（h）］

20.13 关于二级专利权制度，笔者认为，一些组织的长期游说阻止了一些立法进程，避免了重大经济损失。

20.14 1995 年 7 月的 COM（95）370 最终文件[15]中，欧盟委员会声称它有证据表明，需要建立欧共体“实用新型”制度，并/或在成员国的国内法中统一实用新型保护。[16] 委员会提出了一项二级专利权制度，具体如下：

（i）对受保护的发明的创造性要求低于［常规］专利；

（ii）获权费用低廉（往往连新颖性检索都不需要进行）；

（iii）保护期为 10 年，而非专利的 20 年。

20.15 笔者认为，这种新增的权利会阻碍第 4 章所定义的创新，给“工业发展的滚滚车轮增设羁绊”[17]。提议的二级专利保护所给予的是那些技术贡献不足的发明，既不利于经济发展，也无益于消费者。创新者需检索这些新增且未经审查的权利，这对于他们而言，是额外的负担。对于英国和瑞典来说，该提案将创设一套全新的保护方式。而对于法国、比利时和荷兰，这意味着（i）将推翻原先的规定，即只有在创造性与专利相当的条件下才可获得有效的二级保护；（ii）将现有二级权利的保护期延长了 4 年。在德国，现有的二级（实用新型）权利将扩大至过程、方法和产品［关于（i），提案者认为应参照德国实用新型制度，而这实际上是错误的——参见第 20.22（i）段］。

20.16 此外，如果该提案获得通过并成为法律，将置欧洲制造业于不利地位，特别是与没有二级专利保护制度的美国相比。在这一制度下，美国制造商的一点细微改进都可以在共同体获得保护，而欧洲制造商则无法在美国实现这一保护。在试图开拓美国或非共同体国家的市场时，美国制造商会比欧洲制造商更具优势。只有在共同体市场上，才有所谓的公平竞争。

20.17 产业界第一时间就站出来表示反对并坚持这一立场，学术界也立刻提出批评，但欧盟委员会一意孤行（Llewelyn，1996：113）：

---

[15] 该案例研究中提到的各委员会文件的具体信息见“欧洲联盟委员会”官网的参考资料。

[16] 2009 年生效的《里斯本条约》将欧共体发展成为欧盟。

[17] 这一短语借用自罗宾·雅各布（Jacob）爵士。30 年来，他一直在讨论知识产权过度保护问题时使用这一短语，并曾在一次演讲中使用过（Jacob，2002）。

“各产业界的核心需求是确定性，而这并非COM（95）370最终文件所能带来的。强烈敦促在增加更多保护范围范围不确定的权利之前，对现有制度进行全面审查。”

20.18　欧盟委员会似乎是全部或部分出于以下考虑：

（i）欧盟委员会热衷于为协调而协调。从内部市场的角度来看这是可以理解的。但欧盟委员会所提议的协调是为了加强权利，但似乎甚至没有考虑往另一个方向协调的可能性，例如废除二级权利（欧盟委员会在根据第93/98/EEC号指令对版权条款进行协调时，也存在类似问题）。

（ii）欧盟委员会热衷于摆出一副帮助中小企业的姿态。声称中小企业认为专利制度昂贵，不适合保护中小企业所作的细微改进。

（iii）愤世嫉俗者认为，由于专利制度不受欧盟委员会控制，这使委员会倾向于建立一个由内部市场协调局管理的竞争性制度。

20.19　反对者机智地对（ii）给予反击。他们指出，中小企业与规模更大的企业一样，不仅要考虑保护自己的发明创造，还要阻击第三方的权利。大公司的确可能比中小企业产生更多的可获得专利的改进，但更多的是细微改进。因此，这一建议对中小企业造成的损害可能与大公司一样大，甚至更大。因为大公司通常有内设部门，能排查因欧盟委员会的建议而增加的那些未经审查的潜在障碍权利。不幸的是，许多中小企业难以获得好的知识产权建议。当被问及“是否希望有新的权利来保护微小改进”时，它们回答“是”，并未意识到这一权利的增设会对它们不利。

20.20　欧盟委员会锲而不舍地又提出一项关于协调国家二级权利的指令［COM（97）691最终文件和COM（1999）309最终文件］，针对上述反对意见仅作了小让步：如果这项权利要从第6年年底持续到第10年年底，就必须出具一份检索报告。但即使报告结论是负面的，仍然没有规定要求内部市场协调局自行撤销这项权利。最为严重的是，指令维持对创造性的低要求，建议一个所谓“不太显而易见”标准。此外，尽管该指令的进效甚微，尽管共同体权利所获支持甚至还不如指令所获得支持多，但欧盟委员会再次就共同体权利征询意见［SEC（2001）1307］。3/4的答复者表示反对（European Commission，2002）。当指令提案最终从欧洲立法“待办事项”清单［COM（2005）462最终文件］中删除时，那些一次次挺身而出的反对者深感宽慰。

20.21　这一游说活动的最终胜利要归功于以下因素（除投入时间和精力持续施压外）：

（i）正如很多欧洲事务一样，重要的是不仅要游说欧盟委员会的官员们，还要游说成员国的知识产权局。

（ii）尽管英国的组织如商标专利和设计联合会（现在的英国知识产权联合会）非常活跃，但它们必须意识到，自己的意见可能会被忽视，因为谁能期待一个从未拥有二级专利制度的国家的组织提出什么好意见呢？因此，重要的是，在国际上享有盛誉的联合国新闻中心（现为欧洲商业中心）和国际刑事法院也提出类似的观点。

（iii）在英国，私人事务所通过英国特许专利律师协会（不管是过去还是现在，特许专利律师协会的成员大部分都是私人事务所）对英国知识产权联合会表示支持，这非常重要（Lees，1999）。这是私人事务所理性自利的一种表现。对于私人执业者而言，有机会向资源有限的客户和（或）创造性不足的发明提供保护，将会为他们带来额外的收入，但他们宁愿不从这种糟糕的法律中获益。

（iv）对于那些反对欧盟委员会提案的人而言，他们所面临的一个巨大困难是，一些中小企业在不明状况的情况下支持二级保护（如第 20.19 段所述）。大公司必须说服政府/官方，自己清楚如何对中小企业最有利，同时也无意“整垮中小企业”。1999 年 2 月，英国召开一次重要会议，与会者既包括 4 位英国公司知识产权负责人[18]，英国商标、专利和外观设计联合会（TMPDF，现称英国知识产权联合会）主席，一位长期活跃在科技领域的议员，也包括部长及其他官员。会上的一个观点是，尽管大公司反对委员会的建议，但他们将积极利用提议所增加或强化的权利：大公司只能通过确立和巩固谈判优势地位，来减轻其他大公司对自己造成的损害［请对比阅读第 5.32（iv）段］，而中小企业将受害。面对面的陈述有益于讨论这些微妙的问题。面对面陈述时，听者可以更好地评估陈述观点的人是出自真心，还是为了不可告人的目的进行似是而非的掩饰。当时主管知识产权的部长同时也主管竞争，笔者认为，这种结合有利于避免过分热衷于加强知识产权或过分抑制知识产权的功能。

20.22　关于二级专利保护制度的论点虽然看起来很肤浅，但从政治角度看却很有诱惑力，这使得人们要警惕二级专利保护制度提案的再次出现。然而，与以前相比，境况已经发生不可逆转的变化，这意味着很容易就能将该建议扼杀在摇篮里：

（i）在欧洲，越来越多的国家选择完全没有任何二级专利保护，比利时和荷兰分别自 2009 年 1 月 8 日和 2008 年 6 月 5 日起停止接受二级专利保护的新

---

[18] 这些知识产权负责人自然来自大公司，因为小公司内部鲜有知识产权专家。

申请。德国于2006年规定，实用新型需具有与专利同等的创造性（与1995年支持者的推定相反，第20.15段）[19]。

（ii）在英国，Hargreaves（2010）在征求公众意见时重启关于“专利Q3”问题的讨论（并受到相应的响应）。其报告（Hargreaves，2011）的主要论调是相反的：即使是常规专利也值得关注，因为这些专利的数量不断增加，尤其当它们形成“专利丛林”时，将使中小企业“遭受重大损失”（报告第6.38段）。

案例研究C：1998年竞争法废除英国专利法第44条和第45条［适用准则（a）和（b）］[20]

20.23　在这一案例中，新形式游说使得英国知识产权法实现毫无争议的简化和完善。20余人花费大量时间和精力来证明这一无可争议性，使得英国政府最终点头同意。

20.24　本案背景如下：到了1997年，英国政府和英国商界（以英国商业银行为代表）都认同，英国有关卡特尔协议的国家法律已经不能正常发挥作用。国家法，即1976年限制贸易实施法（RTPA），拘于形式；相反，《罗马条约》第85条（《欧盟运行条约》第101条的前身，涉及影响欧共体成员国之间贸易的相关协定）[21] 则关注协定的经济目标和效果。虽然限制贸易实施法在防止卡特尔方面不如《罗马条约》第85条有效，但它能抓出那些在经济上无害的技术协议。此外，当从业人员为那些同时活跃在英国和欧共体的公司起草协议时，他们也必须兼顾两项法律。解决办法就是，废除1976年限制贸易实施法，并通过一项符合欧洲法律的国家卡特尔法。1998年竞争法（今天仍然有效）就实现了这一点，该法第2条就是牢牢建立在《罗马条约》第85条基础上的。

20.25　1997年8月，英国政府曾就一项法案草案征求意见。直到1997年9月，一些知识产权从业人员方才意识到自己“上当受骗”：英国专利法包含两条竞争法条款会对相关贸易协定造成影响，即第44条和第45条。商标、专利和外观设计联合会（现在的英国知识产权联合会）似乎是第一个提出意见

---

[19] 认为德国实用新型发明的显而易见性要比专利发明低的这种观点是基于实用新型法中的“创造性”和专利法中的“创造性”之间的区别。2006年6月20日，联邦法院在就实用新型上诉案件第X ZB 27／05号所作出的决定中（084，GRUR 2006，842）（“示范法”），驳回了这一论点。

[20] 下面的一些内容在公开记录中可能难以找到，欢迎学者们查阅笔者的档案。当前对第44条和第45条更全面的分析载于旧版的英国特许专利律师协会指南。

[21] 也涉及企业协会的决定和协同行为。

的，建议法案不仅应规定废除 1976 年限制贸易实施法，而且应废除英国专利法的上述两节。由于上述两条涉及对行为的规范，因此其不利影响不亚于 1976 年限制贸易实施法。第 44 条虽然不能对要求被许可人以最低价格出售许可产品的约定进行惩罚，但有力地惩罚了在经济上无害的（实际上在技术上是必要的）"捆绑销售"约定㉒，这与《罗马条约》第 85 条的规定形成鲜明对比。英国专利法第 45 条与《罗马条约》第 85 条一样，对专利权人在专利失效后继续收取许可使用费的行为予以管制（尽管方式不同）。但在某些情况下，它也可能会带来反效果，在专利保护终止后仍有利于专利权人。

20.26 应负责相关方案的英国政府团队的要求，英国专利局（现在的英国知识产权局）也参与了相关工作，通过知识产权常设咨询委员会㉓进行咨询。1998 年 1 月，委员会得出令人满意的结论：（a）如果有适当的过渡性规定，废除英国专利法第 44 条和第 45 条应无意外弊端；（b）以知识产权为核心业务的机构均未表示反对。该法案上的主要反对者哥伦比亚广播公司也表示支持。简而言之，大家对废除相关规定的愿望是一致的，是"毋庸置疑的"。工党政府向议会提交的法案对此只字未提，但保守党则在上议院提出必要的修正案，并立即被政府接受。显然这是众议院双方事先商量好的（参见充满英式幽默的 1998 年 2 月 23 日议会议事录第 520 栏）。

案例研究 D：用第 1217／2010 号条例取代第 6622／2000 号欧盟条例㉔

20.27 欧盟现行的关于研发合作协定集体豁免的第 1217／2010 号条例于 2011 年 1 月 1 日生效。第 1217／2010 号条例与先前的第 418／85 号条例和第 2652／2000 号条例类似，对于那些适用《欧盟运行条约》第 101.3 条规定享受豁免的协定而言，直接可用性非常有限（见第 11.50 段）。如果说它有一丁点儿实际可用性的话，也就是通过游说最终使欧盟委员会于 2010 年发布一份草案，将第 3 条第 2 款完全删除。㉕ 可以看出，欧盟委员会之所以错误地提出第 3 条第 2 款，首先反映出有关官员缺乏技术研发方面的经验。

20.28 例如，IP Federation（2010）的主要观点是：

第 3 条第 2 款在［第 6626／2000 号条例中］没有对应条款，具体内容如

㉒ 不仅捆绑销售无效，而且只要它存在，任何人都能使用相关专利。

㉓ 知识产权常设咨询委员会后来也被撤销。

㉔ 下文的内容基于欧洲委员会建立的咨询网站的内容（European Commission，2010）。

㉕ 删除第 3 条第 2 款的另一个好处是，如果保留第 3 条第 2 款，国家法院和竞争主管机构将会考虑适用第 101 条。

下：各方须同意，在开始研究和开发之前，所有各方将披露其现有和审批中所有与其他各方利用成果有关的知识产权。

我们不知道欧盟委员会为什么加入这一条。然而我们推测，欧盟委员会担心研发合作中的“专利埋伏”可能与标准组织的“专利埋伏”类似。然而，任何此类类比在法律上和实际中都是站不住脚的，原因如下：

（i）法律上，制定标准会带来《欧盟运行条约》第102条所规定的问题，而研发合作则不会。生产那些受标准影响的产品或服务的公司别无他选，必须符合标准，因此其他公司不披露必要专利对它们来说是非常严重的问题。不同的是，研发合作是双方自愿进行的，因此，任何一方对另一方提供的关于“现有和审批中的知识产权”的条款不满意时，都可以干脆“退出”谈判，寻找新的合作伙伴。

（ii）在实践中，在研发合作中事先披露“现有和审批中的知识产权”往往是行不通的。与制定标准不同，研发合作是一种对未知事物的探索，会产生重要的新知识。因此从逻辑上讲，不可能从一开始就能肯定，利用研发成果是否需要获得当事方现有专利或审批中的专利的许可。第3条第2款所要求的协议条款实际上很可能在无意中被违反。因此第3条第2款将引发争端，带来法律不确定性，是不可取的。

因此，英国知识产权联合会认为，“现有和审批中的知识产权问题应由各方自行约定解决办法，并敦促删除第3条第2款。”

20.29　约40位回复者要求完全删除第3条第2款，英国知识产权联合会即是其中之一，其余20多位回复者中，仅有“极少数”表示完全支持保留第3条第2款。欧盟委员会大度地满足了大家的要求，删除了第3条第2款。

案例研究E：《与贸易有关的知识产权协定》（TRIPS）第二部分［准则（c）不予考虑］

20.30　Gervais（2008）表示，直至1979年前后，在关贸总协定（GATT）范围内，知识产权“总体上被视为……”对自由贸易的“可接受的障碍”。1979年后，人们开始从更积极的角度看待这一问题，最初是出于对妨害贸易的假冒行为的关切。其后始于1986年的关贸总协定乌拉圭回合谈判设立了许多谈判小组，其中之一即是“与贸易有关的知识产权问题，包括假冒商品贸易问题谈判小组”。请注意，假冒现在被归为一个子主题。令巴西和印度等发展中国家感到不安的是，谈判开始触及知识产权法的全球协调问题，而这一问题此前是由世界知识产权组织通过缓慢和协商一致的方式推进的。令许多西方企业（尤其是美国）高兴的是，最终达成了《与贸易有关的知识产权协定》(TRIPS)(仿冒隐身于各种缩写和正式全称背后)。《与贸易有关的知识产权协定》于 1994 年 4 月 15 日在马拉喀什签署。Gervais 这样描述其重要性:

“1967 年斯德哥尔摩会议通过了经修订的《伯尔尼公约》和《巴黎公约》,并建立了…… [世界知识产权组织],这与 TRIPS 一起,无疑是 20 世纪知识产权发展中最重要的里程碑。”

TRIPS 特别要求 WTO 成员——

(根据第一部分) 允许根据《巴黎公约》提出优先权要求,并在知识产权事项上给予彼此国民的待遇不低于给予本国国民的待遇;

(根据第二部分) 在规定的最低水平上提供各类知识产权保护,包括专利㉖;

(根据第三部分) 知识产权执法需达到的最低标准。

如第 20.07 段脚注⑪所示,任何成员均可向 WTO 投诉另一成员不遵守 TRIPS (事实上,WTO 本身也是乌拉圭回合谈判的成果)。

20.31 对于知识产权从业人员来说,TRIPS 是日常工作需要掌握的背景知识之一。例如,第一部分解释了为什么美国法律不再像以前那样歧视在国外作出的发明㉗,或者为什么英国专利法里有关于“WTO 专利权人”英国专利的强制许可的第 48A 条和关于非 WTO 成员专利权人英国专利的强制许可的第 48B 条。又比如,第二部分解释了为什么允许药品申请专利的国家有所增加。第二部分第 1 ~7 节以及第 1.2 条中均未提及未登记的外观设计权,这意味着第一部分不适用于未登记的外观设计权,因此,外国人通常不能享受英国制度中的未登记外观设计权保护 (参见第 9.20 段)。

20.32 现在让我们从政策的角度,而非从从事个案工作的从业人员 (对于他们来说,法律就是法律,需要被用来最大限度地造福于客户) 的角度,来分析 TRIPS。在上述三个部分中——

第三部分是对一开始提出的对假冒问题的担忧回应。

第一部分总体是无可非议的。优先权制度是一种常规的行政制度。本国国民都可能希望给予外国人平等待遇。例如,如果一个国家向本国作者提供版权保护,却不向外国作者提供版权保护,那么本国的出版商将更愿意印刷外国作

㉖ 把专利列进来,足以表明谈判已远远偏离假冒这一最初议题。专利侵权本身不是假冒;与商标侵权不同,不存在欺骗消费者的风险。

㉗ TRIPS 实施前,美国的发明专利会先授予首先做出发明 (且未放弃、抑制或隐藏发明) 的发明人,而不是首先申请的人。但是在美国境外作出的发明不算。为落实 TRIPS 而通过的美国专利法第 104 条 (新) 实施后,在其他 WTO 成员境内作出的发明也计算在内 (上述规定仍然适用于美国发明法案将“先发明”改为“先申请”之前的旧专利和专利申请)。

品，而不是本国作者的作品——詹姆斯·费尼莫尔·库珀在美国这么做的时候曾有过类似的抱怨（库珀，1833 年，第 106－107 页）。

第二部分则完全不同。人们会争论：

“为什么一个缺乏作家和艺术家的国家需要版权，或者一个缺乏研究人员的国家需要专利？当一个国家发展到一定阶段，为作家、艺术家或（本国和外国）研究人员提供这些保护是有意义的；但是在发展水平较低的情况下，尽可能以最低的价格使用较发达的外国人的智慧成果，可能更具现实和道德意义，因为使用本国知识产权会造成成本上升。如果一个贫穷的国家对医药成本格外关注，那么在该国专利法中不保护药物发明也是情有可原的。”[28][29]

20.33　笔者并不支持上述对 TRIPS 第二部分的质疑（参见附录 20.3 的研究支持），但仍认为那些推动通过 TRIPS 第二部分的公司和代表组织违反准则（c）——它们没有表现出理性的利己主义。即使它们可能会承认，自己的这种利己主义不够理性，但它们事先了解它们的目的。笔者认为它们这样做的代价很高，具体如下：

（i）近 20 年，发展中国家和最不发达国家仍觉得 TRIPS 是被不公平地强加给它们的，因此往往对发达国家的提案抱以怀疑和敌意。知识产权的国际讨论已被好斗和不理性情绪影响。正如 Ghafele（2008：2）报告所述：

“‘乌拉圭回合’，太不公平了！

“当前，关于知识产权和全球化的讨论充满火药味，讨论的都是反全球化运动对 WTO 及其管理的 TRIPS 的关注，而压根不对知识产权制度的法律架构进行深入分析。

“从这个意义上说，WTO 乌拉圭回合谈判不仅标志着一项新的知识产权国际条约的诞生，也标志着批判性的知识产权议程的开启……大家在讨论问题时……更多的是以抗议的姿态，而非出自解决问题的视角。”

（ii）世界知识产权组织原本是一个以协商一致方式来改进全球知识产权法律制度的论坛，但由于它现在必须以 TRIPS 作为标准参考点，从而成为发展中国家展开报复的论坛，其作用大大下降。为参加世界知识产权组织的专利常设委员会会议，各国官员和观察员需在近一周的时间里抛下手头的工作，成本高昂，效率却非常低下。2012 年 5 月（SCP／18）和 2013 年 2 月（SCP／19）

---

[28] 雅各布观点（2010）：“TRIPS 是错误的。每个国家都应有权决定自己的保护水平。”

[29] 在生活水平高，货物、服务、资本和劳动力自由流动的国家（例如欧盟），大家已经不再持有这种观点，需要确定的只剩下统一保护最优水平问题（例见第 20.07 段，案例研究 B 和 IBIL，2011 年）。但 WTO 成员并不是这样的。

会议的大部分时间不是在讨论实质议题，而是在讨论议程。难点一直是（参见第2.57段）WIPO提案中解决知识产权和特权问题的条约。任何善意为怀的人都能看出，这本应是一个技术问题，尽管微妙而困难，但和下文关于特权问题的案例研究一样，都可以在国际层面上通过适用准则（a）、准则（b）和准则（d）得到妥善解决。笔者认为，如果不是因为技术问题被视为发展中国家和最不发达国家用以反击发达国家的大棒（例如披露发明所用遗传资源的来源，以及转让技术以应对气候变化），那么，即使是涉及商业利益和国家利益冲突的技术问题也同样可以以合理的方式进行讨论。

（iii）发展中国家和最不发达国家利用世界知识产权组织会议以外的其他会议来弱化知识产权，比如，世界卫生组织会议、生物多样性公约会议和联合国气候变化会议。如果发展中国家和最不发达国家足够幸运的话，西方国家政府那些来自卫生、农业和环境部门的代表团可能在不了解情况的前提下同意关于知识产权的建议，而发达国家的企业如果想让这些其他部委了解知识产权，极其艰难且代价极大。

（iv）即使在发达国家内部，发展中国家的抱怨也引发其全面的反知识产权和反商业的评论和情绪。美国的苏珊·萨尔教授指出，“国际政治中的权力越来越多地由私人利益集团而非政府行使”。她特别指出知识产权委员会在推动TRIPS缔结过程中所发挥的作用。该委员会成立于1986年，在其后十年间代表着11~14家总部设在美国的跨国公司的利益（Sell，2003年，简介、第2页和第96页）。英国国际发展部委托编写一份报告，重点关注药品的可及性，这导致诸如“英国认为专利规则对穷人不公平”等标题见诸报章（Coghlan，2003）。2004年，声名显赫的英国皇家艺术、制造和商业促进会（成立于1754年）发起一个知识产权项目，试图纠正它们认为政府不作为的看法：“没有一个政府对新知识产权法进行‘公共利益’测试。没有人问，‘这公平吗？’”但该项目以一份较为低调的报告告终（Howkins，2004；RSA，2005）。

案例研究F：拟议中的（欧盟）统一专利法院——律师-客户特权［适用准则（a）、（b）和（d）］

20.34 这一案例中，在欧洲统一法院议事程序规则草案中，原本就律师-客户特权设计一条既欠考虑又不起作用的规定，游说结果似乎对这一规定进行重写，最终更为合理，更为有效。据推测，委员会最初的草案是错误的，因为问题太过微妙（见第2章），对于没有普通法背景的人来说尤其困难。但是，规则草案的确指出了“重点”，提醒大家关注特权问题，并邀请各方提出非常详细的评论意见，最终实现改进。在该案例中，设立一个包括外部法律专家在内的小组开展工作，这非常有助于改进相关规则。

20.35 就目前而言，只需重点关注2010年7月规则草案中最明显的缺陷［更详细的细节和其他缺陷参见IP Federation（2010 a，2013）］。规则草案内容如下：

“第362条——律师－客户特权。”

“凡以代理人的身份提供咨询意见时，代理人与其委托人或任何其他人之间所有与该目的有关并具机密属性的通信，均永久享有不在本法院的法律程序中披露的特权，除非客户明确表示放弃该特权。”

关于特权作出某种规定是非常必要的，若非如此，拟议中的欧洲统一法院就有权要求进行披露。如第2章所述，对双方至关重要的关键文件是历史性的，例如——

（i）专利侵权诉讼的**原告**与撰写涉诉专利的从业人员之间的通信；

（ii）诉讼的**被告**与从业人员间就其侵犯该专利的风险所进行的任何通信。

但是，规则草案中所用“代理人”一词，在前一版文件中（例如，前一条规则和与统一法院相关的协议草案第28条）所指的并非当事方原来的顾问，而是指当前审判所指定的代理人。[30] 无论欧洲统一法院是否真的会下令要求披露，它有权这样做就意味着美国法院在相应美国专利的审判中也可能会这样做（参见第2.43～2.44段）。

20.36 精心起草的评论意见以及专家组随后的深思熟虑发挥了作用，2013年5月31日之前出台了一份经修订的规则（编号为287），具体内容参见附录20.4。修订案解决了包括上文所讨论的问题在内的一系列问题。

案例研究G：拟议中的（欧盟）统一专利法院——代理［准则（c）既被忽略又适用］

20.37 2009年年初的欧洲统一法院协议草案第28（1）条（参见附录20.5）规定，当事各方可由一名经授权在缔约国法院执业的律师代理。第28（2）条款提出一项替代方案，即由具有额外“适当资质”（尚待欧洲有关机构设计和/或批准）的欧洲专利代理人代表。

20.38 声称（间接）代表70多万名欧洲律师的欧盟律师协会（CCBE）反对上述替代方案（CCBE，2009）。这种反对等同于排除对其成员的竞争，

---

[30] 超出常规理解能力来解释这一规定，它可能包括原来曾用过的有权代表出庭的顾问。但即使这样，也没有什么实际价值，因为大多数欧洲专利申请都是由欧洲专利代理人起草的，大多数欧洲专利代理人不太可能有机会获得“适当资格”并代表客户出庭（见案例研究G）。

笔者认为，欧盟律师协会本应十分谨慎，避免任何赤裸裸的自私自利行为。欧盟律师协会未能做到这一点，而且最终在这一问题的辩论战中告败。

20.39 欧盟律师协会认为，欧洲委员会不太可能要求将欧洲专利代理人的培训提高到适当的更高水平（扯上欧洲委员会，这可不是一步好棋）。随后，欧盟律师协会又罗列了欧洲专利代理人正规培训的不足之处，首当其冲的是“对专利保护范围的分析（等同原则）”。当前，欧盟律师协会的 70 多万名律师中，绝大多数人也许从未读过一份专利文件，也压根不知道专利法中是否存在等同原则。另外，任何合格的欧洲专利代理人都读过并起草过专利文件，也非常了解等同原则，特别是欧洲专利公约实施细则议定书第 2 条关于 EPC 第 69 条所规定的等同物的确切提法。[31] 欧盟律师协会清单针对欧洲专利代理人正规培训的缺陷的评论是言之有理的。但清单开篇的似是而非则全面折损了欧盟律师协会意见的公信力。

20.40 这个问题在代理人和律师中都存在。[32] 实际上，任何刚刚取得普通律师或欧洲专利代理人资格的人都缺乏就专利事宜代表客户出庭[33]的必要关键知识。[34] 如何确定“谁可以代表客户出庭”这一原则存在争议。然而，欧洲律师协会以不够专业这一缺陷来指责欧洲代理人是错误的，因为这一缺陷同样存在于欧洲律师协会 70 多万名成员身上。欧洲律师协会这是以己之矛，攻己之盾。欧洲专利代理人协会表示（European Patent Institute，2010）：“［欧洲律师协会的律师］通常没有技术背景，既未学习过也不了解［统一专利法院］欧洲专利公约或未来［欧盟专利］的相关程序。”欧洲专利代理人协会表示，自己倡导把选择权交给客户，并愿向欧洲专利代理人授予拟议的“适当资质”，以解决可能出现的诉讼律师短缺的问题。欧洲专利代理人协会对笔者的准则（c）把握得比欧洲律师协会好。

20.41 2013 年 1 月最终敲定的第 48 条（见附录 20.5）修改了编号

---

[31] 霍夫曼勋爵（Hoffmann）在阿姆根（Amgen）案（参见第 1.30 段）中（附带）审议了该条［因为涉案专利获得于增加第 2 条的《欧洲专利公约》（2000 年）生效前］。他认为联合王国法律中不存在任何真正意义上的“等同原则”，无论是在第 2 条生效之前还是之后。他表示，如果形象化解释导致权利要求涵盖不等同的东西，就必须予以驳回。德国法院的观点则不同。

[32] 笔者对此并无鲜明立场。如果这个人参与欧洲统一专利法院的案子，如果他是作为一家英国大公司的代理，他至少会有一名优秀的英国专利出庭律师协同工作。但是，对于那些资源较少的客户和（或）当地没有好的律师协会的客户而言，今后走司法途径的最佳选择可能是通过那些具有额外“适当资质”的欧洲专利代理人。

[33] 这是本文序言中所提常见情形的具体案例。

[34] 这种情况下，应遵循一些欧盟国家法院拒绝承认当地专利律师在出庭时具有专业资质的做法，还是应遵循英国法院承认注册专利代理人有三项特定资质（其中一项要求附加诉讼证书）的做法，或是遵循丹麦法院对代理要求很宽松的做法？

（2009 年为第 28 条），但第 48 条第 2 款与 2009 年草案第 28 条第 2 款相同，只是使用缩写，并删除了“联盟”一词（目前来看是无伤大雅的修改）。

案例研究 H：拟议中的（欧盟）单一专利——未决议题（适用准则（g）和（H）

20.42 2012 年年初，官方所传递出的一致信息是，与建立统一专利法院协议或欧盟统一专利条例有关的唯一悬而未决的仅仅是初审法院中部分区所在地问题。这一点（也只有这一点）将由高层作出政治决定。这意味着条例第 6～8 条的主要问题是“没得谈的”。与欧盟各界的观点相反，Jacob（2011）认为这些条款是（a）“不必要的”和（b）“灾难性的”。[35]

20.43 那些赞同 Jacob 观点的人很明智，没有放弃继续就第 6～8 条展开游说。例如，英国知识产权律师协会主席向英国下议院欧洲审查委员会提交了 Jacob 的意见，而英国知识产权联合会主席则致函英国首相。

20.44 当欧洲理事会随后开会时，最终正式摒弃第 6～8 条（European Council，2012），但在序言中提及“最后一个未决问题”：

“与会成员国的国家元首或政府首脑就专利一揽子计划中最后一个悬而未决的问题，即统一专利法院初审法院中部分区所在地，商定了解决方案，……我们建议条例第 6～8 条……就此删除。”

虽然欧洲议会对这一问题重新回到谈判桌上感到不满，但那些认为上述条款有得谈的人如愿以偿。最终，折中方案在 EU Unitary Patent Regwlation（2012）中达成。

游说的伦理与规范

20.45 总体而言，公众对游说活动有以下两种截然不同的关注：

（i）为保证民主透明，公众应了解那些试图对政府/官方施加影响的人士的身份和目标。

（ii）有人担心某些“说客”（隐含的是可供雇用的一般说客）[36] 可能行为

[35] 该案例研究为纯粹战术问题，与实质性问题与无关。笔者只能说，所谓“灾难”，指的是欧洲法院参与审议间接侵权法等事项。

[36] 例如，此类说客参与的游说活动可能是为了支持或反对扩建机场；但笔者几乎没有看到他们在知识产权领域活动的记录。

不端，例如

有时候不在游说活动中表明自己的身份；

有时候不说明自己是为了谁的利益行事；

诱使政府/官方人员违反其职责；

雇用以前在政府/官方部门工作的人，然后违反其对前雇主的义务；

常常表现得不够诚信。

知识产权从业人员不受第 2 章所述道德约束，不太可能作出（ii）所列的违法行为。[37] 然而，知识产权从业人员需要确保，无论自己还是客户，都没有违反针对（i）项和（ii）项所制定的相关规定。

20.46　欧盟委员会和欧洲议会于 2011 年 6 月建立一个公共机构——“透明度注册”，目前正在运行。进行登记的人（a）需向公众披露自己身份和感兴趣的领域，（b）需承诺遵守行为准则，并（c）能够获得关于其感兴趣领域里委员会的新路线图和磋商的最新信息。除非希望进入欧洲议会大楼，否则就不强制要求进行注册。然而，那些参与本章所述的游说活动的人中，很大一部分都进行注册。2013 年 7 月，注册人数接近 5900 人，其中有 800 多家公司（包括拜耳和英国电信等主要公司）和近 1800 家贸易、商业和专业协会（包括附录 20.1 中列出的各种协会）。600 多名专业咨询顾问和个体咨询顾问（想必大部分都是“可供雇用”的说客）已经注册，但注册的律师事务所只有 48 家（有“魔术圈”之称的英国 5 家顶尖律师事务所中，有 4 家没有注册）。[38]

20.47　美国和澳大利亚强制要求“说客”进行注册。然而并非所有从事本章所述游说活动的人都被界定为“说客”。例如，在任何一个国家，企业不需要注册就能代表自己进行游说，知识产权私人机构在小范围内为其客户展开游说活动也不太可能需要注册。[39]

20.48　英国曾于 2012 年就“说客”监管问题征询意见（Minister for Government Policy，2012、2012a）。政府最初征求意见的提案大致按照澳大利亚的思路对“说客”进行定义，但对例外的规定不太明晰。在收到的所有（对游说法进行游说）回复意见中，有一位职业说客建议，代表自己游说的企业也必须进行注册。这一立场是否违反准则（c），读者可自行体会。英国律师协会

---

[37] 事实上，笔者的准则（c）所倡导的理性的利己主义已经超越常规个案工作的道德要求。

[38] 关于该段所述问题的更多信息，参见 European Commission and European Parliament（2013）以及 Minister for Government Policy（2012）报告附件 A。

[39] 关于本段所述问题的更多信息，参见 Minister for Government Policy（2012）报告附件 A。

认为，“只有在有客户参与的情况下，才需要增加透明度［此时要求注册才是正当的］”。此外，英国律师协会还建议，设立一个“微小概率或偶发”的例外情况，给予大部分专业机构豁免，允许他们不需注册。2013 年夏季议会休会前夕，英国政府向议会提交了游说、无党派竞选和工会管理透明度的法案。

附　　录

附录0　调查报告

调查报告的方法学及其在本书中的使用。

A0.01　本书的副书名中含有“最佳实践”一词。同时，正如致谢和前言中所提到的，本书的准备研究包含25次实践的调查报告，可以分为3类：

第（i）类，10家英国专利律师私人事务所；

第（ii）类，5家有知识产权部门的英国事务私人律所；

第（iii）类，10家英国企业知识产权部。

这些选择参加的机构涵盖各种大小规模、位置和工作类型，可以让人觉得每一类都很重要，以便于（可能的话）在最小数量的采访中找到最佳实践。尽管笔者作为知识产权从业人员已经工作40多年，但是也不能仅仅依赖熟人来了解所有必需的要素，有9家机构都是笔者“冒昧”地进行采访。只有1家在笔者接触后拒绝参加，随后笔者便找到一家类似的事务所来替代。从规模来说，此次调查报告是相当有代表性的，并且其反馈率达到96%。

A0.02　该调查报告是在2010年3月到2011年3月完成的，这项工作的相关人员仅来自英国。

A0.03　参与者均采取匿名的形式，因此他们不能在这里列出来；尽管通过排查可以推断出其中的个人参与者名单，但参与者并没有被告知彼此之间的身份。

A0.04　这次调查报告的每位参与者都积极参与与笔者2小时的面对面采访（其中有一次时间相当）。笔者在采访中亲自填写调查问卷。这份问卷涵盖知识产权实践的50个方面，尽管并不是所有方面都与参与者有关。每一份填好的问卷都要整理形成一份报告，并让参与者进行修正或再补充内容。

A0.05　在采访中，有的参与者提出调查问卷之外的问题，关于这些问题的评论也会被记录下来。

A0.06　在所有实践中，这些参与者代表知识产权领域的高级相关人士，例如第（i）类的高级合伙人，第（ii）类的合伙人以及第（iii）类的知识产权部门主管［合伙人占非合伙人的比例在第（i）类中平均比第（ii）类高］。25 名参与者中有 15 名接触了 2 种或多种人群。

A0.07　在本附录接下来的两部分将根据规模、位置和工作性质将所有参与人员分为两类。本调查报告关于知识产权实践各方面的结果将写在本书的相关章节中。

根据规模和位置对参与人员进行分类（已知的人员包括具有法律资质的律师、培训员、检索人员、具备专业技能的律师助手、IT 人员、财务或秘书）。

第（i）类事务所

A0.08　这些事务所的规模从 6 人至 65 人不等，包括从事商标工作的人员（所有事务所都从事一些商标工作）。4 家事务所中仅有 1 家在英国，但是 6 家事务所中有 2 家或更多在英国。7 家事务所的总部在伦敦，有 3 家在其他地方。

第（ii）类事务所

A0.09　有 3 家事务所有 40 多人从事知识产权工作，有 2 家事务所基本很少有人从事知识产权工作（这些数据不包括任何商标申请、审查和续展的从业人员）。有 4 家事务所只有伦敦的业务，有 1 家事务所基本没有伦敦的业务。

第（iii）类事务所

A0.10　这些事务所从 7 人到 18 人不等，包括可能在同一部门的商标工作人员。有 6 家事务所中仅 1 家在英国，4 家事务所中有 2 家在英国。

根据工作性质对参与人员进行分类。

第（i）类事务所

A0.11　所有事务所至少花费 85% 的时间在提交专利、商标和外观设计的文件申请、审查和更新 fp&r 工作上。

A0.12　在专利 fp&r 工作中，60% 的从业人员花费大部分时间在“代理工作”上，40% 的从业人员从事“基础性工作”❶（见图 A0.1）。

---

❶ “基础性工作”在这里被定义为包括与发明人直接打交道的专利撰写工作、提交优先权申请，以及在适当阶段指导同事进行相应的国外申请的工作。专利律师私人事务所的这些工作可能来自没有任何知识产权部门的“直接客户”或从内设知识产权部门溢出的业务。典型的“代理工作”是来自非欧洲企业的知识产权部门希望基于它们起草的优先权申请提交欧洲专利申请，或来自非欧洲的事务所为当地的直接客户提交优先权申请。

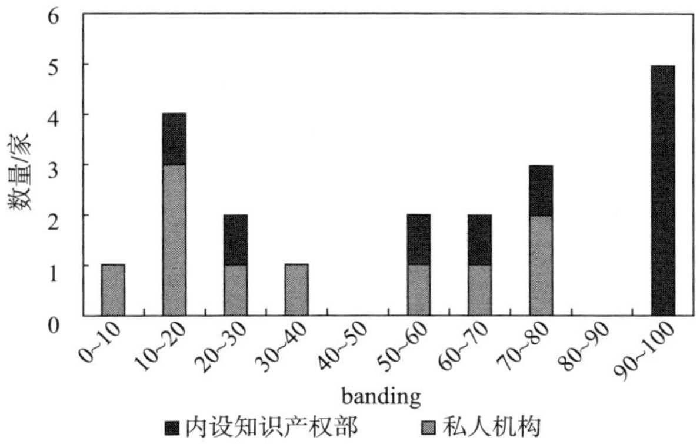

图 A0.1 私人事务所专利律师（i）和企业知识产权部门（iii）处理专利基础性工作对比

A0.13. 很多事务所是指与知识产权协议工作（而不是转让和商标许可）相关的律师事务所，包括具有事务律师和专利或商标代理双资质的从业人员的事务所。有一个事务所专注于由经再培训的专利代理人来起草许可或研究协议。

第（ii）类事务所

A0.14 有 2 家事务所以从事知识产权工作为主，没有海外人员；有 3 家事务所有部分基于国际法律的分支机构。

A0.15 这些事务所不从事非专利 fp&r 工作，但是其中 3 个参与者有一个独立的部门来处理商标 fp&r 工作，这并不在此次调查范围内。

A0.16 有 4 家规模较大的参与者花费更多的时间进行连续性工作而不是协议工作，而规模小一点儿的参与者则花费更多的时间在协议工作而不是连续性工作上。某种程度上的差异在于，它们的客户自己也起草研究协议和许可协议，而不是使用事务所的服务。对于一些中小企业和大学来说更是如此，而不是具有知识产权部门的大公司，例如调查中的第（iii）类事务所。

A0.17 这些以连续性工作为主的事务所经常这样做，以便将多管辖区团队作为其一部分（这些团队可能全部来自国际分所）。

第（iii）类事务所

A0.18 内设知识产权部门的特点是天然地高度依赖它们的客户，即其公司集团。这些公司集团分布在所有行业部门：ICT、ICT 以外的工程产品、生命科学、一般化学、能源、食品、化妆品和日用产品。它们对专利保护的依赖性根据市场份额差异很大，从很关键到适当；它们对于技术许可的支付兴趣差异也很大，从很有兴趣到几乎为零。它们都做到了全球性覆盖。

A0.19　有4家内设部门是具有国际性知识产权业务的部门，其中某个国家的代理人A可能负责特定产品区域的所有案件，不论该发明是否是在该国产生的。在其他6家内设部门，英国代理人代理所有来源于英国的发明。在这两种架构中，英国代理人可能一定要做代理工作（例如在美国知识产权部门全面管理下的成员，要求美国优先权的欧洲专利申请），仅有2家内设部门做更多代理性工作，而不是基础性工作。有5家内设部门做超过90%的基础性工作（见图A0.1）。

A0.20　在内设部门中花费时间进行专利、商标和外观设计 fp&r 工作的比例差异也很大，从40%至70%。❷ 剩余时间多花费在自由实施检索和连续性工作上（特别是与化学品相关的技术），并购中的知识产权尽职调查和起草许可和研究协议（更早的话，可能是并购背景下的协议）。

A0.21　这些内设部门一般不会直接起诉，相反，它们会通知英国的事务律师或其国外同级别的律师。尽管如此，它们的非 fp&r 工作与私人事务所类似［第（ii）类］。❸ 有8家内设部门依据自身义务起草协议，有2家内设部门则是专门使用专利代理人，有6家内设部门依据部门协议部分或大体上使用事务律师或出庭律师。有2家内设部门仅通过与普通法务部合作起草协议。

A0.22　在10家内设部门中，有8家直接或间接向集团总顾问汇报，这也反映了过去30年一个大体的趋势（关于这一点的所有优势可见第2章和第18章）。

---

❷ 这通常比第（i）类事务所涉及更多的专利化策略和专利组合管理工作。

❸ 在8家内设部门中有7家在部门内雇用事务律师和出庭律师，剩下1家内设部门则是从外部私人事务所雇用一名事务律师作为半永久的顾问。

附录3.1　软件系统之间的数据流

A3.1.01　如第3.10段和第3.11段所述，通常需要将数据从一个软件系统传输到另一个软件系统。这通常通过将来自第一系统的数据输出成文本文件（计算机系统的通用语言）❶，然后将文本文件读入第二系统来完成，第二系统相应地填充其自己的数据文件（此后清除该文本文件）。对于系列案卷，相关细节将从第一个系统传输到第二个系统，该文本文件将通过固定的行列位置来区分各项信息（例如案卷编号、案例标题、客户端代码和客户名称），如：

A1009	蓝色 DFB 激光	WHIZ01　Whizzo Lasers Inc
A1010	飞机机翼板条	WHAM03　Whammo Air Ltd
……	……	……

或者通过标点符号分隔符来区分，例如：

“A1009”“BLUE DFB LASER”“WHIZ01”“Whizzo Lasers Inc”“A1010”“AIRCRAFT WING SLAT”“WHAM03”“Whammo Air Ltd”等。

A3.1.02　通常，对于同一条信息，两个系统的字段长度不会相同（例如，对案例标题的长度可能有不同的限制），那么在将信息从长字段输入短字段时可能会出现截断。字段的长度很重要，因为它会影响页面或屏幕上的报表布局。然而，实践中可以解决由此产生的所有问题。

A3.1.03　一个更小的问题是数字。如果要在两个系统中的任何一个系统中进行计算，则货币值和日期必须采用某种数字格式，并且中间文本文件必须指明格式（上面未举例说明）。另外，与上述不同，整个都是数字的案例编号、客户代码等，可能带有“-”和/或“/”，则必须以非数字方式处理，以确保补位数字0不会丢失，并避免将“-”或“/”视为数学运算符（或者将“/”作为日期的组成部分）。因此，错误地处理第一系统中的“0010”“03-7171”和“1234/2”，可能在第二系统中变为“10”“-7168”和“617”。负责编写影响两个系统之间数据流程序的专家比较熟悉这些问题，但从业人员也应该了解它们。

---

❶ 文本文件（通常带有后缀“.txt”）是在Microsoft Notepad*（Microsoft Windows*中提供）等编辑器中创建的非常简单的文件类型。仅包含案卷A1109和A1010数据的文本文件小于1千字节。相比之下，包含相同数据的Microsoft Office Excel*电子表格［后缀“.xls（x）”］约为10千字节，因为（Notepad中显示）它包含大量电子表格程序中使用的其他字符。

A3. 1. 04　在实际传输之前，检查传输是否正常工作是至关重要的。笔者所参与的此类型最重要的实践是在 TDBS 和财务后台之间建立数据流［见图 3. 01 中的（3）和（6）］。显然这需要完全准确，因为错误的后果可能使供应商大规模错误支付。系统“上线”之前，需要对信息传输的准确性进行细致的测试，这有很大的好处（见第 3. 43 段）。

附录3.2 知识产权从业人员的财务培训❶

A3.2.01 有必要对一些知识产权从业人员进行财务培训。在工作的初级阶段，他们遇到的财务问题可能相对较少，然而，当他们达到高级水平并需要对管理实践有一些财务理解时，他们可能已经忘记了之前所掌握的知识。❷ 了解财务不仅对管理实践有用，还能支持合并和收购交易或考量许可协议的商业条款。有许多为期一两天的很好的“非财务管理人员财务”课程可以参加，与财务相关的从业人员可能需要重新参加这些课程，或许每5年一次，以便更新他们的知识。短期内很容易熟悉的事情包括：

（i）“预算”“结果”或“实际”“差异”❸ 或“变动”和“塑料钱”等术语；

（ii）“应计项目”“摊销”和“折旧”等术语，以及由此产生的“现金流量”与“账目盈亏”之间的差异；

（iii）财务决策中使用的术语（例如“沉没成本”“增量成本”“机会成本”和“盈亏平衡点”）；

（iv）使用“折现现金流量”（DCF）和“净现值”（NPV）计算来评估许可协议中预付款的价值（第11.39段）；

（v）控股公司账目中的“合并”一词。

A3.2.02 大多数知识产权从业人员具有很强的数学能力，他们很容易理解会计知识。Brookson（1998）给出了“非财务管理人员财务”课程所采取的方法的客观印象。讽刺的是，笔者唯一（初始）觉得有障碍的就是会计师使用负数的方式。会计师很容易适应惯用的“(10)”而非“-10”。然而，一个令人困惑的地方在于——

“缴纳公司税 (52)”

——并不表示退还52个单元的公司税。相反，科学家会将

“加速 $-52\mathrm{m\cdot s^{-2}}$”。

解释为表示减速度是$52\mathrm{m\cdot s^{-2}}$。在会计科目表中（关于公司税的上述行从Brookson的表格中获取，第80页，计算进入企业的现金流量），这样的语句

❶ 本附录见第3.45段、第11.39段的脚注㉝和第15.23段。

❷ 英国或欧洲专利律所代理人的教学大纲不包括财务培训，而英国律师的培训通常涉及实务账户和公司账户。

❸ “差异”只是两个数字之间的差异，而不是科学家或工程师熟悉的统计方差。

只表示“在进行这种特定的计算时会减去”。然而，同样在表格的账目盈亏中读到——

“现金余额变动　　(2)”，

——并不是按照科学传统（现金余额向下移动 2 个单位）。简而言之，根据上下文，“(n)”可以表示“减去 n，其中 n 是项目的值”，或者它可以具有科学含义，即项目的值真正为 $-n$。[4]

A3.2.03　管理自己的私人事务所或公司知识产权部门的从业人员必须能够监控财务进度并建立预算，在这种情况下，他不仅要阅读账户，而且实际上要创建账户。为此，必须至少知道 A3.2.01 段中的（i）和（ii）。可能有一名会计人员或会计师帮助从业人员将想法转化为会计形式，因为他可能不会。如果他不这样做，他就要掌握超出所学知识去使用 Microsoft Office Excel*、Lotus-123* 或其他电子表格。如果他不知道如何处理以下所有事情，即使是简单的会计工作也几乎不可能完成，因此需要一天或两天的培训课程：

（i）除了如何使用求和按钮（Excel 中的“Σ”，Lotus 中添加的小图片）外，还包括如何创建公式；

（ii）如何复制公式，特别是何时使用公式中的“$”符号（与货币无关）；

（iii）如何使用“编辑—粘贴”（在 Excel 和 Lotus 中相同），它允许公式生成的数字在电子表格内移动或从一个电子表格移动到另一个电子表格时值不会改变。

A3.2.04　通过电子表格培训的专利从业人员要记住，Excel 和 Lotus 都可以提供一系列可用于科学计算的数学函数，并且该软件能够以图形方式呈现这些计算的结果（当然也能呈现普通的计算结果）。

---

[4] 不幸的是，当 FTSE-100 公司秘书收到许多来自困惑的股东和同事关于公司年度报告中特定线条的询问时，上下文并不总是很清楚。幸运的是，结果是被正确计算的。

附录 3.3 采购订单系统

A3.3.01 近年来，许多大公司选择运行“采购订单”系统。不遵循该系统的情况会受到部门级别的监督并向部门主管及其上司报告。对于内设知识产权部门的非案件相关支出，遵守该系统是显而易见的。然而，案件有关的支出则会出现问题。

A3.3.02 下面通过几个人参加外部培训课程这个示例的非案件相关要求来说明这些系统的工作方式。通常在公司内网上访问公司的系统，部门的操作员可以识别供应方、课程、参加人数、课程日期和价格。如果供应方未被列出，则操作员可以创建供应方。采购订单从系统打印出来并发送给供应方。稍后，当供应方开具该课程的发票时，他会引用采购订单的序列号；如果他不这样做，财务部门将不支付该发票。

A3.3.03 采购订单系统的第一个目标是确保所有采购都得到合适的授权；公司可以将其认为合适的审批机制纳入系统。第二个目标是确保财务部门知道在进程中的订单都有哪些，以便能够预估公司的现金需求。通过（例如）知识产权部门直接联系供应方而规避系统，将导致财务部门（a）坚持追溯采购订单，以及（b）报告不合规情况。

A3.3.04 对于案件相关支出，（通常）每月需要在短时间内完成数百项工作（并且经常无法预测成本），对于内设知识产权部门而言，在每个项目上都按照该系统规定执行将是一场噩梦。

A3.3.05 该问题的解决方案是为每个供应方创建“取消”采购订单操作，并在财政年度内其具有足够的额度上限，对于美国代理人或续展代理而言可能是几十万英镑。上限不应该有太大的“空白额度”，因为财务部门还要预测现金流量。如果必须在财政年度结束时提高限额，则需要监控累计支出。

A3.3.06 财务部门如果能站得高看得远，就必然能默许知识产权部门的这种特殊做法。从高层的角度来看，财务人员不希望妨碍做生意。第 A3.03.03 段提到的第一个目标，即适当授权，很容易实现；他们不太可能质疑知识产权负责人的权力，而会为与案件相关的知识产权支出设定合理的“取消”上限（他们将继续坚持购买订单程序，即使是在那些没有用的东西上的支出，例如办公家具，或那些需要检查是否符合公司政策的支出，如一些 IT 支出）。第二个目标即预估公司的现金需求，只要要求上限合理准确，就容易实现。主要的规定并不烦琐，可能仅是一个选择供应方的文件化过程。

附录4.1 研发创新及案例研究

A4.1.01 在第4.10段中，笔者认为，不可预见的技术或商业因素往往决定研发与创新过程的结果（这对第4.12段所述的知识产权从业人员有直接影响）。以下案例研究旨在说明这一点。❶ 关于创新的案例研究可能还需要几年时间，且笔者只限于使用非保密信息。因此，这里提出的案例研究不是最近的；但是笔者最近的经历（当然，可能不够严谨）表明这些经验教训仍有价值。

案例研究A：克服重大技术问题——浮法玻璃❷

A4.1.02 在浮法玻璃工艺之前，大片的无定形玻璃例如用于商店橱窗，是通过在两侧精密研磨玻璃板制造出来的，价格非常昂贵。皮尔金顿兄弟公司（Pilkington Brother Ltd）于1959年宣布的浮法玻璃工艺用10年左右的时间在全球范围内取代这一工艺。该过程的原理很简单：如果将熔融玻璃浮在熔融锡上，它将在重力作用下变平。使用锡是因为（a）它容易获得，（b）它足够致密以支撑玻璃，（c）它在所需的温度下具有非常低的蒸气压，因此它不会在不希望的地方蒸馏和冷凝。所生产的玻璃板具有吸引人的“火抛光”表面，并且制造起来相对便宜。

A4.1.03 Pilkington基本上是独立研究，同时遇到了许多问题，例如：

（i）玻璃在熔化、被浇注到锡上的过程中会被污染，还会在浇注过程中形成晶体；

（ii）难以控制玻璃厚度，在静态机械平衡状态厚度趋于7毫米；

（iii）难以控制系统中的氧和硫，其中百万分之一与锡反应并影响玻璃。

如果不能解决这些问题及其他问题，对研究的影响将是致命的。谁也不能保证这些问题一定能成功解决。那时，Pilkington团队感到“实在是太难了，没有办法掌控所有问题而生产出可销售的玻璃”。事实上，在建造第一座全尺寸生产工厂后花费14个月，Pilkington团队才首次成功制造出品质达到销售标准的玻璃。

---

❶ 本附录也在第5.12段和第5.36段中提到。

❷ 主要来源于Pilkington（1969）。

案例研究 B：克服重大技术问题——早年间的光纤通信

A4.1.04　20 世纪 80 年代，在大规模引入电信商用光纤系统之前，需要克服的技术问题不计其数；要相信研发与创新能最终成功，必须有相当大的信念。在这方面，这个案例研究类似于前一个案例，尽管问题的解决耗费十多年，而且不是靠一家公司而是靠众多供应商和运营商公司的共同努力。与浮法玻璃一样，光纤系统的原理很简单：直径约 100μm 的光纤具有直径为 8μm 的中心石英玻璃芯，其折射率高于石英玻璃的外环，被称为包层。在高纯度二氧化硅中光的吸收和散射机制是已知的，理论上可以实现低至 0.2dB/km 的光衰减，并且具有低信号失真，因此光纤比承载电信号的同轴电缆具有更好的性能。

A4.1.05　一开始就预见的技术问题虽然最终找到解决方案，但不应该被视为是理所当然的[3]，因为：

（i）仅预见近红外光，特别是波长为 1.3μm 和 1.55μm 的光具有低损耗，因此必须制造产生这些波长并以电信位速率调制的激光器，还需要以相同波长和比位速率操作的检测器。

（ii）必须通过使用掺杂剂来提高芯的折射率。最初研究二氧化钛，虽然其对折射率具有合适的影响，但事实证明它是不切实际的，并且替代了二氧化锗。

（iii）必须设计出长的连续长度纤维的制造方法。

（iv）必须通过熔合产生永久性接头和可拆卸连接器，以实现将光从一段光纤耦合到另一根光纤并具有可接受损耗的实用方法（在珠宝秤上操作）。

（v）必须设计将纤维包装成电缆的方法，使其在运输、安装或安装环境中不会损坏其性能。

案例研究 C：克服无法预料的技术问题——光纤海底系统中的氢问题[4]

A4.1.06　海底通信电缆对之前案例研究中提到的光纤的低传输损耗和低信号失真特别感兴趣。1976 年和 1983 年，最后两个同轴电缆系统铺设在北大西洋（TAT－6 和 TAT－7）。同轴电缆系统需要“中继器”，每 9.7 公里就在

---

[3] 邮政局的一些具有 20 世纪 70 年代末和 80 年代初优先权的专利（1981 年由英国电信公司成功获批，1984 年由英国电信公共有限公司成功获批），以及许多其他组织的专利都证明对所有这些问题的怀疑。

[4] 主要来源于 Pierce 和 Noll（1990：132）、Rowbotham（1987）和 Hecht（2004：208～209）。

海底设置一个。每个中继器检测到来自前一段电缆的衰减和失真信号，对失真进行修复，并在恢复供电时重新发送。海底的中继器必须非常可靠，因为难以将它们恢复以进行维修，并且它们需要从电缆的陆地终端供电；对于具有如此紧密间隔的中继器的跨洋电缆，费用非常高。由于这些限制，这一时期的跨大西洋电信很多是通过位于赤道以上 35900 公里的地球静止通信卫星；但卫星电路对于电话用户来说也不令人满意，因为具有半秒往返时间延迟和回声。这种情况从 1988 年铺设第一条跨大西洋光缆（TAT－8）开始就发生改变；为了更高的传输性能，中继器间距为 66 km，比同轴电缆的间距有很大的改进。如今，已经很少有人用卫星在英国和美国之间进行通信——此类电话基本都是通过光纤海底电缆。

A4.1.07　海底环境对光纤通信固有属性提出严峻挑战，这在前一个案例研究中已经讨论过。特别是缆线在铺设时的张力非常高（主要由于缆线的重量，即便降低到海床时还有浮力），必须重新设计这些缆线以防止损坏光纤。研究海底电缆的各公司，其设计的关键特征是将光纤放置在缆线中心的单元中，并通过承受负载的钢绞线环绕该单元；同轴电缆的中心一直是钢承载构件。

A4.1.08　然而，最初的缆线设计没有考虑到在理想情况下已经考虑过的问题。最初，没有人意识到一旦缆线铺设在水中，可能发生以下四步过程：

（i）海水与电缆钢部件的电解反应产生氢气；

（ii）氢气通过电缆结构扩散到石英玻璃光纤；

（iii）氢溶解在纤维中；

（iv）至少对于一些纤维组合物、电缆结构，纤维中的氢浓度达到一定水平后，通过光纤的光信号显著衰减。

A4.1.09　我们在 1982 年的原型电缆试验中可以清楚地观察到衰减，并由实验室试验确定出衰减缘由（Mochizuki 等，1983；Beales 等，1983）。这在研发后期来说是一个巨大的震动，因为期望海底系统能有很多年的使用寿命。Hecht（2004：208）使用“恐慌”和“噩梦”这两个词。他的受访者 John Midwinter 后来回忆起这个问题，形容“就像一把大锤”。Hecht 评论道，“海底电缆开发商已将所有赌注都放在光纤篮子里，看起来篮子底儿要漏了”。

A4.1.10　实际上这个问题通过改变电缆结构和/或纤维组合物克服了，因此在第 A4.1.06 段中叙述了成功的故事。然而，显而易见的问题是为什么没有人做简单的实验室试验，将光纤暴露在氢气中并测量原型电缆在制造试验之前的信号衰减。第 A4.1.08 段中的步骤（i）和（ii）不会让经验丰富的水下工程师感到意外；在前几代海底系统中就产生氢气并到处移动（Savage，

2013）。但纤维专家可能并不知道这一点，海底工程师和纤维专家都不知道氢气在石英玻璃中的溶解度，尽管这已由 Hartwig（1976）测量过。因此，只有通过良好的沟通和正确的背景知识才能预测步骤（iii）。步骤（iv）更难以预测，因为氢气仅通过 Rayleigh 和 Raman 散射的弱效应衰减红外光，而不是红外吸收（这需要分子具有偶极矩，而氢没有）。只有在 1982 ~ 1983 年的实验室试验中才观察到的红外吸收只能由于溶解的氢和玻璃之间的相互作用而产生。笔者认为未能预测衰减是能够理解的。

案例研究 D：一个不受重视的致命技术问题——PERSIL POWER*

A4.1.11 家用洗衣粉关键成分包括去除污垢的表面活性剂以及漂白污渍的氧化剂。汉高（Henkel）于 1907 年推出的第一种此类洗衣服是 PERSIL*，其中含有天然皂作为表面活性剂，过硼酸钠作为氧化剂（Selinger，1998：43 ~ 44）。[5] 漂白剂确实会引起反复洗涤服装时褪色，但通常相对于服装的预期寿命，褪色率是可接受的。

A4.1.12 PERSIL POWER 由 Unilever plc 于 1994 年 5 月推出[6]，在基本组合物中加入了含氧化合物的氧化剂催化剂，使污渍漂白更快和/或在更低的温度下进行。联合利华的竞争对手宝洁公司（Procter & Gamble）委托荷兰媒体对使用 PERSIL POWER 造成的服装损坏进行单独测试。联合利华在荷兰法院开始采取行动，指控宝洁公司作出不真实和误导性的陈述，但之后撤回了指控。它承认，在超过 90℃ 的温度下反复"滥用洗涤"清洁服装可能会造成损害。印有图片的粘胶衬衫在 40℃ 的 11 次洗涤中失去大部分颜色；即使在 5 次洗涤后，也有明显的褪色，但之后改用常规粉末并没有多大帮助，因为加速褪色仍在继续，可能是因为在较早的洗涤中锰保留在纤维上。

A4.1.13 作为回应，联合利华仅以原始锰催化剂 1/5 的量重新配制 PERSIL POWER。但是，该产品很快就被撤回了。截至 2005 年年底，联合利华正式注销 5700 万英镑的洗衣粉库存，而提供锰催化剂的希克森估计，由于 PERSIL POWER 的失败，其利润减少了 800 万英镑。

A4.1.14 联合利华的董事长将 PERSIL POWER 的推出描述为该集团曾经历过的最糟糕的营销挫折。通过使用"营销"一词，他可能指的是不含催化剂的常规 PERSIL 的销售的减少，其在消费者中的声誉因不好的回忆而受损

---

[5] 该粉末还含有碳酸钠和硅酸钠。商标 PERSIL 来源于过硼酸盐和硅酸盐。现代粉末含有合成表面活性剂而不是天然皂。

[6] Perspectives（1994）；News Review（1995，1995a）；Davis（2011）。

(分析师估计联合利华的总损失为2.5亿英镑)。笔者认为，在这种情况下，根本的失败不在于“营销”；相反，是因为没有预见技术问题，或者如果预见它而没有予以重视。这个技术问题似乎是可以预见的：宝洁公司在发布之前警告联合利华PERSIL POWER不适合家庭使用；联合利华的科学家可能会提供信息，允许他们模拟家庭使用，包括那些未能遵守指令或警告的人。可以想象一下为什么会发生这种灾难性的产品发布；Pogue（2011）列出了一些与消费电子行业相关的内容。联合利华董事长在承认严重受挫的同时宣布该公司正在审查从研究到创新的整个流程。

案例研究E：一个无法预料的致命商业问题——用过氧化氢和丙烯制造环氧丙烷

A4.1.15　20世纪70年代后期，欧洲的两个主要的过氧化氢生产商——Interox和Degussa认识到该产品可能有利可图，该产品运输不方便并且最好在其生产现场使用。[7] 生产中，环氧丙烷是一种重要的单体，它之前是通过“氯醇法”制造的，会产生大量废水。这些公司独立工作相互竞争，投入了大量资金来克服所涉及工艺的技术问题[8]，其中涉及两个反应步骤：（a）过氧化氢与羧酸反应生成过氧羧酸，和（b）过氧羧酸与丙烯反应生成所需的环氧丙烷并再生羧酸，以便循环使用。大量的试验工厂因此建了起来。

A4.1.16　然而，两家公司都没有将这一工艺商业化，因为它被一种新工艺（对于其他人而言是惊喜，对于他们来说是不幸）取代，其在制造MTBE（甲基叔丁基醚）过程中共同生产环氧丙烷，MTBE被引入作为四乙基铅抗爆剂的替代品。在汽油中加入这种添加剂（美国的“汽油”）符合环境法规。[9] Interox和Degussa就像化工出版社的任何读者一样，意识到需要禁止使用四乙基铅；但显然不应批评他们没有预见到给他们带来的后果，因为后果是如此间接。[10]

---

[7] 因此，例如，它在现场用于生产用作聚合引发剂的有机过氧化物（“催化剂”）以及用于洗衣粉的过硼酸盐（参见A4.1.11段）。

[8] 以Interox的名义，并以Degussa和Degussa的合作者Bayer的联合名义，可查到许多优先权日期从1975年开始的专利申请。

[9] MTBE指甲基叔丁基醚，其前体材料是叔丁醇。“叔丁基氢过氧化物方法”使用丙烯、异丁烷和氧气作为原料，并产生环氧丙烷和叔丁醇的副产物。到1999年，这一过程（连同产生环氧丙烷和苯乙烯作为副产物的相关产物）生产世界上一半以上的环氧丙烷（5.8百万吨/年），其余的是由氯醇工艺生产的。参见Trent（2006）。

[10] 当然还有禁止四乙基铅所产生的直接和可预见的后果，包括取消金属钠的主要工业用途，即形成与氯乙烷反应生成产物四乙基铅的钠铅合金（Jones，2012）。

案例研究 F：克服可预期的市场化问题——WORKMATE*⑪

A4.1.17　在 WORKMATE 之前，家庭 DIY 工作者大多缺少家庭作坊，所以如果他们希望加工大块木头，通常只能放在家用椅子或桌子上。1961 年，Ron Hickman（他的职业是莲花汽车——一家英国公司的设计师）在从事家居 DIY 的过程中锯坏一把很好的椅子。由于某种原因他离开莲花汽车为自己工作，并设计一个便携式折叠工作台，适合在家里使用并方便存放。工作台的水平表面是两件式的，它们像一个虎钳一样分开并向后移动，并且包含用于钉子的孔。大的扁平工件可以在虎钳的钳口之间垂直位置或在栓钉之间的水平位置被夹紧。Hickman 把他发明的工作台称为 WORKMATE。

A4.1.18　Hickman 与 Black&Decker、Stanley 和其他工具制造商讨论他的设计，但没有人感兴趣。Stanley 在 1968 年表示，"销售量也就几十件，到不了数百量级"。

A4.1.19　此后，Hickman 以 WORKMATE 为名自己制作并销售工作台。他非常成功，Black&Decker 改变了他们的看法，于 1971 年获得英国许可，后来变为全球许可。

A4.1.20　建议工具公司不要怀疑 Hickman 工作台的技术可行性，或者它的可制造性（因为 Hickman 作为莲花公司设计师和之前福特公司设计师已经形成良好的履历）。然而，该产品是新颖的，并可以满足业余爱好者的需求，业余爱好者在看到这个产品之前并不清楚自己想要什么，因此公司对市场反应的谨慎是可以理解的。正如 Hickman 勇敢去做的那样，找出该工作台是否畅销的唯一方法就是去尝试。一旦 WORKMATE"火起来"，足以让 Black&Decker 想要获得许可，全球 DIY 玩家就会将其视为必不可少的设备。

案例研究 G：一个致命的营销问题——透明罐头

A4.1.21　20 世纪 80 年代后期，Metal Box（后来简称 MB 集团，然后是 CMB Packaging）商业化一个系统，以前用传统金属罐包装的食品可以用带有金属端部的透明塑料罐包装。这一直被视为包装食品的理想方式，但是为了在高速灌装线中使用塑料，必须克服许多技术问题。这样做的好处是消费者在浏览零售商货架时可以看到他买的食物，而不会在买回去开罐后由于食物的外观或食物与液体的比例而大失所望。

A4.1.22　这些罐头在英国的 Marks and Spencer 货架上有一阵还能看到，

---

⑪　主要来源于 Bernard（2011）。

Marks and Spencer 除了销售服装（仍然有）外，以提供高品质食品零售商著称。Marks and Spencer 的顾客很乐意购买包装精美的食品，但其他零售商并没有跟风（据推测如果它们的罐装食品顾客大量转投 Marks and Spencer，也许它们也会这样做）。该包装系统因规模不足而被撤销。

A4. 1. 23　这似乎是 Metal Box 和 Marks and Spencer 的勇气没有得到回报的一种情况（与之前的案例研究相反），但与之前的案例研究一样，没有真正的方法来确定市场反应，除非产品发布。

附录 5.1　日文翻译问题

Johann Wolfgang von Goethe（1749～1832 年）认为：

“每个译者都应该把自己视为世界知识交流中的经纪人，并将自己的事业视为推动思想产物的易货交易。无论人们怎么评价翻译的不足，它都是而且必定是人类商业中最重要和最有价值的职业之一。”

A5.1.01　本附录列出第 5 章中有关“日本申请：翻译问题”小节的更多细节。

常用词语中的歧义

A5.1.02　有这样一个笑话——

“Time flies like an arrow.”

KOHIN YANOGOTOSHI

光陰矢の如し（光阴如箭）

“Fruit flies like a banana.”

（KUDAMONONITSUKU）HAE WA BANANA GA SUKIDEARU

（果物につく）はえはバナナが好きである（果蝇喜欢香蕉）

专利说明书中不太可能有精确的对应物，但英语中潜在的语法难点则相当普遍。这个笑话的笑点在于“flies”分别是动词和名词，且在含义上有一定联系；而“like”分别是介词和动词，含义上几乎没有联系。除非（如上）给出日文翻译❶，否则大多数学过英语的日本人都会认为这个笑话难以理解。

A5.1.03　另一个常见的实现不同语法功能的是“that”。它可以是指示代词（“That is a nice house”）、指示形容词（“That house is nice”）、关系代词（“The house that Jack built”）或者连词（“I said that the house was nice”）。专利说明书的复杂环境下，日本代理人可能认为“that”一词含混不清。下一节中将讨论一系列这样的例子，比如“ing”词。

以“-ing”结尾的词，以及第 5.25（iii）段建议的准则中的示例

A5.1.04　英语中，过程/方法权利要求的一个特殊问题是它们经常使用动名词（以“-ing”结尾的词作为名词），并且动词在形式上与现在的分词

---

❶ 表意汉字和罗马字母中都有日文，因此说英语的人大致知道如何发音。

（其用作形容词）难以区分。因此，权利要求可能写成（示例中，动名词为斜体）。

"A method for the sterilisation of food, which comprises the steps of—

（i） *generating* X-rays of a wavelength…,

（ii） *passing* the food to be sterilised…, and

（iii） …,

—and in which method…"

其中使用"ing"的词是作为现在分词，与"the filament passing through the orifice""the edges forming the hole"等相反。上述形式的权利要求，其中整句是另起一行的［这个例子中用标记"（i）""（ii）"和"（iii）"和空行］，如第5.25段（iii）中所建议的，并且在包括动名词的方法权利要求中特别有用。将上述权利要求翻译成日文的日本代理人可立即明白（a）斜体字是动名词，而不是现在分词，以及（b）权利要求中的其他"ing"的词肯定不是由介词"of"引导的动词，且很可能是现在分词。如果权利要求中的整句没有被标记分开，则很有可能混淆。

技术词汇中的歧义

A5.1.05 英语中的"Variance"可以具有相同的含义（"at variance with"），或者它可以表示两个值之间的差（尤其是会计）或统计方差（一组值的标准差的平方）。"Function"作为名词，可以指某事物的运作方式或数学方程。"Beat"作为与声音相关的名词，可以表示（尤其）常规打击声或音乐家头脑中的抽象节奏，其完全不对应于任何音符；在复数形式中，它可以表示频率略有不同的两种声音的相互干扰（"beat"还可以有其他含义）。这三个词均是在将专利文件翻译成日文时会造成困难的示例。其他欧洲语言中容易出现歧义，而日语楷书汉字中很少出现，这意味着日本人不善于处理它们。根据第5.25（6）段的建议，如果在发送给日本代理人的文本中使用诸如"statistical variance"或"mathematical function"之类的特定短语，会对他们有帮助。

A5.1.06 英语中"system"一词的常见用法是指"方法"，如"a system of teaching"或"a system for winning at the races"。然而，它另外还表示物理对象的集合这一含义，如在Hi-Fi系统、通信系统、武器系统或神经系统中；甚至还有一门学科叫"systems engineering"，其中"system"应以这种方式理解。英国专利的权利要求中，"物理对象的集合"是有实际含义的，因此正确的日语翻译是SŌCHI，而不是HŌHŌ。如第5.25（7）段所述，如果日本代理人知道这一点，则可以避免将"system"权利要求翻成方法权利要求的风险。

单数和复数，以及定冠词和不定冠词

A5.1.07　日语中通常不指示，(a) 句子中的名词是否指的是读者已经知道的东西，以及 (b) 该名词是某个东西还是多于一个东西。相比之下，母语为英语、法语或德语的撰写人因他们所受教育的影响，总会在定冠词和不定冠词之间以及单数和复数形式之间作出恰当的选择。因此，母语为英语的撰写人将根据情况，从以下25个句子中选择❷—

“[The cat/A cat/The cats/Some cats/Cats] sat on [the mat/a mat/the mats/some mats/mats].”

然而，日本人可能会写成同一句话：

NEKOWA MATTONO UENI SUWATTA

猫はマットの上に座った

A5.1.08　因此，日本人会觉得难以应对这些英语特点所带来的“烦恼”，例如，在专利权利要求中出现“one or more rods”，随后在同一个权利要求中或从属权利要求中出现“the or each rod”。此外，与法国或德国人不同，日本人可能无法利用这些英语的特点作为解决其他歧义的线索（参见下一节）。

失去线索

A5.1.09　以下句子给日本代理人造成困难：

“The number of slots is [*n*], and the number of the signalling slot is [*m*].”

该句涉及电信行业中的时分复用。但是，困难的不是技术。非常上进的日本学生同样存在问题，即使在英格兰的强化英语课程结束时，通常也会认为以下非技术性句子指的是一家小酒店：

“The number of rooms is 6, and the number of the green room is 5.”

这句话给任何非英语人士带来的歧义是：“number”（第一次出现）是所有房间数量总和，而“number”（第二次出现）是写在门上的数字❸；其他大多数语言，包括法语、德语和日语，更具辨别力，会用不同的词来表达不同的概念。

A5.1.10　翻译这句话的法国人在写“Le *nombre* de chambres est 6, et le

---

❷ 德国作家同样有25个类似的选择；但法国作家只有16个，因为他们没有省略“des” ≡ “some”这个选择。

❸ 同等的方法是，区别在于“5”表示“序数”，指的是第5个房间，而“6”是真正的“基数”。

numéro de la chambre verte est 5”时没有任何困难，法语中可以正确选择这两个斜体词来表示“number”。母语为法语的翻译人员对于英语单词中的冠词、单数和复数比母语为英语人都敏感，所以他们能发现可解决歧义问题的线索；无论如何，他们都必须将它们翻译成法语，一旦这样做，很明显只有在上述位置使用“nombre”和“numéro”这句话才有意义。翻译这句话的德国人也存在同样的情况。但是日本人对英文中的冠词、单数和复数不敏感，并且通常在翻译时将其删除，从而无法完成法国人或德国人的自动纠正。

附录 5.2　利用轶事来证明专利申请的合理性

A5.2.01　正如第 5.33 段所述，从业人员尤其是内部人员，需要准备好用轶事以及不能 100% 肯定的推论来回应专利活动的批评者。显然，以下几个论据比较有效：

（i）“在大宗化学品行业，我们总是在投资巨大的工厂之前进行自由实施检索，因为我们并不希望因为禁令而关闭它。另外，由于竞争对手 A 专利的存在而它们又不会以经济可行的条款许可给我们，因此我们自己也没有建立所推荐的生产化学品 X 的工厂。我们在这方面很典型，你必须假定我们的专利以同样的方式阻止了 A。”

（ii）“我们在 10 年前将电子元件 Y 推向 M 和 N 两个市场。众所周知，我们拥有该组件的专利。这是一个高性能的组件，我们不仅销售给预设的市场 M，还销售给市场 N，因为它‘over-specified’。我们在市场 N 中取得了成功，仅因为没有其他人想到利用现有的技术来开发该市场。随着时间的推移，我们在市场 N 的成功鼓励我们的竞争对手将现有的技术应用于该市场，导致我们失去市场份额。然而，我们会保留市场 M，因为我们的专利对于所需的高性能至关重要。由此可以推断，考虑到这些专利，我们的竞争对手可能将市场 M 留给我们。”

（iii）“某年，外国政府采购人员 E 非常欣赏我们产品 G 中的特征 F，他在招标计划中加入了这一特征。我们获得了专利 F，并从当地竞争者手中抢到了订单。如果订单进入竞争状态，采购人员（代表政府）可以从他们那里购买他想要的产品而不用担心禁令，但他知道我们有权索赔。当然，他并没有说这是他做决定时的考虑因素之一，但我们推断这很可能是。”

（iv）“我们与这个行业的合作者之间通常没有太多的麻烦。但某年，之前与我们合作过的公司 B 向客户 C 提供产品，从 C 那获得第二笔订单，为其提供相关产品，但把我们排除在外。我们依靠我们的一项专利从公司 B 获得了几百万英镑的赔偿。这笔赔偿是所涉业务年度专利总支出的数倍。此外，我们预计公司 B 今后在采取类似行为之前会更加谨慎。”

（v）“某年，竞争对手 D 声称我们的一些相关产品侵犯了它的几项专利。我们对它的类似产品进行分析，发现它也侵犯了我们的一些专利。我们通过两组专利的交叉许可与 D 达成和解。如果我们没有可交易的专利，那么我们支付的年度许可费将会是所涉业务年度专利总支出的数倍。”

A5.2.02　需注意的是，论据（iii）～（v）表明，业务组合中的一项或几项专利具有巨大的价值，回报可以远远超过该业务的专利支出。同时还表明，任何现金回报往往都是统计性的。无法预测这些专利会是采购人员 E、以前的合作者 B 或竞争对手 D 发现自己（可能）侵权的特定专利。这并不是说组合中的其他专利没有价值；它们可能会在无人知情的情况下阻止竞争对手。

附录8.1　关于覆盖整个尼斯分类的注册小型调查❶

A8.1.01　这项小规模调查的目的是确定申请人在多大程度上会愿意利用OHIM为整个类别注册商标。之所以选择第9类，是因为它非常广泛，以至于任何公司都不会去交易所有涵盖的商品。此外，它是一个具有很高应用率的类别。

A8.1.02　笔者任意选择了2012年8月24日共同体商标公告2012/161第B.1部分❷的注册样本数据。从所列的最后一次注册向前倒推检查每一个，直至找到20个注册涵盖第9类并且没有要求任何外国优先权。❸ 为此，笔者共检查了139个注册，编号从10764868到10869279。涵盖第9类的20个注册均已于2012年3月和4月申请并按期公布，于2012年8月22日获得注册。

A8.1.03　在20个注册中，有1/4❹ 列出了类别标题中全部的一般指示，在提交时❺要求保护该类别下所有商品或服务。5个注册如表A8.1.1所列。2个注册（来自同一申请人，Sillens AB）在一般指示的措辞末尾（即“灭火装置”之后）增加了一些额外产品。

表A8.1.1　5个共同体商标涵盖整个第9类

共同体商标编号	商标	申请人
10767945	YMCL	Marina di Loano SpA，Milan，Italy
10778496	Haply	Sillens AB，Stockholm，Sweden
10806008	PLACELIST	The Coca-Cola Company，Atlanta，Georgia，USA
10809325	Haply ShapeUp Club	Sillens AB，Stockholm，Sweden
10840338	1. FSV Mainz 05	1. FSV Mainz 05 eV，Mainz，Germany

A8.1.04　理想情况下可以进行更大规模的上述调查，然后根据所涉及的商标质量进行影响评估（例如，可以想象前3个注册不会给其他人带来不便，但后两个则不一定）。但目前适度的调查至少已经超出以轶事来确认杂乱问题的重要性。

❶ 本附录在第8.08（ii）段中被提及。

❷ B.1部分涵盖自申请公布以来未经修改的注册。

❸ 有必要排除外国优先权（事实上它们都是美国优先权），因为商品和服务的说明在公约商标申请中必须与优先权申请中的相同，因此将反映实际的优先权申请。

❹ Ashmead（2012），幻灯片6引用OHIM与上述结果一致，但考虑到样本量，上述结果可能有些偏低。

❺ 根据OHIM（2003）。不管知识产权解释，该2003年规则显然继续适用于所调查的注册［第8.08（ii）段的脚注⑩，最后一句］。

附录9.1 （纸质或电子）文件声明[1]

A9.1.01　对客户发出文件进行声明的最佳做法是根据地域、接收者和主题进行声明；但以下指导原则希望是有用的起点。

A9.1.02　对于已发布的文档，例如一些报告、宣传及推销刊物，比较常用的是简单的“［Bloggs Industries］20××。保留所有权利”。年份“20××”是创建年份。

A9.1.03　许多人都注意不通过版权声明来暗示文档的发布（这种暗示以前在美国是可以的）。可以使用的一般形式是“这是在20××创建的未发表的作品，任何版权归［Bloggs Industries Ltd］所有。保留所有权利”。

A9.1.04　在未发布的情况下，通常会有一个附加警告——

“（报告/演示文稿/等）中包含的信息归［Bloggs Industries Ltd］所有，除非另有说明，否则负有保密义务。未经［Bloggs Industries Ltd］明确的书面许可，不得全部或部分复制、使用或披露。”

“保留权利除非另有说明”指明了文件中某些部分信息是来自第三方给Bloggs并经创作者同意由Bloggs提供，但对于本报告接收者仍然处于保密状态。

A9.1.05　在已发布和未发布的情况中，根据主题，都可能包括对根据附图制作产品的限制（暗示提及未注册设计保护或照搬照抄导致不正当竞争）。在通过技术手段保护的作品中，限制提示参考可以规避这些手段。此外，如果文件是根据合同提供的，那么建议明确提及该合同。

A9.1.06　如果正在向具有信息自由（FoI）立法的英国或美国等国家的公共机构提交文件，则应提醒“公共当局”，一般而言，它可能根据FoI请求直接转交信息，而无须咨询Bloggs Industries（因此，记者和游说者通常会以他们所认为的公共利益为由提出FoI请求。如果他们想要找例如有关公共部门计算机项目失败的信息，那么承包商的机密信息就会受到威胁）。准确的措辞应该反映当地FoI立法的当前情况。请注意，在英国，“公共当局”的定义非常广泛，甚至包括大学。

A9.1.07　所需声明的长度可能很长，因此在很长的打印文档中，它可能仅在首页上完整显示，并且每页上都有缩写的运行版本，然后返回到首页。如果文档是以电子方式提供的，则应以.pdf格式提供，而不是直接以可文字处

[1] 本附录见第9.25（i）段和第11.22段。

理的形式提供（例如 Microsoft Office Word*.doc 或.docx 文件）。这是因为在使用 Word 的“正常查看”下屏幕上根本不显示页脚和页眉，并且收件人可以轻松地将其删除［比较第 1.22（vi）段］。

附录10.1　通过解释技术领域来起草权利要求的难点[1]

A10.1.01　更困难的是解释权利要求，（a）申请人越来越难确定是否有第三方权利要求覆盖他提出的产品或工艺，（b）专利局越来越难实施新颖性检索和审查。根据第10.20（iv）段，在ICT领域，权利要求的解释特别困难，有效专利的比例也特别低，“专利丛林”对创新阻碍的广度也特别高。Bessen和Meurer（2008：54－62）试图依据美国的法律和程序（例如，等同原则和陪审决定）来解释他们所谓的“模糊的（权利要求）边界”的问题。但是，他们承认美国判决中的问题的确解释不了为什么ICT行业特别困扰人，或者为什么说权利要求的解释在英国也是个问题，在英国并没有等同原则，并且很多决定由专家评审来确定。当研发人员进行试验时，英国知识产权局绘制一些实际的专利地图，发现在复杂的高科技领域，例如无线网络，在权利要求中使用的术语使其很难达到有意义的结果（UKIPO，2011：30）。笔者认为，上面这种评论比Bessen和Meurer的分析更中肯，并且可以提出以下几点主张。

技术客体与权利要求解释的难度之间存在强相关性。

在一种极端情况下，化学的本质类似于鼓励撰写字面范围上相对容易确定的权利要求。[2]

在另一种极端情况下，ICT的本质是需要一种能够在字面解释上制造严重障碍的撰写风格。[3]

Harhoff（2011：44）为上述观点提供了间接支持，他认为，有机化学领域的研究人员找到的现有专利文献平均比通信领域研究人员找到的专利文献有用20倍以上，作为一种参照，至少在部分上述专利文本的相对可理解性上。

A10.1.02　Marian Lillington，作为英国知识产权局的一名审查员，接下来的讨论中提到（UKIPO，2012a），上述观点实际上受到听众的挑战：也许，他们认为，对于化学专家和专利从业人员来说，化学专利并不比ICT专利更清楚。该附录将试图解释技术领域事实上如何间接影响其权利要求撰写的风格。同时从事化学和非化学业务的从业人员，就像笔者一样，可能觉得他们一直知道的某些东西，也许永远不能表述出来。所以希望那些没有从事这两种业务的

---

[1] 该附录可参见第10.21段、第11.61段和第12.04段。

[2] 化合物专利的另一种区别性特征是相当谨慎的，撰写人员需要考虑充分（第1.40段的脚注㉔和第1.44段）。

[3] 也就是说，甚至在考虑任何“形容性”描写（第1.30段）或任何等同原则之前。

人能够更好地理解化学领域和ICT领域经常存在的法律分歧。

A10.1.03　例如Boots Pure Drug公司的英国专利971700，其涉及一种普通人都会使用的常见药物（该专利在很多年前已经失效，但是自此所涉及的原则并没有改变）。发明人通过结构式（I）和几十个类似化合物来合成该化合物。该化合物具有抗炎活性。销售结构式（I）的化合物商品名有Brufen*、Advil*、Nurofen*、Motrin*或Nuprin*❹；它的通用名（参见第8.15段）为“布洛芬”。所有化学家都明白结构式（I）是确指两个分子（互为手性），不多不少。为了更明确地解释该客体，让专利权人、知识产权局以及所谓的侵权人同意其所指代的东西，如果他们愿意的话，可以很容易地使用基本相同的球棍3D模型标准工具包，按照300000000：1的比例构建该化合物。美国化学学会曾经给每百万个已知化合物提供唯一的登记号（例如，上述示例中的化合物CAS 15678－27－1）。

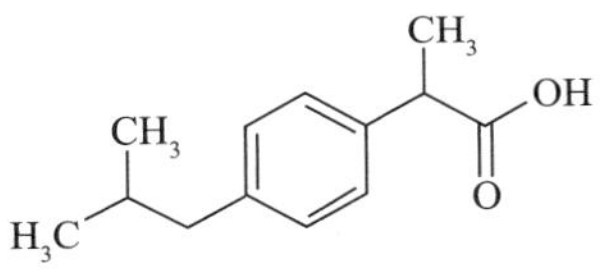

（I）❺

A10.1.04　如上所述，Boots公司合成几十种类似的有前景的化合物，包含结构式（I），并且同时提交了申请，假设Boots公司并不知道选择其中的一种或更多通过进一步试验来商业化，或者事实上他们选择的其中的一种衍生物。因此，专利撰写人员设计了一个包含通用结构式为（Ⅱ）的化合物及其盐形式的治疗组分的主权利要求❻——

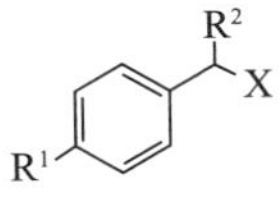

（Ⅱ）

其中，R^1和X表示分别几十种化合物中的具体基团，R^2表示两种具体基团中

---

❹ 该商品事实上包含等量的两种分子。

❺ 注：对于非化学家来说，为了简便起见，根据上下文，该图中连线的节点表示C、CH或CH_2基团，中间的六边形是一个苯环，其1位和4位被取代。

❻ 该权利要求也涵盖了各种盐（例如布洛芬（I）中OH被ONa取代的钠盐，该钠盐可在患者体内被患者的胃酸置换出布洛芬）；这并不影响上述观点的原则。

的一种，以便化合物（Ⅱ）相当于一系列与化合物（Ⅰ）相同或包含化合物（Ⅰ）的单一结构，该系列有数千种化合物，但是可计算的，而且是有限的。

A10. 1. 05 尽管非化学家的专利从业人员一眼就能看出撰写人员的归纳过程，事实上该权利要求并不覆盖现有抗炎技术，阿司匹林——

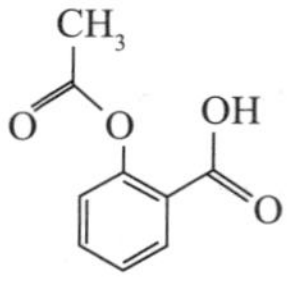

——假设仅仅因为苯环上的取代基是在邻位（1，2－）而不是对位（1，4－）。化学研究人员（他们在日常工作中使用含 R 和 X 的通用结构式）能够解释该权利要求。为了理解上面所讲的结构式，专利权人、侵权人一致同意结构式（Ⅱ）的范围，正如他们明白结构式（Ⅰ）的含义一样。

A10. 1. 06 即使发明是一种化学工艺，其权利要求也经常是准确的，而且其归纳的本质是不证自明的。例如，发明人在试剂浓度为 4g/l、10g/l、12g/l 和 17g/l 时能够实现成功的话，那么其权利要求可以涵盖 2～25g/l 浓度的范围。

A10. 1. 07 但是除了化学，对于具体实施例来说，权利要求经常不能不证自明。

对于非化学结构类的发明而言，与从结构式（Ⅰ）归纳出结构式（Ⅱ）相比，归纳出具体实施例也是可能的。例如，一项含有直线、圆和直角的实施例，通过寻找规避平直度、圆度和垂直度的专利术语，通常可以归纳出螺旋弹簧，并且事实上可以覆盖其他不同类型的弹簧❼（起草人这样做是对的，不仅是因为在工作误差内真实的结构必然有几何精度偏差，而且当保留运行该结构时，通常可能有实质性的偏差）❽。在 ICT 领域，具体的组成将是存储设备、比较器、信号发生器等。

A10. 1. 08 除了化学外，也存在所谓的“计数问题”。典型的半导体设备的权利要求可能定义第一层、第二层等。但这这些术语自身并没有什么意义——它们是专用符号。现有技术和声称的侵权可能仅描述这些术语——尽管过去它们也使用类似术语进行描述，这种“计数”可能是以相反的方向进行，

❼ 在布洛芬案例中并没有相当的偏差：物理规律限制这种分子离散的可能性。

❽ 笔者曾回想起，美国人 Markman 听证了这样一件专利，撰写人在专利中使用现有技术中的普通术语，即“瞄准”，最终导致对专利权人不利。“瞄准”是指制造一束平行发散光束，法官就是这样解释的。涉诉侵权专利使光线减少发散，而不是在偏差范围内平行。

也可能是在这些数量基础上增加额外一层。半导体设备是专利丛林第一次出现的领域（Hall 等，2012）。这种类似的 ICT 权利要求通常指第一存储设备和第二存储设备，以及第一信号和第二信号，等等。

A10.1.09 总之，除了化学领域，权利要求更可能包括常规术语，这些术语在现有技术和仅在说明书背景下有意义的专业语言中并不普通。现有技术检索是非常困难的，例如检索“第一储存设备”是没有意义的（其中，在布洛芬案例中更可能是检索具有抗炎属性的 1，4-二取代苯，然后进行限缩）。一旦发现现有技术，或在它之前假设的产品或工艺中提供该描述，甚至对于专业的审查人员或专利代理人也很难确定是否落在权利要求范围内。

附录16.1 双信封制度[1]

A16.1.01 传递敏感材料复印件的基本安全技术（参见第16章不同观点）包括以下步骤：

（1）将敏感材料放在一个信封中，其中，（a）清楚标明目的地址，（b）标明警示标记，任何未经授权的人员都不能打开该信封，（c）如果有任何疑问，需要提供送信人的姓名、地址和手机号码；

（2）将上述信封放进另一个以普通方式邮寄的信封中，在分配给运输公司前，不需要添加特殊标志。

A16.1.02 通常可以看到，在繁忙的邮政房，有一些要邮寄的信封被不正当地打开，而且/或有保护标记的信封在不小心的情况下也被打开。双信封可以减少邮件被打开的过程并确保谨慎。它几乎一定能够保证除了预定的接收者能够看到敏感材料外，其他人员在不故意的情况下，不可能看到这种材料。如果故意干涉他人的邮件，依据EPC第55（1）（a）条的规定，将成为“明显滥用”的最好证据。

A16.1.03 注意，在每封邮件上的保护标志将会吸引运输者留意该敏感材料，这可能使弊大于利。使用双信封措施将会避免这一点，因为外面的信封是没有这类标志的［上述第（2）步］。

A16.1.04 内部信息的典型标志可以是“收件人亲启”“英国机密”（或其他国家的安全等级），和/或“绝对保密”（或公司私人标志系统中的其他等级）。

[1] 历史注释。英国知识产权局安全部门原主管以双信封的形式收到他的退休卡。

附录20.1[1]　专业团体和行业协会的选择

以下组织主要从事知识产权事务游说。冒号后面给出其代表的主要选区。

英国专业组织

出庭律师公会（Bar Council），伦敦：英国和威尔士的出庭律师。
英国特许专利律师协会（CIPA），伦敦：英国专利律师。
商标律师协会（ITMA），伦敦：英国商标律师。
法学会，伦敦：英国和威尔士的事务律师。

美国专业组织

美国律师协会（ABA），芝加哥，美国：美国各州、领地、海外领地的律所注册律师。

美国知识产权法学会（AIPLA），阿灵顿，美国：虽然与ABA一样，但侧重知识产权。

国际专业组织

国际知识产权保护协会（International Association for the Protection of Intellectual Property，AIPPI），苏黎士，瑞士：相关律师、专利代理人、商标代理人。成员来自国家和地区协会。

欧盟律师协会（Council of the Bars and Law Societies of Europe，CCBE），布鲁塞尔：欧盟各国律师协会，以及挪威、列支敦士登、冰岛和瑞士的律师协会。

欧洲专利研究所，慕尼黑：欧洲专利局的前身（欧洲专利代理事务所）。

国际知识产权律师联合会（International Federation of Intellectual Property Attorneys，FICPI），巴塞尔，瑞士：私人事务所的知识产权律师。FICPI拥有国家协会和部门。

国际许可贸易工作者协会（Licensing Executives Society，LES），亚历山大市，弗吉尼亚州，美国：技术许可相关人员，不需要具备资质。LES的成员（经常添加“国际”后缀）来自国家或地区组织（例如英国和爱尔兰、美国和加拿大）。

---

[1] 该附录是指第20.04段和其他。

英国商会

英国工业联合会（Confederation of British Industry，CBI），伦敦：英国本地业务。

知识产权联盟（IP Federation，原名为 TMPDF），伦敦：有 38 家英国企业❷（包括外商独资企业，例如 IBM）涉及直接创造、拥有和使用知识产权，侧重于技术和品牌，而不是“内容”。

美国商会

知识产权所有者协会（Intellectual Property Owners Association，IPO），华盛顿，美国：拥有知识产权的美国企业。

国际商会

欧洲共同体联盟（Business Europe，原名为 UNICE），布鲁塞尔：来自 35 个欧洲国家的中央工业和雇主联合会，从冰岛到土尔其，例如上面的 CBI。

国际商会（International Chamber of Commerce，ICC），巴黎：120 个国家的企业和专业律所。成员通常来自国家委员会或组织。大部分国家委员会或组织被称为“ICC [某国]”，例如“ICC 英国”，但是美国委员会是“美国国际商会委员会（USCIB）”。

专业的商业游说团体

欧洲品牌协会（European Brands Association，AIM），布鲁塞尔：44 家商标密集型企业。AIM 包括很多国家协会，例如英国品牌集团。

制止假冒和盗版商业行动（BASCAP），巴黎：具有国际成员的国际商业倡议，关注假冒和盗版。

反软件盗版联盟（FAST/IiS），伯克郡，迈登赫德，英国：英国软件产业。❸

反版权盗版联盟（FACT），老艾尔沃斯，米德尔塞克斯，英国：英国电视和广播产业。

---

❷ 到 2012 年年底成员的数量，其他成员或成员国的数量来自 2013 年 7 月 28 日的网站上。

❸ 根据游说组织的说法，使用“盗版”一词是指版权侵权，另一处“盗版”是一种强力声明，尽管在法律上仍存在质疑。

附录 20.2　1975 年欧洲国家专利法律与实践

该附录在第 20.12 段中被提及。

	英国	德国	荷兰	法国	比利时
期限	从提交完整说明书起 16 年	从申请日起 18 年加 1 天	申请日起 20 年	申请日起 20 年	申请日起 20 年
影响有效性的现有技术（主要条款）	在本地为公众所知的任何形式，除 50 年后的专利说明书和摘要	截至 100 年前的全世界任何地方的印刷出版物，否则需要本地新颖性	无	无	有，但与英国基本不同
专利信息	有，如第 6.03 段脚注②所描述的一样	无	无	无	有
化合物权利要求的允许性	有	有	审查包括新颖性、创造性和与德国一样的技术进步		
正式审查的范围	进行严谨的、清晰明确的审查，以及基于英国专利说明书的全面检索进行新颖性审查。不需要进行独创性审查。与现在 EPO 实践相比，审查员有合理方法来增加主题。进行第 9 节的审查（第 5.72 段的脚注㊻）	通过“技术进步”审查，实现新颖性和创造性的审查：尽管是新的发明，需要所宣称的发明比现有技术更“先进”。审查员都很有主见，申请人通常会接受审查员提供的范围较窄的权利要求，因为法院将它们作为“核心”的权利要求♀。审查员对于增加主题很灵活，例如在诉讼中允许增加额外的实施例	在德国可以克服创造性异议，但在荷兰经常无法克服创造性异议。荷兰通常被认为是欧洲最难获得授权的地方	进行国际新颖性检索，但是并不要求申请人根据检索修改其权利要求	审查完全是形式，如果满足条件，专利将进入授权流程

续表

	英国	德国	荷兰	法国	比利时
在优先权日的18个月之后的公开或未接受申请的公开（未要求优先权的申请日）	无；专利局只接受公开，截至提交完整说明书后的2.9年*	有	有	有	无，但是授权时间很短，以至于此类条款一直多余。为了避免18个月之前公开，公约国申请人需要申请延迟。比利时的索尔维通常避免在其本国提交优先权申请，否则，很可能在公约年内公开
授权前异议	有，期限为3个月	有，期限为3个月	有，期限为4个月	无	无

* 可在提前英国优先权申请后的15个月内，或在公约国提交优先权后的12个月内提交完整的说明书。

♀ “核心权利要求”（也被称为“指示性”或“标志性”权利要求）在德国被解释为其超过字面意思所定义的范围。协议对EPC第69条的解释拒绝“仅仅是指导原则”用语的使用，以及其他严格按照字面意思的极端情况。

参考文献：Patent Law of the United Kingdom（1975）；Baxter（1973）。

附录20.3　一些关于专利对发达国家和欠发达国家影响的研究❶

A20.3.01　回顾早期的研究，Matthews（2010）总结到，在发达国家和欠发达国家，专利鼓励发明和创新［见第4章第1节，这些术语的区别］的证据整体上是模糊不清的。他不同意用统一尺度来评判所有定义专利在全球经济中如何扮演积极角色的方法。

A20.3.02　Matthews的结论相当于是对TRIPS与专利相关的第2章回顾性的批评。他的结论基础可以总结为以下几点：专利对发展的影响取决于一个国家具体的条件。因此，在一些国家的技术发展中，工业化最快速的途径可能有两步：（a）通过本地产业模仿国外设计的产品；（b）随后，通过本地产业发明和创新。在这种情况下，外国人可以使用有效的专利制度阻止第（a）步，导致本地产业不能走到第（b）步，同时外国人可以从专利中受益。一旦第（a）步可以通过内部技术转移来替代，那么可以避免这种不利情况。

A20.3.03　Shadlen研究了巴西、阿根廷和墨西哥等发展中国家。他使用简化的示意图对发达国家和发展中国家进行对比，如图A20.3.1所示。依据Shadlen（2009，2012，即将发表）；另见Shadlen（2005，2011，2012a）。

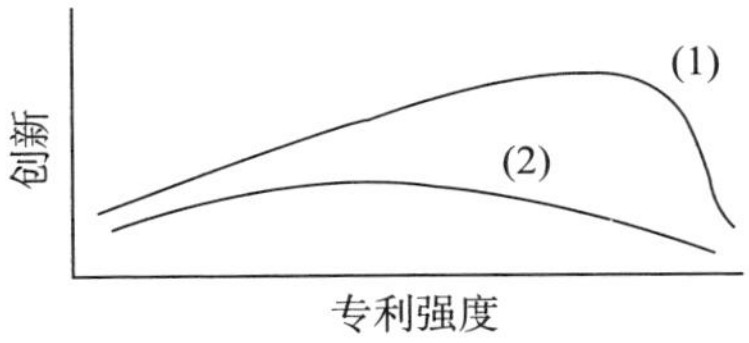

(1)代表发达国家；(2)代表发展中国家

图A 20.3.1　创新vs专利强度

即使在一个具有很高能力进行发明和创新的发达国家，如果专利强度设定得太高，即“投入很多进行进一步的创新［变为］私人拥有”，其创新能力也会变低。由于第三方专利的存在，发明很难转化为创新，而且事实上，首先也减少了产生发明的激励。因此，代表发达国家的曲线（1）依据x坐标轴具有最大值，即最佳专利强度。但是对于发展中国家，较低的内在的发明和创新能

❶　该附录可参见第20.33段。

力意味着，其最佳专利强度也较低［见曲线（2）］。❷ 因此，由于 TRIPS，当发展中国家采用适合发达国家的最佳专利强度时，其本地创新会遭遇困境。而且，如果考虑其制度成本（现金流入外国专利所有权人手中），与完全没有专利制度相比，发展中国家遵守 TRIPS 制度的净收益事实上是负的。

A20.3.04　Shadlen 认为，为了弥补这种情况，发展中国家有以下选择：

（i）确认其是否事实上过度实施 TRIPS，如果的确如此，TRIPS 中是否有灵活的空间以便它们用来减少专利制度的强度；

（ii）通过加大投入研究和技术，“成长为”强大的专利制度［如图 A20.3.1 所示，尝试从曲线（2）转变为曲线（1）］。

他提到，现有的强专利制度的一个影响是，让至少一些模仿者破产（参见第 A20.3.02 段），不再进行游说，同时（ii）建立本地重视专利保护的游说团体。因此，从长远来看，即使产生负的净利润，这可能是强专利制度的默许。另外，发展中国家可以将 TRIPS 视为对 WTO 成员整体有益的一部分。❸

---

❷　这就是为什么发达国家通常限制专利期限为 20 年，即使到达该期限，还要求增加续展费，而且要求专利有效的条件在于有显著创造性（在过去，与仅要求低创造性的次级专利的观点相比，见第 20 章案例研究 B）。

❸　乌拉圭回合谈判的一大进步正如 TRIPS 一样，建立 WTO 争端解决程序，为成员提供，特别是为经济较弱的成员提供争端事件的公平听证。

附录 20.4　统一专利法院规则程序第 15 次草案中的代理人——当事人特权

2013 年 5 月 31 日

（UPC，2013）❶

第 287 条——代理人——当事人特权

（1）当客户向律师寻求建议时，无论内容是否与法院审理的诉讼程序相关，其都已经受到专业指导，他们之间所有寻求或提供建议的交谈均为受法律保护的私下交谈（无论是否是书面形式或是口头形式），受不被披露的特权保护，同时在法院审理诉讼前的任何程序中，或仲裁或调节程序中都应保密。

（2）上述特权同样适用于客户和其雇用的律师之间的通信，雇用律师应以其专业知识提供指示，以及客户和专利律师（包括客户雇用的专利律师）之间的通信专利律师应以其专业知识提供专利事务方面的建议。

（3）该项特权也保护律师或专利律师（包括与同一律所或机构任职的律师和/或专利律师之间的通信，或与一客户雇用的律师和/或专利律师之间的通信）作出的工作成果以及任何不得公开的通信记录。

（4）该项特权保护律师、专利律师以及其客户避免关于他们之间通信内容或本质的询问或审查。

（5）客户可以明确表示放弃该项特权。

（6）本条所称“律师”是指具有一定资质的从业人员，可作为律师根据他所从业的国家法律以其专业知识提供法律建议；也应包括由瑞典专利律师协会或欧盟缔约成员国同等机构授予法律学位的人员（法律工作者）。本条所称“专利律师”是指具有资质根据所从业的国家法律以其专业知识提供建议的从业人员，其从业领域应与发明保护、诉讼、专利或专利申请立法相关。

（7）“专利律师”也包括欧洲专利局根据 EPC 第 134 条承认的专业代理。

---

❶ 该附录可参见第 20.36 段。

附录20.5　统一专利法院中的代理（UPC）[2]

欧洲联盟理事会（2009）相关内容如下：

“第28条

“代理

“（1）当事人应由有权在缔约国一方法院执业的律师代理。

“（2）当事人可以由欧洲专利律师代理，他们有权根据EPC第134条在欧洲专利局担任专业代表，并具有适当的资格，如欧盟专利诉讼证书。

“（2a）当事人的代理可以得到专利律师的协助，专利律师可以根据规则或程序在法院听证会上发言。

“（3）混合委员会应根据欧洲共同体委员会的提议确定第2款规定的资格要求。有权出庭代理当事人的欧洲专利律师名单应由书记官保管。

“（4）当事人的代理在程序规则规定的条件下享有独立行使职权所必需的权利和豁免权。

“（5）当事人的代理有责任在知情或有充分理由知情的情况下，不向法庭歪曲案件或事实。”

欧洲联盟理事会（2013年）的有关内容如下：

“第48条

“代理

“（1）当事人应由有权在缔约国法院执业的律师代理。

“（2）当事人可以由欧洲专利律师代理，他们有权根据EPC第134条在欧洲专利局担任专业代理，并具有适当的资格，如欧洲专利诉讼证书。

“（3）应由理事会根据第2款确定对资格的要求。有权出庭代理当事人的欧洲专利律师名单应由书记官长保存。

“（4）当事人的代理可以得到专利律师的协助，专利律师可以根据程序规则在法院听证会上发言。

“（5）当事人的代理应享有独立行使职责所必需的权利和豁免权，包括在法院诉讼程序中根据程序规则披露有关代理人与当事人或任何其他人之间通信的特权，除非有关方明确放弃该特权。

---

[2] 该附录可参见第20.37段和第20.41段。

“（6）当事人的代理有义务在知情或有充分理由知道的情况下不向法院歪曲案件或事实。

“（7）在根据第 32（1）（i）条进行的程序中，不得要求根据本条第 1 款和第 2 款作出陈述。”

附录 T 本书中引用的商标

在正文中，带 * 的商标是指其所有权人在表中。当并不必要时，* 并未用于第 8 章或其他案例中的大部分公司专用标志 "FT"，即金融时报。

Advil (Wyeth)	Maggi (Nestlé)	Oxbar (Constar International)
Brufen	Microsoft Notepad Microsoft Offce Excel Microsoft Office Outlook	Persil (Unilever in the UK; Henkel in Germany)
CounselLink (LexisNexis)	Microsoft Office Word Microsoft Office Powerpoint Microsoft Paint	Persil Power (Unilever)
Directors Desk (Nasdaq OMX)	Microsoft Windows (Microsoft)	PGP (Symantec)
Dragon Naturally Speaking (Nuance Communications)	Motrin (Johnson & Johnson)	Prius (Toyota)
Dreamliner (Boeing)	Myers – Briggs (Myers & Briggs Foundatin)	Serengeti Tracker (Serengeti Law)
Facebook (Facebook)	Myoview (GE Healthcare)	System X (mark related to a collaborative project)
Lexcel (The Law Society)	Nescafé (Nestlé)	
Linkedln (Linkedln Corporation)	Nuprin (CVS)	Tomado (mark related to a collaborative project)
Lotus 1 – 2 – 3 (IBM)	Nurofen (Reckitt Benckiser)	WorkMate (Black & Decker)

缩略词

本书中使用的缩略词

图 3. 1 中使用的缩略词在该图说明中列出。

35 USC　美国法典第35 编——美国专利法，2011 年9 月至2013 年3 月修订的不同生效日期的美国发明人法案

ABA　美国律师协会，芝加哥：见附录20. 1

AF　确认表（对于发明的贡献者），笔者自造词：见第6. 06 段

AGM　年度股东大会（公司）

AIA Leahy - Smith　美国发明法案：见上文35 USC

AIDS　获得性免疫缺陷综合征，简称艾滋病

AIM　商标行业协会（欧洲品牌协会），布鲁塞尔：见附录20. 1

AIPLA　美国知识产权法协会，弗吉尼亚州阿灵顿：见附录20. 1

AIPPI　国际保护协会知识产权保护协会（国际知识产权保护协会），瑞士苏黎世：见附录20. 1

A - Level　普通教育证书，高级水平，英格兰和威尔士大学入学基础

AUT　大学教师协会（见 UCU）

BAN　英国批准的名字

BASCAP　制止假冒和盗版商业行动，巴黎：见附录20. 1

BCP　业务连续性计划（≡“灾难恢复”）；也用于业务连续性计划

BIS　商业、创新和技能部门，英国政府部门，包括旧的 DTI（但通过中间重组）

BLO　英国知识产权局的系列决定，可从大英图书馆的商业和知识产权中心获取，也可从官网 www. ipo. gov. uk 获取

bmp　位图 - 例如，由“程序 - 附件”下的旧版但仍可用的 Microsoft Paint 生成的计算机文件格式，可用作文件扩展名

BSI　英国标准学会，伦敦

CA　英格兰和威尔士上诉法院，伦敦

CAFC　美国联邦巡回上诉法院，华盛顿

CBI　英国工业联合会，伦敦：见附录 20. 1

CCBE　欧洲律师协会（最初的双字母“C”未在任何一种语言的名称中反映出来），布鲁塞尔：见附录 20. 1

CDPA　英国版权、专利和外观设计法，1988 年

CEIPI　欧洲知识产权研究中心，斯特拉斯堡大学，法国

CEO　［公司］首席执行官

CIPA　英国特许专利律师协会：见附录 20. 1

CJEU　欧盟法院

CLP　认证授权专业人员

CMS　案件管理系统：参见图 3. 1 和本书

CPD　继续专业发展

CREATe　责任企业和贸易中心，华盛顿

CTC　反恐检查（英国）

CTM　欧共体商标

CTMR　共同体商标条例

DCF　净现金量

DIY　自制

doc　微软 Office Word 文件，可作为计算机文件拓展名，后期版本使用“docx”

dot　微软 Office Word 文档模板，可用作计算机文件扩展名，后期版本使用“dotx”

DP2　根据 UKPA 第 22 条的规定，申请人提交申请的表格，英国知识产权局授权 MOD 检查该申请

DTI　贸易工业部，早期为英国政府部门，现在并入 BIS

DV　开发审查（英国）

ECJ　欧洲法院，现在是 CJEU

EEA　欧洲经济区

EEUPC　欧洲和欧盟专利法院（现为 UPC）

EIRMA　欧洲工业研究管理协会，巴黎

EP　欧洲专利，也是依据 EPC 的标准双字母代码申请

EPA　欧洲专利律师

EPC　欧洲专利公约

EPI 欧洲专利局，慕尼黑：见附录20.1

EPO 欧洲专利局，慕尼黑

EPOR 欧洲专利局报告

EPSRC 工程与物理科学研究委员会（英国），史云顿，英格兰

ESPRIT 欧洲信息技术研究战略计划

EU 欧盟

EWCA 英格兰和威尔士上诉法院判决，可从英国和爱尔兰法律信息研究所的官网 www.bailii.org 获得

EWHC 英格兰和威尔士高等法院判决，可从英国和爱尔兰法律信息研究所的官网 www.bailii.org 获得

FACT 反版权盗版联盟，老艾尔沃斯，米德尔塞克斯，英格兰：见附录20.1

FAST/IiS 反软件盗版联盟，伯克郡梅登黑德，英格兰：见附录20.1

FICPI 国际知识产权律师协会，巴塞尔，瑞士：见附录20.1

FMCG 快速消费品，如杂货，洗漱用品和家用清洁用品

FoI 信息自由

fp&r 申请、起诉和续展

FSR Fleet Street 报告，由 Sweet & Maxwell 出版，伦敦

FT30 《金融时报》关于英国股票市场的前30位指数

FTC 美国联邦贸易委员会，华盛顿

FTE 全职等效

FTSE 早期为《金融时报》证券交易所，但通常被读为“Footsie”，即 Footsie 指数（伦敦证券交易所的股票交易）

G7 七国集团：美国、日本、加拿大、德国、英国、法国和意大利

GRUR 德国知识产权与版权协会，德国最古老的专门从事知识产权及其期刊的组织

gTLD 通用顶级域名

HEFCE 英格兰高等教育基金委员会

HEFCW 威尔士高等教育基金委员会

HEI 高等院校

HM 女王陛下（适用于英国政府）

HMG 女王陛下政府（英国政府）

HMRC 女皇陛下税务海关总署，英国

html 超文本标记语言，通常用于网页，以及电子邮件选项；htm 和 mht

文件扩展名均源于此

IBIL　品牌和创新法律研究所，伦敦学院大学法学院

ICANN　互联网名称和数字地址分配机构，洛杉矶

ICC　国际商会，巴黎：见附录 20.1

ICT　信息和通信技术

IEC　国际电工技术委员会，日内瓦

INN　国际非专利名称

INPI　法国工业产权局，库尔贝瓦，法国（也称为法国知识产权局）

INTIPSA　国际知识产权战略家协会——Intipsa Ltd，伦敦

IP　知识产权

IPAN　知识产权认知网络，伦敦

IPC　国际专利分类

IPO［1］　知识产权局（任何国家，不论其准确名称）

IPO［2］　知识产权所有者协会，华盛顿，美国：见附录 20.1

IPR　知识产权

IPReg　知识产权监管委员会（英国），伦敦

ISA　国际检索单位（PCT）

ISO　国际标准组织，日内瓦

IT　信息技术

ITC　国际贸易委员会，华盛顿

ITMA　商标律师协会，伦敦：见附录 20.1

JOERS　光电联合研究计划（英国，贸易工业部）

JPO　日本特许厅，东京

JV　合资公司

KIPO　韩国知识产权局，大田

KM　知识管理

LES　国家许可贸易工作者协会，亚历山大市：见附录 20.1

LRQA　劳氏质量认证，英国分支机构，考文垂，英格兰

MR　案卷主事官（主持英国上诉法院）

M&A　并购（实际是“MAD&J”，包括合并、收购、出售和合资）：见第 11.54 段

MHRA　药品和保健品监管机构，伦敦

MI5　军情五处，HMG 的安全服务（原文如此），负责或部分负责反恐、间谍、网络间谍和大规模杀伤性武器的扩散

MITI　国际贸易与工业部，东京

MOD，MoD　英国国防部，不要与美国国防部 DOD 混淆

MP　议会议员（英国下议院）

MPEP　美国专利审查指南（美国专利商标局）

MRI　磁共振成像（核磁共振在医学方面的应用）

NAFTHE　全国高等教育教师协会（见 UCU）

NASA　美国国家航空航天局，华盛顿

NDA　保密协议（也称为 confidentiality agreement），这两个词都是用词不当：见第 11.21 段

NGO　非政府组织（例如，贸易协会或专业机构作为观察员出席政府会议）

non－fp&r　非（申请、审查和续展）业务

NPE　非执业实体，专利主张实体或专利流氓的委婉说法：见第 12.03 段

NPV　净现值——一种折现金流计算的可能结果

NRDC　国家科学研发公司，比 BTG plc 成功，两者商业模式不同

NSF　美国国家科学基金会，阿灵顿

NSV　国家安全审查（英国）

NUS　全国学生联合会，伦敦

OCR　光学字符识别（名词）；也作动词，是指扫描纸质文件并读取其文本

OECD　经济合作与发展组织，巴黎

OHIM　内部市场协调局（欧盟商标和外观设计局），阿利坎特，西班牙

OJEPO　欧洲专利局官方期刊

ON　老北欧人

OUP　牛津大学出版社（也被称为“牛津”，著名出版商），牛津，英国

PA　私人助理

PAE　专利主张实体，美国联邦贸易委员会和英国知识产权局优选项：见第 12.02 段

PC　个人计算机（特别是早期为 IBM 机和后来的惠普及其他计算机，而不是苹果机）

PCT　专利合作条约

pdf　便携式文档格式，用作计算机文件扩展名

PERT　项目评估和审查技术

PET　聚对苯二甲酸乙烯，用于可乐瓶的聚合物

PGP　很好的隐私加密软件：见附录 T

PV　私营企业（与研究及发展资助有关）

PwC　普华永道会计师事务所，国际会计师事务所

QC　女王律师，英国法院最资深的辩护律师，大多数但不一定是大律师

QMS　质量管理体系

R&D　研发

RCD　注册制共同体外观设计

RDE　监管数据独占性

REF　科学研究卓越框架（英国）

RPC　专利、外观设计和商标案例报告，由牛津大学出版社为英国知识产权局出版

RSA　鼓励艺术、制造和商业皇家学会，伦敦

RTPA　1976 年英国限制性贸易惯例法

SA　有限公司（法国或比利时的公司）

SABIP　知识产权政策策略咨询委员会（英国），已不存在

SACIP　知识产权常务咨询委员会（英国），已不存在

SC　安全检查（英国）

SI　法定文件（英国）

SIPO❶　中国国家知识产权局，北京

SISA　补充国际检索机构（PCT）

SME　中小型企业：依据 Greenhalgh 等（2010a）的研究，将 10～249 名员工指定为小型企业，小于 10 名员工的企业指定为微型企业

SPC　欧洲药品补充保护证书

SQL　结构化查询语言

SRA　律师监管局（英格兰和威尔士），伯明瀚，英国

TDBS　时间和支出记录和客户账单计算系统，笔者自造词：参考图 3.1 并在整本书中使用

TFEU　欧洲联盟运作条约

TIFF/tif　标记图像（文件）格式，三字母形式的计算机文件扩展名

TMPDF　商标、专利和外观设计联合会，伦敦，现在为知识产权联盟：见附录 20.1

TopCo　公司集团最终控股公司，不论其是否纯粹属于公司集团，亦不论

❶ 2018 年，中国国家知识产权局的英文缩写变更为 CNIPA。——编辑注

其内部是否有业务活动

TQM　全面质量管理

TRIPS　与贸易有关知识产权协定，《建立世界贸易组织的马拉喀什协定》附件1c，在马拉喀什签署，摩洛哥，1994年4月15日

TTBER　技术转让集体豁免条例（772/2004/EC）

TUPE　经营转让（就业保护）条例（英国）

txt　文本文档（计算机文件的文件扩展名）

UAIP　与知识产权请求付有关的未经请求的方法，笔者自造词：见第12章

UCU　大学和学院联盟，伦敦，由英国教师协会（AUT）和全国进修与高等教育协会（NATFHE）于2006年合并而来

UDR　未注册设计权（英国和欧盟）

UGC　大学教育资助委员会（由英国高等教育资助局接替）

UKIPO　英国知识产权局，纽波特，威尔士

UKHL　上议院（现为最高法院），伦敦

UKPA　1977年英国专利法

UKRDA　1949年英国注册设计法

UKTMA　1994年英国商标法

UNICE　欧洲共同体联盟，现在为商业欧洲，布鲁塞尔：见附录20.1

UPC　欧盟统一专利法院

USAN　美国采纳委员会

USB　通用串行总线，提供PC、摄像头和移动设备的矩形连接（塔式PC通常可能在前面有2个USB端口，在后面有4个USB端口，每个为11 mm × 4 mm）

USC　美国法典——见美国法典第35编

USCIB　美国国际商业委员会，纽约：见附录20.1，隶属于国际商会

USPTO　美国专利商标局，亚历山大市

UTS　未经请求的技术建议

VAT　增值税，一种特别是在欧盟的销售税（法国为TVA，德国为MWSt）

VC　风险资本家

WHO　世界卫生组织，日内瓦

WIPO　世界知识产权组织，日内瓦

WLR　每周法律报告，英格兰和威尔士法律报告委员会负责出版，伦敦

WTO　世界贸易组织，日内瓦

xls　微软办公软件Excel电子表格，可用作计算机文件扩展名，在后期版本中使用“xlsx”

参考文献

大部分文献标题中的“The”被省略了。尽管原文献中包含了“The”，
但是在排序时已被忽略。
本书参考文献按单一作者文献和多位作者文献顺序进行排序。
如果是同名作者，则按照发表年份排序（必要时，使用“2013”，“2013a”等）。
姓氏中包含“van” or“von”，优先排序。案例索引和专利号已经在正文中标出，
此处不再出现，但是在索引中仍会标出。
英国、欧洲和国际法律可以在以下网站中找到：www. legislation. gov. uk/，
在 *Butterworths intellectual property law handbook* 或
Butterworths competition law handbook 两本书中的法律不再列出。
同样，在 Samuels 中出版的美国法律也不再列出。
所有网址都是在 2013 年 5 月以后访问的。与英国官方部门相关的网站每天都会更新，
对于查不到的文献可以到国家档案馆网址找到：http：//webarchive. nationalarchives. gov. uk. ，
如果仍有疑问的话，正文中已经标出了具体的访问日期。
各章和附录中引用文献的位置都在每条参考文献的后面以方框号形式进行标出，
比如［3，A20. 1］，是指第 3 章和附录 20. 1

Adams，Scott，Dilbert 2. 0 – 20 years of Dilbert（Andrews McMeel，Kansas City，MO，2008，book with CD）continuing in newspapers and under www. dilbert. com［18］

Adams，Scott，Dogbert the CEO，Dilbert（28 July 2009），available under www. dilbert. com［4］

Adams，Scott，Dilbert（9 September 2009a），available under www. dilbert. com［10］

Adams，Scott，Dilbert（2 June 2010），available under www. dilbert. com［8］

Adams，Scott，Dilbert（23 – 26 February 2011），available under www. dilbert. com［11］

Adams，Scott，Dilbert（30 March 2013），available under www. dilbert. com：source of quotation（b）in second footnote to paragraph 18. 12［18］

Adams，Scott，Dilbert（13 June 2013a），available under www. dilbert. com，and preceding cartoons available by searching for“upgrade”［2］

Adams，Stephen，New methodologies for patent searching；what do we need?，Proc. Global symposium of intellectual property authorities（Geneva，Sep 17 – 18 2009），www. wipo. int/export/

sites/www/meetings/en/2009/sym_ ip_ auth/pdf/stephen_ adams. pdf [5]

Administrative Council of the European Patent Organisation, Regulation on discipline [for European patent attorneys] (amended to 2007), published in consolidated form Supplement to Official Journal EPO 1/2013, 119 - 130 (2013), available under www. patentepi. com [2]

Agreement on the application of Article 65 of the Convention on the grant of European Patents (17 October 2000), Official Journal EPO, 12/2001, 550 - 553 (2001) [5, 9, 20]

Al-Khalili, Jim, The life scientific: Robert Mair (BBC radio 4, 15 January 2013) [4]

Allan-Jones, Andrew, Managing inventors and claims for compensation, Briefing (Burgess Salmon, Bristol and London, April 2009) [6]

Anderson, Mark (gen. ed.), Technology transfer (3rd edition, Bloomsbury Professional, Haywards Heath, West Sussex, England, 2010) [11]

Anderson, Mark, Providing IP services to SMEs, CIPA Congress 2011 (London, 7 October, 2011) [5]

Apple, "HTC and Apple settle patent dispute-all patent litigation between the companies dismissed", Press Info (Apple United Kingdom, 10 November 2012), available under www. apple. com/uk/pr/library/ [10, 11]

Arnold and Siedsma (ed.), Manual for the handling of applications for patents, designs and trade marks throughout the world, commonly known as the "Dutch manual" or the "Brown book" (Wolters Kluwer IP Law and Business, USA and Netherlands, looseleaf or online at www. kluweriplaw. com/, continuously updated) [1]

Ashmead, Richard J, "Registration, scope, and IP TRANSLATOR", CIPA Congress 2012 (London, 12 October 2012) [A8. 1]

Ashworth, John, How to take a financial crisis and turn it to your advantage, Times Higher Education Supplement (26 November 2009), www. timeshighereducation. co. uk/story. asp? storycode = 409222 [4]

Asimov, Isaac, I Robot (1950, Harper Voyager paperback, 1996) [2]

AstraZeneca, AstraZeneca annual report and Form 20 - F information 2011 (AstraZeneca PLC, London, 2012) [5]

AstraZeneca, AstraZeneca annual report and Form 20 - F information 2012 (AstraZeneca PLC, London, 2013) [19]

Aziz, Khurram, Judge calls litigants in patent war "animals": says software patents not needed, Intellectual Property Magazine (web posting 6 July 2012) [10]

Babiak, Paul and Hare, Robert, Snakes in suits-when psychopaths go to work (HarperCollins, New York, 2006) [18]

BAE Systems, Annual report 2012 (BAE Systems plc, London, 2013) [19]

Ball, Lyle, Is your patent quality lost in translation? Intellectual Property Magazine, 54 - 55 (December 2012/January 2013) [5]

Ball, Philip, Curiosity-how science became interested in everything (Bodley Head, London, 2012) [4]

Ball, Philip, A dose by any other name, Chemistry World, 9 (6), 35 (June 2012a) [8]

Baxter, J W, World patent law and practice (2nd edition, Sweet & Maxwell, London, 1973, with 2nd cumulative supplement 1976) [A20.2]

BBC News Business, Boeing's Dreamliner completes first commercial flight (British Broadcasting Corporation, London, 26 October 2011), www.bbc.co.uk/news/business-15456914 [4]

BBC News Channel, RIP BT's Piper-BT's piper has heard his Last Post (British Broadcasting Corporation, London, 8 April 2003), http://news.bbc.co.uk/1/hi/uk/2926135.stm [8]

BBC News Channel, AOL Time Warner splits after near 10-year marriage (British Broadcasting Corporation, 9 December 2009), http://news.bbc.co.uk/1/hi/business/8403302.stm [11]

BBC News Channel, Why AOL Time Warner failed to change the world (British Broadcasting Corporation, 9 December 2009a), http://news.bbc.co.uk/1/hi/business/8403308.stm [11]

Beales, K J, Cooper, D M, and Rush, J D, Increased attentuation in optical fibres caused by diffusion of molecular hydrogen at room temperature, Electronics Letters, 19, 917-919 (1983) A4.1]

Benner, Mary J and Tushman, Michael L, Expoitation, exploration, and process management: the productivity dilemma revisited, Academy of Management review, 28 (2), 238-256 (April 2003) [1]

Bently, Lionel and Sherman, Brad, Intellectual Property Law (3rd edition, Oxford, 2009) [9]

Bergin, Chris, Remembering the mistakes of Challenger, NASASpaceflight website (NASASpaceflight, USA, 28 January 2007), www.nasaspaceflight.com/2007/01/remembering-the-mistakes-of-challenger/ [18]

Bergin, Tom, Special Report: how Starbucks avoids UK taxes, Reuters Edition UK (15 October 2012), http://uk.reuters.com/article/2012/10/15/us-britain-starbucks-tax-idUKBRE89E0EX20121015 [13]

Bernard, Derek, Ron Hickman, OBE, 1932-2011, CIPA Journal, 40 (3), 196 (March 2011) [A4.1]

Bessen, James and Meurer, Michael James, Patent failure-how judges, bureaucrats, and lawyers put innovators at risk (Princeton University Press, Princeton, NJ and Oxford, England, 2008) [10, A10.1]

Bessen, James, Ford, Jennifer, and Meurer, Michael J, The private and social costs of patent trolls (Boston University School of Law Working Paper No. 11-45, 19 September 2011, revision of 9 November 2011), available under www.bu.edu/law/faculty/scholarship/papers.html [12]

Bessen, James and Meurer, Michael J, The direct costs from NPE disputes (Boston University School of Law Working Paper No. 12-34, 25 June 2012, revised July 2013), available under www.bu.edu/law/faculty/scholarship/papers.html [12]

BIS, Export Control Organisation, Service and performance code (March 2010, reissued with elimination of BIS logo 2012), available under www. bis. gov. uk [16]

BIS, Controls on dual-use goods (12 September 2012), https: //www. gov. uk/controls-on-dual-use-goods [16]

Blanco White, T A, Patents for inventions and the protection of industrial designs (4th edition, Stevens and Sons, London, 1974) [6]

Blitz, David, Companies urged to declare cyber attacks, Financial Times (ft. com posting, 7. 00 pm, 3 December 2012) [14, 16]

Boardman, Nigel, It is time for an overhaul of Britain's Dickensian legal system, Financial Times (22 October 2012) [10]

Bond, Michael, Keep your head, New Scientist, issue 2671, 34 – 37 (30 August 2008) [18]

BP, Annual Report and Form 20 – F 2012 (BP p. l. c. , London 2013) [19]

Braddon, Nick and Jeffs, Peter, How tax advisers and patent attorneys can help each other to take patent box to clients, CIPA Journal, 42 (5), 236 – 238 (May 2013) [5]

Branson, Robert S, Rules of thumb: valuing patents and technologies, les Nouvelles, XXXIV (4), 149 – 152 (December 1999) [11]

Breidthardt, Annika, Germany calls on EU to ban "patent box" tax breaks, Reuters Edition UK (9 July 2013), http: //uk. reuters. com/article/2013/07/09/uk-europe-taxes-idUKBRE9680KY20130709 [5]

Brinkhof, Jan, On enforcement of European patents and the "Desire for harmonisation" factor in Patentrecht-Festschrift für Thomas Reimann zum 65. Geburtstag, 25 – 35, eds Osterrieth, Christian, Köhler, Martin, and Haft, Klaus (Carl Heymanns Verlag, Cologne and Munich, 2009) [10]

British Brands Group, Brands-a hidden force in the UK economy, Press release (British Brands Group, London, 26 April 2012) [8]

Broadwith, Phillip, Clinical trial data release blocked, Chemistry World, 10 (6), 18 (June 2013) [9]

Broers, Alec, The triumph of technology, Lecture 3: innovation and management, BBC Reith Lectures 2005, available to listen under www. bbc. co. uk [4]

Brookson, Stephen, Mastering financial management (Thorogood, London, 1998) [5, 11, A3. 2]

Broughton, Philip Delves, The management gurus due for a review, Financial Times (4 January 2011) [18]

BT, BT Group plc annual report & form 20 – F 2012 (BT Group plc, London, 2013) [19]

Burk, Kathleen, Troublemaker-the life and history of A J P Taylor (Yale, 2000) [20]

Business Roundup column, R&D return falling, Chemistry World, 8 (12), 19 (December 2011), citing research by KPMG [4]

Business Roundup column, Return on drug R&D dropping, Chemistry World, 10 (1), 20 (January 2013), citing research by Deloitte and Thomson Reuters [4]

Business Roundup column, Drug R&D costs rising, Chemistry World, 10 (1), 21 (January 2013a), citing research by Office of Health Economics [4]

Business Wire, Constar receives $ 25.1 million in settlement of Oxbar infringement action (1 November 2004) [10]

Butterworths competition law handbook, ed. Bavasso, Antonio F (updated and reprinted in toto annually) [legend to this table, 1]

Butterworths intellectual property law handbook, ed. Phillips, Jeremy (Lexis Nexis Butterworths, updated and reprinted in toto every two years) [legend to this table, 1]

Cabinet Office, Understanding the security policy framework (Version 2.1, April 2013), available under www.cabinetoffice.gov.uk [16]

Cabinet Office, HMG security policy framework, (Version 10.0, April 2013a), available under www.cabinetoffice.gov.uk [16]

Cabinet Office, HMG personnel security controls (Version 1.1, April 2013b), available under www.cabinetoffice.gov.uk [16]

Caddick, Nicholas, Defending the boundary, The Lawyer, 26 (39), 41 (24 September 2012) [9]

CAplus, database (American Chemical Society, continuously updated), stands for Chemical Abstracts plus, www.cas.org/content/references [5]

Carnegie Mellon University, Interception: receiving email that is directed to another person, My secure cyberspace (acccessed 19 July 2013), www.mysecurecyberspace.com/secure/email/threats/interception.html [16]

Casella, J, Dronsfield, A T, and Ellis, P, Harnessing the rainbow, Education in Chemistry, 39 (3), 72-75 (May 2002) [2]

CCBE, Proposal for a European and Community Patents Court: CCBE position regarding Article 28-Representation (Conseil des barreaux européens-Council of Bars and Law Societies of Europe, Brussels, 19 February 2009), available under www.ccbe.eu [20]

The Chambers dictionary (12th edition, Chambers Harrap, London, 2011) [1, 12]

Chapdelaine, Pascale, The regulation of in-house counsel: opening the Pandora's box of professional independence, available through http://ssrn.com/abstract=1714087 [2]

Chesbrough, Henry, Open innovation: the new imperative for creating and profiting from technology (Harvard Business School, 2003) [4]

Chesbrough, Henry, "Open innovation: a new paradigm for understanding industrial innovation" and "New puzzles and new findings", Chapters 1 and 2 in Chesbrough et al, eds (2006) [4]

Chesbrough, Henry, Van Haverbeke, Wim, and West, Joel (eds), Open innovation: researching a new paradigm (Oxford, 2006) [4]

CIPA, seminar, What does industry want [of private practice patent attorneys]?, London (September 2005) [1]

CIPA guide to the patents acts, ed. Cole, Paul G and Jones, Stephen F (7th edition, Sweet & Maxwell Thomson Reuters, 2011) [1, 6, 16]

CIPA guide to the patents acts, first supplement, ed. Cole, Paul G and Jones, Stephen F (Sweet & Maxwell Thomson Reuters, 2013) [16]

Clayton, Tony, Cremers, Katrin, Harhoff, Dietmar, Helmers, Christian, Licht, Georg, McDonagh, Luke, Rudyk, Ilya, Schliessler, Paula, Schneider, Cedric, and van Zeebroeck, Nicolas, Patent litigation in Europe-a comparative empirical analysis, presentation at workshop Patent litigation in Europe-a story of war and settlement (Brussels, 22 November 2012) [10]

Clegg, Alicia, Watching the executives, Financial Times (7 June 2011) [2]

Clementi, Sir David, Review of the regulatory framework for legal services in England and Wales-final report (December 2004), available under http://webarchive.nationalarchives.gov.uk [1]

Coghlan, Andy, Patent rules are unfair to the poor, says Britain, New Scientist, issue 2395, 8 (17 May 2003) [20]

Cole, Paul, Fundamentals of patent drafting (Chartered Institute of Patent Attorneys, London, 2006) [1]

Collier, Paul, Bleak realism is no way to run a company, Financial Times (1 August 2011), based on Professor Collier's address to the Family Business Association in Liverpool on 9 June 2011 [4]

COM documents: see under European Commission [20]

Community trade marks bulletin, issued daily (Office for harmonization in the internal market, Alicante, Spain), available under http://oami.europa.eu [A8.1]

Companies House, Model articles for companies limited by shares (Companies House, Cardiff, Wales, June 2009), www.companieshouse.gov.uk/about/modelArticles/model_articles_private_ltd_by_shares.doc [11]

Companies House, Incorporation and names (Version 5.1, Companies House, Cardiff, Wales, June 2013), available under www.companieshouse.gov.uk [8]

Constar, Speciality beverages (Constar International website, accessed 17 July 2013), www.constar.net/products-specbev.php [8]

Cook, Trevor and Horton, Audrey, Practical intellectual property precedents (FT Law and Tax, London, looseleaf, updated) [11]

Cooper, James Fenimore, Notions of the Americans: picked up by a travelling bachelor, vol. II (Carey, Lea, & Carey, Philadelphia, 1833): originally published anonymously [20]

Cornish, W R, Rights in university innovations: the Herschel Smith Lecture for 1991, European Intellectual Property Review, 14 (1), 13-19 (1992) [6]

Council of the European Union, Working document-subject: draft agreement on the European and European Community Patent Court and draft statute (7928/09, PI 23, COUR 29, Brussels,

23 March 2009）［A20. 5］

Council of the European Union，Legislative acts and other instruments-subject：agreement on a Unified Patent Court（OR. en，16351/12，PI 148，COUR 77，Brussels，11 January 2013）［A20. 5］

Council of the European Union，Agreement on "HORIZON 2020"：the EU's research and innovation programme for the years 2014 to 2020，Press release（11985/13，PRESSE 319，Brussels，17 July 2013a）［4］

CRC handbook of chemistry and physics，ed. Haynes，William M（CRC Press，Taylor and Francis Group，Boca Raton，FL，updated in toto annually，available in print，on DVD，and online at www. hbcponline. com）［1］

Croft，Jane，Six convicted of insider trading on information from bank print rooms，Financial Times（24 July 2012）［16］

Crozier，Roy，Criminal prosecutions-an underused remedy，Intellectual Property Magazine，31－34（April 2012）［10］

Davis，Evan Harold，How Unilever，Coke and the Mini car got it so wrong，www. bbc. co. uk/news/mobile/business－13285504（British Broadcasting Corporation，8 May 2011），previewing BBC2 programme Business nightmares-doomed designs，broadcast on 9 May 2011［A4. 1］

Department of Trade and Industry，Innovation report-competing in the global economy：the innovation challenge（London，December 2003）［20］

Dixon，Norman F，On the psychology of military incompetence（Jonathan Cape，London，1976，Futura paperback edn，London，1979）［18］

Dodgson，Mark and Gann，David，Innovation：a very short introduction（Oxford，2010）［4］

DPMA，Statistics at a glance（Deutsches Patent-und Markenamt，Munich，14 March 2013），http：//presse. dpma. de/presseservice/englisch/patentemarkenundco/datenzahlenfakten/st atistiken/aufeinenblick/index. html［9］

Drucker，Peter，The effective executive（Harper & Row，New York and Heinemann，London，1967，Pan paperback edn，London 1970，and other editions）：page numbers in the text are those of the Pan edition［18］

Duffy，Hazel，Financial Times，Government and industry，The art of lobbying is becoming a profession（24 February 1986）：the former chairman was Sir Ronnie Halstead［20］

Dutton，Kevin，The wisdom of psychopaths-lessons in life from saints，spies and serial killers（Heinemann，London，2012）［18］

EasyAccessIP，www. easyaccessip. org. uk/（University of Glasgow，King's College，London，and University of Bristol，regularly updated，accessed 17 June 2013）［4］

Edgerton，David，Britain's war machine（Penguin paperback，London，2012）［7］

Emsley，John，Molecule of the month-Teflon-the non-stick myth that stuck，Independent（18 July 1994，available at www. independent. co. uk/news/science/molecule-of-the-month-teflon-thenonstick-myth-that-stuck-did-you-think-that-your-hitech-frying-pan-was-a-spinoff-from-the-space-race-john-emsley-explains-that-the-truth-is-the-other-way-around-1414648. html [11]

Encyclopaedia of polymer science and technology, ed. Mark, Herman F (3rd edition, 12 volumes, Wiley, Hoboken, NJ, 2004), also available as a Wiley Interscience Online Reference Work [1]

Encyclopaedia of polymer science and technology, Concise, ed. Mark, Herman F (3rd edition, Wiley, Hoboken, NJ, 2007) [1]

Encyclopedia of United Kingdom and European patent law, Clark, Fiona, Jacob, Robin, Cornish, William, Hamer, George, and Moody-Stuart, Tom (eds) (looseleaf, 2 releases per year, Sweet and Maxwell, London) [6]

EPO, EPO and ETSI announce closer cooperation, News (European Patent Office, Munich, 24 November 2009), www. epo. org/news-issues/news/2009/20091124. html (accessed 1 September 2011, now removed from website) [5]

EPO, EPO and ITU sign cooperation agreement, News (European Patent Office, Munich, 6 May 2011), www. epo. org/news-issues/news/2011/20110506. html [5]

EPO, EPO and IEC agree to cooperate on standards and patents, News (European Patent Office, Munich, 17 April 2013), www. epo. org/news-issues/news/2013/20130417. html [5]

EPO, EPO and IEEE Standards Association announce renewed cooperation, News (European Patent Office, Munich, 11 June 2013a), www. epo. org/news-issues/news/2013/20130611. html [5]

EPO and KIPO, Evaluation report on the collaborative research and examination (CS&E) second pilot project, submitted to the sixth session of the PCT Working Group of WIPO, Geneva, 21 - 24 May 2013, reference number PCT/WG/6/22 REV. (WIPO, Geneva, 2013), available under www. wipo. int [5]

EPSRC, The need for a strategic approach, www. epsrc. ac. uk/research/ourportfolio/Pages/strategic. aspx (Engineering and Physical Sciences Research Council, Swindon, England, 2013) [4]

EPSRC, Research areas, www. epsrc. ac. uk/research/ourportfolio/researchareas/Pages/researchareas. aspx (Engineering and Physical Sciences Research Council, Swindon, England, 2013a) [4]

Ernst, Holger and Omland, Nils, The Patent Asset Index-a new approach to benchmark patent portfolios, World Patent Information, 33 (1), 34 - 41 (2011) [5]

EU Dual - Use Regulation (Nos 428/2009 and 388/2012), Official Journal of the European Union, L134, 1 - 269 (29 May 2009) and L129, 12 - 280 (16 May 2012) [16]

EU Unitary Patent Regulation (No 1257/2012), Official Journal of the European Union, L361, 1 - 8 (31 December 2012) [20]

European Commission and European Parliament, Transparency Register (Brussels and Strasbourg, last update, 19 June 2013), http: //europa. eu/transparency-register/ [20]

European Commission, COM (95) 370 final, Green Paper-the protection of utility models in the single market (Brussels, 19 July 1995) [20]

European Commission, COM (97) 691 final, Proposal for a European Parliament and Council Directive approximating the legal arrangements for the protection of inventions by utility model (Brussels, 12 December 1997) [20]

European Commission, COM (1999) 309 final, Amended proposal for a European Parliament and Council Directive approximating the legal arrangements for the protection of inventions by utility model (Brussels, 25 June 1999) [20]

European Commission, SEC (2001) 1307, Commission staff working paper-consultations on the impact of the Community utility model in order to update the Green Paper on the protection of utility models in the single market (COM (95) 370 final) (Brussels, 26 July 2001) [20]

European Commission, Internal Market DG, Summary of report of replies to the questionnaire on the impact of the Community utility model with a view to updating the Green Paper on protection by the utility model in the internal market (SEC (2001) 1307) (Brussels, 1 March 2002) [20]

European Commission, COM (2005) 462 final, Communication from the Commission to the Council and the European Parliament-outcome of the screening of legislative proposals pending before the Legislator (Brussels, 27 September 2005) [20]

European Commission, Public consultation-revised rules for the assessment of horizontal cooperation agreements under EU competition law (Brussels, period of consultation from 4 May 2010 to 25 June 2010), http://ec.europa.eu/competition/consultations/2010_horizontals/index.html [20]

European Commission, Report on EU customs enforcement of intellectual property rights-results at the EU border 2011 (Publications Office of the European Union, Luxembourg, 2012) [10]

European Commission, Research and innovation, http://ec.europa.eu/research, then follow "FP7" and "Horizon 2020" tabs (regularly updated, accessed 17 June 2013) [4]

European Council, EUCO 76/12, European Council 28/29 June 2012 - Conclusions, available under www.european-council.europa.eu/council-meetings/conclusions/ [20]

European Patent Institute, The code of conduct of the Institute of Professional Representatives before the European Patent Office (amended to 2001), republished in Supplement to the Official Journal EPO 1/2013, 113 - 118 (2013), available under www.patentepi.com [2]

European Patent Institute, Representation before the European and European Patents Court (EEUPC) (European Patent Institute, Munich, 23 June 2010), available under www.patentepi.org: the EEUPC is now known as the UPC [20]

Ewing, Robin and Feldman, Robin, The giants among us, Standford Technology Law Review, 2012, 1 - 61, available as http://stlr.stanford.edu/pdf/feldman-giants-among-us.pdf [12]

Farwell, Bob and Wong, Ann, "Educational review-summary", CIPA Journal, 30 (8), 403 - 407 (August 2001) [20]

Feynman, Richard P, What do you care what other people think? (W W Norton, New York, 1988, Unwin Hyman, London 1989) [18]

FICPI/AIPLA/AIPPI Colloquium on "protection of confidentiality in IP advice" (Paris, 27 - 28

June 2013), documents available at www. ficpi. org [2]

Foley, Stephen, Welcome to the age of sub-prime patents-or mutually assured litigation, Independent (9 April 2011) [12]

Ford, Jonathan, Autonomy deal's harsh reminder of the real job of managers, Financial Times (3 December 2012) [11]

Fowler, Colin, Is iPad in danger of becoming a generic term? Intellectual Property Magazine, 16 - 17 (July/August 2012) [8]

Fowler's modern English usage, ed. Burchfield, R W (Oxford, 2004) [1]

Fradkin, Henry and Vaughan, Allen, A survey of aerospace industry inventor incentive awards, les Nouvelles, XLIV (4), 261 - 264 (December 2009) [6]

Frampton, Jez, Building on unbeatable brands (video, 18m 52s, Interbrand, London and elsewhere, 4 April 2012), www. interbrand. com/en/knowledge/blog/post/2012 - 04 - 04/Interbrand-s-Global-CEO-Jez-Frampton-on-Building-Unbeatable-Brands. aspx [8]

Froman, Ambassador Michael B G, Disapproval of the US International Trade Commission's determination in the matter of certain electronic devices, including wireless communications devices, portable music and data processing devices, and tablet computers, Investigation No 337 - TA - 794 (letter to the chairman of the ITC from the Executive Office of the President, 3 August 2013), www. ustr. gov/sites/default/files/08032013%20Letter_ 1. PDF [10]

FSA Annual Report 2010/2011 (Financial Services Authority, London, 2011) [16]

FSA Annual Report 2012/2013 (Financial Services Authority, London, 2013) [16]

FT Editorial, Culture shocks-chief executives must tend to the values of their companies, Financial Times (18 July 2012) [2]

FT guide to world currencies, published every Monday in the "Companies and Markets" section of the Financial Times [3]

FT500 - world's largest companies, Financial Times (27 April 2012) [8]

FTC, To promote innovation: the proper balance of competition and patent law and policy (Federal Trade Commission, Washington, October 2003) [10]

FTC, The evolving IP marketplace-aligning patent notice and remedies with competition (Federal Trade Commission, Washington, DC, March 2011) [12]

Gee, Garrett and Kim, Peter, Doppelganger domains (Godai Group, USA?, 6 September 2011), available under http: //godaigroup. net/publications/doppelganger-domains/ (sic on "a" for "ä") [8]

Gervais, Daniel, The TRIPS Agreement: drafting history and analysis, Part One, A-the emergence of the TRIPS Agreement during the Uruguay Round of multilateral trade negotiations (3rd edition, Sweet & Maxwell/Thomson Reuters, London, 2008): the quotations are from this edition; the 4th edition appeared in 2012 [20]

Gervais, Daniel, lecture to the International Chamber of Commerce Intellectual Property Commission (Cambridge, England, 17 April 2009) [20]

Gervais, Daniel, Analysis of the compatibility of certain tobacco product packaging rules with the TRIPS Agreement and the Paris Convention (30 November 2010), available under www. jti. com/how-we-do-business/resources/ [20]

Ghafele, Roya, Perceptions of intellectual property: a review (Intellectual Property Institute, London, August 2008) [20]

Ghafele, Roya, Crowd sourcing patent search, Keynote speech to CIPA Congress 2011 (London, 2011) [10]

Glasgow University, Policy for intellectual property and commercialisation (v1.3, University of Glasgow, 20 March 2013), www. gla. ac. uk/media/media_ 185772_ en. pdf [6]

Godin, Benoît, The linear model of innovation: the historical construction of an analytical framework, Project on the history and sociology of S&T statistics, Working Paper No 30 (2005), www. csiic. ca/PDF/Godin_ 30. pdf, republished in Science, Technology & Human Values, 31, 639 – 667 (2006) [4]

Goldscheider, Robert, The current realities of the 25 % rule: an attempt to put the house in order, les Nouvelles, XLVII (1), 1 – 7 (March 2012) [11]

Goodman, Anthony, We need to take action against cyber attacks, Financial Times (3 January 2013) [14, 16]

Gowers, Andrew, Gowers review of intellectual property (December 2006), available under http: //webarchive. nationalarchives. gov. uk [1, 20]

Granstrand, Ove and Holgersson, Marcus, The 25 % rule revisited and a new investment-based method for determining FRAND licensing royalties, les Nouvelles, XLVII (3), 188 – 195 (September 2012) [11]

Gray, Jeff, Hackers linked to China sought Potash deal details: consultant, (Toronto) Globe and Mail (1 December 2011, updated 6 September 2012), www. theglobeandmail. com/news/technology/tech-news/hackers-linked-to-china-sought-potash-deal-details-consultant/article2255833/ [16]

Green, David and Loveluck, Valerie [error for "Valeria"], Understanding a corporate symbol, Applied cognitive psychology, 8, 37 – 47 (1994) [8]

Greenhalgh, Christine, "The social benefits and costs of trade marks and brands" in The law of reputation in brands in the Asia-Pacific, eds Kenyon, Andrew, Ng-Loy, Wee Loon, and Richardson, Megan, Chapter 2 (Cambridge, 2012) [20]

Greenhalgh, Christine and Rogers, Mark, Innovation, intellectual property, and economic growth (Princeton University Press, 2010) [4]

Greenhalgh, Christine, Phillips, Jeremy, Pitkethly, Robert, Rogers, Mark, and Tomalin, Joshua, Intellectual property enforcement in smaller UK firms (Intellectual Property Office, Newport, Wales, October 2010a), available under www. ipo. gov [15, abbreviations under SME]

Greenhalgh, Christine, Rogers, Mark, Schautschick, Philipp, and Sena, Vania, Trade Mark

Incentives (Intellectual Property Office, Newport, Wales, July 2011), available under www. ipo. gov. uk/ [8]

Guidelines for examination in the European Patent Office (European Patent Office, Munich, continuously updated), available under www. epo. org/law-practice/legal-texts/guidelines. html [5]

Gurry, Francis, Circular C. PCT 1309 (WIPO, Geneva, 20 June 2011), available under www. wipo. int [12]

Hall, Bronwyn, Helmers, Christian, von Graevenitz, Georg, and Rosazza-Bondibene, Chiara, A study of patent thickets-final report prepared for the UK Intellectual Property Office (NIESR discussion paper no 401, National Institute of Economic and Social Research, London, 29 October 2012), available under http://niesr. ac. uk/ [10]

Hance, Nick, Harwell-the enigma revealed (Enhance Publishing, Buckland, Oxfordshire, 2006) [4]

Hansard (the Official Report), available under www. parliament. uk/business/publications/hansard/ (UK Parliament, continuous) [20]

Hargreaves, Ian, Call for evidence-independent review of intellectual property and growth (December 2010), available at www. ipo. gov. uk/ipreview. htm, following the link to "Call for evidence" [4, 20]

Hargreaves, Ian, Digital opportunity-a review of intellectual property and growth (May 2011), available at www. ipo. gov. uk/ipreview. htm [1, 4]

Harhoff, Dietmar, The social value of patent disclosure, seminar at St Peter's College, Oxford (26 May 2011), slides available under www. oiprc. ox. ac. uk/paperyearindex. php [14, A10. 1]

Harris, Gordon and Vaughan, David, Company names and business names-don' t get caught out, CIPA Journal, 40 (2), 84-86 (February 2011) [8]

Hartwig, C M, Raman scattering from hydrogen and deuterium dissolved in silica as a function of pressure, J Applied Physics, 47, 956-959 (1976) [A4. 1]

Heath, Ian, Defining a role for smaller offices-view from IP Australia, Colloquium on Patent Quality, organised by AIPLA and FICPI (Amsterdam, 8-9 June 2007), available under www. aipla. org/resources/intlip/Pages/FICPI-AIPLA-Colloquium-Transcript. aspx [5]

Hecht, Jeff, City of light-the story of fiber optics (Oxford University Press, Inc., New York, revised pb edition, 2004) [5, A4. 1]

HEFCE, Higher education-business and community interaction survey: 2011 – 12 (Higher Education and Funding Council for England, publication 2013/11, 2013), available under www. hefce. ac. uk/pubs/year/2013/201311/ [4]

HEFCW, HEFCE, Scottish Funding Council, and Department for Employment and Learning (Northern Ireland), REF2014 – Research Excellence Framework (REF, UK, 2013), www. ref. ac. uk/ [4]

Hill, Andrew, I' ve taken bribes and would do again, Financial Times (5 April 2011) [2]

Hill, Andrew, Year-end reporting is a tyranny of targets, Financial Times (18 December 2012) [15]

Hill, Andrew, A bad workman blames his suppliers, Financial Times (22 January 2013) [4]

Hinshelwood, C N, The structure of physical chemistry (Oxford, 1951, reissued 2005 in the series "Oxford classic texts in the physical sciences") [Preface]

HM Revenue & Customs, INTM410520-Transfer pricing: introduction: what is transfer pricing? -an explanation, www.hmrc.gov.uk/manuals/intmanual/intm410520.htm and links therefrom (HMRC, London, 2013), accessed 9 August 2013 [13]

HM Treasury and Department of Trade and Industry, Budget 98, Innovating for the future: investing in R&D, a consultation document (London, March 1998) [4, 20]

Hodkinson, Keith, Employee inventions and designs (1) -ownership claims and compensation, The Company Lawyer, 7 (4), 146-152 (1986) [6]

Hodkinson, Keith, Employee inventions and designs (2) -managing employee inventions, The Company Lawyer, 7 (5), 183-191 (1986a) [6]

Holmberg, Martin, letters to author (Svenska Patentombudsföreningen, Stockholm, Sweden, 6 August and 14 September 1999) [20]

Houlder, Vanessa, US groups grilled over low tax payments, Financial Times (13 November 2012) [13]

Houlder, Vanessa and Peel, Quentin, Berlin presses UK to rein back tax break amid fears over revenues, Financial Times (14 June 2013) [5]

Howkins, John, RSA intellectual property charter, project description, undated document (Royal Society for the encouragement of Arts, Manufactures and Commerce, London presumed 2004, author's archive) [20]

Humphreys, Edward, Implementing the ISO/IEC information security management system standard (Artech House, Boston and London, 2007) [16]

IBIL debate: Do patents help or hinder innovation? (London, 6 April 2011), reported by Prowse, Peter in CIPA Journal, 40 (4), 214-215 (April 2011) [4, 20]

ICC, The ICC intellectual property roadmap (11th edition, International Chamber of Commerce, Paris, 2012) [9, 12]

INPI, L' enveloppe Soleau-tout ce qu' il faut savoir avant de déposer une enveloppe Soleau (INPI, Courbevois, France, March 2013), available under www.inpi.fr/fr/services-et-prestations/enveloppe-soleau/l-enveloppe-soleau-en-pratique.html [10]

INPI, L' INPI en chiffres (INPI, Courbevois, France, 2013a), available under www.inpi.fr/fr/l-inpi/qui-sommes-nous/l-inpi-en-chiffres.html, updated annually [10]

Interbrand, Best global brands 2011 - 2011 ranking of the top 100 brands (Interbrand, London and elsewhere, 4 October 2011), www.interbrand.com/en/best-global-brands/previous-years/Best-Global-Brands-2011-report.aspx [8]

International financial reporting standard 3-business combinations (IFRS Foundation, London, regularly updated, version amended up to May 2011), available on (free) registration under www. ifrs. org [11]

IP Federation, policy paper PP07/10, Comments on the draft Commission Regulation on R&D agreements and the Guidelines on horizontal cooperation agreements (IP Federation, London, June 2010), available under www. ipfederation. org. uk and also under European Commission (2010) [20]

IP Federation, policy paper PP06/10, Privilege in the EEUPC (IP Federation, London, July 2010a), available under www. ipfederation. org. uk: "EEUPC" was an earlier designation of the "UPC" [20]

IP Federation, The Federation's achievements, Trends and Events 2010, 3 – 4 (bibliographical details below, December 2010b) [20]

IP Federation, policy paper PP01/13, Rules of procedure for the Unified Patent Court-comment on draft Rule 287 on attorney-client privilege (IP Federation, London, February 2013) available under www. ipfederation. org. uk [20]

IPAN, (UK) IPO, and NUS, Student attitudes towards intellectual property (National Union of Students, London, 2012) [14]

IP Australia, Innovation patent (IP Australia, Canberra, 5 December 2012), www. ipaustralia. gov. au/get-the-right-ip/patents/types-of-patents/innovation-patent/ [9]

IPReg, Special rules of professional conduct applicable to regulated persons conducting litigation or exercising a right of audience before the courts (effective September 2011), available under http: //ipreg. org. uk/pro/rules-and-regulations [2]

IPReg, Rules of conduct for patent attorneys, trade mark attorneys and other regulated persons (amended to December 2012), available under http: //ipreg. org. uk/pro/rules-and-regulations [1]

IPReg, CPD activities, available under http: //ipreg. org. uk/pro/ [1], accessed 18 August 2013

ISO, ISO 9001: 2008 (E): Quality management systems-requirements (International Standards Organisation, Geneva, 2008, with corrections), available for a fee from www. iso. org [1]

ISO, ISO 10668: 2010 (E): Brand valuation-requirements for monetary brand valuation (International Standards Organisation, Geneva, 2010), available for a fee from www. iso. org [8]

ISO and IEC, ISO/IEC 27001: 2005 Information technology-security techniques-information security management systems-requirements (International Standards Organisation and International Electrotechnical Commission, Geneva, 2005), available for a fee from www. iso. org [16]

Jack, Andrew, Supply running low, Financial Times (10 February 2011), citing Bernstein Research [4]

Jack, Andrew and Kazmin, Amy, Drug groups anxiously watch Indian legal case, Financial Times (3 October 2012) [10]

Jack, Andrew, Drug groups to share details of trials with researchers, Financial Times (24 July

2013) [9]

Jackson, Tony, Reflections of a knowledge worker, Financial Times (27 April 1999) [18]

Jacob, Robin, Is intellectual property the grit in the wheels of industry? The Gray's Inn Reading (Gresham College, London, 25 June 2002) [20]

Jacob, Robin, talk at St Catherine's College, Oxford (19 October 2010) [20]

Jacob, Robin, Opinion (2 November 2011), available under www. eplawpatentblog. com/eplaw/2011/11/eu-prof-sir-robin-jacob-opinion-on-unified-patent-court-and-unitary-patent. html [20]

Jacob, Robin, IP law: keep calm and carry on?, The Bentham Lecture (University College, London, 21 March 2013 [10, 14]

Jarczyk, David, Replacing the 25 % rule with fact-based evidence-a guide to finding and examining royalty rates, les Nouvelles, XLVI (4), 279 – 282 (December 2011) [11]

Jeffreys, Diarmuid, Aspirin-the remarkable story of a wonder drug (Bloomsbury, 2004, paperback 2005) [8]

Jewess, Michael, Licensing aspects of publicly-funded collaborative R&D in information technology and telecommunications, Exchange, 6, 7 – 8 (LES Britain & Ireland, Spring 1988) [4]

Jewess, Michael, Commercial feature, IPB Guide to licensing, Parts 1 and 2, Intellectual property in business, 2 (2), 13 – 14 and 2 (3), 15 – 17 (1990) [11]

Jewess, Michael, Unsolicited technical suggestions-a costly headache, Intellectual property update, 9, 1 (Wragge & Co, Birmingham and London, March 2000) [7]

Jewess, Michael, More intellectual property protection-good or bad? (keynote address to CIPA Congress 2003) INPACT, 14 (10/11) (October/November 2003), available on request from admin@ ipfederation. co. uk [20]

Jewess, Michael, President's Introduction, Trends and Events 2004/2005 (bibliographical details below, 2005) [20]

Jewess, Michael, Timely, comprehensive search-what applicants need but do not have, Colloquium on Patent Quality, organised by AIPLA and FICPI (Amsterdam, 8 – 9 June 2007), available under www. aipla. org/resources/intlip/Pages/FICPI-AIPLA-Colloquium-Transcript. aspx [5]

Jewess, Michael, Draft European Commission block exemption regulation on research and development agreements, Trends and Events, 5 – 7 (December 2011) (bibliographical details below) [11]

Jewess, Michael, Privilege: Colloquium on confidentiality in IP advice-national and international remedies, Paris 28 June 2013, CIPA Journal, 42 (8), 437 – 438 (August 2013) [2]

Jochheim, Edgar, Total innovation-a comprehensive approach for innovators and IP-managersi, n Wurzer, ed. (2009), 119 – 132 [4]

Jones, Claire, Starbucks pays first UK corporation tax since 2008, Financial Times (24 June 2013) [13]

Jones, Claire, Companies seen as "wide open" to supply chain risks, Financial Times (7 May 2013a) [13]

Jones, David, Knocking the anti-knock-the rise and fall of leaded petrol, Chemistry World, 9 (2), 72 (February 2012) [A4. 1]

Jones, R V, Most secret war-British scientific intelligence 1939 – 1945 (Hamish Hamilton, 1978) [16]

Jordan, Carey C, The trappings of M&As, Intellectual Property Magazine, 83 – 84 (September 2012) [11]

Jorritsma, Ruurd, letters to author (Orde van Octrooigemachtigden, Rijswijk, Netherlands, 30 August and 14 September 1999) [20]

Kellaway, Lucy, Financial Times, weekly column (ca 1996 –), and numerous books [18]

Kellaway, Lucy, The unwritten rule that most managers must be plagiarists, Financial Times (8 May 2006) [18]

Kellaway, Lucy, Perfect smile may help mask the scarcity in silliness, Financial Times (6 October 2008) [18]

Kellaway, Lucy, Forget doing the "math" and stick to proper English, Financial Times (3 October 2011) [18]

Kellaway, Lucy, Bosses fail the 10-year-old test, Financial Times (14 January 2013): source of quotation (a) in second footnote to paragraph 18. 12 [18]

Keltie & Co, seminar on IP infringement, London (November 2012) [10]

Kennington, Alasdair, Interpretation of two-part claims, CIPA Journal, 34 (10), 657 – 8 (October 2005) [5]

Kerly's law of trade marks and trade names, Mellor, James, Llewellyn, David, Moody-Stuart, Thomas, Keeling, David, and Berkeley, Iona (15th edition, Sweet & Maxwell Thomson Reuters, 2011) [8, 10, 14]

Khan, Imran, Government confirms end of R&D scoreboard (Campaign for Science and Engineering 16 May 2012), http: //sciencecampaign. org. uk/? p = 9906 [R&D scoreboard below]

Kidder, Douglas G and O' Brien, Vincent E, Simply wrong: the 25 % rule examined, les Nouvelles, XLVI (4), 263 – 268 (December 2011) [11]

Kim, Sun R, ed. , special issue "Commemorating the US Bayh-Dole Act and its impact on technology transfer around the world", les Nouvelles, XLV (4), 180 – 263 (December 2010) [4, 6]

Kim, Sun R and Lipton, Vera eds, special issue "Joint ownership of intellectual property around the world", les Nouvelles, XLVII (4), 250 – 298 (December 2012) [11]

Klafter, Craig Evan, The missing link, Times Higher Education Supplement (23 July 2009) [5]

Knight, Will, Wheel patented in Australia, New Scientist (3 July 2001), www. newscientist. com/article/dn965 – wheel-patented-in-australia. html [9]

Krieger, H Jochen and Brühl, Jürgen, Die deutsche Patentanwaltsordung-Stand: Juli 2013 (Transpatent, Düsseldorf, 25 July 2013), http: //transpatent. com/gesetze/patanwo. html [2]

Kuhn, Thomas S, The structure of scientific revolutions (University of Chicago, 1962) [4]

Law Society, Recommendation of intellectual property working group: threats actions (Law Society of England and Wales, London, 3 March 2006) [10]

Law Society, Lexcel practice management standard (version 5, Law Society of England and Wales, London, 2011, effective 2012), available under www. lawsociety. org. uk [1]

Law Society, Lexcel: 1000th practice gains accreditation, Press release (Law Society of England and Wales, London, 24 October 2011a), available under www. lawsociety. org. uk [1]

Law Society, Local council lawyers are meeting national quality standards, Press release (Law Society of England and Wales, London, 2 April 2012), available under www. lawsociety. org. uk [1]

Law Society, Lexcel accredited practices list (Law Society of England and Wales, regularly updated, list as of May 2013 relied on in text), available under www. lawsociety. org. uk [1]

Lees, Clifford, Off the utility models fence, CIPA Journal, 28 (9), 761 (September 1999) [20]

Lemmens, Trudo and Telfer, Candice, Access to information and the right to health: the human rights case for clinical trials transparency, American Journal of Law & Medicine, 38, 63 - 112 (2012) [9]

Leone, Sergio (director), The good, the bad and the ugly, motion picture starring Clint Eastwood, Lee Van Cleef, and Eli Wallach (United Artists, 1966) [5]

Lienhard, John H, Inventing modern: growing up with X-Rays, skyscrapers, and tailfins (Oxford University Press, Inc, New York, 2003) [5]

Llewelyn, Margaret, Utility models/second tier protection-a report on the proposals of the European Commission (Intellectual Property Insitute, London, January 1996) [20]

London Translation Agreement (2000): see Agreement on the application of… [5, 20]

Lu, Jiaqing "Jack", "The 25 % rule still rules: new evidence from pro forma analysis in royalty rates", les Nouvelles, XLVI (1), 14 - 17 (March 2011) [11]

Lucas, Louise, Success stacks up for big brands, Financial Times Special Report, Global Brands (22 May 2012) [8]

Lutz, Bob, Car guys vs bean counters-the battle for the soul of American business (Portfolio/Penguin, New York, 2011) [4]

Lyndon-Stanford, Edward, Quality of patent searches, EPI Information, 4/2003, 133 - 134 (2003) [5]

Mahaffey, Susan, Navtech LPO-patent support services, e-mail advertisement (Navtech LPO, Atlanta, GA, 9 May 2012) [18]

Mak, Toby, Utility model and invalidation in China-introduction and practice notes (part 1 of 2), CIPA Journal, 40 (4), 231 - 238 (April 2011) [9]

Mak, Toby, Utility model and invalidation in China-introduction and practice notes (part 2 of 2), CIPA Journal, 40 (5), 299 - 304 (May 2011a) [9]

Manual of patent examining procedure (US Patent and Trade Mark Office, Arlington, VA, continuously updated), www. uspto. gov/about/offices/patents/pep/mpep_ staff. jsp [5]

Marks, Paul, Mining the next big thing-patent citations could help predict where technology is headed, New Scientist, issue 2871, 22 (30 June 2012) [2]

Masnick, Mike, Commerce Deparment postpones "Africa IP Forum" after people point out how one-sided it is-from the all-stakeholders? -you-mean-we-have-to-hear-from-the-other-side? dept (Techdirt blog, 28 February 2012), www. techdirt. com/articles/20120227/02460817885/commerce-department-postpones-africa-ip-forum-after-people-point-out-how-one-sided-it-is. shtml#comments [20]

Masood, Ehsan, What's the score? Research Fortnight, 358, 2 (1 December 2010) [R&D scoreboard below]

Matthews, Duncan, Patents in the global economy-a report to the Strategic Advisory Board for Intellectual Property Policy (SABIP) (Intellectual Property Office, Newport, Wales, 2010), available under www. ipo. gov. uk [A20. 3]

McColl, John H, Probability (Arnold, London, 1995) [15]

Melville: Forms and agreements on intellectual property licensing, eds de Vall, David and Colley, Peter (3rd edition, Sweet and Maxwell, London, looseleaf, updated) [11]

Mezulanik, Eleni, Are the days of a section 11 (1) TMA defence numbered? (TMA-Trade Marks Act 1994), IP Copy website (26 February 2013) http://ipcopy. wordpress. com/2013/02/26/are-the-days-of-a-section-111-tma-defence-numbered-tma-trade-marks-act-1994/ [8, 14]

MHRA Guideline for the naming of medicinal products and Braille requirements for name on label (Medicines and Healthcare products Regulatory Agency, London, 2009), available under www. mhra. gov. uk [8]

Minister for Government Policy, Introducing a statutory register of lobbyists-consultation paper, Cm 8233 (TSO, Norwich, England, 2012) [20]

Minister for Government Policy, A summary of responses to the Cabinet Office's consultation document "Introducing a statutory register of lobbyists", Cm 8412 (TSO, Norwich, England, 2012a) [20]

Mochizuki, K, Namihira, Y, and Yamamoto, H, Transmission loss increase in optical fibres due to hydrogen permeation, Electronics Letters, 19, 743 - 745 (1983) [A4. 1]

Morgan, Gareth E, and Wallin, Nicholas J, "UK patent dispute resolution", presentation in seminar Patents County Court (Gray's Inn, London, 7 December 2010) [18]

Moules, Jonathan, University leads way with free research offer, Financial Times (29 November 2010) [4]

MPEP, see Manual of… [5]

Mulgrew, John, Core considerations for coordinating IP litigation in multiple jurisdictions, Global IP Summit (IPQC, Brussels, 5 December 2007) [11]

Muscovitch, Zak, Security-cybersquatting ain' t what it used to be, Intellectual property magazine, 36 - 38 (May 2012) [8]

Musker, David, A privileged few? LLM thesis, Nottingham Law School, Nottingham Trent University (2007) [2]

Nelson, Paula, Effectively structuring and managing a global IP team, Global IP Summit (IPQC, Brussels, 4 December 2007) [10]

Nesta, UK innovation index: measuring the contribution of innovation to economic growth, and how this varies across sectors, written by Bravo-Biosca, Albert and MacAulay, Brian based on a paper by Goodridge, Peter, Haskel, Jonathan, and Wallis, Gavin (Nesta Operating Company, London, 2012) available under www. nesta. org. uk [4]

News Review Column, Persil Power all washed up, Chemistry in Britain, 31 (4), 283 (April 1995) [A4. 1]

News Review Column, Soap wars stain Hickson, Chemistry in Britain, 31 (11), 860 (November 1995a) [A4. 1]

News round up, European Commissioner: patent wars "holding consumers hostage", Intellectual Property Magazine, 7 (July/August 2012) [10]

Nice Classification (online tool, 10th edition, WIPO, Geneva, 2013), available under www. wipo. int: this classification, made under the Nice Agreement Concerning the International Classification of Goods and Services for the Purposes of the Registration of Marks of 1957, was last issued in printed form in 2011 [8, A8. 1]

Nuttall, Chris, Waters, Richard, and McCarthy, Bede, HP takes $ 9 bn hit over Autonomy, Financial Times (21 November 2012) [11]

O' Callaghan, Tiffany, interviewing Sian Beilock, "Why we screw up when the heat is on", New Scientist, issue 2820, 28 – 29 (9 July 2011) [18]

OECD, Addressing base erosion and profit-shifting (OECD Publishing, Paris, 2013), available as http: //dx. doi. org/10. 1787/9789264192744 – en [13]

OHIM, Communication No 4/03 of the President of the Office of 16 June 2003 concerning the use of class headings in lists of goods and services for Community trade mark applications and registrations (Office for harmonization in the internal market, Alicante, Spain, 2003), apparently no longer available under http: //oami. europa. eu [8]

OHIM, Communication No 2/12 of the President of the Office of 20 June 2012 concerning the use of class headings in lists of goods and services for Community trade mark applications and registrations (Office for harmonization in the internal market, Alicante, Spain, 2012), available under http: //oami. europa. eu [8]

OHIM, SSC009-statistics of Community Trade Marks until fino: 12/2012-breakdown application by class (Office for Harmonization in the Internal Market, Alicante, Spain, 22 January 2013), available under http: //oami. europa. eu/ows/rw/pages/OHIM/statistics_ archive. en. do: this document gives data for 2012 and also data cumulative since OHIM opened on 1 April 1996 [8]

OHIM, IMPORTANT WARNING-Misleading requests for payment for trade mark and design services such as publication, registration or entry into business directories (Office for harmonization in the internal market, Alicante, Spain, updated until at least 9 August 2013a), http: //oami. europa. eu/ows/rw/pages/CTM/feesPayment/warning. en. do [12]

Olins, Wally, The brand handbook (Thames and Hudson, London, 2008) [8]

Open University, Terms and conditions of service-academic staff group (Open University Human Resources HRP037, Milton Keynes, England, updated October 2011), http: www. open. ac. uk/foi/eer/pics/d17307. pdf [6]

OPI, Chiffres clés 2011-brevets (Observatoire de la propriété intellectuelle, Institut national de la propriété industrielle, Courbevoie, France, June 2012) available (look for "télécharger") under www. inpi. fr/fr/l-inpi/observatoire-de-la-propriete-intellectuelle/statistiques-de-l-observatoire. html [9]

Owens, Brian, BIS axes annual survey of R&D, Research Fortnight, 358, 1 (1 December 2010) [R&D scoreboard below]

Palmer, Maija, Microsoft to move out of Germany, Financial Times (3 April 2012) [10]

Patent law of the United Kingdom, by the Chartered Institute of Patent Attorneys (3rd edition, Sweet & Maxwell, London, 1975, with 5th cumulative supplement to 1 January 1979): this, under the Patents Act 1949, corresponded to the CIPA Guide [6, A20. 2]

Paul, John C, Kacedon, D Brian, and Meier, Douglas W, "The America Invents Act retroactive elimination of private false-marking suits seeking civil penalties not unconstitutional", LES Insights (Licensing Executives Society USA and Canada, Arlington, VA, online newsletter, 2 July 2012) [12]

The PCT applicants guide-international phase (World Intellectual Property Organization, Geneva), updated regularly www. wipo. int/pct/en/appguide/ipindex. jsp [5]

Perfilyeva, Marianna, Problème de confidentialité interprofessionelle en matière de propriété industrielle (Mémoire de Master 2, Université Panthéon-Assas Paris II, Droit-économie-sciences sociales, 2010) [2]

Perspectives column, Soaps wash dirty linen in public, Chemistry in Britain, 30 (4), 622 (August 1994) [A4. 1]

Pierce, John R and Noll, A Michael, Signals-the science of telecommunications (Scientific American Library, New York, 1990) [A4. 1]

Pila, Justine, "Sewing the fly buttons on the statue": employee inventions and the employment context, Oxford Journal of Legal Studies, 32, 265 - 295 (2012) [6]

Pilkington, L A B, Review Lecture-the float glass process, Proc. Roy. Soc. Lond. A. 314 (No 1616), 1 - 25 (16 December 1969) [4, A4. 1]

Pitkethly, Robert, Intellectual property awareness survey 2010 (Intellectual Property Office, Newport, Wales, March 2011), available under www. ipo. gov. uk [14]

Plender, John, A stake in the future-the stakeholding solution (Nicholas Brearley, London,

1997) [7]

Pogue, Daniel, Talk to the machine-speech recognition programs are no longer clumsy exercises in futility, Scientific American, 303 (6), 18 (December 2010) [3]

Pogue, Daniel, Why gadgets flop, Scientific American, 305 (1), 19 (July 2011) [A4. 1]

Portelli, Victor, Summary by the chair, sixth session of the PCT Working Group of WIPO, Geneva, 21 - 24 May 2013, reference number PCT/WG/6/23 (WIPO, Geneva 2013), available under www. wipo. int [5]

Posner, Richard A, The law and economics of contract interpretation, Texas Law Review, 83, 1583 (2005) [11]

President's Council of Economic Advisers, National Economic Council, and Office of Science & Technology Policy, Patent assertion and US innovation (Executive Office of the President, Washington, June 2013) [12]

Prowse, Peter, "Patent box" designed to encourage innovation, not avoid tax, What's new? (Chartered Insitute of Patent Attorneys, London, 26 April 2013),

www. cipa. org. uk/pages/whatsnew/article? 01778816 - 4FB2 - 4FDA - A6BF - CC50EE5E18F7 [5]

R&D scoreboard (Department of Business, Innovation, and Skills, 2010), available at http: //webarchive. nationalarchives. gov. uk/20101208170217/http: //www. innovation. gov. u k/rd _ scoreboard/? p = 3, see Differences in R&D between firms by value of sales - R&D intensity of firms: the Scoreboard was set up in 1990, and updated annually to the 2010 issue (presenting data for 2009), but BIS have now terminated funding for it (see Owens, 2010, Masood, 2010, and Khan, 2012) [4]

Ralph, M C, Report of the joint CIPA/ITMA business practice committee, CIPA Journal, 39 (12), 705 (December 2010) [1]

Rankine, Denzil, Stedman, Graham, and Bomer, Mark, Due diligence-definitive steps to successful business combinations (FT Prentice-Hall, Harlow, England, 2003) [11]

Ray, Katharine, Licence management-once the deal's done, LES Britain and Ireland seminar, Licence implementation and monitoring (London, 17 February 2011) [11]

Reisz, Matthew, Aladdin's IP cave may prove illusory, Times Higher Education Supplement (26 January 2012) [4]

Reports of Patent, Design and Trade Mark Cases (Intellectual Property Office, Newport, Wales) [1]

Research Disclosure, published in print and online (Questel, Ireland), see www. researchdisclosure. com [5]

Ries, Al and Trout, Jack, Bottom-up marketing (Plume/Penguin, New York, 1990) [5]

Risch, Michael, Patent troll myths exposed, Intellectual Asset Management, 65 - 75 (July/August 2012) [12]

Roach, Jim and Soetendorp, Ruth, Intellectual property in the engineering syllabus-a model for integrating key but not core concepts across the disciplines (The Higher Education Academy Engineering Subject Centre, Loughborough University, England, 2008), available under www. heacademy. ac. uk/resources/detail/subjects/engineering/intellectual-property-eng-syllabus [14]

Roberts, Simon, quoted in "EU patent plans are a fuel for patent trolls, warns British Telecom", FFII Press Release (Foundation for a Free Infrastructure, Munich, 27 April 2012), available under www. ffii. org/ [12]

Roberts, Sophie, "Google boost IP portfolio with IBM patents", "Google VP accuses tech giants of foul play", and "Google acquires Motorola for $12. 5 billion", Intellectual Property Magazine (web postings 2, 4, and 16 August 2011) [5, 11]

Rödinger, Felix, Different approaches to determining patent infringement-German approach, CIPA Congress 2012 (London, 11 October 2012) [10]

Rowbotham, T R, Submarine telecommunications, British Telecom Technology Journal, 5, 5 – 24 (1987) [A4. 1]

RPC: see Reports of… [1]

RSA, Adelphi charter on creativity, innovation and intellectual property (Royal Society for the encouragement of the Arts, Manufactures and Commerce, 2005) [20]

Rules of procedure of the Court of Justice, Official Journal of the European Union, L265, 1 – 42 (29 September 2012) [2]

Saïd Business School, advertisement, Oxford Today-the University magazine, 23 (2), inside front cover (Hilary Term, 2011) [18]

Samuels, Jeffrey M (ed.), Patent, trademark, and copyright laws (BNA Books, Arlington, VA, updated and reprinted in toto annually or more frequently) [legend to this table, 1]

Sattary, Leila, Measuring up, Chemistry World, 10 (2), 40 – 43 (February 2013) [4]

Savage, Derrick, STC repeaters – 1954 (last revision 20 February 2013), History of the Atlantic cable & undersea communications from the first submarine cable of 1850 to the worldwide fiber optic network (Atlantic cable website), http://atlantic-cable. com/Equipment/STC-1954-Repeaters/index. htm [A4. 1]

Schwartz, Mathew J, Nasdaq confirms servers breached, Information Week Security (7 February 2011), www. informationweek. com/news/security/attacks/229201276 [16]

SEC documents: see under European Commission [20]

Selinger, Ben, Chemistry in the marketplace (5th edition, Harcourt Brace, 1998, reprinted Allen and Unwin, Crows Nest, NSW, Australia, 2002) [A4. 1]

Sell, Susan K, Private power, public law (Cambridge, 2003) [20]

Shadlen, Kenneth C, Exchanging development for market access? Deep integration and industrial policy under multilateral and regional-bilateral trade agreements, Review of international political economy, 12, 750 – 775 (2005) [A20. 3]

Shadlen, Kenneth C, "The post-TRIPS politics of patents in Latin America" in Politics of intellectual property-contestation over the ownership, use, and control of knowledge and information, eds Haunss, Sebastian and Shadlen, Kenneth C, 13 – 28 (Edward Edgar, Cheltenham, England, 2009) [A20. 3]

Shadlen, Kenneth C, The political contradictions of incremental innovation: lessons from pharmaceutical patent examination in Brazil, Politics and society, 39 (2), 143 – 174 (2011) [A20. 3]

Shadlen, Kenneth C, Knowledge gaps, knowledge traps? The politics of patents and innovation in Latin America, seminar at St Peter's College, Oxford (3 May 2012) [A20. 3]

Shadlen, Kenneth C, The Mexican exception: patents and innovation policy in a non-conformist and reluctant middle-income country, European journal of development research, 24, 300 – 318 (2012a) [A20. 3]

Shadlen, Kenneth C, Knowledge gaps, knowledge traps: the new politics of patents in development (Oxford, forthcoming) [A20. 3]

Shapiro, Carl, "Navigating the patent thicket: cross licenses, patent pools, and standard-setting in innovation policy" in Innovation policy and the economy, Volume 1, eds Jaffe, Adam B, Lerner, Joshua, and Stern, Scott, Chapter 4, 119 – 150 (MIT Press, Cambridge, MA, 2001) [4, 10, 11]

Shashikant, Sangeeta, NGOs express concern over African IP summit, TWN Info Service on WTO and trade issues, Feb12/01 (8 February 2012), available under www. twnside. org. sg/title2/wto. info/2012/twninfo120201. htm [20]

Simmons, Edlyn S and Lambert, Nancy "Patent statistics: comparing grapes and watermelons" in Recent Advances in Chemical Information, ed. Collier, H, 33 – 77 (Royal Society of Chemistry, Cambridge, 1992) [5]

SIPO, Statistics (State Intellectual Property Office of the PRC, Beijing, accessed 22 July 2013 when data up to November 2012 available), http: //english. sipo. gov. cn/statistics/ [9]

Smith, A T H, Glanville Williams: learning the law (14th edition, Sweet and Maxwell Thomson Reuters (Legal), 2010): 15th edition due September 2013 [1]

Smith, Matthew, The patent box-ins, outs, and implications, Newsexchange, issue 142 (Licensing Executives Society Britain and Ireland newsletter, May 2013) [5, 9]

Solicitors Regulation Authority, Solicitors' code of conduct 2007 (Solicitors Regulation Authority, Birmingham, England, 2007 with updates), no longer in force but still available under www. sra. org. uk [2]

Solicitors Regulation Authority, SRA principles 2011 and SRA code of conduct 2011 (as amended), included in SRA Handbook (Version 7, Solicitors Regulation Authority, Birmingham, England, April 2013), available under www. sra. org. uk [2]

Solicitors Regulation Authority, Diversity in the legal profession: workforce data for solicitors firms 2012 (Solicitors Regulation Authority, Birmingham, England, April 2013a), available under www. sra. org. uk [2]

Sperling, Gene, Taking on patent rolls to protect American innovation, The White House blog (4 June 2013), www. whitehouse. gov/blog/2013/06/04/taking-patent-trolls-protect-american-innovation [12]

Srinivasan, Ravi, What does industry want from their IP professionals? a response from private practice, CIPA Congress (London, 6 October 2011) [1]

Stern, Stefan, A little knowledge is deadly dangerous, Financial Times (12 January 2010) [4]

Stevens, Ashley J and Kato, Kosuke, Technology transfer's twenty-five per cent rule, les Nouvelles, XLVIII (1), 44 – 51 (March 2013) [4]

Straathof, Bas and van Veldhuizen, Sander, Another reason for the EU patent: declining validation rates, www. voxeu. org/article/another-reason-eu-patent-declining-validation-rates (December 2010) [10]

Surrey University, Staff Handbook (University of Surrey, England, approved 1 April 2007, valid until 31 December 2013), available under www. surrey. ac. uk/about/corporate/policies/staff_handbook. htm [6]

Taddia, Marialuisa, Equality and diversity are exercising the legal profession like never before, CIPA Journal, 41 (12) (December 2012) [2]

Taylor, A J P, Accident prone, or what happened next, Journal of Modern History, 49 (1), 1 – 18 (March 1977) [20]

Taylor, A J P, A personal history (Hamish Hamilton, 1983) [20]

Taylor, C T and Silberston, Z A, The economic impact of the patent system-a study of the British experience (Cambridge, 1973) [11]

Taylor, Paul, Move to fight rise in fake high-tech goods, Financial Times (13 May 2013) [14]

Tellis, Gerard, The requirements for innovation-Toyota took a gamble on the Prius, Financial Times (5 March 2013) [4]

Tildesley, Dominic, lecture at Queen Mary University of London (current name of institution), 14 December 1998 [4]

Trends & Events (originally Review of Trends and Events), first published 1990, appearing annually except for 2008 and 2009 (IP Federation, London, formerly Trade Marks Patents and Designs Federation): issues published since 1999 are available under www. ipfederation. co. uk, tab "Publications" [20]

Trent, David L, "Propylene oxide" in Kirk-Othmer encyclopedia of chemical technology, ed. Kirk, Raymond E, Othmer, Donald F, Kroschwitz, Jacqueline I, and Seidel, Arza, vol 20, 790 – 822 (5th edition, Wiley, Hoboken, NJ, 2006) [A4. 1]

Tridico, Anthony C and Raciti, Eric P, Using reexamination at the U. S. Patent and Trademark Office to avoid costly US patent litigation (Finnegan, Henderson, Farabow, Garrett & Dunner, LLP, USA, webinar, 30 March 2010) [10]

Turley, Andrew, Chemists hunt for prior art online, Chemistry World, 9 (12), 18 (December

2012) [10]

Turley, Andrew, Innovation integration, Chemistry World, 10 (1), 15 (January 2013) [4]

UCU, Pay and conditions-intellectual property (undated, accessed 10 July 2013), www. ucu. org. uk/1975 [6]

UCU, Pay and conditions-post-92 contract of employment (undated a, accessed 10 July 2013), www. ucu. org. uk/1972 [6]

UK IPO, Military technology and material prejudicial to national security and public safety (Version 22 March 2007, Intellectual Property Office, Newport, Wales, 2007), formerly available under www. ipo. gov. uk [16]

UK IPO, Searchable patents journal, nos 6276 to 6336 (Intellectual Property Office, Newport, Wales, 2 September 2009 to 20 September 2010), available under www. ipo. gov. uk [16]

UK IPO, Searchable patents journal, nos 6284, 6317, 6320, 6350, and 6353 (Intellectual Property Office, Newport, Wales, 28 November 2009; 10 June and 7 July 2010; and 2 and 23 February 2011), available under www. ipo. gov. uk [16]

UK IPO, Patent thickets-an overview (subject to peer review, Intellectual Property Office, Newport, Wales, November 2011), www. ipo. gov. uk/informatic-thickets. pdf [12, A10. 1]

UK IPO, Technology which may be subject to Section 22 of the Patents Act 2004 [sic, should read "Patents Act 1977 as amended by…"] (Intellectual Property Office, Newport, Wales, 15 March 2006, amended 21 February 2008, redacted 30 August 2011a), available under www. ipo. gov. uk/p-security. htm [16]

UK IPO, Research into the use of patents (workshop, London, 16 November 2012) [A10. 1]

UK IPO, IPO logo change and single government identity (Intellectual Property Office, Newport, Wales, reviewed 30 January 2013, accessed 10 August 2013), www. ipo. gov. uk/logochange. htm [12]

UK IPO, Military technology and material prejudicial to national security and public safety (Intellectual Property Office, Newport, Wales, reviewed 21 September 2012, accessed 10 August 2013a), www. ipo. gov. uk/types/patent/p-applying/p-after/p-security/p-security-guidance. htm [16]

UK IPO, Intellectual Property Office web filing system, www. ipo. gov. uk/types/patent/p-os/p-apply-online/p-apply-online-uk-filingsystem. htm (reviewed 5 October 2009, as accessed 10 August 2013b) [12]

UPC, Preliminary set of provisions for the Rules of Procedure ("Rules") of the Unified Patent Court (15th edition, 31 May 2013), available for consultation under www. unified-patent-court/consultations from 25 June 2013 [20]

Urwin, Peter, Karuk, Valeriya, Hedges, Philip, and Auton, Frank, Valuing brands in the UK economy, commissioned by the British Brands Group (Westminster Business School, University of Westminster, London, December 2008), www. britishbrandsgroup. org. uk/upload/File/WBS%20VoB%20128. pdf [8] van Pottelsberghe, Bruno, The role of quality in patent systems, seminar at St Peter's College, Oxford (10 May 2012) [12]

Vary, Richard, Bifurcation: bad for business-our experience, presentation to the UK IPO given with Tim Frain (12 April 2012) [10]

Vaver, David, Reforming intellectual property law: an obvious and not-so-obvious agenda, CIPA Journal, 38 (1), 25 - 29 (January 2009) [9, 14]

Visser, Derk, The annotated European Patent Convention (H Tel, Veldhoven Netherlands, updated and reprinted in toto annually) [1]

Von Graevenitz, Georg, Greenhalgh, Christine, Helmers, Christian, Schautschick, Philipp, Trade mark cluttering: an exploratory report (Intellectual Property Office, Newport, Wales, April 2012), available under www. ipo. gov. uk [8]

Waldmeir, Patti, Villagers fight over "patents" in rural China, Financial Times (30 March 2012) [9]

Walter, Patrick, The death of UK science? Chemistry World, 9 (7), 10 (July 2012) [4]

Waters, Richard, Google needs more firepower in raging patent wars, Financial Times (15 July 2011) [5]

Waters, Richard, Patent hunting is latest game on the tech bubble circuit, Financial Times (28 July 2011a) [5]

Waters, Richard, Corporate trolls do battle for tech groups in patent wars, Financial Times (15 December 2011b) [12]

Waters, Richard, The curse of innovation, Financial Times (10 May 2012) [10]

Weightman, Gavin, Signor Marconi's magic box (HarperCollins, London, 2005) [8]

White, Catherine, IPM interview-taking on the trolls, interview with RPX's Kevin Barhydt, Intellectual Property Magazine, 98 - 100 (October 2012)· [12]

Wikipedia, Ayds, http: //en. wikipedia. org/wiki/Ayds (last modified 24 September 2012, accessed 17 July 2013) [8]

Willoughby, Tony, Disclosure-past, present, and future, CIPA Congress 2010 (30 September 2010) [2]

WIPO Standing Committee on Patents papers (Geneva, 23 - 27 March 2009 and subsequent meetings), documents available on the WIPO website or the attendees' websites (eg www. iccwbo. org for ICC documents 450/1040 and 450/1049) [2]

WIPO, WARNING: Request for payment of fees (WIPO, Geneva, updated at least until 31 July 2013), www. wipo. int/pct/en/warning/pct_ warning. html [12]

WIPO/AIPPI Conference on client privilege in intellectual property advice (Geneva 22 - 23 May 2008), documents available on the WIPO website or the attendees' websites [2]

Witzel, Morgen, How science led teaching down a blind alley, Financial Times (18 July 2011) [4]

Wolk, Sanna, Remuneration of employee inventors-is there a common European ground? A comparison of national laws on compensation of inventors in Germany, France, Spain, Sweden and the United Kingdom, International review of industrial property and copyright law, 2011, 272 – 298: there is some discussion of countries outside Europe at page 277 [6]

Wurzer, Alexander (ed.), IP-Manager (Carl Heymanns Verlag, Cologne and Munich, 2009) [Jochheim above, 5]

原版词汇索引

说明：本索引的编制格式为原版词汇+中文译文+原版页码。

“我认为索引对于每本书是最基本的要求，我建议向议会提交议案，
剥夺任何出版不带索引的书籍的作者的版权特权。”
Baron Campbell（1779～1861年）

本书索引的范围

该单字母索引表涵盖了（a）本书强调的主题：管理、商业和战略，
（b）个人和组织，（c）法律主题，（d）立法，和（e）案件。

书中使用的引用形式

一些引用形式适合于整个章节或附录（例如“Ch. 17”or“附录5.2”），
或其他，“Acknowledgements”（ACK），“Preface”（PRE）。“Using this book”（USG），or
“Abbreviations used in this book”（ABB）。“Ch. 8q”是指第8章标题的引用等。
“Ch. 17n”表示说明该章标题的脚注。但是，大部分索引是指本书各章节和附录中的段落号
（例如，“9. 13”or“A10. 1. 03”）。段落号后面的“n”是指该段的第一个脚注；“n2”是指
该段的第二个脚注，等等。“1. 28/29n”是指标在段落标题之间描述“G（a）”等的脚注。

缩写主题

本书中几乎总是使用非常熟知或内部定义的缩写（例如35 USC、TFEU、UKPA、EPC），
它们将被使用在该索引中作为主题标题。不仅有第441页开始列出的缩写，
也包括在该索引中交叉引用到实际条目的的详细形式。
更常见的是，在索引中使用详细形式，因为它们能够提供更详细的信息
（例如美国知识产权法协会）。尽管读者可能对缩略词更熟悉（比如“AIPLA”），
但详细形式并不能指向该缩略词表。

1. 要查找立法的全文本，参见第449页参考文件的批注。
2. 正文提供了完整的案例参考。

索引中的国家条目

作者很少在索引中使用国家条目，更侧重于关键的区别性问题，
因为有数百条针对每个国家和隐含的国家或地区的明确引用，
例如EPC、WTO、大陆法系国家等。

商标

在该索引中并没有类似商标的确认，而是通过在正文中使用*来确认，

除非（如第8章）根据上下文认为这种确认没有必要。

正文中标明*的商标将出现在附录T中。